U0509253

第八批 全国重点文物保护单位

◎ 国家文物局 编 ◎

中国文化遗产
ZHONGGUO WENHUA YICHAN

文物出版社

图书在版编目（CIP）数据

第八批全国重点文物保护单位 / 国家文物局编. --
北京：文物出版社，2021.6
ISBN 978-7-5010-6984-2

Ⅰ．①第… Ⅱ．①国… Ⅲ．①名胜古迹—介绍—中国
②文化遗址—介绍—中国 Ⅳ．①K928.7②K878

中国版本图书馆CIP数据核字（2021）第003967号

第八批全国重点文物保护单位

编　　者：国家文物局

责任编辑：王　媛　许海意
封面设计：谭德毅
责任印制：张　丽

出版发行：文物出版社
社　　址：北京市东直门内北小街2号楼
邮　　编：100007
网　　址：http://www.wenwu.com
经　　销：新华书店
制版印刷：文物出版社印刷厂有限公司
开　　本：889mm×1194mm　1/16
印　　张：23.75
版　　次：2021年6月第1版
印　　次：2021年6月第1次印刷
书　　号：ISBN 978-7-5010-6984-2
定　　价：420.00元

前　言

2019 年 10 月 7 日，国务院印发《关于核定并公布第八批全国重点文物保护单位的通知》，核定文化和旅游部、国家文物局确定的第八批全国重点文物保护单位（共计 762 处）以及与现有全国重点文物保护单位合并的项目（共计 50 处）并予以公布。至此，我国全国重点文物保护单位总量达 5058 处，包括古遗址 1194 处，古墓葬 418 处，古建筑 2160 处，石窟寺及石刻 307 处，近现代重要史迹及代表性建筑 952 处，其他 27 处。

党的十八大以来，以习近平总书记为核心的党中央高度重视考古和文物保护工作。习近平总书记对文物工作作出一系列重要论述和指示批示，为我们提供了根本遵循，极大地推动了我国文物考古事业的发展。在这样的新形势下，国家文物局于 2018 年 7 月正式启动第八批全国重点文物保护单位申报遴选工作，积极贯彻落实习近平总书记提出的"有利于突出中华文明历史文化价值、有利于体现中华民族精神追求、有利于向世人展示全面真实的古代中国和现代中国"的要求，明确提出"价值优先，质量第一，完善体系，填补空白"的申报遴选原则，以反映中华民族创造力与精神追求，承载国家记忆、传承红色基因，与历史上的重大事件、重要人物存在直接联系，反映新中国和改革开放成就的重要文物遗存为申报重点，有序开展各项工作并取得圆满成功。第八批全国重点文物保护单位的核定公布，是贯彻落实习近平新时代中国特色社会主义思想的重要体现，有利于更好发挥文物的系统功能，实现中华优秀传统文化创造性转化和创新性发展，继承革命文化，发扬社会主义先进文化，推动社会主义精神文明和物质文明的协调发展，特别是对于涵养社会主义核心价值观，坚定文化自信，增强民族凝聚力和自豪感，具有十分重要的现实意义。

实践证明，文物保护单位制度作为文物保护领域的一项基本制度，是符合我国国情的，有效保护了一大批重要的不可移动文物资源。2021 年是第一批全国重点文物保护单位核定公布 60 周年。国家文物局特编印《第八批全国重点文物保护单位》一书，分省简要介绍第八批全国重点文物保护单位的基本情况，力求简明、准确地提供每处文物保护单位的沿革、基本构成和核心价值，系统总结呈现我国不可移动文物保护的最新成果。本书文字内容由国家文物局核定，相关照片由文物保护单位所在省、自治区、直辖市文物局统一提供。

国家文物局

2020 年 12 月

目　录

内蒙古自治区

河南省

西藏自治区

陕西省

北京市

上宅遗址

编号：8-0001-1-001
年代：新石器时代
类型：古遗址
地址：北京市平谷区

上宅遗址位于北京市平谷区上宅村西北的洵河北岸二级台地上，是新石器时代中晚期上宅文化的命名地，遗址距今 7500 ～ 6700 年。

遗址现存面积约 7800 平方米，出土陶器、石器和动植物遗存 7000 余件。装饰斜向刮抹纹、压印"之"字纹的弧壁筒形陶罐和平底陶钵、圜底陶钵、圈足陶钵，以及单面起脊的石斧状器、盘状磨石等器物群表现出鲜明的特征，代表了燕山南麓洵河流域独具特色的考古学文化，因而被命名为"上宅文化"。此外，遗址内出土大量鸟、猪、羊、猴等动物形象的陶质、石质雕塑和器具，反映了史前人类丰富的精神生活。

上宅遗址的发现及由其确立的上宅文化，填补了燕山南麓地区新石器时代中晚期考古学文化发展序列的空白，补充了距今 7500 年前后中原地区与东北地区史前文化交流的中间缺环，具有重要价值。

醇亲王墓

编号：8-0168-2-001
年代：清
类型：古墓葬
地址：北京市海淀区

醇亲王墓位于北京市海淀区苏家坨镇七王坟 17 号，

为清道光皇帝第七子醇亲王奕譞之墓，俗称七王坟。

醇亲王墓包括墓园（阴宅）和阳宅两部分。墓园现存碑亭、神桥和月牙河、隆恩门、北朝房、享殿遗址、陵门和墓地。墓园中心为奕譞及其嫡福晋叶赫纳拉氏墓，南侧两座和北侧一座分别为三位侧福晋墓。阳宅又称"退潜"别墅，由五进院落组成。现存照壁、南向大门、倒座房、纳神堂及配房耳房、寝院正房及配房耳房、四进院外院南北房和内院正房及配房耳房，正房北侧有流杯亭遗址。二进院北侧为花园，有叠石假山、池塘、敞轩、六角亭等。

醇亲王墓保存完整，建筑布局和空间组织特点突出、工艺考究，其选址、布局与规制反映了清代皇家陵寝的发展变化规律，地面建筑是清代晚期官式建筑的精品，具有重要的历史和艺术价值。

长椿寺

编号：8-0198-3-001
年代：清
类型：古建筑
地址：北京市西城区

长椿寺位于北京市西城区长椿街 7 号、9 号、11 号，始建于明万历二十年（1592 年），是明神宗母亲孝定李太后为安置水斋禅师而下令敕建，现存建筑为清康熙二十年（1681 年）重修。

长椿寺坐西朝东，主要建筑集中在东西中轴线上，共四重殿宇，现存三进。山门一间，砖石结构。一进院

天王殿三间，进深五檩。二进院大雄宝殿三间，前出廊。三进院藏经楼五间。在主建筑两侧建有南北配房。在中路北侧建有北跨院。

长椿寺在明清北京佛教寺院中占有重要地位，明时有"京师首刹"之誉，后经清代重建，现为北京城内少数保存完整的皇家寺庙建筑，其主配殿规制独特，反映了皇权与宗教的关系。长椿寺是明清历史和文化的重要载体，也是北京宣南一带历史变迁和社会发展的见证，具有较高的历史价值。

智珠寺

编号：8-0199-3-002
年代：清
类型：古建筑
地址：北京市东城区

智珠寺位于北京市东城区嵩祝院北巷南侧，清乾隆年间始建，为嵩祝寺属寺，是清代蒙古喇嘛章嘉呼图克图在北京的驻地及宗教活动场所。

智珠寺现占地面积 4588 平方米，自南而北有山门、天王殿、正殿（亦称大悲殿或都纲殿）、净身殿、后殿。

山门三间硬山顶，天王殿三间五檩歇山顶，东有庑房三间。正殿平面呈方形，面阔、进深均为三间，周绕檐廊，重檐攒尖顶。东西配殿各三间，东庑房八间，西庑房六间。净身殿五间歇山顶，东西配殿各三间。后殿五间带前檐廊，硬山顶。

智珠寺从寺院布局到建筑装饰体现了汉传与藏传佛教建筑的多元特征，是民族团结融合以及章嘉呼图克图对巩固中国多民族统一国家做出重要贡献的见证，具有较为重要的历史和艺术价值。

北京湖广会馆

编号：8-0200-3-003
年代：清至民国
类型：古建筑
地址：北京市西城区

北京湖广会馆位于北京市西城区虎坊路 3 号，是清代湖南、湖北两省旅京人士修建的试馆，主要接待来京赶考的举人和在京等待任命的官员，兼及同乡寄寓或岁时聚会。清嘉庆十二年（1807 年）捐为会馆，清道光及光绪年间多次重修。

北京湖广会馆坐北朝南，现占地面积 2815 平方米，分为东、中、西三路，主要建筑分布在中路，自南向北有戏楼、乡贤祠、文昌阁、风雨怀人馆等。其中戏楼共十一架大梁，跨长 11.36 米，在北京民间建筑中较为罕见。

1912 年，孙中山曾五次到湖广会馆发表演说，并在此地宣告国民党成立。谭鑫培、余叔岩、梅兰芳、程砚秋等京剧表演艺术家常在这里演出。

北京湖广会馆在北京现存会馆中规模较大，是研究北京会馆建筑和会馆文化的重要实例，其戏楼为北京会馆"四大戏楼"之一。此外，作为民国时期重要的政治活动场所，北京湖广会馆为研究中国近代史提供了重要的实物资料。

双清别墅

编号：8-0517-5-001
年代：1949 年
类型：近现代重要史迹及代表性建筑
地址：北京市海淀区

双清别墅位于北京市海淀区香山公园半山腰的静宜园内，筹建于1917年，曾为著名教育家熊希龄私人宅邸。

1949 年 3 月 25 日，中共中央、人民解放军总部从河北省平山县西柏坡村迁至北平（今北京），暂驻香山，毛泽东在双清别墅居住和办公，朱德、刘少奇、周恩来、任弼时等四大书记在来青轩办公并居住。1949 年 3 月 25 日～8 月 23 日，毛泽东在这里指挥渡江战役，筹备新政协，发表了《论人民民主专政》《南京政府向何处去？》等重要文章。

双清别墅建筑面积293.3平方米，包括上、下两院。上院为一座五开间、灰筒瓦硬山顶单层建筑；下院主体建筑面阔三间，东西耳房各三间，另包括一组平面呈"L"形的硬山顶单层建筑、六角形红亭、院门、防空洞、假山石、水池及影壁、经幢、栖云楼遗址。整体建筑融合中西风格，门窗、山花采用西式装饰与做法，建筑屋面及山墙为传统的灰筒瓦与硬山样式。

来青轩位于香山寺北侧，原为五间硬山式建筑，1860 年被焚毁，民国时期建成近现代建筑样式。占地7900 平方米，其中建筑面积 110 平方米。2019 年，来青轩作为香山革命纪念地的重要组成部分，经原址修复后对外开放。

双清别墅是 1949 年中国共产党领导下的人民解放战争走向全国胜利、新民主主义革命取得伟大胜利的总指挥部，是中国革命重心从农村转向城市的重要标志，是筹建新中国的历史见证地。

原子能"一堆一器"旧址

编号：8-0518-5-002
年代：1958 年
类型：近现代重要史迹及代表性建筑
地址：北京市房山区

第一座重水反应堆和第一台回旋加速器（简称"原子能'一堆一器'"）旧址位于北京市房山区新镇中国原子能科学研究院内，建成于 1958 年。回旋加速器于1987 年退役，重水反应堆于 2007 年闭停。

旧址由 101 厂房和 201 厂房构成。101 厂房为苏式风格，砖混结构，外观主体为红色，主体建筑地上 3 层、地下 1 层，建筑面积 8138.7 平方米。201 厂房为苏式风格，砖混结构，外观主体为红色，主体建筑地上 2 层、地下 1 层，建筑面积 3776.7 平方米。回旋加速器主磁铁目前于 201 厂房前广场陈列展示。

原子能"一堆一器"旧址是我国建设的第一项核科技重大设施，为中国的核科学技术研究奠定了坚实的基

础,也为中国核工业的建立提供了重要的科学实验条件。原子能"一堆一器"旧址还为全国培养和输送了大量的科技和管理人才,具有重要的历史价值、社会价值和科学价值。

北京站车站大楼

编号: 8-0519-5-003
年代: 1959 年
类型: 近现代重要史迹及代表性建筑
地址: 北京市东城区

北京站车站大楼位于东城区毛家湾胡同甲 13 号,1959 年 1 月 20 日开工兴建,9 月 10 日竣工。建筑坐南朝北,建筑面积 4.78 万平方米。开站前夕,毛泽东主席题写了"北京站"站名。

北京站车站大楼是中华人民共和国国庆十周年首都十大建筑之一,也是新中国成立后兴建的第一座大规模、高技术、设施齐全的大型铁路车站,达到当时世界铁路客运站的一流水平。

北京站车站大楼是新中国人民铁路事业新纪元的标志,在党和国家的政治经济生活中发挥了重要作用,集中体现了我国社会主义建设事业的辉煌成就,具有重要的历史价值。

宋庆龄儿童科学技术馆

编号: 8-0520-5-004
年代: 1986 年
类型: 近现代重要史迹及代表性建筑
地址: 北京市海淀区

宋庆龄儿童科学技术馆位于北京市海淀区玉渊潭南路 11 号。该馆始建于 1982 年,1986 年 6 月 1 日建成开放。建筑坐西朝东,是一座具有较强现代主义建筑风格的钢筋混凝土框架结构单体单层建筑,高 8.85 米,占地面积约 6000 平方米,建筑面积 1525 平方米。

宋庆龄儿童科学技术馆是由邓小平同志主导、以宋庆龄同志名字命名的纪念性建筑,是中国较早面向广大

少年儿童的科学技术专题馆。该馆建成后为国内外少年儿童提供了当时国际上最先进的科学文化体验服务，至今仍被引为典范。宋庆龄儿童科学技术馆是我国改革开放进程的有力见证，具有重要的历史价值。

通州燃灯塔

编号：8-0000-3-001
年代：清
类型：古建筑
地址：北京市通州区

通州燃灯塔全名"燃灯佛舍利塔"，俗称"通州塔"，位于北京市通州区旧城东北北运河西畔及通惠河南岸，始建于北周时期，唐贞观七年（633年）、辽重熙年间、元大德年间、清康熙三十五年（1696年）多次重修。

通州燃灯塔是京杭大运河北端的标志，为砖木结构十三层密檐塔，平面呈八角形，高56米。塔最下部为两层须弥座，束腰部分雕刻精细。平座以上三层莲瓣承托塔身，首层塔身高6.5米，正向四面辟门，其余辟直棂假窗。门内为塔室，原供燃灯佛，现无存。塔身以上为砖砌仿木斗拱承托出檐，共13层，每层每角都有风铃，共2248个。塔顶塔刹由八角形台座、仰莲、须弥座及

铜质相轮等组成。铜制刹肚上铸有"康熙岁次戊寅仲夏吉旦立"等字样。

通州燃灯塔塔身造型修长，体态刚健，砖雕精美，整体显示出比较鲜明的辽代风格，具有重要的历史和艺术价值。

通州燃灯塔并入第六批全国重点文物保护单位大运河。

圣米厄尔教堂

编号：8-0000-5-001
年代：1904年
类型：近现代重要史迹及代表性建筑
地址：北京市东城区

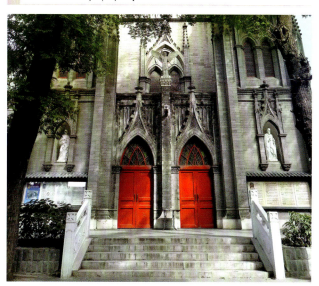

圣米厄尔教堂位于北京市东城区东交民巷甲13号、14号，又名东交民巷天主堂。包括教堂、东配楼、西配楼、北侧教士住宅楼、西北角配楼等5栋建筑，总占地面积3654平方米，总建筑面积2840平方米。

教堂建于1904年，占地面积965平方米，砖木结构，墙体为青砖砌筑，内部由科林斯式柱子撑起弧度不同的拱券，构成穹顶。钟楼位于教堂正立面门厅的东西两侧，墙上开细长花窗，嵌彩色玻璃。东配楼为民国时期修建，面阔十间，中国传统住宅样式。

圣米厄尔教堂是近代西方传教士在东交民巷修建的最后一座天主教堂，为东交民巷使馆建筑群的重要组成部分，作为当时使馆区唯一的天主教堂，具有重要的历史、艺术、社会和文化价值。

圣米厄尔教堂并入第五批全国重点文物保护单位东交民巷使馆建筑群。

天津市

新开河火车站旧址

编号：8-0521-5-005
年代：1903年
类型：近现代重要史迹及代表性建筑
地址：天津市河北区

新开河火车站旧址位于天津市河北区中山路2号现天津北站内。新开河火车站建于1903年，后改称天津新站，1938年更名为天津北站。旧址建筑包括钢架天桥、礼堂及站台候车室。

钢架天桥长522米，宽2.8米，高6米，站台间跨度为52.8米。主体钢结构，桥身为钢桁架，桥面为木结构。

礼堂与站台候车室均为西洋风格建筑，砖木结构，四坡顶，建筑面积分别为532平方米、208平方米。站台候车室出檐深远，由铁架支撑，以遮阳挡雨。

新开河火车站是清末北洋新政的产物，是中国现存较完整的早期铁路车站之一。它既是早期天津乃至华北地区的重要交通枢纽，也是我国近代史上一系列重大历史事件的发生地，具有重要的历史价值。

觉悟社旧址

编号：8-0522-5-006
年代：1919年
类型：近现代重要史迹及代表性建筑
地址：天津市河北区

觉悟社旧址位于天津市河北区宙纬路三戒里49号，为三合院民居，始建于清末，占地面积175.69平方米，

共有7间平房，均为硬山合瓦屋顶，青砖墙体，院门及门窗带有西洋风格。1976年唐山大地震中受损，1982年整体修缮。

1919年9月16日，周恩来、郭隆真、马骏、刘清扬、邓颖超等20人成立觉悟社。1920年9月21日，李大钊应邀到觉悟社与社员座谈，指导觉悟社的活动。觉悟社在当时北方的革命社团中享有很高的声望，多数社员后来走上革命道路。

觉悟社旧址是五四运动时期觉悟社的固定社址和社员主要活动场所，见证了觉悟社建立和开展革命活动的历程，具有重要的历史价值和社会意义。

北疆博物院旧址

编号：8-0523-5-007
年代：1922～1929年
类型：近现代重要史迹及代表性建筑
地址：天津市河西区

北疆博物院旧址位于天津市河西区马场道117号现天津外国语大学院内。北疆博物院原名"黄河—白河博物馆"，为天津自然博物馆前身，由法国博物学家桑志华（1876～1952年）于1914年筹建，1928年对公众开放。旧址建筑包括北楼、陈列室、南楼及桑志华旧居。

北楼、陈列室、南楼分别建于1922年、1925年和1929年，均为西方现代建筑风格，建筑群呈"工"字形布局。其中北楼和陈列室相连，高3层，建筑面积分别为960平方米、620平方米；南楼高2层，面积为690平方米，与北楼通过连廊相接。北楼主要为藏品库

房，南楼为图书馆、实验室及藏品库房。

桑志华旧居位于北疆博物院西北角，建于1923年，为近代花园洋房样式，砖混结构，两层带地下室，建筑面积612平方米。

北疆博物院旧址作为建筑、藏品、展览、文献皆保存完整的百年博物馆，堪称中国近代早期博物馆中的"活化石"，在科学研究普及和中西文化交流中发挥了重要作用。

南开大学思源堂

编　号：8-0524-5-008
年　代：1925年
类　型：近现代重要史迹及代表性建筑
地　址：天津市南开区

南开大学思源堂位于天津市南开区卫津路94号南开大学校内，建成于1925年。主体建筑为西方古典主义风格，三层带半地下室，建筑面积3592平方米。混合结构，外立面为清水红砖墙，入口门廊有古罗马风格石柱。1937年遭日本侵略军轰炸受损严重，1946年南开大学复校后重修。

南开大学思源堂由美国洛克菲勒基金会和天津实业家袁述之先生捐资兴建，南开大学教师邱宗岳设计、督造，是校园内唯一没有在抗战中被日军摧毁的建筑。它见证了南开大学的百年沧桑和中国私立高校的发展历程，

也是中西建筑文化融合的典型代表，更是中华民族英勇抗战、坚韧不屈的象征，具有重要的历史和艺术价值。

平津战役前线司令部旧址

编　号：8-0525-5-009
年　代：1948年
类　型：近现代重要史迹及代表性建筑
地　址：天津市蓟州区

平津战役前线司令部旧址位于天津市蓟州区礼明庄镇孟家楼村，原为农宅，总占地面积约1000平方米。2010年对旧址进行了落架维修。

1948年12月7日～1949年1月11日，东北野战军总部驻扎孟家楼村，林彪、罗荣桓、聂荣臻组成的平津前线总前委在此指挥平津战役，歼灭新保安、张家口敌军，分割傅作义军团，指导和平解放北平第一、二次谈判，为攻克天津、和平解放北平奠定了基础。

旧址包括东、西两座院落，建筑均为砖木结构。东院有正房5间，门楼1座，厢房6间。西院有正房5间，门楼2座，厢房6间。西院正房东屋为作战室，西屋为林彪休息室，东西厢房供作战、机要及警卫人员居住。

平津战役前线司令部旧址是解放战争战略决战中平津战役的历史见证，对弘扬红色文化、继承和发扬革命传统有重要意义。

天津市军事管制委员会和中共天津市委旧址

编号：8-0526-5-010

年代：1949 ~ 1953 年

类型：近现代重要史迹及代表性建筑

地址：天津市和平区

天津市军事管制委员会和中共天津市委旧址位于天津市和平区鞍山道 59 号。旧址所在地原为清末湖北提督张彪的私人园所，现存主体建筑由驻津日军于 1935 年建造，总占地面积 3500 平方米，建筑面积 2375 平方米。1949 年 1 月至 1953 年冬，中共天津市委在此办公。1949 年 6 月 15 日，天津市军事管制委员会迁入，与市

委机关合并办公。

旧址主体建筑坐东朝西，布局不对称，共有房间 25 间，西北角设有塔楼。建筑为混合结构，共两层（含地下室），采用折中主义建筑形式，带有显著意大利建筑风格，使用拱券窗、拱券入口门厅、高耸的塔楼等典型元素，红瓦坡顶，清水砖墙，外檐墙裙和门窗套为水泥饰面。

天津市军事管制委员会和天津市委在此办公期间，完成了对天津市的接管任务，建立和巩固了人民政权，为中华人民共和国的诞生做出了重要贡献。

河北省

郛堤城遗址

编号：8-0002-1-002

年代：战国、秦汉

类型：古遗址

地址：河北省沧州市黄骅市

郛堤城遗址位于河北省沧州市黄骅市刘皮庄村。

遗址平面近方形，总面积约 36 万平方米。城墙系夯筑，现存最高 5 米。城内考古发现 16 处建筑遗迹，出土有战国、秦汉时期建筑构件、陶器以及铜镞、铁剑等兵器，表现出较强的军事防御功能。城外西北部分布有战国、秦汉时期瓮棺葬墓群，有墓葬千余座，以釜、盆、筒形瓮等陶器为葬具，与战国、秦汉时期东北亚地区流行的瓮棺葬习俗有较大共性。

文献中对郛堤城的性质有两种说法：《盐山新志》记载其为西汉所置合骑侯国，称为合骑城；《长芦盐法志》则称其为防狄卤而设屯兵之所，称为伏狄城。

郛堤城遗址是河北东部沿海地区社会发展历史的重要见证，对研究战国、秦汉时期中原文化向东北亚地区的传播具有重要价值。

遗址平面呈长方形，东西长约 2000 米，南北宽约 1200 米。现仅存北、东两面城墙，北城墙残长 878 米，东城墙残长约 111 米，墙宽约 13 米，残存高度约 6 米，均用黄土夯筑而成。贝州城依隋唐大运河而建，城西设有码头，南城墙外护城河与隋唐大运河相通。

贝州城是宋代军事重镇，也是隋唐大运河沿线的重要商贸中心，有"天下北库"之称。贝州故城遗址对研究我国古代政治经济史以及大运河文化具有重要价值。

太子城遗址

编号：8-0004-1-004

年代：金

类型：古遗址

地址：河北省张家口市崇礼区

贝州故城遗址

编号：8-0003-1-003

年代：宋

类型：古遗址

地址：河北省邢台市清河县

贝州故城遗址位于河北省邢台市清河县葛仙庄镇，北宋庆历八年（1048 年）贝州改名为恩州。

太子城遗址位于河北省张家口市崇礼区太子城村，为金代中后期皇家行宫遗址。

遗址平面呈长方形，南北长约400米，东西宽342米，总面积约13.68万平方米。城址东、西、南三面城墙存有地下基址，西面有内、外两重城墙，东西间距50米。南门位于南城墙中部，门外有瓮城，城墙外四周有护城河。考古发现城内建筑基址72处，道路22条，排水沟4条，主体建筑沿南北中轴线分布，为前朝后寝格局。出土遗物以砖、瓦、脊饰等各类建筑构件为主，其中青砖上多戳印"内""宫""官"等字样，部分螭吻上刻"七尺五地""五尺五""四尺五地""天字三尺"等字样。瓷器以定窑白瓷为主，发现22件刻"尚食局"款的瓷器。

太子城遗址保存完整，结构布局清晰，是金代皇家建筑的重要实物例证，研究认为其为《金史》所载金章宗驻夏的泰和宫，对研究金代"四时捺钵"制度和建筑历史具有重要价值。

西土城遗址

编号：8-0005-1-005
年代：金
类型：古遗址
地址：河北省张家口市康保县

西土城遗址位于河北省张家口市康保县西土城村，为金代长城军事防御体系的重要组成部分。

遗址平面呈马蹄形，面积约69.5万平方米。城墙均用胶泥土混合砂土夯筑而成，宽10～15米，现存最高2.5米，墙体外侧现存半圆形马面27个、角台3个，西、南城墙各开有一座城门。城内发现一处大型建筑基址以及房址、灰坑、地炉、灶等遗迹。出土遗物包括建筑构件、瓷器、陶器、玉石器、骨角器、金属器等，瓷器包括河北定窑、山西霍州窑、陕西耀州窑、浙江龙泉窑等窑口产品，推测是来自中原地区的贸易商品。

西土城遗址是金后期西北路段长城防御体系的核

心，也是中原地区通往北方草原丝绸之路的重要节点，对研究金代军事制度、商品贸易具有重要价值。

北张庄墓群

编号：8-0169-2-002
年代：汉
类型：古墓葬
地址：河北省邯郸市邯山区

北张庄墓群位于河北省邯郸市邯山区北张庄镇。

墓群由10座大型墓葬组成，分布面积15平方千米，单体规模较大，残存封土呈方形。墓群可分为4个区域：一区墓葬1座，1号墓封土残高2.5米。二区墓葬3座，2号墓、3号墓、4号墓封土无存。三区墓葬4座，5号墓、6号墓封土高5米；7号墓与6号墓东西相对，封土高8米，保存完好；8号墓封土高约12米，保存完好。四区墓葬2座，9号墓封土高10米有余，保存完好；10号墓封土高9米，曾多次被盗，木椁墓，出有玉璧、铜轮、铁镢等。

北张庄墓群规模大、级别高，很可能是汉代赵国王陵及贵族墓葬区，对研究汉代赵国历史及诸侯王陵墓制度、丧葬习俗等具有重要价值。

武安舍利塔

编号：8-0201-3-004
年代：北宋
类型：古建筑
地址：河北省邯郸市武安市

武安舍利塔位于河北省邯郸市武安市老城区塔西路与塔南街交叉的西北角，为妙觉寺的主要建筑之一，寺已毁，仅存塔。该塔始建于北宋元祐六年（1091年），明万历三十八年（1610年）、清光绪三十二年（1906年）曾修葺。

塔平面呈八角形，为十三级楼阁式空心砖塔，通高

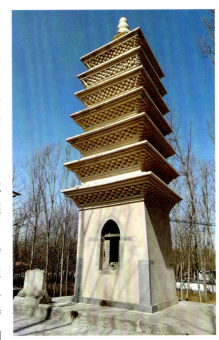

塔身和塔刹两部分组成，无塔座，高 13.23 米。塔身坐落在不规则台基上，一层设塔心室，正南面辟拱券门，塔刹由八角形刹座、砖雕双层仰莲花瓣与葫芦形刹顶组成。

涞水龙严寺塔基本保持历史原貌，是研究早期砖塔形制和营建技术的实物例证，具有重要的历史和科学价值。该塔造型雅致，结构独特，也具有较高的艺术价值。

邢台清风楼

编号：8-0203-3-006
年代：明
类型：古建筑
地址：河北省邢台市桥东区

邢台清风楼位于河北省邢台市桥东区（2020 年 6 月已更名为襄都区），始建于唐宋时期，后因战乱被毁，明成化三年（1467 年）重建。

邢台清风楼由台座和木楼阁两部分组成。下部为砖石砌筑台座，东西长 25.67 米，南北宽 15.76 米，高 6.3 米，

41.66 米，各层檐下均施砖制斗拱。塔底层较高，塔身除二、三层施砖雕平座外，其他各层均不设平座。第十层地面砖上立有柏木塔心柱直通塔刹底部。塔内第一、二、三、五、九层设有塔心室，室内均设有砖仿木构斗拱及藻井。

武安舍利塔为研究宋代砖塔形制、结构特征和营造技术等提供了重要的实物依据，具有较高的历史和科学价值。

涞水龙严寺塔

编号：8-0202-3-005
年代：辽
类型：古建筑
地址：河北省保定市涞水县

涞水龙严寺塔位于河北省保定市涞水县城西北清水河东岸，为龙严寺附属建筑，寺已毁，仅存塔。第二次全国文物普查时将该塔年代定为辽代。明正德元年（1506 年）、万历二十三年（1595 年）曾修葺。

塔平面基本呈正方形，为七层密檐式实心砖塔，由

中设圆拱形券洞，两侧设梯道可达台上。木楼阁坐落于台座中部，面阔五间，进深三间，四周环廊，重檐歇山顶，高14.9米。楼内梁架结构为五架梁后对双步梁，内墙壁上镶嵌唐代诗人王维山水石刻以及明清题记石刻10余方。

邢台清风楼庄严雄伟，造型优美，保留有明代木构楼阁建筑的特征，具有较高的历史、艺术和科学价值。

正定梁氏宗祠

编号：8-0204-3-007
年代：明
类型：古建筑
地址：河北省石家庄市正定县

正定梁氏宗祠位于河北省石家庄市正定县城燕赵南大街，始建于明代晚期，是以明代太子太保梁梦龙和清代保和殿大学士梁清标为代表的正定名门望族梁氏家族的祠堂。

正定梁氏宗祠坐东朝西，现祠内仅存正房。正房面阔五间，通面阔20.5米，进深三间，通进深8.23米，单檐硬山布瓦顶，建筑面积214.1平方米。前檐抱头梁为月梁且前端雕麻叶头，有别于北方地区的常规做法。五架梁间垫墩雕刻成荷叶墩，金檩下施双层垫板，下层透雕卷草纹，正脊两侧浮雕纹饰。

正定梁氏宗祠是研究梁氏家族和当地民俗的重要实物，建筑木雕雕刻精致、工艺考究，具有较高的历史和艺术价值。

涉县清泉寺

编号：8-0205-3-008
年代：明清
类型：古建筑
地址：河北省邯郸市涉县

涉县清泉寺位于河北省邯郸市涉县固新镇原曲村清漳河西岸，明清时期曾重修、重建，现基本保留原格局。

寺院坐北朝南，南北长108米，东西宽57米，占地面积6156平方米，建筑面积2326平方米。寺院由东院、西院构成。主要建筑集中在东院，排列在南北中轴线上，自南向北有山门、耳房、八字墙、天王殿、罗汉殿（又名佛殿、前殿）、八角莲池、大雄宝殿（又名中殿），中轴线两侧建有钟、鼓楼，天王殿东山墙设有一

便门。西院有藏经殿、仙境台、窑洞等建筑。

涉县清泉寺山门、天王殿、藏经殿以及寺内建筑多用石柱和自然材，保留了明代早期木结构特征，具有较高的历史和科学价值。建筑砖雕内容丰富、雕工精细，具有一定的艺术价值。

狄仁杰祠堂碑

编号：8－0478－4－001
年代：唐
类型：石窟寺及石刻
地址：河北省邯郸市大名县

狄仁杰祠堂碑位于河北省邯郸市大名县大街乡孔庄村北，立于唐元和七年（812年）。

碑形螭首龟趺，通高近6米，碑额篆书"大唐狄梁公祠堂之碑"。碑阳楷书碑文27行、满行61字，记载狄仁杰在魏州刺史任内的政绩、祠堂兴废沿革及重建祠堂经过等。行尚书虞部员外郎冯宿撰文，魏博节度副使兼御史中丞胡澄篆额并书丹，魏博节度使田弘正立碑。碑体地下淤埋部分保存基本完好。地表以上碑身风化严重，文字漫漶过半；六龙碑首雕刻精细，保存完好。

狄仁杰祠堂碑是研究狄仁杰生平和唐代藩镇历史的

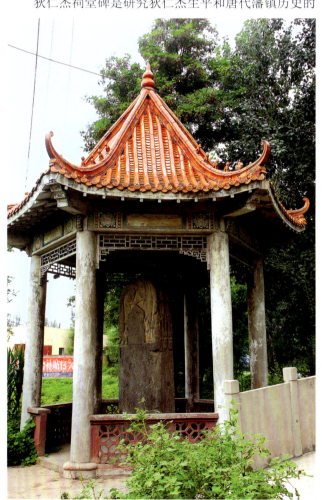

重要资料。此外碑文具有较高的文学价值，且楷书严谨大气、碑首雕刻精美，也有较高的艺术价值。

曲里千佛洞石窟

编号：8－0479－4－002
年代：明
类型：石窟寺及石刻
地址：河北省邯郸市涉县

曲里千佛洞石窟位于河北省邯郸市涉县辽城乡曲里村西北4000米的铁马峧山腰，开凿于明代。

石窟平面呈长方形，平顶，面积33.7平方米。窟门上方并列三个明窗，门外两侧雕刻四天王，下部两尊为清代补凿。窟内北壁中央为主佛像，结跏趺坐于仰覆莲座上，左手施禅定，右手施降魔印，举身舟形背光，通高3米。主佛像左右及两侧壁雕十二圆觉菩萨坐像，像高1米，均手持宝物。主佛像前两侧各有一大石柱直通窟顶，每根柱上雕刻16排小化佛。前壁窟门两侧各雕世俗供养人一尊，其他壁面雕刻有千佛像。

曲里千佛洞石窟以《圆觉经》为题材，是河北省现存石窟中唯一雕刻十二圆觉菩萨的石窟，对研究明代民间佛教信仰与雕刻艺术具有重要价值。

左权将军墓

编号：8－0527－5－011
年代：1950年
类型：近现代重要史迹及代表性建筑
地址：河北省邯郸市邯山区

左权将军墓位于河北省邯郸市邯山区晋冀鲁豫烈士陵园内，始建于1946年，落成于1950年。同年左权灵柩移葬于此。

左权（1905～1942年），原名左纪权，湖南省醴陵县黄茅岭人，黄埔军校第一期学员。1925年加入中

长城板厂峪段、样边段、马水口段

编号：8-0000-1-001

年代：明

类型：古遗址

地址：河北省张家口市怀来县、涿鹿县，河北省
　　　秦皇岛市海港区

国共产党，同年赴苏联留学；1930年回国，先后任红新十二军军长、红十五军军长兼政委、红一军团参谋长、八路军副总参谋长等职。1942年5月25日，在指挥八路军总部机关突围时牺牲于山西省辽县（今左权县）十字岭，同年10月公葬于涉县石门村山麓。

左权将军墓墓区坐北朝南，占地面积约2800平方米，包括左权墓、纪念碑坊以及六座烈士墓。左权墓居中，为砖石水泥结构，镌刻有左权将军头像；东侧为杨裕民、何云、张衡宇三座烈士墓；西侧为高捷成、赖勤夫妇、陈光华三座烈士墓；南侧为纪念碑坊。

左权是我党我军在抗日战争中牺牲的最高将领，对国家独立和民族解放做出了重要贡献，是1989年经中共中央军委确定的33位"中国人民解放军军事家"之一。左权将军墓是历史价值极高的红色文物，其建筑样式和设计风格深受苏联建筑风格影响，又结合了中国本土文化，具有鲜明时代特征，为研究当时的历史、政治和艺术文化提供了重要实证。

长城板厂峪段、样边段、马水口段位于河北省秦皇岛市和张家口市，均为明代修建。

板厂峪段长城位于河北省秦皇岛市海港区驻操营镇板厂峪村，始建于明洪武十四年（1381年），总长5633米。墙体以毛石砌筑为主，墙芯为碎石和夯土，部分外墙下部为条石基础，上部城砖包砌。墙体顶部有砖铺海墁城砖马道、砖砌垛口墙或宇墙，个别地段墙体两侧设双垛口墙。该段长城修建有35座敌台、6座马面等设施。

样边段长城位于河北省张家口市怀来县小南辛堡镇东南部，整体呈东北—西南走向，总长约3000米。城墙内外两侧用规则的大石条和方整石砌筑，白灰勾缝；内部墙芯为毛石、片石。现存通高6～8米，顶宽约5米。该段长城修建有15座敌台、9座马面，沿长城外围修建有5座烽火台。

马水口段长城位于河北省张家口市涿鹿县蟒石口乡马水口村，共分5个段落，长9836米；另有山险墙2段，长3260米。墙体主要用条石砌筑，垛口墙为毛石砌筑、白灰罩面。

长城板厂峪段、样边段、马水口段是明代长城防御体系的重要组成部分，结构布局完整，砌筑工艺具有代表性，为研究明代长城的重要实例。

长城板厂峪段、样边段、马水口段并入第五批全国重点文物保护单位长城。

山西省

峙峪遗址

编号：8-0006-1-006
年代：旧石器时代
类型：古遗址
地址：山西省朔州市朔城区

峙峪遗址位于山西省朔州市朔城区峙峪村，是我国华北地区旧石器时代晚期的重要遗址，距今约 2.9 万年。

遗址面积约 1500 平方米。出土人类枕骨化石 1 枚，石器和石片 15000 余件，石墨装饰品 1 件，各类动物牙齿化石 5000 余枚，以及大量烧石、烧骨和被人工击碎的兽骨。其中人骨化石属于晚期智人，石器以细小石制品为主，由此确立了"周口店第 1 地点——峙峪系"旧石器文化传统。动物化石包括普氏野马、野驴、普氏原羚、河套大角鹿、披毛犀等，为晚更新世晚段的典型动物群。

峙峪遗址晚期智人化石是东亚现代人演化过程中的重要标本，石器标本则表明其是华北地区旧石器时代典型细石器工艺的先驱，具有重要价值。

碧村遗址

编号：8-0007-1-007
年代：新石器时代
类型：古遗址
地址：山西省吕梁市兴县

碧村遗址位于山西省吕梁市兴县高家村镇碧村村北，是蔚汾河流域龙山时代的一处大型石城聚落遗址。

遗址面积约 75 万平方米，西、南、北三面分别以黄河、蔚汾河、猫儿沟等河流与沟壑为界，东部人工砌筑一道横亘南北的城墙，由此形成闭合的外围城圈。城圈内有 4 座台城，其中小玉梁台城位于遗址中心，面积约 4000 平方米，四周砌筑大型围墙及防御设施，内部发现半地穴房址、石砌排房，其中一组五连间石砌排房在台城中心位置，排列有序，主次分明，体现了精细的规划与布局，出土遗物包括陶器、玉器、卜骨等。寨梁上、殿乐梁、城墙圪垛等 3 座台城发现半地穴式房址和石构遗存，应为碧村遗址的普通居民点。

碧村遗址是河套地区典型的大型石城聚落遗址，对探索我国北方地区社会发展与文明化进程具有重要价值。

大河口遗址

编号：8-0008-1-008
年代：西周至春秋
类型：古遗址
地址：山西省临汾市翼城县

大河口遗址位于山西省临汾市翼城县隆化镇大河口村，是西周至春秋时期霸国的大型遗址。

遗址面积约 80 万平方米，分布在浍河两岸台地上，包括墓地和居住遗址，其中考古确认墓地面积约 4 万平方米。发掘西周至春秋早期的墓葬 2252 座、窖穴 55 座、房址 1 座，出土青铜器、陶器、原始瓷器、漆木器、蚌贝器、骨器、锡器和玉器等遗物 25000 余件（套）。根据青铜器铭文显示，该遗址为周代霸国所在地，霸伯为霸国国君。墓葬西向、腰坑殉狗等葬俗特征，表明霸国族群应是被中原文化同化的狄族。

大河口遗址揭示了文献失载的周代霸国，填补了历史空白，为研究周代分封制度、礼仪制度、族群融合提供了宝贵资料。

南梁古城遗址

编　号：8-0009-1-009
年　代：周
类　型：古遗址
地　址：山西省临汾市翼城县

南梁古城遗址位于山西省临汾市翼城县南梁镇南梁村至故城村一带，为晋南地区一处大型周代遗址。

遗址总面积约 400 万平方米。城址位于遗址中部，残存部分城墙基底、房址、灰坑、墓葬，城墙为分段夯筑，基底宽约 15 米。考古调查采集到周代陶鬲、陶豆、陶盆等器物残片。研究认为，南梁古城遗址可能为《史记》所载晋国都城翼邑。

南梁古城遗址是探索周代晋国早期都城翼邑的重要线索，对研究晋国政治史和周代城市发展史具有重要价值。

苇沟—北寿城遗址

编　号：8-0010-1-010
年　代：周
类　型：古遗址
地　址：山西省临汾市翼城县

苇沟—北寿城遗址位于山西省临汾市翼城县唐兴镇

西北，是周代晋国大型聚落遗址。

遗址总面积约 870 万平方米，包含城址区、墓葬区。城址区位于遗址南部偏东，长、宽均约 800 米，面积约 64 万平方米。现存城墙基底，为分段夯筑，宽 8.3～8.8 米。城内发现夯土建筑基址 7 处、道路 6 条、陶窑 6 座、灰坑 38 个。墓葬区位于遗址西北部，考古发现周代土坑竖穴墓葬 20 余座。出土遗物包括青铜器、陶器，其中战国晚期红陶甗上有"降亭"陶文。研究认为，苇沟—北寿城遗址有可能是《左传》所载晋国早期都城绛邑。

苇沟—北寿城遗址是探索周代晋国早期都城绛邑的重要线索，对研究晋国政治史、周代城市发展史具有重要价值。

解梁故城遗址

编　号：8-0011-1-011
年　代：东周
类　型：古遗址
地　址：山西省运城市永济市

解梁故城遗址位于山西省运城市永济市开张镇古城村，是东周时期一处大型城址。

遗址平面呈不规则形，面积 210 万平方米，现存城垣总长约 3500 米。城墙夯筑，高 4～5 米，夯层明显，外有城壕，设九座城门。东、西城墙仅存数段残垣，北城墙保存较为完整。城壕宽约 30 米，深 1～1.5 米。城内采集到东周时期陶片。该遗址可能为东周解扬封邑、汉代解县县治。

解梁故城遗址轮廓清晰，文化内涵丰富，对研究东周时期晋国历史、建筑工艺等有较高的价值。

童子寺遗址

编号：8-0012-1-012
年代：北齐至唐
类型：古遗址
地址：山西省太原市晋源区

童子寺遗址位于山西省太原市晋源区晋祠镇西镇村北龙山北峰，该寺始建于北齐天保七年（556年），现存北齐至唐代建筑遗址。

遗址坐西朝东，面积2176.5平方米，包括寺院区、大佛阁区、石门寺和皇姑洞石窟四个部分。南部为寺院区，基址保存完整，寺院后坡有北齐开凿洞窟5个，前坡有唐代开凿洞窟2个。北部为大佛阁区，佛阁依山而建，位于北齐大佛前，墙体以条石砌筑，唐代增筑护墙，佛阁前有一高5.03米的北齐燃灯石塔。石门寺现存一大型佛龛石窟，佛像保存完整。皇姑洞石窟分上、中、下三窟，坐北朝南，上窟风化严重，仅残存石胎轮廓。

童子寺遗址是集摩崖大佛、石窟和地面建筑于一体的山地佛寺遗址，是研究南北朝至隋唐时期寺院格局及石窟艺术的重要实物例证，对探讨我国古代宗教文化发展演变具有重要意义。

蒙山开化寺遗址

编号：8-0013-1-013
年代：北齐
类型：古遗址
地址：山西省太原市晋源区

蒙山开化寺遗址位于山西省太原市西南17千米的晋源区蒙山北峰，古称"并州大寺"。

遗址包括开化寺大佛阁遗址、蒙山大佛遗址与连理塔。开化寺始建于东汉永平年间，是佛教传入我国的早期道场。北齐时于蒙山北峰凿岩为大佛，坐北朝南，面宽29.6米，进深17米，通高46米。元朝末年，阁倾像塌，大佛头部崩落，大佛的腹、手、腿、足以及基座和大佛阁遗址被掩埋。考古发现柱础、石铺地面和阁墙等遗迹，出土少量北朝造像、刻铭筒瓦和五代北汉时复刻的"唐朝重修大像阁价钱碑"残碑，明确了大佛阁的建造年代、营建工艺、历史沿革等。连理塔位于开化寺南端，距寺院87米，北宋淳化元年（990年）建造，由南、北两塔组成，整体坐西朝东。两塔形制基本相同，北塔为"定光佛舍利塔"，南塔为"化身佛舍利塔"。

蒙山开化寺遗址见证了佛教造像和寺院建筑艺术在

我国北方地区的传播发展，蒙山大佛及大佛阁遗址是现存中国北朝时期体量最大的摩崖大佛和佛阁遗址，为研究大佛的雕造技术和早期佛阁形制提供了重要实物资料。

汾阳宫遗址

编号：8-0014-1-014
年代：隋
类型：古遗址
地址：山西省忻州市宁武县

汾阳宫遗址位于山西省忻州市宁武县余庄乡马营村北的南滨山顶。汾阳宫建于隋炀帝大业三年（607年），为隋炀帝行宫。

主体建筑毁于隋末。遗址坐北朝南，背倚天池及其北山，现存平面呈方形，东西、南北长400米，分内城、外城，均以红砂岩石块砌筑而成。外城地表可见高0.3～1米的基址。内城南北长86米、东西宽70米，现存墙基高1～2米、宽2～3米。四道宫墙由外向内收缩，皆为正方形布局，地面上散落大量隋代砖瓦等建筑材料。

汾阳宫遗址结构布局保存完整，是一处隋代高等级宫室建筑遗址，对研究隋代皇家建筑规制、行宫建筑格局和古代建筑史等有重要价值。

陶寺北墓地

编号：8-0170-2-003
年代：东周
类型：古墓葬
地址：山西省临汾市襄汾县

陶寺北墓地位于山西省临汾市襄汾县陶寺乡，是一处从西周末期延续到战国时期的大型墓地。

墓地总面积24万平方米。墓群西北—东南走向排列，数量约万座，墓向以南北向为主。已发掘春秋时期墓葬250余座，出土各类青铜器130余件（套）。另发掘祭祀坑90个，灰坑30个，墓祭遗存2处。陶寺北墓地有统一的规划，根据墓葬等级进行分区：大型墓葬通常沿西北—东南的主线排列，中小型墓散布于大墓周围，并与大墓保持一定间隔。在陶寺北墓地发现了我国唯一的春秋晚期荒帷，保存较完整，对两周丧葬制度研究意义重大。玉石器祭祀遗存仅限于女性墓葬，为进一步探索古代墓祭制度提供了线索。

陶寺北墓地是构建东周晋国史的珍贵资料，为研究东周时期晋国、魏国的社会组织形态、礼乐制度、丧葬制度，以及春秋战国之际政治、经济、文化、社会制度的继承与变化提供了重要的实物资料。

沙岭墓群

编号：8-0171-2-004
年代：北魏
类型：古墓葬
地址：山西省大同市平城区

沙岭墓群位于山西省大同市平城区水泊寺乡沙岭村东北，为一处北魏时期墓葬群。

墓群面积约3万平方米。考古发现北魏墓葬12座，包括砖室墓和土洞墓两类，分布较集中，出土铜器、银器、陶器等200余件。其中7号墓是有文字纪年的砖室壁画墓，坐东朝西，长斜坡墓道单室墓，由墓道、甬道、墓室三部分组成。墓室壁画上下分栏，上栏为动物形象，下栏为生活场景，现存面积约24平方米。东壁庑殿顶建筑内绘墓主人夫妇像等；南壁东侧为规模宏大的宴饮

场面，西侧为粮仓、车辆、毡帐和杀羊等劳动场面；北壁为车马出行图；西壁为武士像。甬道顶部绘伏羲、女娲和摩尼宝珠，两侧各有一名武士。墓内出土的墨写铭记，是目前所见北魏建都平城时期年代最早的文字材料。根据铭记推测，墓主人死于北魏太延元年（435年），鲜卑人，是侍中尚书主客平西大将军破多罗氏的母亲。

沙岭墓群是北魏定都平城时期的典型墓葬，为研究公元5世纪上半叶北魏上层统治者的社会生活、丧葬习俗提供了珍贵资料，墓室壁画则填补了北朝绘画史的空白。

上党西岩寺塔位于山西省长治市上党区荫城镇桑梓村，原为西岩寺（又名"丈八寺"）组成部分，寺已毁，仅存塔。塔始建于唐代，清康熙四十四年（1705年）重修。

上党西岩寺塔原为方形十一级密檐式砖塔，现存八级，残高16米。塔基由下层石条、上层条砖砌成，高2.33米，南面辟门，内设塔室。塔身七层，每层高1～1.5米，塔刹已毁。

上党西岩寺塔是山西早期古塔的重要实物例证，体现了隋唐砖塔在结构、力学等方面的技术水平，具有较高的科学价值。

上党西岩寺塔

编号：8-0206-3-009

年代：唐

类型：古建筑

地址：山西省长治市上党区

栖岩寺塔林

编号：8-0207-3-010

年代：唐至清

类型：古建筑

地址：山西省运城市永济市

栖岩寺塔林位于山西省运城市永济市韩阳镇下寺村东南中条山上，原为栖岩寺的组成部分，现仅存塔林。包括1座宋舍利塔和50座墓塔（墓塔有唐塔1座，五代后唐塔檐1个，元塔5座，以及明、清塔和塔基若干），时间跨越1100多年。

宋舍利塔为五层六边形密檐式砖塔，高12米，首层檐下做仿木砖雕斗拱，内设方形塔室。唐智通禅师塔

为单层圆形亭阁式砖塔，高 8 米，塔背嵌唐天宝十三年（754 年）刊刻《唐栖岩寺智通禅师塔铭》。五代后唐塔为石雕仿木结构，现仅存石塔檐。元塔为五层六边形。明塔多为方形，塔身正面多砌有砖雕板门、窗格，塔座圭角、束腰饰以雕刻。

栖岩寺塔林是山西佛教文化重要的建筑遗存，也是晋南地区佛塔建筑形制、工艺演变及历代审美艺术变化的珍贵实例，具有较高的历史和艺术价值。

泽州崇寿寺

编号：8-0208-3-011
年代：北宋至清
类型：古建筑
地址：山西省晋城市泽州县

泽州崇寿寺位于山西省晋城市泽州县巴公镇西郜村东北，始建于北魏，宋、金、元、明、清均有修缮。现存年代最早的建筑为释迦殿，形制古朴，檐柱上有宋代题记。

泽州崇寿寺共三进院落，南北长 87.2 米，东西宽 36.7 米，占地面积 3200 平方米，主要建筑有山门、天王殿（前殿）、释迦殿（中殿）、雷音殿（后殿）、罗汉殿、地藏殿、观音殿、关帝殿、石佛殿、钟楼、鼓楼、厢房、耳楼等。其中释迦殿形制古朴，面阔进深均为三间，单檐歇山顶，彻上露明造，梁架为四椽栿对后乳栿，通檐用三柱，斗拱为五铺作单杪单下昂计心造，前檐用方形抹角素面青石檐柱，侧角、收分明显，角柱生起，南北各设殿门。檐柱上有宋宣和元年（1119 年）题记，门楣石上有金天会八年（1130 年）题记。

泽州崇寿寺建筑形制规整，释迦殿体现了宋代建筑的特征与风貌，附属文物文化内涵丰富，整体具有较高的历史价值。

上党长春玉皇庙

编号：8-0209-3-012
年代：北宋至清
类型：古建筑
地址：山西省长治市上党区

上党长春玉皇庙位于山西省长治市上党区荫城镇长春村，始建年代不详，明成化九年（1473 年）大修，清康熙年间修缮。

上党长春玉皇庙占地面积 2786.75 平方米，现存正殿、大佛殿、戏台、山门、钟楼、鼓楼、西耳殿。正殿保留有宋、元建筑风格，面阔三间，进深四椽，屋顶单檐悬山顶，梁架四椽栿通达前后檐，通檐用三柱，前檐柱头铺作五铺作单杪单下昂，后檐柱头铺作四铺作单杪。大佛殿、西耳殿、山门为明代遗构，戏台、钟鼓楼为清代建筑。

上党长春玉皇庙保留了宋、金、明、清等不同时期的建筑特征，是研究该地区宋代以后建筑工艺发展的珍贵实例，具有较高的历史和科学价值。

昔阳离相寺

编号：8-0210-3-013
年代：宋至清
类型：古建筑
地址：山西省晋中市昔阳县

昔阳离相寺位于山西省晋中市昔阳县赵壁乡川口村，始建年代不详，明万历三十三年（1605 年）重修，后朝亦有修葺。

昔阳离相寺占地面积 420 平方米。大殿为宋代遗构，三间六椽，东西长 11.13 米，南北宽 9.66 米，梁架用两柱六椽栿抬梁结构，单檐歇山顶，灰色筒板瓦屋面。天王殿三间四椽，东西长 8.44 米，南北宽 4.68 米，梁架用两柱四椽栿抬梁结构，单檐硬山顶，灰色筒板瓦屋面。

昔阳离相寺大殿的柱式、椽栿、铺作等做法体现了宋代早期建筑的特征，在本地区较为罕见，具有较高的历史和科学价值。

原平普济桥

编号：8-0211-3-014
年代：金
类型：古建筑
地址：山西省忻州市原平市

原平普济桥位于山西省忻州市原平市崞阳镇平定街村南桥河上，建于金泰和三年（1203 年）。

原平普济桥南北走向，全长 82 米，宽 8 米，占地面积 879.2 平方米，为敞肩联拱石拱桥，由单孔长券和四个小券组成，两侧各有一孔引桥用以分洪。大券净跨 19 米，矢高 6.5 米，东西两侧券楣雕刻精美。桥面两侧设有石栏板、望柱，望柱上雕有佛手、石鼓、桃、狮和麒麟等，造型生动，精巧别致。

原平普济桥保存较为完好，体现了金代建桥水平和雕刻技艺，具有较高的艺术和科学价值。

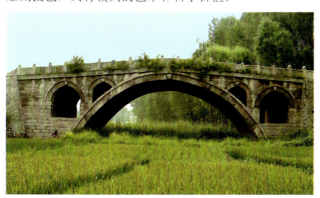

平定马齿岩寺

编号：8-0212-3-015
年代：金至清
类型：古建筑
地址：山西省阳泉市平定县

平定马齿岩寺位于山西省阳泉市平定县东回镇马山村，始建年代不详，金大定、元至正、清光绪年间均有修缮。

平定马齿岩寺为一进院落布局，总占地面积 1767 平方米。大雄宝殿面阔三间，进深三间，单檐歇山筒板布瓦琉璃剪边顶。天王殿面阔三间，进深四椽，单檐悬山筒板布瓦顶。东、西耳房面阔三间，进深两椽，单檐硬山顶。披门面阔一间，进深两椽，单檐悬山顶。

平定马齿岩寺现存中殿为金代原构，为研究金代建筑形制提供了实物资料。中殿清代壁画布局考究，技法纯熟，线条流畅，具有较高的艺术价值。

1937 年刘伯承曾于马齿岩寺召开马山军事会议，指挥八路军一二九师在七亘两次伏击日军并大获成功，故马齿岩寺又被称为"七亘大捷指挥部"。

新绛寿圣寺大殿

编号：8-0213-3-016
年代：元
类型：古建筑
地址：山西省运城市新绛县

新绛寿圣寺大殿位于山西省运城市新绛县泽掌镇北苏村，北宋建隆二年（961年）建寺，金元时期及明万历、清康熙年间均有修缮。

新绛寿圣寺大殿占地面积305平方米，为元代遗构，面阔五间，进深三间，架梁为六椽栿对后乳栿，通檐用三柱，单檐悬山顶，采用减柱造、移柱造等做法。室内木构架均施彩绘。瓦顶用布瓦，脊饰浮雕。

新绛寿圣寺大殿元代建筑特征明显，梁架风格独特，为研究我国早期建筑提供了实物资料，具有较高的历史价值。

长子文庙大成殿

编号：8-0214-3-017
年代：元
类型：古建筑
地址：山西省长治市长子县

长子文庙大成殿位于山西省长治市长子县丹朱镇，现存建筑为元代遗构。

长子文庙大成殿坐北朝南，面阔五间共计14.7米，进深六椽共计13.4米，歇山顶，筒瓦屋面，花琉璃脊饰。梁架为六架椽屋前后乳栿用四柱，有添柱。斗拱四铺作单杪，前后檐及山面柱头铺作相同，不用补间铺作。以支替承华拱及柱头枋，用批竹昂状耍头，昂中央起棱。角铺作使用下昂。

长子文庙大成殿外檐斗拱为北宋原构，体现出典型的北宋晚期特点，具有重要的历史价值。

峪口圣母庙

编号：8-0215-3-018
年代：元至清
类型：古建筑
地址：山西省吕梁市汾阳市

峪口圣母庙位于山西省吕梁市汾阳市峪道河镇峪口村，始建于元大德十一年（1307年），明万历四年（1576年）、清乾隆四十八年（1783年）有修葺。

峪口圣母庙占地面积6104平方米。正殿三间五椽，单檐悬山顶。西朵殿两间四椽，单檐悬山顶。圣母殿三间四椽，单檐悬山顶。西献殿三间四椽，卷棚顶。东献殿一间三椽，悬山卷棚顶。东、西配殿均为三孔窑洞，前檐设檐厦一步。关帝殿面阔三间，进深五椽，单檐硬山顶屋面。山门为三孔窑洞，前后檐均设厦檐一步。

峪口圣母庙布局较为完整，正殿及西朵殿为元代木结构建筑，体现出鲜明的早期元代建筑特点，具有较高的历史价值。

盂北泰山庙

编号：8-0216-3-019
年代：元至清
类型：古建筑
地址：山西省阳泉市盂县

盂北泰山庙位于山西省阳泉市盂县孙家庄镇西盂北村西，始建年代不详，清代屡次维修，现存大殿为元代遗构。

盂北泰山庙为一进院落，占地面积1073平方米。大殿面阔三间，进深四椽，为单檐悬山顶木结构建筑，建筑面积104.45平方米。戏台面阔三间，进深六椽，灰瓦屋面。西耳殿面阔三间，进深一间，灰瓦屋面。西配殿面阔三间，进深四椽，灰瓦屋面。

盂北泰山庙大殿檐柱、椽栿、斗拱的做法以及用材等均体现了元代建筑特点，且壁画精美，具有较高的历史和艺术价值。

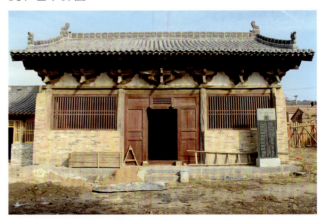

潦河头关帝庙

编号：8-0217-3-020
年代：元至清
类型：古建筑
地址：山西省长治市潞城区

潦河头关帝庙位于山西省长治市潞城区黄牛蹄乡潦河头村东，始建年代不详，现存正殿为元代遗构，其余为清代遗构。

潦河头关帝庙坐北朝南，占地面积786.2平方米，被道路分割成南、北两个院落。北侧院落中轴线由南向北依次建有戏台、正殿，两侧有东、西妆楼和东、西耳殿。南侧院落由南向北依次建有南殿、观音殿。正殿建于石砌台基之上，前出月台和踏跺，面阔五间，进深六椽，前檐廊，单檐悬山顶，灰筒板瓦布顶。殿内梁架用材粗犷，结构为四椽栿对前乳栿用三柱，斗拱五铺作双昂重拱计心造。殿内清代彩绘和墨画依稀可见，庙内遗存明清石碑3通。

潦河头关帝庙建筑配置保存相对完整，反映了潦河头地区纪念关公的习俗。正殿为元代遗构，用材及部件比例协调，结构合理，具有较高的历史和科学价值。

西社卫公庙

编号：8-0218-3-021
年代：元至清
类型：古建筑
地址：山西省长治市平顺县

西社卫公庙位于山西省长治市平顺县北社乡西社村东，始建年代不详，明清两代多次维修。正殿主体构架从形制推断为元代遗构，其余为清代遗构。

李卫公即李靖，隋唐时期杰出军事家，曾率军驻守潞州（今长治地区）抵御突厥进犯，保地方平安，因而受当地百姓纪念。西社卫公庙坐北朝南，一进院落布局，占地面积963.7平方米。中轴线上由南向北依次为山门（上为戏台）、献殿、正殿，两侧分布有西妆楼、东廊

房、东厢房、东耳殿。正殿建于石质台基上，面阔三间，单檐硬山顶，灰筒板瓦屋面，梁架有清代彩绘。献殿与正殿勾连搭，面阔三间，单檐卷棚顶，前出抱厦，灰筒板瓦屋面。山门由两部分组成，一层为砖砌山门过道，设对开板门；二层为戏楼，面阔三间，单檐硬山顶，灰筒板瓦屋面。

西社卫公庙格局较为完整，为研究当地寺庙建筑提供了实物资料。正殿的元代构架、清代彩绘等反映出从元至清当地的建筑工艺水平、社会风尚和民俗风情，具有较高的历史与科学价值。

西下庄昭泽王庙

编号：8-0219-3-022
年代：元至清
类型：古建筑
地址：山西省长治市黎城县

西下庄昭泽王庙位于山西省长治市黎城县上遥镇西下庄村。正殿琉璃脊刹有元至正元年（1341年）题记，碑刻记载明弘治八年（1495年）、清道光十七年（1837年）均有修缮。

昭泽王俗名焦旺禄，唐代道士，因能惩恶助善、呼风唤雨而受祭拜。西下庄昭泽王庙坐北朝南，现存正殿

与东西厢房，占地面积705.9平方米。正殿五间六架椽，单檐悬山顶，明间前后乳栿、通檐用四柱，次间前乳栿后四椽栿、通檐用三柱，前檐用五铺作双下昂，后檐不出斗拱，梁架施彩绘。东西厢房为清代建筑，五间五架椽，单檐硬山顶。

西下庄昭泽王庙为道教寺院，正殿为典型的元代遗构，举架平缓，梁架组合灵活，铺作配置、选材与形制均保留了元代风格，具有较高的历史和艺术价值。

武乡福源院

编号：8-0220-3-023

年代：元至清

类型：古建筑

地址：山西省长治市武乡县

武乡福源院位于山西省长治市武乡县故城镇北良村东北侧高地上，始建年代不详，元代赵城大地震后重建，西配殿琉璃脊刹有元泰定元年（1324年）题记，其他建筑为明清时期增修。

武乡福源院坐北朝南，占地面积约3070平方米，现存建筑有佛殿楼（正楼）、东配殿、西配殿、众神殿及附属建筑。佛殿楼位于福源院中轴线北端，殿宇两层，面阔三间，进深四椽，二层建于高台之上。西配殿单檐悬山顶，面阔三间，梁架为四架椽屋用两柱，前檐用四铺作单昂。

福源院东侧有北良侯村造像，为一尊立体佛像，造像神姿端庄，雕线棱角分明，多用平直刀法，属北齐风格。北良侯村造像位于北朝大同佛教艺术文化南传洛阳与东传邺城的枢纽上，对研究北朝佛教的传播有重要价值。北良侯村造像面容温婉、线条简洁、比例和谐，具有较高的艺术价值。

田庄全神庙

编号：8-0221-3-024

年代：元至清

类型：古建筑

地址：山西省晋城市陵川县

田庄全神庙位于山西省晋城市陵川县附城镇田庄村，始建年代不详，明万历三十九年（1611年）、清嘉庆二十年（1815年）均有重修。大殿为元代遗构，其他为明清建筑。

全神庙可祭祀各路神仙。田庄全神庙占地面积548平方米。大殿三间六椽，单檐悬山顶。东朵殿三间五椽，单檐硬山顶。西朵殿面阔三间，单檐硬山顶。鼓楼一间四椽，单檐硬山顶。东廊房五间五椽，单檐悬山顶。西

厢房五间四椽，单檐悬山顶。

田庄全神庙的选址、布局、建筑结构和建造工艺反映了元、明、清时期陵川县的建筑技术水平，具有一定的科学价值。大殿梁架用材自然朴素，屋顶举折平缓，梁架结构简洁严谨，内柱卷刹明显，具有典型的早期建筑风格，是晋东南地区元代建筑中一处典型而独特的实例，有较高的历史和文化价值。

团东清化寺

编号：8-0222-3-025
年代：元至清
类型：古建筑
地址：山西省晋城市高平市

团东清化寺位于山西省晋城市高平市神农镇团东村，始建于唐，后屡有修缮。其中如来殿为元代遗构，随檩枋及脊刹有清代修缮题记；三佛殿台基有元延祐元年（1314年）立基碑刻，券门有明成化元年（1465年）立殿基石；诸天殿、七佛殿有残碑记载建于明成化五年（1469年）；水陆殿有碑刻记载建于明弘治年间，并于明万历二十二年（1594年）重修；其余均为清代遗构。

团东清化寺坐北向南，三进院落，占地面积2401.95平方米。中轴线上由南向北依次有如来殿、三佛殿、七佛殿等建筑；院落两侧设厢房、配楼。如来殿三间六架椽，单檐歇山顶，梁架为前四椽栿对后乳栿用三

柱，斗拱为四铺作单昂计心造，建筑面积68.89平方米。三佛殿三间八檩带前檐廊，单檐悬山顶，内部梁架为五架梁对前单步梁后双步梁，通檐用四柱，建筑面积185.94平方米。七佛殿五间七檩，单檐悬山顶，梁架为前双步梁对后五架梁，通檐用三柱，建筑面积165.52平方米。

团东清化寺保留了元至清多个历史时期的建筑原构，诸多建筑与碑刻题记记载的寺院历史和物质遗存相互印证，具有较高的历史价值。

梁村洪福寺

编号：8-0223-3-026
年代：元至清
类型：古建筑
地址：山西省晋中市祁县

梁村洪福寺位于山西省晋中市祁县古县镇梁村南隅，大唐开元元年（713年）始建，元大德、明天启、明嘉靖、清道光、民国年间均有修缮。

梁村洪福寺为两组院落，占地面积5320平方米，现存主院、禅堂院两部分。主院为两进院落布局，一进院沿中轴线建有山门、南殿、正殿，二进院中轴线两侧为东大殿及配殿、西大殿及配殿。主院西侧为禅堂院，二进院落布局，一进院有过厅和西配殿，二进院有西配殿。

梁村洪福寺规模较大、保存较为完整，其正殿梁架、斗拱、屋面瓦件均有显著的元代建筑特征，是研究晋中地区元代寺庙建筑的珍贵实例，具有较高的历史价值。

霍州祝圣寺

编号：8-0224-3-027
年代：元至清
类型：古建筑
地址：山西省临汾市霍州市

霍州祝圣寺位于山西省临汾市霍州市前进街城关粮站院内，始建年代不详，明景泰元年（1450年）重建，

明万历、清乾隆年间重修。现存大雄宝殿为元代遗构。

霍州祝圣寺为两进院落，占地面积 2074 平方米。大雄宝殿面阔五间，进深七椽，悬山式顶，内部梁架为四椽栿对前后劄牵，外接前廊一步架。地藏殿为带献厅歇山式建筑，三间六椽。东、西两配殿均为五间四椽带前廊。

霍州祝圣寺大雄宝殿具有显著的元代建筑特征，为研究山西早期建筑提供了实例。大雄宝殿屋顶的琉璃装饰做工精湛，具有较高的艺术价值。

北辛舍利塔

编号： 8-0225-3-028
年代： 明
类型： 古建筑
地址： 山西省运城市万荣县

北辛舍利塔位于山西省运城市万荣县荣河镇北辛村旧村西，明洪武十六年（1383 年）修建，原为崇胜禅院附属建筑，寺已毁，仅存塔。

北辛舍利塔基座呈方形，边长 5.8 米，占地面积 31 平方米。该塔为圆形覆钵式喇嘛砖塔，造型别致，通高约 18 米。塔基埋于地坪下。塔身五层，一层素面无饰，叠梁出短檐，正面当心辟拱门；二层为相叠须弥式；三层为圆形覆钵状。

北辛舍利塔为研究河东佛塔的类型、河东地区汉传佛教及藏传佛教的融汇交流提供了实物资料，具有较高的历史价值。

祁县镇河楼

编号： 8-0226-3-029
年代： 明
类型： 古建筑
地址： 山西省晋中市祁县

祁县镇河楼位于山西省晋中市祁县贾令镇贾令村，始建于明宣德年间，明嘉靖年间及清康熙五年（1666 年）、乾隆五十六年（1791 年）重修。现存为明代建筑。

祁县镇河楼南北走向，建筑面积 269.19 平方米，通高 18.88 米。该楼为明两层暗三层砖木结构过街楼，四重檐筒板瓦歇山顶，绿琉璃剪边，黄绿琉璃脊饰，孔雀蓝方心。

祁县镇河楼体量较大、结构复杂，是抵御水患的实证，对研究当地明清时期的水文活动具有重要价值。

大武鼓楼

编号：8-0227-3-030

年代：明

类型：古建筑

地址：山西省吕梁市方山县

大武鼓楼又称"观音楼"，位于山西省吕梁市方山县城南35千米的大武镇中心，建于明景泰四年（1453年）。现存建筑除个别构件外均为明代原构。

大武鼓楼坐北朝南，占地面积137.6平方米，建筑面积110.88平方米。鼓楼平面为正方形，二层三檐，楼阁式建筑。首层面阔、进深各三间，四面敞开，形成十字通道。二层面阔、进深各五间，梢间为走廊。鼓楼通高16.46米，由内围4根通柱和外围12根檐柱构成，柱头做法特色鲜明。筒板瓦屋面，黑色琉璃瓦脊饰吻兽，黑色琉璃瓦剪边。

大武鼓楼是当地少有的明代楼阁式木结构建筑遗存，也是明清时期该地区商业繁盛、文化发达的实证，具有较高的历史价值。

右玉宝宁寺

编号：8-0228-3-031

年代：明

类型：古建筑

地址：山西省朔州市右玉县

右玉宝宁寺位于山西省朔州市右玉县右卫镇右玉城

村，始建于明天顺四年（1460年），明弘治元年（1488年）、清康熙四十八年（1709年）重修。现仅存前殿和大雄宝殿，均为明代建筑。

右玉宝宁寺坐北朝南，占地面积2546平方米。前殿面阔五间，进深三间，单檐悬山顶，斗拱前后檐用五踩重昂。大雄宝殿面阔七间，进深三间，单檐歇山顶，斗拱前后檐用五踩重昂计心造，两山面不出昂，前檐明间平身科用45度斜昂。寺内原有明代皇家所赐水陆画一套，共计136幅，全名"敕赐镇圃水路神祯"，现藏于山西博物院。

右玉宝宁寺在空间形态、造型、装饰和形式美等方面既体现了我国明代建筑的艺术水平，也体现了山西朔州木构建筑的地方做法，具有较高的历史和艺术价值。

汾阳关帝庙

编号：8-0229-3-032

年代：明

类型：古建筑

地址：山西省吕梁市汾阳市

汾阳关帝庙原名关王庙，俗称"铁马老爷庙"，位于山西省吕梁市汾阳市庙前街，始建于明正德十年（1515年），以后历代屡有修葺或增建。现存建筑为明代遗构。

汾阳关帝庙坐北朝南，两进院布局，东西长82.19米，南北宽73.27米，占地面积6315平方米。建筑包括献殿、正殿和后殿，庙内存明代琉璃狮1对、唐经幢

1 座。献殿、正殿、后殿殿顶脊饰、山花壁及拱眼壁大量采用琉璃装饰，多为明代遗物，色彩纯正、造型生动。

汾阳关帝庙体建筑风格显著，庙内琉璃雕刻具有较高的艺术价值。

胡家沟砖塔

编号：8-0230-3-033
年代：明
类型：古建筑
地址：山西省吕梁市兴县

胡家沟砖塔位于山西省吕梁市兴县蔡家崖乡胡家沟村南 500 米，始建于明嘉靖年间。

胡家沟砖塔为五层八角楼阁式砖塔，平面为八边形，塔身通高 14.43 米。一层塔身边长 1.33 米，直径 4.55 米，宽高比为 1：3.15，占地面积 7.14 平方米。一层为砂石砌筑，二层以上为青砖砌筑，采用磨砖对缝工艺。

胡家沟砖塔门窗、勾栏、斗拱、滴水等均为手工砖体雕刻，图案无一雷同，具有较高的艺术价值。

普救寺塔

编号：8-0231-3-034
年代：明
类型：古建筑
地址：山西省运城市永济市

普救寺塔位于山西省运城市永济市蒲州镇西厢村仁和堡自然村西南，原在普救寺内，始建年代不详，明嘉靖四十一年（1562 年）重修寺、塔，现仅存砖塔。因是《西厢记》故事发生地，又名"莺莺塔"。

普救寺塔平面呈正方形，共 13 层，底层边长 8.35 米，塔身高 39.5 米。塔内部为四方空筒形，一层塔室不设楼梯，室顶砌作叠涩八角穹隆，中有一孔，可通上层。二层到九层塔壁间有转角通道，内设台阶可盘旋至九层。二层以上四面辟门，真假相间。九层至十三层塔壁间不设甬道。塔刹形似葫芦，高约 2 米。塔外壁叠涩出檐十三层，四角悬挂风铃。1991 年于普救寺塔天宫发现铜佛像 1 尊。

普救寺塔基本保持了明代密檐式中空砖塔的形制，具有较高的历史价值。

永济万固寺

编号：8-0232-3-035

年代：明

类型：古建筑

地址：山西省运城市永济市

永济万固寺位于山西省运城市永济市蒲州镇鹿峪村胜利庄自然村南300米处，始建于北魏正光三年（522年），唐大中八年（854年）重建，明洪武、天顺年间多次重修，明嘉靖三十四年（1555年）毁于地震，明万历年间重修。现存建筑为明代遗构。

永济万固寺坐东朝西，依山而建，占地面积2万平方米。现存药师洞、多宝佛塔、无量殿，其余皆为遗址。药师洞依崖而建，青砖拱门，洞高4.66米，进深10.06米。多宝佛塔为密檐式砖塔，八面十三级，一层西面辟门，上砌匾额"多宝佛塔"，内部为方形塔室。无量殿依崖而建，两层仿木结构，筒板瓦琉璃屋顶，内部皆用青砖砌筑，无一大梁，下三洞供三佛"极乐世界"，上三洞砖砌穹隆式藻井，洞前两侧用八字墙，上有"双龙戏珠"及五彩祥云砖雕。

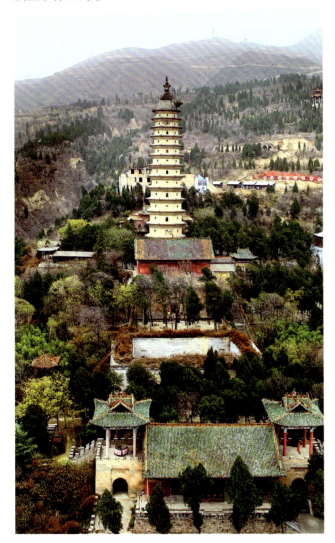

永济万固寺留存大量精美细致的砖雕及石刻，无量殿和药师殿为砖作无梁殿，结构独特，具有较高的历史和艺术价值。

繁峙琉璃塔

编号：8-0233-3-036

年代：明

类型：古建筑

地址：山西省忻州市繁峙县

繁峙琉璃塔位于山西省忻州市繁峙县岩头乡庄子村，塔身布满琉璃佛像约万尊，故称"万佛塔"，又称"万佛延寿宝塔""佛像典翠琉璃塔"。繁峙琉璃塔于明万历二十七年（1599年）开工建造，万历三十二年（1604年）完工。

繁峙琉璃塔坐北朝南，平面呈八边形，13层，高31.55米，占地面积36平方米。塔体建于绿色石雕须弥座上，由下至上逐渐内收，每层出檐。塔身为双层套筒结构。塔体外表皆为空心琉璃砖镶嵌，琉璃砖是明代特有的孔雀蓝，配有层层金黄色祥云，以黄色调为主的万尊佛像端坐其中。龛顶为八角形攒尖顶，由28层砖叠涩而成。塔刹为重宝型。

繁峙琉璃塔塔身高大，气势雄伟，造型独特，是我国现存明代琉璃塔的典型代表，具有较高的历史、艺术和科学价值。

平城兴国寺

编号：8-0234-3-037
年代：明
类型：古建筑
地址：山西省大同市平城区

平城兴国寺位于山西省大同市平城区小西门街南端，据县志记载建于明万历四十七年（1619年）。

平城兴国寺坐西朝东，占地面积1134平方米。中轴线上现存正殿，两侧各有一座双孔砖砌锢窑。正殿外观为重檐歇山楼阁，黄绿色琉璃瓦顶，实则一层为三孔砖砌锢窑，与两侧锢窑连为一体，仅前檐廊为木结构，做五开间的廊步；二层建于锢窑屋顶之上，是单独的木结构建筑，面阔五间，七檩用四柱有环廊。

平城兴国寺正殿将锢窑与木结构建筑组合，带有浓郁的地方特色，具有较高的历史和科学价值。

大同鼓楼

编号：8-0235-3-038
年代：明
类型：古建筑
地址：山西省大同市平城区

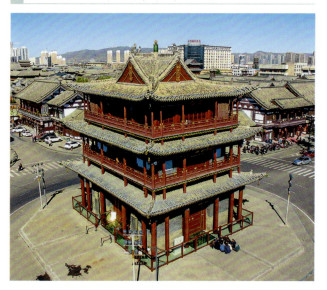

大同鼓楼位于山西省大同市平城区永泰街，又名"更鼓楼"，建于明代，清顺治、乾隆年间重修。

大同鼓楼为三层楼阁式建筑，高约20米，占地面积253平方米。鼓楼面阔、进深各三间，三檐十字歇山顶，琉璃宝刹装饰，周出勾栏平座。二层明间辟门。三层每面均装格扇门窗。

大同鼓楼地处经济文化交流的枢纽，见证了明清时期大同的商业繁盛，也是大同地区少有的保存完好的明代楼阁式木结构建筑，具有较高的历史价值。

西关三圣寺大殿

编号：8-0236-3-039
年代：明
类型：古建筑
地址：山西省阳泉市盂县

西关三圣寺大殿位于山西省阳泉市盂县秀水镇西关村内，始建年代不详，现存建筑为明代遗构。

西关三圣寺原名"净土院"，唐贞观五年（631年）改称"三圣禅寺"，以大殿内供奉佛祖释迦牟尼、文殊菩萨、普贤菩萨三尊佛像而得名。西关三圣寺坐北朝南，现仅存大殿一座，占地面积467平方米，建筑面积337.73平方米。大殿面宽五间，进深八椽，梁架结构为五架梁对前后双步梁用四柱构造。前檐柱头科外转五踩双下昂，后檐为三踩。屋面灰布筒板瓦覆顶，琉璃剪边，饰琉璃脊兽。

西关三圣寺大殿梁架结构受力合理，用材及部件比例协调，反映了明代建筑工艺特点，具有较高的历史价值。

永济扁鹊庙

编号：8-0237-3-040
年代：明
类型：古建筑
地址：山西省运城市永济市

永济扁鹊庙位于山西省运城市永济市虞乡镇洗马村北，始建年代不详，唐咸通、明万历、清康熙、清光绪及民国年间皆有修缮。现存建筑为明代遗构。

永济扁鹊庙坐北朝南，占地面积 10562.68 平方米，建筑面积 200 平方米。扁鹊庙原分东、西两庙，现存东庙，建筑包括献殿、正殿及东西耳殿。正殿供扁鹊和弟子以及中国历史上十大名医彩塑共 14 尊，东西耳殿供扁鹊弟子子阳、子豹及侍从彩塑 6 尊，均为明代作品。

永济扁鹊庙的明代彩塑数量较多，造型独特，保存完好，展现了晋南地区明代塑像风格，具有较高的艺术价值。

董村戏台

编号：8-0238-3-041
年代：明
类型：古建筑
地址：山西省运城市永济市

董村戏台位于山西省运城市永济市卿头镇董村西街北侧村委会院内，始建于元至治二年（1322 年），明代及清康熙十五年（1676 年）、乾隆十六年（1751 年）、嘉庆二十四年（1819 年）皆有修缮。主体结构为明代遗存。

董村戏台坐南朝北，东西长 11.2 米，南北宽 9.85 米，占地面积 110.3 平方米。原有三郎庙，大殿已毁，仅存戏台。戏台面阔三间，进深四椽，单檐歇山顶，筒板瓦屋面。

董村戏台是金元时期晋南杂剧盛行的实证，具有较高的历史价值。

崞阳文庙

编号：8-0239-3-042
年代：明清
类型：古建筑
地址：山西省忻州市原平市

崞阳文庙位于山西省忻州市原平市城北崞阳镇，始建于元大德三年（1299 年），明洪武三年（1370 年）重建，明万历、崇祯及清顺治、康熙、乾隆、同治年间皆有修葺。庙内现存建筑为明清遗构。

崞阳文庙现存三进院落，坐北朝南，占地面积约 1.67 万平方米。中轴线上由南向北依次有影壁、棂星门、泮池、戟门、大成殿，院落西南角有礼门一座。大成殿七间九檩，前设月台，单檐歇山顶，黄、绿琉璃瓦屋面，梁架为七架梁前后单步梁用四柱，檐柱斗拱七踩三昂，并出 45 度斜昂，平身科明间二攒，次、梢、尽间各一攒，建筑面积 414.07 平方米。戟门五间五檩，分心式布局，单檐悬山顶，通檐五架梁用两柱，檐柱斗拱五踩双下昂，里转挑斡为溜金斗拱，建筑面积 128.97 平方米。泮池半月牙形，上有三孔砖石拱桥。棂星门为六柱五间歇山式五牌楼，绿色琉璃瓦顶。影壁为 "一" 字形悬山顶砖结构，面宽 11.32 米。

崞阳文庙是山西省现存规模较大的文庙之一，较为完整地保存了明清时期地方文庙的建筑布局和形制特点，是儒家思想在当地繁衍传承的实证。大成殿较好地保留了明代建筑的平面布局形式、梁架结构等，体现了较高的营造技术，具有一定的历史价值。

阳城文庙

编号：8-0240-3-043
年代：明清
类型：古建筑
地址：山西省晋城市阳城县

阳城文庙位于山西省晋城市阳城县凤城镇东关村，始建于宋，明洪武四年（1371年）重建，清康熙二十八年（1689年）大成殿灾毁新修，清道光十九年（1839年）扩建大成殿为五间，并增修东西庑和戟门等。

阳城文庙分前、后两进院落，占地面积1640平方米，建筑面积1126.5平方米。沿中轴线建有棂星门、泮池、戟门、大成殿，前院东、西两厢分别为明宦、乡贤二祠，后院东、西两厢各建廊庑七楹。大成殿坐落于文庙中轴线北端，面阔五间，进深八椽，重檐歇山顶，黄色琉璃瓦剪边，殿前露台是举行大成祀典的重要场所。

1946～1949年太岳军区曾在此驻扎，大成殿为军区司令部，西厢房为军区政治部。

阳城文庙布局严谨，形制规整，承载了明清时期的人文和建筑信息，具有较高的历史价值。

长则普明寺

编号：8-0241-3-044
年代：明清
类型：古建筑
地址：山西省晋中市平遥县

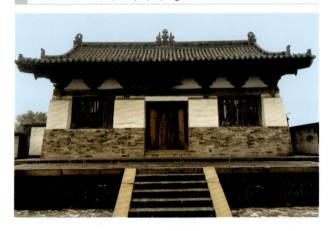

长则普明寺位于山西省晋中市平遥县襄垣乡长则村南，始建年代不详，明成化、万历年间曾有修葺，现存主要建筑为明代遗构。

长则普明寺为一进院落，坐北朝南，占地面积1119平方米，建筑面积806.33平方米。中轴线上建有天王殿、正殿，两侧为东、西配殿。天王殿三间五檩，双坡悬山前后廊，前后檐用三踩单昂斗拱，拱眼壁、山花壁画尚存，梁架彩画依稀可辨。正殿建在1.3米高的砖砌台基上，面阔三间，进深四椽，单檐悬山顶，五檩前廊式构架，梁架施旋子彩画，两山墙有释道群仙聚会题材的明代壁画约94平方米。东、西配殿各三间四椽，单檐悬山顶，东配殿前檐用三踩单昂斗拱，梁架施旋子彩画；西配殿前檐斗拱五踩双翘，两殿拱眼壁残存壁画。

长则普明寺保留了明中期地方建筑特征，屋面举折平缓，梁架用材规整，是研究明代建筑较为重要的实物资料。正殿、东配殿彩画保存基本完整，正殿壁画早期风格明显，是晋中地区壁画、彩绘的典型实例，具有较高的历史和艺术价值。

热留关帝庙

编号：8-0242-3-045
年代：明清
类型：古建筑
地址：山西省临汾市古县

热留关帝庙位于山西省临汾市古县古阳镇热留村，始建于元代，明正德十六年（1521年）、清嘉庆十九年（1814年）、清道光十九年（1839年）重修。

热留关帝庙坐北向南，占地面积1092.29平方米。中轴线上现存山门、戏台、东西配殿、献殿、正殿等。正殿面阔五间，进深三间，重檐歇山顶，屋顶琉璃构件造型生动。献殿面阔三间，进深四椽，单檐灰筒板瓦卷棚硬山顶，方形琉璃方胜。东、西配殿均面阔五间，进深五椽，单檐灰筒板瓦硬山顶，五架梁，方形琉璃方胜。戏台建于高约1.5米的石砌台基上，面阔三间，进深四

椽，单檐灰筒板瓦硬山顶，五架梁结构。

热留关帝庙保存较为完整，气势恢宏，建筑类型、体量多样，地方手法浓郁，是集地区宗教文化、地方建筑风格、实用功能为一体的古建筑群。大殿明代琉璃构件造型生动、工艺复杂、色泽均匀，具有较高的历史和艺术价值。

阳曲轩辕庙

编号：8-0243-3-046
年代：明清
类型：古建筑
地址：山西省太原市阳曲县

阳曲轩辕庙位于山西省太原市阳曲县东黄水镇西殿村东，为纪念轩辕黄帝而建，始建年代不详，明嘉靖十六年（1537年）重建。

阳曲轩辕庙坐北朝南，二进院落布局，占地面积1519.36平方米。庙院中轴线由北向南依次建有正殿、献殿、戏台（兼作山门），两侧为耳殿、配殿、东掖门及东列殿。西耳殿局部坍塌，东耳殿仅存基址，东西配殿前檐墙被改制。正殿为明代建筑，其余为清代建筑。正殿殿内山墙绘有十二药王坐像。

阳曲轩辕庙的建筑布局、建筑形制、装饰风格等反映了当地明清时期的建筑特点，具有较高的历史价值。

霍州鼓楼

编号：8-0244-3-047
年代：明清
类型：古建筑
地址：山西省临汾市霍州市

霍州鼓楼又称"文昌阁"，位于山西省临汾市霍州市十字街中心，始建于明万历十一年（1583年），清乾隆七年（1742年）、三十三年（1768年）、三十五年（1770年）及宣统元年（1909年）屡有修葺。

霍州鼓楼平面呈正方形，底边长14米，占地面积319.6平方米，通高23.22米，为三层单体建筑。一层基座砖砌十字券拱门洞，高11米。二层四周设砖砌围廊。二、三层面阔和进深各五间，重檐三滴水十字歇山顶，四面出抱厦。三层斗拱五踩单翘，瓦件、脊饰全部饰以绿色琉璃。

霍州鼓楼体现了晋南地区市楼的建筑特点，也见证了当地的商业盛衰，具有较高的历史价值。

东姚温牌坊

编号：8-0245-3-048
年代：明清
类型：古建筑
地址：山西省运城市永济市

东姚温牌坊位于山西省运城市永济市城西街道东姚温村西，现存砖、石牌坊各一座。

石牌坊是明崇祯元年（1628年）为旌表蒲州王进之妻张氏所建。坐西朝东，通面阔9.75米。四柱五楼，面阔三间，单檐庑殿顶。三间下部皆为通道，明间宽于两次间。立柱下有须弥石座。

砖牌坊是清乾隆四十年（1775年）为旌表故太学士孟挺之妻王氏所建的节孝坊。坐西朝东，通面阔13米。主体为砖砌而成，四柱三楼，圆形直柱，单檐仿木歇山顶。三间顶部皆为砖仿木结构，单檐歇山顶，铺设平瓦，抱花屋脊与吻兽。

东姚温牌坊现存建筑主体完整，具有较高的历史价值。

阳城寿圣寺及琉璃塔

编号：8-0246-3-049
年代：明清
类型：古建筑
地址：山西省晋城市阳城县

阳城寿圣寺及琉璃塔位于山西省晋城市阳城县芹池镇阳陵村。寿圣寺始建于后唐，宋真宗咸平、景德年间被毁，天禧年间重建。宋英宗治平四年（1067年）赐额"寿圣禅院"。

阳城寿圣寺坐北朝南，二进院落，占地面积1333平方米。中轴线上由南而北建有前殿、琉璃塔、正殿，两侧有厢房、看楼、配殿、耳殿。现存建筑除前殿为明

代遗构，其余皆为清代建筑。琉璃塔建于明万历三十六年（1608年），八角十级，高27.8米，每层皆施琉璃斗栱，外壁嵌满佛教故事传说中的人物琉璃浮雕，富丽堂皇，光彩夺目。寺内有宋碑1通、明碑2通，另有宋经幢1座现存于阳城县文物博物馆。

阳城寿圣寺时代特征明显，其琉璃塔全身被琉璃造像包镶，施以黄、绿、蓝、紫、黑彩色釉，体现了明代琉璃烧造和釉色工艺，具有较高的历史和艺术价值。

高平铁佛寺

编号：8-0247-3-050
年代：明清
类型：古建筑
地址：山西省晋城市高平市

高平铁佛寺位于山西省晋城市高平市米山镇米西村上西门街铁佛寺巷内，历史上曾于金大定七年（1167年）归安过铁佛一尊，遂以此为寺名。铁佛寺正殿门枕石有明嘉靖元年（1522年）重修题记，天王殿门枕石有明隆庆五年（1571年）重修题记，其余建筑为清代遗构。

高平铁佛寺坐北向南，为单进四合院，占地面积892.55平方米。院落中轴线北端为正殿，南端为天王殿，正殿西侧有耳殿三间，院内有东、西禅室各五间。正殿三间七檩，单檐悬山顶，梁架为通檩七架梁用三柱，斗栱前檐用五踩重昂计心造，出斜栱，后檐用三踩斗栱。殿内有释迦牟尼、观音菩萨、二十四诸天等明代彩塑27尊，塑像比真人高大，造型生动。天王殿三间五檩，单檐悬山顶，梁架为通檩五架梁用二柱，前檐用三踩单翘斗栱，两山山花保存有明代壁画。

高平铁佛寺正殿和天王殿的梁架、屋面等均体现了明代建筑风格，且具有鲜明的地方特色，是金、元至明地方建筑风格过渡演变的实物例证。正殿保存有完整的一组佛教彩塑群像，是该地区明代佛教彩塑艺术的杰出范例，具有较高的艺术价值。

墙下关帝庙

编号：8—0248—3—051
年代：明清
类型：古建筑
地址：山西省运城市夏县

墙下关帝庙位于山西省运城市夏县裴介镇墙下村中部，始建于元至正七年（1347 年），明清及民国时期多次重修或增建。现存建筑为明清遗构。

墙下关帝庙坐北朝南，占地面积约 4000 平方米，现存乐楼、看厅、献殿、卷棚、正殿、牛马王祠、土地庙等建筑。大殿为明代建筑，面阔三间，进深五椽，单檐悬山顶，梁架为前单步梁对五架梁用三柱，斗拱为三踩单昂，建筑面积 101.76 平方米。献殿为明代建筑，面阔三间，进深四椽，单檐悬山顶。乐楼为明代建筑，面阔三间，进深四椽，单檐悬山顶。其余为清代建筑。

墙下关帝庙规模较大，布局基本完整，建筑用材规整、结构简洁，为研究晋南地区明代建筑提供了实物例证，具有较高的历史和艺术价值。

留晖洪福寺

编号：8—0249—3—052
年代：明清
类型：古建筑
地址：山西省忻州市定襄县

留晖洪福寺位于山西省忻州市定襄县南王乡留晖村，始建年代不详，元泰定元年（1324 年）重修。正殿为明清建筑，其余为清代建筑。

留晖洪福寺坐北向南，占地面积约 3760 平方米。一进院落布局，中轴线建有山门（天王殿）、圣母乐亭和正殿（大雄宝殿），东西两侧建有配殿，东小院建有关帝殿。正殿为砖石台基，面阔五间，进深四椽，单檐悬山顶，五檩梁架结构。圣母乐亭为攒尖顶，由 14 根露明柱子支撑，结构较为特殊。

留晖洪福寺整体布局紧凑合理，建筑风格独具特色，是山西明清佛教庙宇建筑群的典型实例，具有较高的历史价值。

五台山南山寺

编号：8-0250-3-053
年代：明至民国
类型：古建筑
地址：山西省忻州市五台县

五台山南山寺位于山西省忻州市五台县台怀镇杨柏峪村南坡自然村南约300米，有佑国寺、极乐寺、善德堂三座寺院。始建于元元贞元年（1295年），明嘉靖二十年（1541年）重建，清乾隆年间及光绪三至九年（1877～1883年）重修。民国时期重修改建，将原来的三寺联为一体，统称南山寺。

五台山南山寺坐东朝西，依陡峭山势而建，高低错落，层叠有致，占地面积33310平方米。寺前有"大方光明"砖雕影壁、"信天由命"牌楼、"三摩地"钟楼、"佛国善地"照壁。主体寺院以佑国寺地势最高，有三进院落，包括天王殿、大雄宝殿和雷音殿等，寺内浮雕众多。极乐寺有天王殿、千佛殿、十方堂、大雄宝殿等。另有大雄宝殿院和祖堂院。

寺内现存主体为明至民国时期建筑，台阶、门板、墙裙等部位多镶汉白玉石，上雕人物、动物、花卉等图案。极乐寺大雄宝殿内有明代的十八罗汉塑像。

五台山南山寺是较有影响力的佛教寺院，保存较为完整，反映了明至民国时期佛教寺院的典型格局和建筑形制，体现了地方做法及审美追求，寺内石雕主题丰富、刀工精细，具有较高的历史和艺术价值。

静乐文庙

编号：8-0251-3-054
年代：明至民国
类型：古建筑
地址：山西省忻州市静乐县

静乐文庙位于山西省忻州市静乐县鹅城镇儒林街村，始建于北宋大观年间，明洪武二年（1369年）由城内儒林街迁建于现址，万历十五年（1587年）重建，后代屡有修缮。现存主体为明、清、民国建筑。

静乐文庙坐北朝南，占地面积4722平方米，建筑面积1718.53平方米。西侧轴线主要有棂星门、过殿、大成殿，两侧有东西配殿、西厢房。东侧轴线主要有儒门、启圣祠、明伦堂，两侧有养心斋、存心斋、名宦祠、乡宦祠、敬业堂等，为岑山书院所在。大成殿坐北朝南，砖砌台阶，台基前设月台，面阔五间，进深六椽，单檐

歇山顶。

1938年，贺龙等将领曾在静乐文庙召开各界抗日统一战线大会。

静乐文庙建筑规模较大，布局合理，且保存基本完整，其用材、工艺及艺术风格体现了晋北地区的特点，为研究我国传统儒学文化和文庙建筑提供了很好的实物例证，具有较高的历史价值。

汾阳后土圣母庙

编号：8-0252-3-055
年代：明至民国
类型：古建筑
地址：山西省吕梁市汾阳市

汾阳后土圣母庙位于山西省吕梁市汾阳市城西北田村，始建年代不详，明嘉靖二十八年（1549年）重建，清道光七年（1827年）重修。

汾阳后土圣母庙现仅存正殿、马王殿、眼藏殿。正殿保持明代风格，坐北朝南，面阔三间共计11.1米，进深四椽共计8.4米，单檐悬山顶，琉璃脊饰。梁架为五檩前带廊式构造，斗拱为三踩单下昂，殿门廊庑两侧绘有门神，殿内东、西、北三壁满绘壁画，东、西面壁画高3.7米，北面壁画高2.5米，壁画总面积59.46平方米，绘西王母故事，工笔重彩，沥粉贴金。马王殿、眼藏殿为民国时期建筑风格。

汾阳后土圣母庙体现了明代建筑风格和特点，正殿壁画具有较高的艺术价值。

于成龙故居

编号：8-0253-3-056
年代：清
类型：古建筑
地址：山西省吕梁市方山县

于成龙故居位于山西省吕梁市方山县北武当镇来堡村，建于清早期，被康熙誉为"天下第一廉吏"的于成龙在此出生成长。

于成龙（1617～1684年），山西吕梁人，清初名臣，政绩卓著，为官廉洁，深得百姓爱戴。于成龙故居现存三座院落，沿东西方向依地势落差呈阶梯状分布，总占地面积2752.23平方米。一宅居东，地势最高；二宅居中；三宅居西，地势最低。一宅（俗称大宅）整体坐北朝南，现存北窑、西窑、厦房、南房及大门。二宅整体坐北朝南，占地面积768.4平方米，现存北窑、东西厢房、东西厢房南耳房、西厢房北耳房及大门。三宅整体坐北朝南，现存北窑、西窑、大门及照壁。

于成龙故居现存院落体现了清代建筑风格及特点，有明显晋西北风格，又是见证于成龙成长生活的重要场所，具有较高的历史价值。

阳武朱氏牌楼

编号：8-0254-3-057
年代：清
类型：古建筑
地址：山西省忻州市原平市

阳武朱氏牌楼位于山西省忻州市原平市城西14千米的阳武村，建于清咸丰五年（1855年）。

阳武朱氏牌楼由晚清中议大夫、陕西延榆绥兵道加盐运使武坊畴为其母朱氏所修，原为三座，现存两座石坊。其中主坊与"八"字形影壁位于村内，坐于0.94米高的石雕须弥座上，周绕石雕望柱栏杆。主坊为四柱

三楼歇山顶,长15米,高10.54米,四立柱前后有雕云龙石戗柱斜撑。影壁在牌楼之后,正中雕"福禄寿"三星。主坊前左右各竖石旗杆,旗杆外设石狮。配坊及碑亭位于村口。配坊为四柱三楼歇山顶,高8米有余。侧立碑亭,面宽3.46米,高7.16米,单檐歇山顶,仿木构石雕斗拱五踩重翘,亭内立石碑5通。

阳武朱氏牌楼保存较为完好,主坊、配坊、碑亭主次分明,反映了清代中晚期山西石建牌坊及配套建筑的建造和规划布局,是研究清代中晚期牌楼建筑的重要实物资料。阳武朱氏牌楼石雕技艺高超,具有较高的艺术价值。

阮氏双碑楼

编号: 8-0255-3-058
年代: 清
类型: 古建筑
地址: 山西省运城市河津市

阮氏双碑楼位于山西省运城市河津市小梁乡西梁村道路旁,为清光绪例赠武德佐骑尉阮廷实与其子阮陵云德行碑楼,分别建于清光绪三年(1877年)和光绪五年(1879年)。

阮氏双碑楼坐西北朝东南,砖雕仿木结构,两碑楼相距1.27米。双碑楼形制相同,方形砖砌台基,台基高2.6米、边长3.51米,碑楼通高约8.7米。碑楼为单檐歇山顶,施素筒板瓦,屋顶楼阁式脊刹,龙形鸱吻。两碑楼内各置青石质碑一通,皆由碑额、碑身、碑座组成,通高3.58米,碑身高2.54米、宽0.9米,石碑分别刻

阮廷实及其子阮凌云生平、乐善好施事迹和亲友花名。

阮氏双碑楼为清末光绪年大饥荒后当地士绅以工代赈的实物遗存,反映出清代农村社会的组织结构与救荒机制,双碑并列形制独特、砖雕工艺精湛,具有较高的历史和艺术价值。

解州同善义仓

编号: 8-0256-3-059
年代: 清
类型: 古建筑
地址: 山西省运城市盐湖区

解州同善义仓位于山西省运城市盐湖区解州镇解州村红旗街东段,建于清光绪八年(1882年)。

解州同善义仓坐南朝北,东西宽59.5米,南北长164.4米,占地面积9782平方米。院落分为前院和后场。前院现存义仓大门、北仓、东仓、西仓、南仓,后场现存南仓。义仓大门面阔七间,进深四椽,单檐硬山顶。前院北仓面阔七间,进深六椽,单檐硬山顶,当中辟门洞;东、西仓皆面阔十七间,进深六椽,单檐硬山顶;南仓面阔七间,进深六椽,中间辟门。后场南仓长65米,宽12米,当中三间供奉粮神,现仅存清"道宪札文"碑刻一通。

解州同善义仓有防潮、通风、防盗、坚固、安全等特点,体现了清代仓储建筑的形制、材料和工艺,具有较高的历史和科学价值。

曲沃薛家大院

编号: 8-0257-3-060
年代: 清
类型: 古建筑
地址: 山西省临汾市曲沃县

曲沃薛家大院位于山西省临汾市曲沃县乐昌镇西南

街村西城巷，建于清光绪年间。

曲沃薛家大院坐北朝南，三进院落布局，占地面积1049.6平方米。薛家大院自南向北依次有南房、过厅、过厅楼、北楼等建筑，两侧有东西厢房。大门开于院落东南角，一间三檩，单檐硬山顶。南房三间三檩，单檐硬山顶，西南角有一耳房；东西厢房均为三间四檩带前廊，单檐灰瓦硬山顶。过厅三间四檩带前廊，单檐硬山顶，东、西各有耳房一间。过厅楼三间五檩带前后廊，单檐卷棚顶。北楼三间四檩带前廊，单檐硬山顶；东西厢房均为二层前廊式建筑，二层有走廊连通。

曲沃薛家大院错落有致，古朴典雅，石雕、木雕、彩绘精美，是清代晋南民居的代表性建筑，具有较高的历史价值。

怀覃会馆

编号：8-0258-3-061
年代：清
类型：古建筑
地址：山西省晋城市城区

怀覃会馆位于山西省晋城市城区南街，建于清乾隆年间，为河南北部商人修建，是河南同乡集会、旅居、娱乐的场所。

怀覃会馆坐北朝南，由大、小两个院落组成，占地面积2170平方米，现存建筑有大殿、拜殿、东西耳房、东西厢房、东西厢房耳房、西大殿、西大殿耳房。大殿面阔三间，进深六椽，七檩前出廊构架，占地面积137.12平方米，单檐悬山顶，琉璃脊饰，内壁存有壁画约45平方米。正殿前出三间拜殿，进深四椽，占地面积109.86平方米，单檐歇山顶，孔雀蓝琉璃脊饰，檐下斗拱五踩双翘，雀替、梁架装饰雕刻精美。

怀覃会馆保存较好，格局完整，为研究清代会馆建筑提供了实物资料，具有较高的历史价值。

五台山尊胜寺

编号：8-0259-3-062
年代：民国
类型：古建筑
地址：山西省忻州市五台县

五台山尊胜寺位于山西省忻州市五台县茹村乡龙王堂村东1000米的虒阳岭，相传始建于唐代，北宋天圣四年（1026年）重建后称"真容禅院"，明万历年间改称"尊胜寺"，1922年再次重建。

五台山尊胜寺坐北向南，依山坡而建，占地面积32300平方米，共有建筑350间，中轴线上自南而北依次建有观音殿、三摩地坊、天王殿、大雄宝殿、三佛殿、藏经楼、二十四诸天殿、文殊殿、万藏塔，其余殿堂楼阁、厢房配殿对称分布于东西两侧。寺内存有玉佛5尊、樟木大佛5尊、彩塑佛像390余尊、宋天圣四年石经幢1座、1933年石经幢1座，明清维修碑3通。

五台山尊胜寺地处古时五台山朝山必经之地，且面积较大、整体布局完整，体现了当地传统寺庙的建筑做法和审美追求，具有较高的历史价值。

山神峪千佛洞石窟

编号：8-0480-4-003
年代：元、清
类型：石窟寺及石刻
地址：山西省吕梁市交口县

山神峪千佛洞石窟位于山西省吕梁市交口县石口乡山神峪村北。根据清同治六年（1867年）重修碑记载，石窟始建于元初，现存寺院建筑以清代遗构为主。

洞窟位于千佛洞寺院西部，在红色砂岩上开凿，坐西向东，深3.3米，宽3.9米，高2.2米。石窟正中雕刻一佛二菩萨二胁侍造像5尊，高约1.8米。四周墙壁雕刻造像1003尊，门楣及门框处雕刻金刚、飞天、菩萨、供养人等。

山神峪千佛洞石窟是吕梁山区保存较好、较完整的石窟寺之一，雕刻技法和人物形象具有鲜明的地域特色，为研究北方佛教石窟艺术和佛教文化提供了宝贵的实例。

挂甲山摩崖造像

编号：8-0481-4-004
年代：北朝至明
类型：石窟寺及石刻
地址：山西省临汾市吉县

挂甲山摩崖造像位于山西省临汾市吉县吉昌镇桥南村锦屏山（挂甲山）北，开凿于北朝时期，至明代陆续雕凿。

造像由西向东可分为10组，分布长度近百米。第一、二、三、五、八组为北朝时期造像，第四、六组为明代

造像，第九组为北宋宣和四年（1122年）题刻，第七、十组石刻年代不详。造像组合有一佛二弟子或一佛二菩萨、思维菩萨像、二菩萨等，还有殿堂式石窟，内供两组三世佛。雕刻手法有高浮雕、浅浮雕、线刻白描等。人物造型除佛、菩萨像外，还有力士、供养人等。

挂甲山摩崖造像反映了北朝至明代山西佛教传播的盛况，是研究我国雕刻艺术、佛教艺术的重要实例。

营里千佛洞石窟

编号：8-0482-4-005
年代：北齐至唐
类型：石窟寺及石刻
地址：山西省临汾市乡宁县

营里千佛洞石窟位于山西省临汾市乡宁县昌宁镇营里村东、鄂河北岸，洞窟开凿于北齐，隋唐又有补刻。

营里千佛洞石窟坐北面南，三进院落，占地面积约520平方米，由南向北依次为茶房、藏经堂、正殿、千佛洞。该窟为典型的殿堂式石窟，穹隆顶，高约3.1米，四壁雕满佛像，共计951尊。后部设坛，置一佛二菩萨像。此外还有骑马佛像14组20尊，驾车佛像9尊（车为两轮轿车，黄牛驾辕，车顶为红色）。西壁佛像间刻有"乐平县令靳长生一心侍佛。□□□军□□备都□相州□佛主前□都□昌宁镇"短文。此外还有"昌宁县"字样。

营里千佛洞石窟为吕梁山区仅存的几处早期石窟寺之一，对研究中原地区佛教传播，石窟寺的形成、发展，以及北方佛教艺术等有重要价值。

竖石佛摩崖造像

编号：8-0483-4-006
年代：北齐至唐
类型：石窟寺及石刻
地址：山西省吕梁市交城县

竖石佛摩崖造像位于山西省吕梁市交城县岭底乡竖石佛村南，开凿于北齐至唐。

石像凿于巨石之上，坐西朝东，高7.3米，底部宽8.8米。岩石东壁共有小龛65个，造像100余尊，分列三层，全部东向。其中年代最早的龛内圆雕释迦牟尼佛及菩萨、金刚、力士等像。南向岩面凿刻佛塔1座，高1.9米。浮雕佛塔平座方形，塔身一层，塔檐叠涩挑出，塔门方形，酷似唐代以前的四门塔，但基座和塔刹部分设置较高。塔刹莲座以上又设造像龛两层。

竖石佛摩崖造像是吕梁地区摩崖石刻的重要代表之一，为研究北齐至唐代中国北方佛教石窟发展、佛教艺术传播提供了珍贵材料。

静居寺石窟

编号：8-0484-4-007

年代：唐

类型：石窟寺及石刻

地址：山西省忻州市静乐县

静居寺石窟位于山西省忻州市静乐县丰润镇丰润村南，凿于唐仪凤二年（677年）。

石窟坐东朝西，现存9窟，分布面积430平方米。1～6窟为火焰龛门，长方形，高1.1～1.5米，宽1～1.4米，门两侧设方形石柱或八棱束莲柱，门楣内雕飞天或花卉，三壁均有石造像，内设低坛。3～6窟外壁存摩崖碑3通，均螭首，碑文局部漫漶，尚可识读，有"岁次丁丑七月辛酉朔十五日乙亥建立"之语，推测为唐仪凤二年。7～9窟为长方形，拱券顶，龛门残损，窟内保存有石造像。

静居寺石窟是晋北地区小型石窟的重要代表，造像形态优美、雕刻技艺精湛，为研究北方佛教石窟发展、佛教艺术传播提供了珍贵材料。

高君宇故居

编号：8-0528-5-012

年代：1896～1912年

类型：近现代重要史迹及代表性建筑

地址：山西省太原市娄烦县

高君宇故居位于山西省太原市娄烦县静游镇峰岭底

村，是高君宇的诞生地及其 16 岁以前的住所。

高君宇（1896～1925 年），名尚德，号锡山，娄烦县静游镇峰岭底村人，五四运动时期北京大学学生会负责人、马克思主义宣传者，山西党组织创始人，著名政治活动家，中国社会主义青年团第一届中央委员会执行委员，中共第二、三届中央委员会委员。

故居现存建筑建于清代，整体坐北朝南，依山就势，由西侧主院和东侧偏院组成，占地面积 2590.66 平方米。主院分为上、下两院，上院包括正窑 1 座，东西厢房各 1 座；下院包括正窑 1 座，东西厢房各 1 座，过厅 1 座，南房 1 座和大门 1 座。偏院也分为上、下两院，上院包括正窑 1 座，东西便门各 1 座；下院包括正窑 1 座，东西厢房各 1 座，南房及大门 1 座。

高君宇是山西共产主义运动先驱组织的创始人、中国共产党早期领导人之一，为中国无产阶级革命事业做出了杰出贡献，故居是其早年生活的历史见证，具有重要的历史价值和社会价值。

山西督军府旧址

编号：8-0529-5-013
年代：1916～1937 年
类型：近现代重要史迹及代表性建筑
地址：山西省太原市杏花岭区

山西督军府旧址位于山西省太原市杏花岭区府东街 101 号。

旧址包括西路和东路两组院落建筑群，总占地面积 35110 平方米。现存建筑除西路门楼和东路玉堂春建于清代外，其余均为民国时期所建。西路督军府中轴线上由南向北依次为门楼、渊谊堂、2 号建筑、3 号建筑、小自省堂、梅山。东路为原布政司衙门——玉堂春，现仅存大堂和二堂。旧址内保存有清代和民国时期的石碑 5 通、碣 1 方，并有古树名木多株。

旧址所在地原为明清时期山西巡抚衙门。1911 年 10 月 29 日，同盟会山西分会成立山西军政府，设办公地点于此，此后先后作为督军府（1916 年）、山西绥靖公署（1932 年）、日伪山西省行政公署（1937 年），以及山西绥靖公署、山西省政府、国民革命军第二战区长官司令部（1945 年以后）等机构使用。1949 年太原解放后，旧址成为山西省人民政府所在地，直至 2017 年 9 月迁出。

山西督军府旧址保存较为完整，作为辛亥革命后山西省政治的中心，见证了诸多重要历史事件，其建筑群规模较大，融合了传统官式建筑、外来西式建筑元素及地方建筑特征，具有较高的历史和艺术价值。

忻口战役遗址

编号：8-0530-5-014
年代：1937 年
类型：近现代重要史迹及代表性建筑
地址：山西省忻州市忻府区

忻口战役遗址位于山西省忻州市忻府区高城乡忻口村的红崖湾和后沟。

1937 年 10 月 11 日～11 月 2 日，第二战区国民党部队和中国共产党领导的八路军在"停止内战，一致对外"的思想指导下，相互配合，浴血奋战，在忻口村北阻击由北向南直取太原的侵华日军 23 天，给日军以沉

山西省

第八批 全国重点文物保护单位

重打击。忻口战役是抗战初期华北战场规模较大且历时久、战斗惨烈、战绩辉煌的一次战役，与淞沪、徐州、武汉会战并称抗战初期四大战役，在中国抗战史上占有重要地位。

遗址南北长1000米，东西宽500米，现存中国军队在与日军作战时用于指挥作战、储放军火、安置伤员、隐藏战马的战备窑洞47孔。窑洞于1935年建成，宽约3米，高约4米，深约20米，洞门拱形顶，门洞之上有石垛，垛下有"第×号"字样的横匾。

忻口战役遗址是抗战时期国共两党两军团结合作英勇展开殊死斗争、捍卫国家神圣领土、争取民族独立与解放的重要见证。

金岗库村晋察冀军区司令部旧址

编号：8-0531-5-015
年代：1938年
类型：近现代重要史迹及代表性建筑
地址：山西省忻州市五台县

金岗库村晋察冀军区司令部旧址位于山西省忻州市五台县金岗库乡金岗库村。

1937年11月，时任八路军115师副师长聂荣臻受命创建晋察冀敌后抗日根据地，成立晋察冀军区，并任司令员兼政委。1938年2月始，晋察冀军区司令部在金岗库村驻扎半年，聂荣臻司令员在此指挥了"坚壁清

野""破袭交通"等一系列游击战。

旧址坐西朝东，一进两院布局，占地面积1566平方米。中轴线上依次建有东房、垂花门、西房，两侧分别为大门、东西配房及耳房，共有房屋12栋，建筑面积852平方米。

晋察冀抗日根据地是中国共产党在抗日战争初期于敌后开创的第一个抗日根据地，被毛泽东誉称为"敌后模范的抗日根据地及统一战线的模范区"。晋察冀军区是八路军在晋察冀边区的最高军事领导机关，其司令部是在敌后创建的第一个前线军事指挥机关，在敌后战场的对敌斗争中发挥了极为重要的作用。司令部旧址见证了这段光辉的历史，是中国抗日战争史的重要纪念地。

晋绥日报社旧址

编号：8-0532-5-016
年代：1940～1949年
类型：近现代重要史迹及代表性建筑
地址：山西省吕梁市兴县

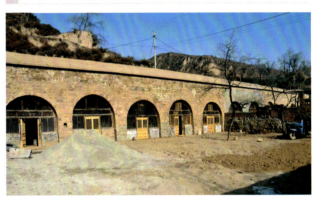

晋绥日报社旧址位于山西省吕梁市兴县高家村镇高家村。

《晋绥日报》是中共中央晋绥分局机关报，创办于1940年9月18日，初称《抗战日报》，1946年7月1日改名为《晋绥日报》。报社先后由赵石宾、廖井丹、周文、郝德青、常芝青（常守廉）等担任社长和总编辑，下设编辑部、总编室、采访通讯部、采买供给部和印刷厂等。

旧址现存37孔窑洞，占地面积1500多平方米，包括编辑部旧址西窑（8孔窑洞）、总编室旧址北窑（3孔窑洞）、采访通讯部旧址北窑（9孔窑洞）、采买供给部旧址（6孔窑洞）和印刷厂旧址北窑（11孔窑洞）。

《晋绥日报》从创刊到1949年5月1日终刊，先后出版了2127期，是开展抗日武装斗争、推动全国解放战争的重要宣传阵地，在晋绥边区革命史上留下了光辉的一页。晋绥日报社旧址是这一光辉历程的见证，具有较高的历史价值。

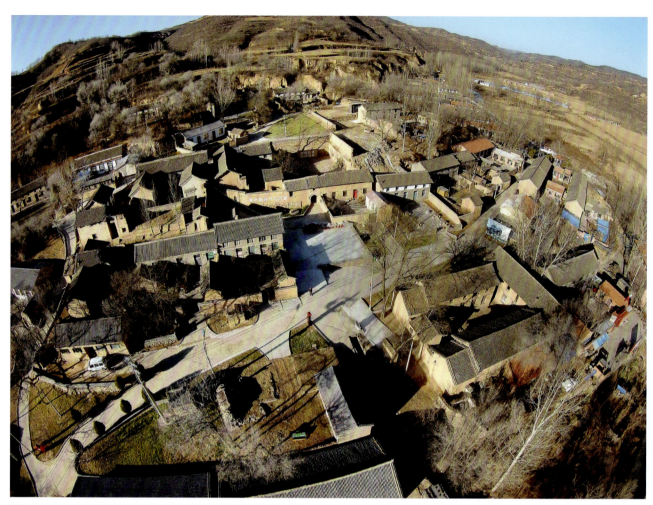

小李村太岳行署旧址

编号：8—0533—5—017
年代：1942～1944 年
类型：近现代重要史迹及代表性建筑
地址：山西省临汾市安泽县

小李村太岳行署旧址位于山西省临汾市安泽县杜村乡小李村。

1942 年 10 月，为开辟岳南、东进中条山、南进晋豫的抗日新局面，太岳区党委、行署、军区等机关由沁源县南迁至安泽县（时属冀氏县管辖）小李村、桑曲、郭庄一带，成为当时太岳区的政治、军事、经济、文化中心。太岳行署驻扎在安泽县杜村乡小李村。1944 年 11 月，太岳行署、太岳军区司令部南迁到沁水县端氏镇端氏村。

小李村太岳行署旧址建筑建成于 1927 年，由三座相邻院落组成，即行署驻地 1 号院、2 号院和太岳行政干校，总占地面积约 3500 平方米。行署驻地 1 号院位于旧址东北部，为坐西面东的上下两进院落。行署驻地 2 号院位于旧址西北部，为坐北朝南的并列两座院落。太岳行政干校位于 1 号院的南侧，为坐东朝西的两进院落。

太岳革命根据地是抗日战争中重要的敌后根据地之一，小李村太岳行署旧址真实、完整地记录和反映了 1942～1944 年中国共产党领导太岳地区军民共同抗战的光辉历史，对研究抗日战争史、抗日根据地行政史有重要的历史价值。

北坡中共中央晋绥分局旧址

编号：8—0534—5—018
年代：1942～1949 年
类型：近现代重要史迹及代表性建筑
地址：山西省吕梁市兴县

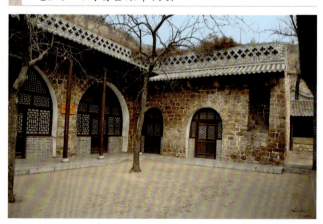

北坡中共中央晋绥分局旧址位于山西省吕梁市兴县蔡家崖乡北坡村。

1942 年 8 月，中共中央晋绥分局正式成立，至 1949 年 5 月前，其最高领导机关一直驻于兴县蔡家崖乡北坡村。在抗战时期，晋绥边区是中国共产党在华北敌后创建的四大抗日根据地之一，是阻挡日本侵略者向西进入陕甘宁边区和中共中央所在地的重要屏障，也是延安党中央与敌后各抗日根据地以及北平、天津联系的交通枢纽和重要通道，具有极其重要的战略意义。在解放战争时期，晋绥边区是中共中央和西北野战部队转战陕北的大后方。

旧址原为民宅，依山而建，坐北朝南，占地面积约 3 万平方米，包括卫生科院，晋绥大众报社院，经济总局院，小小合作社院，民运工作委员会、妇女工作委员会、青年工作委员会院，"中共中央晋绥分局"院，警卫连院，电台室、会议室院，总务处、留守处院等办公地与"晋绥分局机关旧址"牌楼、水井等。

北坡中共中央晋绥分局是晋绥边区共产党的最高领导机关，在党中央的直接领导下为民族独立和全国解放建立了不朽功勋。旧址是晋绥边区的政治、军事、文化中心，具有重要的历史价值和社会教育意义。

临县陕甘宁晋绥联防军指挥部旧址

编　号：8-0535-5-019
年　代：1947 年
类　型：近现代重要史迹及代表性建筑
地　址：山西省吕梁市临县

临县陕甘宁晋绥联防军指挥部旧址位于山西省吕梁市临县林家坪镇沙垣村。

1947 年 7 月，中共中央前委召开小河村会议，制定了解放军在全国范围内实施战略反攻的"三军配合、两翼牵制"战略部署。会议决定恢复陕甘宁晋绥联防军建制，贺龙仍任联防军司令，习仲勋兼任政委。8 月 18 日至 10 月 20 日，陕甘宁联防军曾驻于此地。联防军与

中共中央西北局、陕甘宁边区政府联动配合中共中央后方工作委员会，积极动员群众，全力支援前线，使晋绥解放区进一步成为陕甘宁边区的后方基地。

旧址现存上院、卫生所院、下院和伙房院四个院落，整体布局完整，占地面积 2385.9 平方米，建筑面积 1886.3 平方米。除下院正房建筑为两层外，其余建筑均为一层。正房多为窑洞建筑，窑前或为明柱厦檐，或为无根厦檐，其他建筑有单、双坡硬山顶等多种建筑形式。

临县陕甘宁晋绥联防军指挥部旧址见证了解放战争时期晋绥联防军革命斗争的光辉历史和贺龙、习仲勋等老一辈革命家的革命历程，具有重要的历史价值和社会意义。

临县中央后委机关旧址

编　号：8-0536-5-020
年　代：1947 ~ 1948 年
类　型：近现代重要史迹及代表性建筑
地　址：山西省吕梁市临县

临县中央后委机关旧址位于山西省吕梁市临县三交镇双塔村。

1947 年 3 月，中央机关和军委机关从延安撤至临县，分为中央前委、工委、后委三个机构，其中中央后委机关驻扎在临县双塔村。1948 年 5 月，中央后委与中央前委、中央工委在河北平山县会合，临县中央后委机关的历史使命完成。

临县中央后委机关旧址包括中央外事组旧址、作战部旧址、中央书记特别会计室旧址、毛泽东同志路居、杨尚昆同志旧居、叶剑英同志旧居、邓颖超同志旧居及粮草院等七处院落，总占地面积 4278.31 平方米，建筑面积 2836.35 平方米。旧址建筑群体现了"院院相通、屋顶相连"的地方建筑特色。

中共中央机关由陕北东渡黄河途经山西转战西柏坡，是解放战争期间的一次重大战略转移，顺利完成了中央

机关的两次大搬家（延安—临县—西柏坡）。中央后委在临县存续期间承担着收集情报，联络中央前委、工委和全国各条战线，中转重要物资和人员，负责城工、对外宣传和出版外事资料，保障特需和指导临县土改、整党等重要工作，为解放战争的全面胜利做出了重要贡献。

长城新广武村段、荷叶坪—王家岔段、竹帛口段、阳方口段

编号：8-0000-1-002
年代：北齐、明
类型：古遗址
地址：山西省朔州市山阴县，忻州市岢岚县、繁峙县、宁武县

长城新广武村段、荷叶坪—王家岔段、竹帛口段、阳方口段位于山西省朔州市、忻州市境内，包括北齐时期的新广武村段、荷叶坪—王家岔段，明代的新广武村段、竹帛口段、阳方口段。

新广武村段长城位于朔州市山阴县张家庄乡新广武村。北齐长城长 2098 米，呈东北—西南走向，采用白色石块或者片石垒砌而成。墙体断面近三角形或梯形，为石块和土壤混合的垄状遗存。明长城总长 3630 米，黄土夯筑，外侧包条石、青砖，沿线墙体上分布 20 座敌台。

荷叶坪—王家岔段长城位于忻州市岢岚县王家岔乡武家坪村，长 1307 米，呈东北—西南走向，垒砌齐整，采用青灰色石灰岩石块垒筑而成，中填碎石。墙体上有椽孔，呈梅花点状排列，断面呈梯形。

竹帛口段长城位于忻州市繁峙县神堂堡乡韩庄村，总长 2279 米。随蜿蜒起伏的山势修筑，砖石结构，墙体上多建有敌台，外部砖石砌筑，条石基础，上部包砖。台上额镶嵌"茨字××号"的石刻。由韩庄村东"茨字贰拾贰号"起，从北到南至"茨字叁拾肆号"止，共

13 座敌台。

阳方口段长城位于忻州市宁武县阳方口镇，长 1575 米，包括阳方口关、阳方口 1 段长城、阳方口 1 号堡、阳方口 2 号堡以及敌台 2 座、烽火台 6 座，共计 12 处长城点段。

长城新广武村段、荷叶坪—王家岔段、竹帛口段、阳方口段是长城防御体系的重要组成部分，体现了山西地区长城防御系统的延续性，是研究长城建造技术、防御体系演变的重要资料。

长城新广武村段、荷叶坪—王家岔段、竹帛口段、阳方口段并入第五批全国重点文物保护单位长城。

吴官屯石窟

编号：8-0000-4-001
年代：北魏
类型：石窟寺及石刻
地址：山西省大同市云冈区

吴官屯石窟位于山西省大同市云冈区云冈镇吴官屯村西、十里河北岸的峭壁上，是一处北魏开凿的佛教石窟。

石窟依山开凿，坐北朝南，东西长 60 米，高约 3 米。现存窟龛 32 座，多为小型洞窟或四壁三龛式洞窟。大窟面积约 3 平方米，小窟仅可容身一人，窟内佛像从一指高到 1 米左右不等。主尊造像以释迦多宝二佛并坐、交脚佛为主，两侧雕胁侍菩萨。虽然大多剥蚀严重，但仍能看出其主题和精湛的刀法，依稀可见云冈石窟的浮雕风采。

吴官屯石窟是大同地区小型石窟的重要代表，与云冈石窟关系密切，为研究北魏大同地区佛教石窟发展、佛教艺术传播提供了珍贵材料。

吴官屯石窟并入第一批全国重点文物保护单位云冈石窟。

鲁班窑石窟

编号：8-0000-4-002

年代：北魏

类型：石窟寺及石刻

地址：山西省大同市云冈区

鲁班窑石窟位于山西省大同市云冈区云冈镇云冈村西北。

石窟坐西朝东，南北长约60米，高约4米。现存洞窟3座，平面呈椭圆形，穹隆顶，题材有千佛、力士、供养天人等，洞窟形制特征、造像特点与北魏时期的云冈石窟相仿。

鲁班窑石窟是大同地区小型石窟的重要代表，与云冈石窟关系密切，对研究云冈石窟的开创历史和北魏时期的佛教传播提供了珍贵材料。

鲁班窑石窟并入第一批全国重点文物保护单位云冈石窟。

内蒙古自治区

岔河口遗址

编号：8-0015-1-015
年代：新石器时代
类型：古遗址
地址：内蒙古自治区呼和浩特市清水河县

岔河口遗址位于内蒙古自治区呼和浩特市清水河县宏河镇岔河口村北黄河和浑河交汇的北岸台地上，是一处仰韶文化环壕聚落遗址。

遗址由外侧大型椭圆形环壕、贯穿东西的壕沟及房址、窖穴、灰坑、墓葬等构成，总面积约 4.6 万平方米。出土了陶尖底瓶、陶罐、陶盆、陶瓮、彩陶钵、石磨盘、石磨棒、石球、石刀、石环、骨锥、骨刀及鹿角等大量遗物。

岔河口遗址地层堆积保存较好，文化内涵丰富，发展脉络清晰，文化遗存几乎涵盖内蒙古中南部地区距今 6000～4000 年前不同时期的文化类型，是研究内蒙古史前考古学文化发展演变和文明起源的重要资料。

哈民遗址

编号：8-0016-1-016
年代：新石器时代
类型：古遗址
地址：内蒙古自治区通辽市科尔沁左翼中旗

哈民遗址位于内蒙古自治区通辽市科尔沁左翼中

旗舍伯吐镇哈民艾勒嘎查东北 3500 米，年代距今约 5500～5000 年，是西辽河以北科尔沁地区重要的新石器时代中晚期大型环壕聚落遗址。

遗址已探明面积约 17 万平方米。环壕内发现房址、灰坑、墓葬等遗存。房址成排或成组分布，单体房址平面呈"凸"字形，为半地穴式，面积多在 10～40 平方米。门道长方形，朝向东南。居住面平整坚硬，有圆形灶坑。房址内凌乱堆弃大批非正常死亡的人类遗骸。遗址出土陶器、石器、玉器、骨器、蚌器等近 2000 件遗物，以及鱼类、动物骨骼。

哈民遗址发现大批非正常死亡的人类骨骸，表明该聚落是因特殊原因被突然废弃，为科尔沁草原史前考古学研究提供了一手资料。

丰州故城遗址

编号：8-0017-1-017
年代：辽金元
类型：古遗址
地址：内蒙古自治区呼和浩特市赛罕区

丰州故城遗址位于内蒙古自治区呼和浩特市赛罕区太平庄乡白塔村西南。史载辽神册五年（920 年）辽太祖东迁至丰州城，历 200 余年，元末废弃。

城址平面呈长方形，南北长 1260 米，东西宽 1125 米，周长 4770 米，四边有夯土城垣。除北城垣和东城垣部分被破坏外，马面、城门及瓮城等遗迹保存较好，东南角尚可见敌台。城内散落大量辽、金、元时期的瓷器残片和建筑构件，发现有瓷器窖藏，出土钧窑兽足香

炉、龙泉窑花瓶等。

丰州故城遗址保存较好、规模较大，历经辽、金、元三代，是草原丝绸之路商贸盛景的重要见证。

马鬃山墓群

编号：8-0172-2-005
年代：商周至汉
类型：古墓葬
地址：内蒙古自治区巴彦淖尔市乌拉特中旗

马鬃山墓群位于内蒙古自治区巴彦淖尔市乌拉特中旗呼勒斯太苏木达格图嘎查北马鬃山地区，从青铜时代延续至汉代，约相当于中原地区的商周至汉代。

墓群分布面积400万平方米，地表可辨各类石构墓葬107座，其中方形墓葬46座、亚腰形墓葬40座、"工"字形墓葬12座、圆形墓葬5座、"T"形墓葬2座、石堆墓2座。亚腰形石构墓时代较早，与蒙古国境内发现并命名的"特布希文化"在时代、属性及文化内涵上具有相似性。

马鬃山墓群是草原丝绸之路沿线的一处重要文物遗存，是多元文化交流、碰撞、融合的产物，为研究青铜时代至汉代中亚草原地带不同民族的丧葬习俗提供了重要资料。

昆都仑召

编号：8-0260-3-063
年代：清
类型：古建筑
地址：内蒙古自治区包头市昆都仑区

昆都仑召位于内蒙古自治区包头市昆都仑区卜汗图嘎查昆都仑河沟口西侧。始建于清康熙二十六年（1687年），雍正七年（1729年）建吉日嘎朗图庙，乾隆年间形成以朝克沁独贡为中心、东西活佛府两相呼应、庚毗庙于后的建筑格局。清廷御赐"法禧寺"匾额，是直属清朝理藩院管辖的藏传佛教格鲁派寺庙。

昆都仑召山下部分格局基本完整，坐北朝南，现存建筑有大雄宝殿（朝克沁独贡）、小黄庙（吉日嘎朗图

庙）、四大天王殿、度母殿、时轮殿、东西活佛府、王爷府和哈萨尔殿。后部庚毗沟山麓上有昆都仑召庚毗庙基址。

昆都仑召是内蒙古乌拉特草原三大名寺之一，其布局独特，建筑风貌地域、民族特色鲜明，反映了清代鼎盛时期北方草原区域的建筑技艺水平，具有较高的历史价值。

白塔火车站旧址

编号：8-0537-5-021
年代：1921 年
类型：近现代重要史迹及代表性建筑
地址：内蒙古自治区呼和浩特市赛罕区

白塔火车站旧址位于内蒙古自治区呼和浩特市赛罕区巴彦镇前罗家营村。旧址建成于1921年，1977年停用。

现存站房、信号房、站长室、伙房、老官房。站房为车站主体建筑，面宽 24.46 米，进深 13.78 米，占地面积 337 平方米。青瓦屋面，采用三角木桁架，木龙骨吊顶，东西两侧屋面有半圆形山花，南侧为三角形山花，正脊两端分别砌有方形烟囱。信号房平面呈长方形，砖木结构，占地面积约 5 平方米。站长室面阔四间，平面呈长方形。伙房位于站长室西南，老官房位于站长室西侧。站长室、伙房及老官房总面积为 351 平方米。

白塔火车站由"中国铁路之父"詹天佑设计，是我国近现代史上自主设计并建造的铁路车站代表，也是内蒙古地区近代化转型的重要历史遗存。

侵华日军木石匣工事旧址

编号：8-0538-5-022
年代：1941 ～ 1943 年
类型：近现代重要史迹及代表性建筑
地址：内蒙古自治区赤峰市克什克腾旗

侵华日军木石匣工事旧址位于内蒙古自治区赤峰市克什克腾旗同兴镇努其宫村、同兴村、义成永村交界范围的木石匣河东岸台地及山坡地上。

旧址现存碉堡 15 座、洞库 1 处、地上地下掩体各 1 处、井式工事 2 处、反坦克锥 1 条、劳工殉难地 1 处。

1941 年春起，日本关东军 475 部队一个排进驻木石匣河流域四立本、敖包一带，将住户全部赶走，从外地及当地抓来劳工修筑军事防御要塞工事。三年工程完工后，外地劳工发配到东北继续做苦力，本地劳工则以"执行秘密任务"为由被赶至山谷，全部惨遭杀害。

侵华日军木石匣工事旧址是日本军国主义侵略中国时在内蒙古中东部大兴安岭一线修筑的工事要塞重要节点，是日本军国主义侵华重要罪证。

集宁战役旧址

编号：8-0539-5-023
年代：1946年
类型：近现代重要史迹及代表性建筑
地址：内蒙古自治区乌兰察布市集宁区

集宁战役旧址位于内蒙古自治区乌兰察布市集宁区桥西朝阳街与沙河路、新华街交汇处。

旧址现存建筑为旧面粉公司大楼，由侵华日军建于1940年，废弃于1942年。大楼坐西朝东，采用西方现代建筑形式，占地面积1333平方米，现存主体建筑四层、楼梯间五层以及锅炉房两层的钢筋混凝土框架和砖砌体围护结构。

集宁战役是1946年解放战争初期发生在内蒙古地区的一次具有重要战略意义的战役，旧面粉公司大楼曾是集宁战役中敌我双方争夺最为激烈的一处阵地。旧址外墙表面的累累弹痕以及深嵌在弹洞内的弹头记录了当年激烈、残酷的战争，是见证革命前辈为建立新中国而浴血奋战、不畏牺牲的英雄壮举的重要实物载体。

辽宁省

鸽子洞遗址

编号：8-0018-1-018
年代：旧石器时代
类型：古遗址
地址：辽宁省朝阳市喀喇沁左翼蒙古族自治县

鸽子洞遗址位于辽宁省朝阳市喀喇沁左翼蒙古族自治县水泉乡瓦房村大凌河边第二级悬壁的天然洞穴内，是东北地区旧石器时代中期的重要洞穴遗址。

遗址洞口向东，宽 1.8 米，洞内纵长 15 米，最高处 18 米，分为上、中、下三洞。出土石制品 280 余件，并发现了用火痕迹和少量人类骨骼化石，骨骼形态与智人相当。石器制作技术较高，与北京猿人石器文化有继承关系。伴出 26 个属种的哺乳动物化石。鸽子洞人生活于晚更新世期间的寒冷冰期阶段，地质时代相当于晚更新世中期末，距今约 7 万～5 万年。

鸽子洞遗址是迄今发现的大凌河流域年代最早的古人类居住址，具有重要的科学价值。

张店古城遗址

编号：8-0019-1-019
年代：汉
类型：古遗址
地址：辽宁省大连市普兰店区

张店古城遗址位于辽宁省大连市普兰店区铁西街道二道岭社区（原张店村）平房屯，是辽东半岛南部一处重要的汉代遗址。

遗址由城址与墓群构成。城址为夯筑土城，大、小两城，面积约 10 万平方米。墓群围绕城址分布，包括陈家茔墓地、姜屯墓地、孤堆子古墓群和乔屯墓地，墓群分布面积约 8 万平方米，已发掘两汉时期积贝墓、积石墓、积瓦墓、砖室墓、瓮棺葬等不同类型墓葬 200 余座。出土有马蹄金、"千秋万岁"瓦当、"临秽丞印"封泥等遗物。据研究，该遗址可能为汉武帝设立的沧海郡或汉高祖设立的沓氏县。

张店古城遗址对研究汉代中央政府对东北地区的管辖有十分重要的价值。

三燕龙城遗址

编号：8-0020-1-020
年代：十六国
类型：古遗址
地址：辽宁省朝阳市双塔区

三燕龙城遗址位于辽宁省朝阳市双塔区。龙城始建于十六国前燕时期，明初废弃，现考古发现宫城南门遗址和后燕所建龙腾苑遗址。

宫城南门遗址东西长 40 米，南北宽 30 米，面积 1200 平方米，由夯土城门墩台、砖石砌门道、石子路面、砖路和城墙构成，有三个门道，自前燕至明代多次改建。龙腾苑遗址为后燕所建皇家园林遗址，北燕灭亡后废弃。龙腾苑遗址南北长 1200 米，东西宽 1100 米，占地面积约 130 万平方米，地表可见两处高大的人工堆筑圆丘土山，俗称东团山子和西团山子。考古发现多处夯土基址、道路、古河道等遗迹。

三燕龙城遗址为研究十六国时期北方城市形制提供了实物资料。其中龙腾苑遗址是东北地区年代最早的皇家园林遗址，也是我国仅存的几处古代皇家园林遗址之一，带有鲜卑民族与汉民族文化融合的特点，具有较高的历史研究价值。

卧龙山山城遗址

编号：8-0021-1-021
年代：隋唐
类型：古遗址
地址：辽宁省鞍山市岫岩满族自治县

卧龙山山城遗址位于辽宁省鞍山市岫岩满族自治县杨家堡镇杨家堡村卧龙村民组西山上，为东北地区规模较大、保存较完好的一处山城遗址。

山城沿山脊建造，由内城、外城组成。内城周长 2800 米，面积 80 多万平方米，设有东、南、西、北、西南五门，东部谷口为正门，墙基北侧底部有泄洪口。外城位于内城东南部，呈半圆形，墙体小而低平，南北两端与内城相接。山城西峰制高点有一石砌圆形台址，东城门外有一高台。出土板瓦、莲花纹瓦当、夹砂陶罐、铁镞等遗物。

卧龙山山城遗址具有典型的军事防御特点，对研究东北地区山城构造和军事防御体系有重要价值。

萨尔浒城遗址

编号：8-0022-1-022
年代：明清
类型：古遗址
地址：辽宁省抚顺市抚顺县

　　萨尔浒城遗址位于辽宁省抚顺市抚顺县上马乡竖碑村北，原为建州女真苏苏河部萨尔浒寨，清顺治后废弃。

　　城址总面积约 100 万平方米，依山势修筑，呈不规则椭圆形，分内城和外城两部分。内城位于西部，平面略近菱形，周长约 990 米，城内发现多处房址。外城建于内城东侧，与内城相连，周长约 4287 米，城墙、城门等清晰可辨，人工城垣厚重高大，保存完好。出土有生产生活用具和兵器等。

　　萨尔浒城遗址是研究东北地区女真族各部落交往互动、明与后金关系的重要资料。

医巫闾山辽陵

编号：8-0173-2-006
年代：辽
类型：古墓葬
地址：辽宁省锦州市北镇市

　　医巫闾山辽陵位于辽宁省锦州市北镇市医巫闾山，是辽代帝陵——显陵和乾陵的所在地。显陵为东丹王耶律倍和其长子辽世宗耶律阮的陵寝。乾陵为辽景宗与睿智皇后萧绰的陵寝，辽末代皇帝天祚帝死后也葬于乾陵。

　　医巫闾山辽陵是一个由帝王玄宫、陵前建筑、陵区道路、附属建筑和陪葬墓群等组成的地上、地下建筑遗址群。其中琉璃寺遗址、琉璃寺西山遗址、望海峰遗址、二道沟瞭望台遗址、坝墙子遗址、龙岗墓群、王家窑石板道等 7 处遗址位于二道沟地区；偏坡寺遗址、骆驼峰遗址、三道沟瞭望台遗址、新立辽代建筑遗址、新立辽墓（辽乾陵玄宫）、西夹槽石板道、新立石刻、洪家街

辽墓群（耶律隆运家族墓地）、小河北辽墓群（耶律隆裕家族墓地）等 9 处遗址位于三道沟地区。

　　新立辽代建筑遗址揭露出一组较完整的辽代廊院建筑基址，由正殿、殿门和四周廊庑围合而成，外部环绕一周露明的排水通道。这是迄今发现年代最早的一组满铺琉璃瓦的建筑群，为中国古代建筑史研究提供了不可多得的实物标本。

　　龙岗墓群、洪家街辽墓群和小河北辽墓群出土七合墓志，其中包括"澶渊之盟"的主要缔造者——辽代大丞相耶律隆运的墓志，为辽史研究提供了丰富的资料。墓葬出土大量珍贵遗物和壁画，为了解契丹贵族的丧葬礼仪、生活习俗等提供了宝贵资料。

　　医巫闾山辽陵规模庞大，内涵丰富，遗址保存较好，具有重要的历史、艺术和科学价值。

喀喇沁右翼旗蒙古王陵

编号：8-0174-2-007
年代：清
类型：古墓葬
地址：辽宁省朝阳市建平县

　　喀喇沁右翼旗蒙古王陵位于辽宁省朝阳市建平县三家乡新爱里村东北 1500 米的龙旦山下，是清代历任喀喇沁右翼旗蒙古札萨克及其亲族墓区。

　　王陵分为东、西两苑。东苑葬历代札萨克，面积

1674.1平方米。由明堂（前殿）、石牌坊（悬康熙所书"潘屏世泽"匾）、大雄宝殿、享殿（内奉13任喀喇沁王画像）、亲王陵组成。13座亲王陵呈"人"字形排列，中间4座为砖砌圆形宝顶，其余9座为土封坟，墓葬均为砖室，壁画精美。西苑为札萨克亲族墓区，面积、布局与东园略同，共有墓葬30余座。

喀喇沁右翼旗蒙古王陵是国内唯一一处塔布囊王陵，规模大，保存完整，建筑风格具有满蒙汉藏融合的特点，是研究清代陵寝规制、丧葬制度、祭祀礼仪、建筑技术与工艺不可多得的实物资料。

朝阳南塔

编号：8-0261-3-064
年代：辽
类型：古建筑
地址：辽宁省朝阳市双塔区

朝阳南塔位于辽宁省朝阳市双塔区南塔街道南塔社区，建于辽统和二年（984年）。

朝阳南塔为方形十三级密檐式砖塔，承袭了隋唐方形塔的形制，同时兼具辽代特色，现高42.6米，占地面积400平方米。塔基座为方形素面；须弥座设束腰两层，每层束腰设壸门5个，内雕云龙等，束腰上部为砖雕仰莲，承托塔身；塔身南面正中设券门，其他三面设假门，门两侧砖雕卷云，门顶浮雕华盖；华盖两侧各嵌一石雕塔铭，上刻八大灵塔名称；塔檐13层，一层大檐做仿木砖雕斗拱承挑瓦面，四面补间斗拱和转角斗拱共40朵，各拱眼壁内原置有石雕菩提达摩像，二层以上各檐叠涩内收。

朝阳南塔是仅存的辽代方塔之一，是研究辽代佛塔以及同期朝阳地区密宗佛教文化传播和发展的珍贵实物，具有较高的历史、艺术和科学价值。

开原崇寿寺塔

编号：8-0262-3-065
年代：辽金
类型：古建筑
地址：辽宁省铁岭市开原市

开原崇寿寺塔位于辽宁省铁岭市开原市老城街道石塔社区，始建于辽重熙六年（1037年），也有考证为金正隆元年（1156年）或大定三年（1163年）所建。

开原崇寿寺塔高45.72米，占地面积300平方米，由基座、塔身、塔檐、塔刹四部分组成。基座高7.47米，1938年因残损严重而重修。塔身高7.39米，八角各有半圆形倚柱，每面正中砌拱形佛龛（高2.8米、宽1.2米、深1米），龛内砖心砖雕仰覆莲须弥座，座上砖雕坐佛一尊。塔檐通高25.86米，由13层塔檐组成，层层内收。塔刹部分铁刹杆高约5米，最上端为五层檐铜塔，塔身有孔形龛门；塔下相轮，轮下四颗宝珠，均铜制；最下为露盘，盘周穿八孔，以八条铁链结角脊。

开原崇寿寺塔是东北地区现存年代较为久远的辽代密檐佛塔，具有较高的历史、艺术和科学价值。

永安石桥

编号：8-0263-3-066
年代：清
类型：古建筑
地址：辽宁省沈阳市于洪区

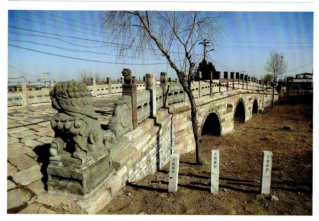

永安石桥位于辽宁省沈阳市于洪区大兴街道永安村东侧，为清太宗皇太极敕建，是清朝盛京通往北京以及帝王东巡之路，清崇德六年（1641年）秋建成。

永安石桥为三孔砖拱石桥，桥身全长37米，外宽14.5米，路面宽（地栿里口）8.9米，两端各宽12米。桥头两侧各有一对雌雄对望的大石狮。桥两侧各立19根栏柱，端柱柱头上是圆雕狮子，其他柱头均作复巾式。端柱外置抱鼓石，抱鼓石外置小狮子。两栏柱中间镶栏板，共36块。下铺地栿石。桥下有三孔，中孔拱径3.73米，两边孔拱径3.43米，拱矢高度1.83米。桥拱下铺长条石，拱间水下北面砌有3.9米长的迎水剑，南面砌有2.7米长的分水剑。

永安石桥用龙头和龙尾装饰，设计考究，雕工精美，有浓郁的民族风格，体现了我国古代桥梁建筑的精湛艺术，具有较高的历史、艺术和科学价值。

旅顺沙俄陆防副司令官邸建筑

编号：8-0540-5-024
年代：1900年
类型：近现代重要史迹及代表性建筑
地址：辽宁省大连市旅顺口区

旅顺沙俄陆防副司令官邸建筑位于辽宁省大连市旅顺口区白玉街31号，俗称"南楼"，建于1900年，日本占领时期曾进行过加建。

旅顺沙俄陆防副司令官邸建筑原为俄关东军副司令乌洛克夫少将的官邸，1905年日俄旅顺战争后成为日本关东都督府都督官邸，1927年成为日本关东厅长官邸，同年日本高级幕僚在此召开制定侵略中国东北三省及蒙古策略的"大连会议"（亦称"第二次东方会议"）。

官邸采用带有典型俄罗斯古典风格特征的折中主义建筑形式，占地面积1300平方米，建筑面积2170平方米，依地势一至三层不等，单体建筑组合富有变化。南面设有私家花园，喷泉尚在，与室外台阶构成有机的整体。建筑造型独特，门亭精美，山墙与坡屋顶的组合样式多变。室内装饰华丽，天棚彩画、壁面油饰、地毯、落地窗帘、绘画以及家具陈设保存基本完好。

旅顺沙俄陆防副司令官邸建筑是近百年来俄日帝国主义侵略中国的重要实证，作为沙俄在华建造的高级别官邸别墅，对研究近代俄式建筑风格、建筑艺术以及建造工艺也有重要价值。

鞍山钢铁厂早期建筑

编号：8-0541-5-025
年代：1920～1977年
类型：近现代重要史迹及代表性建筑
地址：辽宁省鞍山市铁西区、铁东区

鞍山钢铁厂早期建筑位于辽宁省鞍山市铁西区、铁东区。

日俄战争结束后，日本对鞍山地区进行非法的秘密探矿，满铁于1933年4月成立了昭和制钢所。1946年，国民党资源委员会接收昭和制钢所，同年10月成立鞍山钢铁有限公司。1948年，东北行政委员会批准成立鞍山钢铁公司。1949年，鞍钢作为新中国第一个恢复建设的大型钢铁联合企业正式复工。

鞍山钢铁厂早期建筑包括迎宾馆、大型轧钢厂厂房、无缝钢管厂厂房、7号高炉、烧结总厂二烧车间、机关办公楼、保卫部办公楼、职员宿舍，总建筑面积约92450平方米。

迎宾馆位于铁东区迎宾街21号，建于20世纪30年代，砖混结构，地上两层，地下一层，建筑面积2350平方米。新中国初期曾作为中共中央领导人视察鞍钢时的住所。1960年，著名的"鞍钢宪法"即在此提出。

大型轧钢厂厂房位于铁西区鞍山钢铁集团有限公司厂区，前身是昭和制钢所第一压延厂轨条工场，1952年重建，1953年投产，为单层钢筋混凝土框架和钢屋架结构，建筑面积5.07万平方米。该厂是鞍钢"三大工程"之一，也是我国第一座大型的机械化、自动化轧钢厂。

无缝钢管厂厂房位于铁西区鞍山钢铁集团有限公司厂区，1952年动工建设，1953年投产，建筑面积22312平方米。该厂是鞍钢"三大工程"之一，也是新中国第一座无缝钢管厂。

7号高炉位于铁西区鞍山钢铁集团有限公司厂区，1939年建成投产，1945年停产，1953年作为鞍钢"三大工程"之一进行重点建设，成为我国第一座现代化高炉。现存7号高炉建于1977年，由当时的7号、8号高炉合并而成，同年12月投产，容积2503立方米，是当时国内最大的高炉。

烧结总厂二烧车间位于铁西区环钢路1号，占地面积4300平方米，前身为日伪"选矿工场"。现存建筑建成于1956年，由苏联设计。

机关办公楼建成于1933年，钢筋混凝土结构，是日本建立制钢所时的办公楼，后作为鞍钢机关办公楼使用至今。初建时为三层建筑，20世纪50年代初加建一层。

保卫部办公楼建于1925年，二层砖混结构，俄式风格。

职员宿舍建于1920年，由"东京建筑会社"建造，三层砖混结构，俄式风格，后成为鞍钢第一职工宿舍。

鞍钢被誉为"新中国钢铁工业的摇篮""共和国钢铁工业的长子"，为新中国经济建设做出了巨大贡献。鞍山钢铁厂早期建筑是新中国工业化建设和钢铁工业发展的历史见证，集中反映了特殊历史时期的工业建设成就和城市风貌特征，具有重要的历史价值和科学价值。

中共满洲省委旧址

编号：8-0542-5-026
年代：1927～1929年
类型：近现代重要史迹及代表性建筑
地址：辽宁省沈阳市和平区

中共满洲省委旧址位于辽宁省沈阳市和平区皇寺路福安巷3号。

1927年10月中共满洲省委成立后，第一任省委书记陈为人以奉天英美烟草公司帮办身份为掩护，租用了北市场福安里的民宅作为省委机关驻地，在这里秘密开展革命活动。陈为人、刘少奇、陈潭秋、周恩来、谢觉哉、罗登贤、杨靖宇、赵尚志、赵一曼、周保中、李兆麟等老一辈革命家和抗日民族英雄曾担任满洲省委书记或其他重要职务。

旧址建筑是一栋硬山式青砖瓦房，坐北朝南，面阔六间，进深一间，建筑面积 111.45 平方米；东侧四间是机关办公地，东首间是厨房餐室，次间为秘书处工作人员张光奇的办公室，第三间是客厅（会议室），第四间是陈为人和妻子韩慧芝的卧室。

中共满洲省委是中国共产党在东北设立的第一个最高领导机构（东北局前身），是中国共产党在东北革命的源头和摇篮，是东北抗战的发起者、组织者、推动者和领导者，并且缔造了英勇的东北抗日联军。中共满洲省委旧址见证了中国共产党在东北开展反帝、反封建、反殖民斗争，组织东北人民反抗日本侵略的光辉历史，具有重要价值。

北大营营房旧址

编号：8-0543-5-027
年代：1931 年
类型：近现代重要史迹及代表性建筑
地址：辽宁省沈阳市大东区

北大营营房旧址位于辽宁省沈阳市大东区柳林街 2 号。

北大营始建于 1907 年，是清末新政的产物，其距沈阳古城北门 4000 米，西距中东铁路南满支线 300 米，南距柳条湖村 500 米。整个营区接近正方形，占地面积 400 万平方米，曾先后作为清末新军第 21 混成协驻地、奉军用地、东北军独立第 7 旅所在地和"奉天俘房收容所"临时营区（二战期间美英盟军战俘在沈阳最早的关押地）。

1931 年 9 月 18 日晚 10 时，日本关东军自行炸毁了南满铁路柳条湖一带的一小段，并以此为借口突然袭击东北军驻地北大营，拉开了侵华战争序幕。

北大营现存建筑为九一八事变前东北军独立第七旅第六一九团第二营的三栋营房，占地面积约 5000 平方米，建筑面积约 1500 平方米。建筑内部无隔墙，空间通畅，屋顶结构为贯通的三脚木屋架。

北大营在九一八事变中打响了中国军队抗战的第一枪，是中国抗战起点的历史见证，具有重要的历史价值。

侵华日本关东军护路守备队盘山分队旧址

编号：8-0544-5-028
年代：1932 年
类型：近现代重要史迹及代表性建筑
地址：辽宁省盘锦市双台子区

侵华日本关东军护路守备队盘山分队旧址位于辽宁省盘锦市双台子区胜利街东段，占地面积 575 平方米，建筑面积 198 平方米。

九一八事变后，日伪掌控了贯穿盘锦的沟营铁路，于沿线各村屯组织"铁路爱护村"，同时成立"关东军护路守备队盘山分队部"，并于 1932 年在盘山火车站附近新修一座建筑，作为守备队的办公场所。

旧址建筑为砖混浇注的二层小楼，呈长方形，以清水红砖砌筑，墙体红色，故被当地群众俗称为"小红楼"，是当年盘山县城最高的建筑。该楼建成之初戒备森严，四周围以铁刺网，大门两侧亦有以麻袋垒成的工事。旧址南面原有日军所立石碑一通，现已无存。

侵华日本关东军护路守备队盘山分队旧址记录了盘山沦陷后，侵华日军控制铁路运输线掠夺东北物资、残害中国人民的历史。

台吉万人坑遗址

编号：8-0545-5-029
年代：1943 年
类型：近现代重要史迹及代表性建筑
地址：辽宁省朝阳市北票市

台吉万人坑遗址位于辽宁省朝阳市北票市台吉管理区台吉街道以南 1000 米的山坡上。

1942 年至 1943 年冬，日本侵略者在此地大肆掠夺矿产资源，实行丧尽天良的人肉式开采，并灭绝人性地

将大量被迫害的死难矿工尸体扔进万人坑。

万人坑遗址呈长方形，南北长 150 米，东西宽 100 米，面积 15000 平方米。1968 年对台吉万人坑进行了小面积的发掘清理，揭露矿工遗骸 6000 多具。

台吉万人坑遗址是日本侵略者掠夺我国资源、残害中国人民的铁证。

审判日本战犯特别军事法庭旧址

编号：8-0546-5-030
年代：1956 年
类型：近现代重要史迹及代表性建筑
地址：辽宁省沈阳市皇姑区

审判日本战犯特别军事法庭旧址位于辽宁省沈阳市皇姑区黑龙江街 77 号。

旧址原为中国科学院东北分院俱乐部，1955 年扩建后更名为利群电影院分院。现存建筑始建于 1954 年，为一栋二层独立小楼，占地面积 2160 平方米，建筑面积 1545 平方米。小楼坐西朝东，砖混结构，两坡顶，东、

西两侧山墙分别建有中式门楼和西式山花，在建筑风格上融合了中国传统民族样式和西方近代建筑特征。

1956 年 6 月 9 日～ 7 月 20 日，中华人民共和国最高人民法院特别军事法庭在这里开庭审判了苏联移交中国的 36 名侵华日本战犯。

沈阳审判是鸦片战争以后饱受列强欺凌的中国人民第一次在自己的国土上，不受任何外来势力干扰，独立地审判侵略者。审判日本战犯特别军事法庭旧址是这一历史事件的见证，具有重要的历史价值。

上王家壁画墓

编号：8-0000-2-001
年代：汉晋时期
类型：古墓葬
地址：辽宁省辽阳市太子河区

上王家壁画墓位于辽宁省辽阳市太子河区望水台街道上王家村，墓主为东汉末年以降辽东地区的强宗豪族。

墓室面积约 20 平方米，有前廊及两个后室，右侧为男性，左侧为女性，随葬品有铁镜、青瓷虎子、朱漆

奁盒、陶盘以及五铢、货泉等钱币。棺室石壁及棺前柱石上绘有墓主人宴饮图、车骑图、流云图等壁画，构图简单、墨线粗豪，以朱色为主，颇具特色。墓室前廊顶部用四层石板抹角叠压成平顶方形天井。

上王家壁画墓对研究汉晋时期的典章制度、冠服制度，以及辽东地区经济、文化、社会习俗等具有重要价值。

上王家壁画墓并入第一批全国重点文物保护单位辽阳壁画墓群。

满铁农事试验场熊岳城分场旧址

编号：8-0000-5-002
年代：1909～1945年
类型：近现代重要史迹及代表性建筑
地址：辽宁省营口市鲅鱼圈区

满铁农事试验场熊岳城分场旧址位于辽宁省营口市鲅鱼圈区熊岳镇铁东街，建于1909年。现存建筑包括事务室及气象站旧址、普通养蚕室旧址、实验室旧址、昆虫饲育室旧址、树木园旧址，占地面积61813平方米，建筑面积1476平方米。

事务室旧址建筑平面呈"一"字形，红砖砌体结构，上覆四坡顶木屋架。建筑入口处上方为气象观测塔，1914年1月1日开始观测并有正式气象记录。

普通养蚕室旧址建筑为"L"形，红砖砌体结构，两坡屋顶大空间为主，南北朝向，南北外墙对位开窗，创造自然通风条件。

实验室旧址为单廊式建筑，红砖砌体结构，上覆盖两坡屋顶，屋架高敞（坡度45度，一般为20度左右），以便在自然条件下营造恒定的室内温湿度。

昆虫饲育室旧址建筑呈"T"形，红砖砌体结构，覆盖两坡顶，内部分为三个主要空间。

树木园旧址包括北园和南园，建立初期面积为1.47公顷，以栽培东北所产树木为主，也有日本、朝鲜和北美等地的树木，是中国大陆建园最早的植物园（树木园）。

满铁农事试验场熊岳城分场是日本南满铁道株式会社在我国东北设立的农事试验场之一，是中东铁路沿线少见的以农业科学研究为目标的机构。旧址是20世纪初日本借"铁路附属地"建设之名对东北地区实施经济和文化侵略的罪证，具有重要的历史和科学价值。

满铁农事试验场熊岳城分场旧址并入第六批全国重点文物保护单位中东铁路建筑群。

吉林省

和龙大洞遗址

编号：8-0023-1-023

年代：旧石器时代

类型：古遗址

地址：吉林省延边朝鲜族自治州和龙市

和龙大洞遗址位于吉林省延边朝鲜族自治州和龙市崇善镇元峰村图们江上游的二级台地上，是一处旧石器时代晚期遗址，年代距今 1.5 万～1 万年。

遗址总面积约 100 万平方米，地表密布黑曜石碎片，文化层较为单一，出土细石核、细石叶、石砧、雕刻器、端刃刮削器、尖状器、矛头、两面器等石器。考古发现人类用火留下的少量红烧土块和炭屑、表面有烧灼痕迹的动物骨骼残块，以及一件加工精美、局部磨光的角锥状石器。

和龙大洞遗址成熟的黑曜石细石器制作工艺技术，对于探讨东北亚地区黑曜石原料资源的交流与共享，以及现代人类在东北亚地区的迁徙运动及文化交流有重要意义。

后套木嘎遗址

编号：8-0024-1-024

年代：新石器时代、周

类型：古遗址

地址：吉林省白城市大安市

后套木嘎遗址位于吉林省白城市大安市红岗子乡永合村西北，是一处新石器时代及青铜时代遗存，其中青铜时代遗存的年代相当于中原地区的周代。

遗址现存面积近 141 万平方米，地表多被垦为耕地或林带，保存状态较好。考古揭露墓葬、灰坑、灰沟、房址等遗迹，出土石器、陶片及动植物遗存，多个灰坑或灰沟中有明显的祭祀现象。根据测年结果，陶器年代最早距今一万多年。发现 11 例变形的颅骨，颅骨被人为拉长，前后头部被压扁。这 11 例个体的死亡年龄在 3～40 岁。其中年代最早的头骨距今约 12000 年，最晚的距今约 5000 年。

后套木嘎遗址延续时间较长，其一期遗存是我国东北地区迄今所见年代最早的新石器时代遗存，填补了一万年前早期陶器在地域分布上的空白，为探索东北地区陶器起源提供了重要线索；填补了嫩江中下游地区新石器时代文化序列的重要缺环，对揭示当时的社会组织结构以及居民人种类型、健康状况、遗传性状和饮食结构等有重要价值。

农安五台山遗址

编号：8-0025-1-025

年代：新石器时代、周

类型：古遗址

地址：吉林省长春市农安县

农安五台山遗址位于吉林省长春市农安县永安乡艾干吐村刘宝山屯西 500 米的五台山上，东邻波罗湖，是一处新石器时代和青铜时代的大型聚落遗址，其中青铜时代遗存的年代约相当于中原地区的周代。

遗址分布面积 1 万余平方米。考古揭露房址、墓葬、灰坑、灰沟等遗迹，其中新石器时代圆角方形房址为半地穴式，呈向心状环绕台地分布。出土陶器、玉石器、骨角器近 1000 件，陶器残片数万片，动物骨骼上千件。新石器时代陶器以筒形罐为主，具有左家山下层文化特征。青铜时代陶器以单耳陶杯和敞口鼓腹罐为主，具有白金宝一期文化特征。

农安五台山遗址对于构建西流松花江流域史前考古学文化编年序列、探索地域性聚落形态和人居环境等具有重要意义，同时为阐释嫩江流域和西流松花江流域新石器时代、青铜时代考古学文化的交流互动关系提供了全新的线索。

代西团山文化、汉代夫余文化、唐代渤海文化三个时期。其中唐代渤海文化遗物较多，有陶罐、玉璧、珠饰、金属带饰、铁兵器、甲片以及马具等，随葬的 10 余件玉璧为吉林地区首次发现。

大海猛遗址延续时间较长，文化多样，为研究东北地区多种文化演变发展提供了重要资料。

大海猛遗址

编号：8-0026-1-026
年代：周至唐
类型：古遗址
地址：吉林省吉林市龙潭区

大海猛遗址位于吉林省吉林市龙潭区乌拉街杨屯东南漫岗上，是西流松花江流域一处青铜时代延续至唐代的重要遗址，其中青铜时代遗存的年代约相当于中原地区的周代。

遗址面积 6 万平方米，考古揭露房址、墓葬、瓮棺葬等遗迹，出土遗物类型多样、数量丰富，包含青铜时

东团山遗址

编号：8-0027-1-027
年代：汉
类型：古遗址
地址：吉林省吉林市丰满区

东团山遗址位于吉林省吉林市丰满区江南乡永安村。遗址包括山城、平地城两部分，总面积约 20 万平方米，其中平地城遗址可能为汉代夫余文化前期的王城所在。

山城构筑于山顶至山脚间，营建三道城垣，辟有东、北两门，面积 6.1 万平方米。平地城俗称"南城子"，

分布在东团山东南麓，城址近圆形，城垣（不包括西面山缘边界）周长约1050米，面积14.5万平方米。考古发掘明确了南城墙的年代、结构及建筑方式，在城址内发现了大型建筑遗迹，出土了典型的汉代夫余文化遗物。

东团山遗址为探索汉代夫余文化与高句丽文化的相互关系，以及西流松花江流域古代社会发展进程提供了重要的实物证据。

霸王朝山城遗址

编号：8-0028-1-028

年代：汉至唐

类型：古遗址

地址：吉林省通化市集安市

霸王朝山城遗址位于吉林省通化市集安市财源镇霸王朝村东北沟岔山上，始建于汉代高句丽建国初期。

山城遗址周长1182.93米，面积6.9万平方米。以山谷出入口为城门，有南、北两门，环山脊修建城垣，城内发现梯次分布的10余处人工平台，城内东南部的泉眼是山城唯一水源。城内发现铁车辖、铁饰件、铁链、铁铤铜镞、铁带扣、石臼和少量陶片。

霸王朝山城是目前发现的汉至唐代保存较完好的高句丽山城遗址，是研究高句丽山城建造工艺、军事防御体系、居民生活状况以及高句丽历史与文化的重要资料。

长白山神庙遗址

编号：8-0029-1-029

年代：金

类型：古遗址

地址：吉林省延边朝鲜族自治州安图县

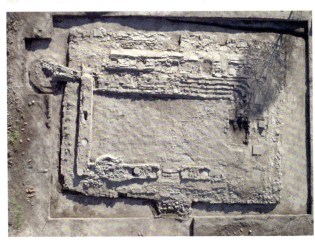

长白山神庙遗址位于吉林省延边朝鲜族自治州安图县二道白河镇西北约4000米处。

遗址由院墙、三个大型建筑台基（门址、前殿址、后殿址）、配房、亭式建筑、回廊、水井、排水系统及窑址等遗存构成，主体建筑遵循中轴对称布局，沿城内建筑轴线南向延长线可遥望长白山主峰。神庙营造技艺高超，设施完善，建筑构件宏大精美，是典型的金代官

式建筑。出土有祭祀长白山神的玉册等重要遗物。

长白山神庙遗址是金代官方祭祀长白山的庙址，对了解金代生活习俗与宗教信仰，研究金王朝在东北边疆的经略以及南北方文化互动，探索中华文化多样性、多民族统一国家的形成与发展等具有重要意义。

良茂墓群

编号：8-0175-2-008
年代：汉唐
类型：古墓葬
地址：吉林省通化市集安市

良茂墓群位于吉林省通化市集安市青石镇，是一处规模较大的汉唐时期高句丽墓群。

墓群包括良民墓群、猫鹰沟墓群、头道南天门墓群、秋皮北岔墓群、夹篮子沟墓群、老秋皮墓群、小秋皮沟门墓群、小湾沟墓群、大湾沟墓群、小石湖南岔墓群、石湖沟门墓群、石湖墓群等12处汉唐时期墓群，已确认1691座墓葬。墓葬可分为积石墓和封土墓两类，部分墓葬显示出特定的排列规律。墓葬出土有陶器、石器、铜器、铁器、金银器、鎏金器、琉璃器等。

良茂墓群是鸭绿江中上游地区重要的高句丽文化遗存，沿用时间较长。墓葬分布密集，以高句丽传统的积石墓为主，并首次发现无圹积石墓，拓展了高句丽墓葬研究的内容，是解读高句丽文化与中原文化交流融合的重要资料。

吉林机器局旧址

编号：8-0547-5-031
年代：1881年
类型：近现代重要史迹及代表性建筑
地址：吉林省吉林市昌邑区

吉林机器局旧址位于吉林省吉林市昌邑区青年路2000号。

吉林机器局为吴大澂创办，1883年9月基本建成，此后一直制造供应吉林、黑龙江两地所需军火。1896年附设银元厂，1905年生产铜币，改建吉林造币厂。吉林机器局铸造的厂平银元是中国机制银币的发端。

旧址现存车间2个、炮楼3个、门牌楼1处，占地面积22000平方米，建筑面积5400平方米。外侧四周建有围墙，形成封闭空间。

吉林机器局旧址是清代洋务运动的产物，是东北工业近代化的缩影和发端之一，在推进东北工业近代化和抵御俄国侵扰中发挥过重要作用，此外它还开创了中国机械造币的先河，因此具有重要的历史价值。旧址建筑是典型的晚清工业建筑风格，厂区格局尚存，是研究晚清工业发展的宝贵资料，具有较高的科学、艺术价值。

中俄边界清勘界碑（土字牌）

编号：8-0548-5-032
年代：1886年
类型：近现代重要史迹及代表性建筑
地址：吉林省延边朝鲜族自治州珲春市

中俄边界清勘界碑（土字牌）位于吉林省延边朝鲜族自治州珲春市敬信镇防川村中俄边界的起点处。

1860年，沙俄强迫清政府签订《中俄北京条约》，割让黑龙江省乌苏里江以东（包括库页岛）约40万平方千米领土。按《中俄北京条约》记文，应在由图们江

入海口量准距中国 20 里处立中俄界碑"土字牌"，但沙俄 1861 年单方面将"土字牌"立于距图们江口 44 里的沙草峰。1886 年，清朝钦差会办北洋事务大臣、都察院左副都御史吴大澂在勘察边界时发现此问题，遂启动中俄重勘珲春东部边界会谈。5 月 29 日，经与俄方代表谈判，收回被沙俄非法霸占的领土和中国船只在图们江口的航行权，并于当年 6 月将"土字牌"立于径直距海口 13.5 千米的今址。

中俄边界清勘界碑（土字牌）高 1.44 米，宽 0.5 米，为花岗岩石碑。碑正中竖刻有"土字牌"三个大字，其左竖刻"光绪十二年四月立"八个小字，面向俄方一面刻有俄文"T"，与俄方设立的 422 号界碑并列。

中俄边界清勘界碑（土字牌）是我国晚清东北疆界的起点，见证了弱国有疆无界、有边无防的屈辱史，对研究中国近代史、中国边疆史、中俄关系史有重要意义。

红石砬子抗日根据地遗址

编号：8-0549-5-033
年代：1932～1933 年
类型：近现代重要史迹及代表性建筑
地址：吉林省吉林市磐石市

红石砬子抗日根据地遗址位于吉林省吉林市磐石市朝阳山镇红石村红石砬子山八家沟半山坡上。

1932 年 11 月，中共满洲省委代理军委书记杨靖宇在南满期间将工农反日义勇军改编为中国工农红军第三十二军南满游击队，并将队伍带回磐石的西玻璃河套，创建了以红石砬子为中心的抗日游击根据地。1933 年 9 月 18 日，东北人民革命军第一军独立师成立；10 月，杨靖宇带领独立师主力强渡辉发江向南战略转移，开辟新的抗日根据地。

红石砬子抗日根据地遗址位于密林深处，以八家沟武器修械所遗址为中心，分布范围约 44 万平方米，主要包括八家沟 1 号、2 号遗址，西沟 1 号遗址，以及中

共磐石中心县委机关旧址、游击队驻地遗址、农民协会旧址、反日会旧址、后方医院旧址、修械所旧址、东北人民革命军第一军独立师成立旧址。

红石砬子抗日根据地是中国共产党领导的抗日武装在东北创建的第一个早期抗日游击根据地，是中国共产党领导东北军民武装抗击日本侵略者的历史见证，也记录了杨靖宇将军的抗战历程与历史功绩，具有重要的历史价值和现实教育意义。

老黑沟惨案遗址

编号：8-0550-5-034
年代：1935 年
类型：近现代重要史迹及代表性建筑
地址：吉林省吉林市舒兰市

老黑沟惨案遗址位于吉林省吉林市舒兰市新安乡长安村西北 500 米处。

1931 年九一八事变后，各路抗日义勇军在舒兰县老黑沟开辟了抗日游击区，进行抗日武装斗争。1935 年 5 月 29 日～6 月 7 日，日军讨伐队围剿抗日根据地，并以"通匪"的罪名对老黑沟百姓进行了 10 天的大屠杀，罹难者多达 1017 人。

老黑沟惨案遗址区占地 40 万平方米。1995 年建有纪念碑 1 座、文物说明碑 2 通。纪念碑书有"老黑沟惨案"五个大字；说明碑上记述了惨案发生的过程，并绘制了日寇血洗老黑沟的路线图。

老黑沟惨案遗址不仅记录了老黑沟人民为掩护和支援吉林抗日救国军所做出的牺牲和贡献，亦见证了日本侵华期间所犯下的法西斯暴行，具有重要的历史价值和社会教育意义。

侵华日军第100部队遗址

编号：8-0551-5-035
年代：1936～1945年
类型：近现代重要史迹及代表性建筑
地址：吉林省长春市绿园区

侵华日军第100部队遗址位于吉林省长春市绿园区西环城路8211号，1936～1945年是日军研究和制造细菌武器的基地。现存一座焚尸炉烟囱及相关地下设施。

侵华日军第100部队是由"关东军兽医部队临时病马收容所"改编而成，是日本侵华期间准备和实施细菌战的一支细菌部队，对外称"关东军军马防疫厂"，内部秘密番号为"满洲第100部队"，驻扎在伪满洲国首都新京（今长春）。这支部队利用动物、植物甚至活人做试验，研究培育包括人畜共患的鼻疽菌、炭疽菌等多种烈性致病细菌，用以毁坏农作物、感染家畜，进而攻击人类。1945年8月日本战败投降前，侵华日军第100部队焚毁了全部档案，炸毁了大部分主体建筑。

侵华日军第100部队遗址是侵华日军细菌战遗址，是侵华日军反人类罪行的重要见证。

丰满万人坑遗址

编号：8-0552-5-036
年代：1937～1943年
类型：近现代重要史迹及代表性建筑
地址：吉林省吉林市丰满区

丰满万人坑遗址位于吉林省吉林市丰满区江南乡孟家村五社的东山上，是日本侵略东北时期修建丰满水电

站殉难劳工的抛尸地。遗址现存三条100余米长、6米宽、4米深的天然沟壑，因掩埋的劳工尸骨达万具之多而被称为"万人坑"。

1931年，日本侵略者发动了震惊中外的九一八事变。此后，侵华日军在吉林丰满修建了号称"亚洲第一大工程"的"松花江水力发电所"。该工程1931年勘测，从1937年破土动工到1943年春开始发电，仅用了5年多的时间。在当时机械化程度不高的情况下，每天有10000～12000名，最高峰达18000名劳工从事工程建设。为完成如此庞大的工程，日本侵略者用骗招、强抓、硬要等手段，从中国沦陷区掠夺大量劳动力。这些劳工在日本监工、特务、警察的残酷虐待下，一天要从事十几个小时的繁重劳动。数以千计的中国劳工被夺走了生命，死后则被抛尸至孟家村东山。

丰满万人坑遗址见证了侵华日军残暴虐待劳工的行径，是日本侵略者滔天罪行的铁证。

石人血泪山死难矿工纪念地

编号：8-0553-5-037
年代：1938～1945年
类型：近现代重要史迹及代表性建筑
地址：吉林省白山市江源区

石人血泪山死难矿工纪念地位于吉林省白山市江源区大石人镇。

石人血泪山原名"浴淋塔山"，为长约500米、坡延300米、高约200米、总占地64万平方米的独立山丘。1938年，日本侵略者在此设立"东边道开发株式会社石人采炭所"和"思想矫正辅导院"，推行"要煤不要人"的掠夺式开采。在极端恶劣的生产条件和生活环境中，矿工们的生命安全得不到保障，或在井下因矿难而死，或被摧残致死，数以万计的矿工尸体被扔在此山。

石人血泪山死难矿工纪念地是日本帝国主义掠夺我国资源、残酷压榨迫害中国矿工的铁证，对教育人民勿忘历史、勿忘国耻具有重要的意义。

七道沟死难同胞纪念地

编号：8-0554-5-038

年代：1938～1945 年

类型：近现代重要史迹及代表性建筑

地址：吉林省通化市通化县

七道沟死难同胞纪念地位于吉林省通化市通化县七道沟镇（原果松镇七道沟村）铁道西侧的河滩地上。

1937 年 12 月，日伪政权为进一步掠夺我国东北重工业资源，在日本军部的主导和策划下，组建了满洲重工业开发株式会社（简称"满业"），替代满铁垄断东北重工业和军事工业的产业权。1938 年 9 月，满业为推行伪满"产业五年发展计划"，又组建了"东边道开发株式会社"，以图逐步建成一个新的"钢都"。经过多次勘察，选址在通化果松镇七道沟村成立采矿所，并开始实施建矿作业。

七道沟死难同胞纪念地面积约 15533 平方米，主要包括万人坑遗址、七道沟日伪守备队营地、七道沟铁矿遗址、劳工房旧址、解放坑。东北沦陷期间，这里曾掩埋中国劳工遗骸 1.7 万余具，俗称"万人坑"。

七道沟死难同胞纪念地是日本殖民者在我国东北沦陷期间奴役残害屠杀中国矿工的铁证，是日本侵占东北涉及经济渗透、军事征服、精神奴役和资源掠夺等诸多方面的重要见证。

伪满建国忠灵庙旧址

编号：8-0555-5-039

年代：1940～1945 年

类型：近现代重要史迹及代表性建筑

地址：吉林省长春市朝阳区

伪满建国忠灵庙旧址位于吉林省长春市朝阳区南湖街道繁荣路长飞小区院内。

伪满建国忠灵庙由日本关东军提出修建，以祭奠为伪满洲国"尽忠殉职"的日满文武官员，供奉的主神为日本天照大神。其所在地位于当时长春东北军南岭大营西北约 400 米处，是九一八事变爆发后赴长春日军与驻

长春东北军作战之地。

伪满国建国忠灵庙于 1936 年 9 月 5 日动工，1940 年 9 月 18 日竣工。建筑群轴线为西北走向，建成时由参道、外庭、内庭三部分和一些附属建筑组成。现仅存内庭主体建筑，包括神门、祭殿、灵殿、配殿、角楼、回廊，占地面积约 10517 平方米。

伪满建国忠灵庙旧址的建筑起源、宗教基础、建筑选址、建筑形制、历史活动，是九一八事变后日本侵略中国、扶植溥仪傀儡伪满政权、分裂和殖民我国东北的历史实证，它极力推崇"日本神道教"和"天照大神"的地位，对研究伪满洲国的傀儡性质、日本帝国主义在精神及意识形态方面的殖民统治方式具有重要的史料价值。

辽源二战盟军战俘营旧址

编号：8 0556-5-040

年代：1944～1945 年

类型：近现代重要史迹及代表性建筑

地址：吉林省辽源市西安区

辽源二战盟军战俘营旧址位于吉林省辽源市西安区（原西安县）人民大街 4907 号。

第二次世界大战期间，日军在太平洋战场俘虏盟军数十万人，在其本土之外的国家和地区设立了 104 所战俘营，辽源二战盟军战俘营即是其一，时称"奉天俘虏收容所第二分所"。1944 年 12 月～1945 年 8 月，美国陆军中将、驻菲律宾美军总司令乔纳森·温莱特，英

军陆军中将、马来西亚总指挥官阿瑟·珀西瓦尔等34名盟军高级战俘被关押在这里。

旧址现存建筑是战俘营营房的一部分，包括5间日式平房、原中平房和西平房建筑基址。平房西北方向有砖砌地下室1座，距地表3.5米，建筑面积32.76平方米。

辽源二战盟军战俘营旧址是日本法西斯侵略罪行的铁证，同时对研究二战时期东方战场有重要的史料价值。

中共中央东北局梅河口会议会址

编号：8-0557-5-041
年代：1946年
类型：近现代重要史迹及代表性建筑
地址：吉林省通化市梅河口市

中共中央东北局梅河口会议会址位于吉林省通化市梅河口市和平街道铁一街。

1946年3月，中共中央东北局在梅河口市召开重要会议，彭真、林枫、罗荣桓、高岗等东北局主要领导人参加了会议。会议研究了东北战局，制定了"先打长春，后打四平"的战略决策，由此揭开东北解放战争的序幕。

会址建筑为一座日式二层楼房，总面积1622平方米，墙身由红砖砌筑，两坡顶，外立面、楼脊、雨搭、窗楣等带有日式近代建筑特点。楼房中段有凸出部分，为门厅。与门厅相对的一楼为食堂，二楼为会议室，即东北局召开会议的地方。

中共中央东北局梅河口会议会址作为解放战争时期重大历史事件的发生地，是东北解放战争的重要历史见证。

中东铁路建筑群增补点

编号：8-0000-5-003
年代：1903年
类型：近现代重要史迹及代表性建筑
地址：吉林省长春市德惠市、宽城区

中东铁路建筑群增补点位于吉林省长春市，建筑均建于20世纪初，包括德惠东正教堂、德惠松花江铁路

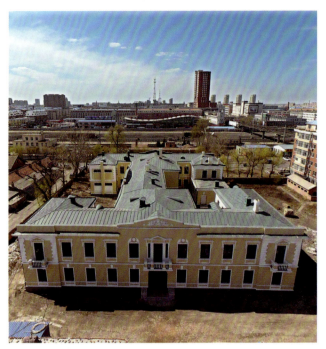

大桥、德惠中东铁路车站旧址、德惠俄侨中学旧址以及宽城子沙俄火车站俱乐部旧址，总面积7773平方米。

德惠东正教堂为砖木结构，平面呈希腊十字形，是中东铁路沿线保存最好的俄占时期东正教堂之一，建筑面积233平方米。

德惠松花江铁路大桥全长787.4米，桥墩为花岗岩，其上为钢梁，是中东铁路沿线最重要的铁路桥之一。

德惠窑门站是中东铁路在吉林省境内等级最高的车站，包括主站房旧址建筑（面积495平方米）、候车室旧址（面积342平方米）、库房旧址（面积288平方米）、老沙沟站旧址（面积162平方米）。

德惠俄侨中学旧址是德惠站铁路附属地的一处大型公共建筑，也是解放德惠战役的重要见证之一，建筑面积2945平方米。

宽城子沙俄火车站俱乐部是宽城子站重要的大型公共建筑之一，建筑面积2521平方米。

中东铁路建筑群见证了我国东北地区近代城市工业化的历史进程，对近现代远东政治、经济、军事、文化、科技等领域产生了深远影响，同时也是我国人民不屈反抗殖民、自强复兴的历史实证。本次增补建筑群作为中东铁路建筑群的重要组成部分，在强化中东铁路建筑群遗存体系的完整性、突显南部支线价值特色等方面有重要的补充作用。

上述建筑群并入第六批全国重点文物保护单位中东铁路建筑群。

黑龙江省

小南山遗址

编号：8-0030-1-030
年代：新石器时代
类型：古遗址
地址：黑龙江省双鸭山市饶河县

小南山遗址位于黑龙江省双鸭山市饶河县饶河镇东南，是我国东北地区年代较早的新石器时代遗址。

遗址最初发现于1958年，1991年清理一座双人合葬墓，发现较多玉器和其他遗物。2015～2017年，考古清理新石器时代墓葬41座，墓葬形制为上封积石、下凿基岩、火烧毁器。随葬品以玉器和石器为主，还有部分陶器。人骨测年校正后为距今9135～8595年。小南山早期遗存的玉器是目前中国境内发现年代最早的一批玉器，为研究玉器起源和扩散提供了新线索。

小南山遗址填补了东北地区考古学文化的空白，对了解和认识东北亚地区史前玉器文化的产生、区域间文化交流和互动、新石器时代早期人类社会组织模式和习俗信仰等具有重要意义。

新开流遗址

编号：8-0031-1-031
年代：新石器时代
类型：古遗址
地址：黑龙江省鸡西市密山市

新开流遗址位于黑龙江省鸡西市密山市城东南50千米处，年代距今约6000年，是新开流文化的命名地。

遗址平面略呈长方形，面积约2.4万平方米。1972年发掘墓葬32座、鱼窖10座。出土大量鱼鳞纹、网纹、波纹陶器，以及石器、骨器、角牙器等遗物760余件，带有明显的渔猎文化特征。

新开流遗址的发现确立了新开流文化，对构建三江平原新石器文化发展序列具有重要价值。

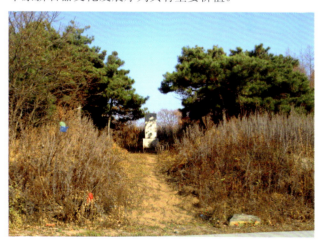

洪河遗址

编号：8-0032-1-032
年代：新石器时代
类型：古遗址
地址：黑龙江省齐齐哈尔市富拉尔基区

洪河遗址位于黑龙江省齐齐哈尔市富拉尔基区杜尔门沁达斡尔族乡洪河村东，是一处昂昂溪文化的环壕聚落遗址。

遗址平面呈不规则长方形，南北长约3500米，东西宽约80米，总面积约28万平方米，发现5座并列分布的环壕。考古发现新石器时代房址15座、墓葬10座，出土大量石器、陶器、骨器。

洪河遗址进一步明确了昂昂溪文化的内涵和时代，改变了对东北地区游牧民族生活方式的传统认识，为寻找东北地区史前时期聚落提供了经验和范例。

锅盔山山城遗址

编号：8-0033-1-033
年代：唐
类型：古遗址
地址：黑龙江省鸡西市鸡东县

锅盔山山城遗址位于黑龙江省鸡西市鸡东县永安镇永政村西北部，是一处唐代始建并沿用至辽金时期的渤海山城遗址。

遗址地处唐代渤海国北部边界，具有明显的军事防御功能。城址呈不规则形，城垣全长1333米，宽4～9米，高2～7米，面积约13.4万平方米，设有13个马面。城内保存有水井、饮马坑、居住址等遗迹，出土有汉魏、唐及辽金时期遗物，其中金代"上京路万户发字号印"具有重要研究价值。

锅盔山山城遗址是唐代渤海国行政等级较高的城

址，沿用时间长，历史文化序列完整，为研究黑龙江东部地区历史进程与民族融合过程提供了珍贵的实物资料。

鸡西万人坑遗址

编号：8-0558-5-042
年代：1934～1945年
类型：近现代重要史迹及代表性建筑
地址：黑龙江省鸡西市滴道区

鸡西万人坑遗址位于黑龙江省鸡西市滴道区中暖社区卫星委一组西北山坡。

日本侵略东北后，于1934年在滴道煤矿设立"满洲国协和会密山炭矿滴道矿业所"，大量掠夺煤炭资源，残害中国工人。

鸡西万人坑遗址包括万人坑和炼人炉。万人坑位于一个短平又较高的无名山沟中，每排长40～70米、宽3米、高1米，共计12排，面积3840平方米，有近两万名工人尸体掩埋于此。炼人炉为砖砌的券顶窑式建筑，1941年建造，占地面积8.05平方米，分左、右两个炼尸室，内衬耐火砖一层，炉门已破毁无存，烟道及烟筒仅存基座，烟筒基座呈长方形。

鸡西万人坑遗址是抗日战争时期日本侵略者实行"以人换煤"政策，疯狂掠夺我国东北煤炭资源、残害我国矿工的实物罪证，具有重要的历史价值和警示意义。

朝阳山东北抗联第三路军密营遗址

编号：8-0559-5-043

年代：1939～1941年

类型：近现代重要史迹及代表性建筑

地址：黑龙江省黑河市五大连池市

朝阳山东北抗联第三路军密营遗址位于黑龙江省黑河市五大连池市朝阳乡。

1939年5月30日，在中国共产党的领导下，东北抗联整合第三、六、九、十一军成立第三路军，由北满临时省委领导，李兆麟任总指挥。朝阳山成为北满抗联部队后方根据地，是党领导和指挥北满地区抗日斗争的中心，在打击日本侵略者的斗争中发挥了关键作用。著名抗日将领赵尚志等在这里战斗和生活过，曾任北满临时省委书记的张兰生就牺牲在朝阳山。

遗址包括东北抗联第三路军总指挥部及警卫部队宿营地遗址、中共北满临时省委遗址、朝阳山保卫战主战场遗址。东北抗联第三路军总指挥部遗址曾建有六间木板房，1940年7月19日毁于日伪军炮火。东北抗联第三路军总指挥部警卫部队宿营地遗址由数处地窨子构成，占地面积1.2万平方米。中共北满省委遗址西侧距抗联第三路军总指挥部遗址约500米，曾建有四个地窨子，1940年7月毁于日伪军炮火。朝阳山保卫战主战场遗址位于五大连池市朝阳山区大横山和石莹山地带，总面积约30平方千米。

朝阳山东北抗联第三路军密营遗址是东北抗联最典型的密营之一，是抗联艰苦斗争生活的物证，具有重要的历史价值。

侵华日军第516部队遗址

编号：8-0560-5-044

年代：1938～1945年

类型：近现代重要史迹及代表性建筑

地址：黑龙江省齐齐哈尔市铁峰区

侵华日军第516部队遗址位于黑龙江省齐齐哈尔市

铁峰区南浦路与曙光大街交汇处。

侵华日军第516部队又称陆军化学研究所，主要任务是研发和生产毒气、毒剂和毒气弹，用活人做试验。1938～1945年，该部队共生产毒剂、毒气200余吨，制造毒气弹30余万枚，其中10余万枚用于战场，对我抗日军民造成了极大伤害。

遗址现有遗存仅为原516部队总部的一部分，始建于1938年，占地面积31000平方米，建筑面积约1400平方米（含房基址），包括平顶砖房1栋、方形大烟筒1座、断墙残壁建筑1栋、建筑基址6处。

侵华日军第516部队遗址是日军侵华期间设在中国东北地区最大的一处化学武器生产、制造、研究基地，是侵华日军研究和生产化学武器残害我国人民的有力罪证。

中共黑龙江省工作委员会和省政府旧址

编号：8-0561-5-045

年代：1945～1949年

类型：近现代重要史迹及代表性建筑

地址：黑龙江省黑河市北安市

中共黑龙江省工作委员会和省政府旧址位于黑龙江省黑河市北安市龙江路。

旧址包括中共黑龙江省工作委员会旧址和黑龙江省

政府办公旧址，是 1945 年中国共产党在东北接管政权后至 1949 年的主要办公场所。在此期间，黑龙江省党政机关领导黑龙江人民进行解放战争，为建设、巩固、保卫新政权而斗争。

中共黑龙江省工作委员会旧址位于龙江路北端逸园西侧，建于 1944 年，呈西北—东南走向，砖混结构，地面两层，建筑布局基本呈折尺形，建筑面积 3472 平方米。黑龙江省政府办公旧址位于龙江路北大荒街 38 号，建于 1937 年，坐北朝南，基本呈正方形，地面两层，地下一层，建筑面积 1083 平方米。

中共黑龙江省工作委员会和省政府旧址见证了党中央"向北发展，向南防御"战略和中央东北局、黑龙江省委各项工作决策的实施，承载了中国共产党创建巩固黑龙江根据地的艰苦奋斗历史和革命斗争经验。

人民空军东北老航校旧址

编号：8-0562-5-046
年代：1946 ~ 1955 年
类型：近现代重要史迹及代表性建筑
地址：黑龙江省牡丹江市西安区

人民空军东北老航校旧址位于黑龙江省牡丹江市海浪国际机场以西，空军部队营区内。

人民空军东北老航校旧址最早是日本关东军修建的飞机场，始建于 1932 年，1945 年 8 月被苏联军队占领，1946 年 2 月被东北民主联军航空学校（老航校）接管。1946 年 4 月 ~ 1949 年 11 月是东北老航校培训飞行教员和飞行学员的基地机场。1950 ~ 1955 年是第七航校主要办学基地，期间培养了中华人民共和国首批女飞行员。1955 年后弃用。旧址现存一条跑道、一座塔台、四个机库和五处机堡，占地面积约 20 万平方米。跑道长 400 米、宽 300 米，占地面积约 12 万平方米。四个机库南北走向并排而建，混凝土结构，顶部呈拱形，机库面积均约 504 平方米。五处机堡东西走向成一排，混凝土结构，形如山包，机堡面积均约 530 平方米。塔台共 3 层，顶层呈八角塔状，面积约 514 平方米。

人民空军东北老航校旧址见证了我党我军艰难培养航空人才、建设人民空军的伟大历程，具有重要的历史价值。

硅子山城遗址

编号：8-0000-1-003
年代：唐
类型：古遗址
地址：黑龙江省牡丹江市宁安市

硅子山城遗址又称城墙硅子山城遗址，位于黑龙江省牡丹江市宁安市镜泊湖中部西岸的山峰上，是唐代一处重要的关堡遗址。

遗址依山势修筑，平面呈不规则形，墙体清晰可辨。城墙大部分为石块砌筑，局部用夯土堆筑，西墙构筑有 4 座马面，北垣城墙有 2 座马面，北垣城墙马面之间营建有瓮城。

硅子山城遗址是牡丹江边墙镜泊湖段的一处重要关堡，对研究唐代东北边疆地区军事防御体系，渤海国与周边地区的政治、军事、经济与文化交流等具有重要价值。

硅子山城遗址并入第六批全国重点文物保护单位牡丹江边墙。

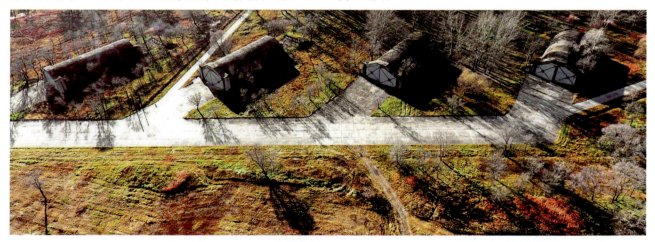

老黑山城遗址

编号：8-0000-1-004

年代：唐

类型：古遗址

地址：黑龙江省牡丹江市宁安市

老黑山城遗址又称重唇河山城遗址，位于黑龙江省牡丹江市宁安市张广才岭老黑山山峰上，是唐代一处重要的关堡遗址。

遗址南北长 440～550 米，东西宽 290～400 米。城址的西南角、东北角是全城的制高点，西垣城墙中部辟有门址，有山路通往城外山下，是山城主要的陆路通道。

老黑山城遗址是研究唐代渤海国北部边疆军事防御体系的重要资料，对于深入研究渤海国政治、经济、军事状况，及其与周边地区的文化交流具有重要价值。

老黑山城遗址并入第六批全国重点文物保护单位牡丹江边墙。

横道河子机务公寓旧址

编号：8-0000-5-004

年代：1900～1935 年

类型：近现代重要史迹及代表性建筑

地址：黑龙江省牡丹江市海林市

横道河子机务公寓旧址位于黑龙江省牡丹江市海林市横道河子镇学宇路 127 号。

旧址建筑建于 1900～1935 年，为两层俄式楼房，砖木结构，红色铁皮屋顶，黄白相间墙面，具有典型的俄罗斯传统建筑风格，建筑面积 480 平方米。机务公寓是中东铁路功能体系中一种重要的建筑类型，主要用于服务铁路司乘人员换班休息，保障铁路正常运营。我党早期组织曾派人以铁路司乘人员身份在此开展宣传活动。

横道河子站是中东铁路沿线规模较大的二等站。横道河子机务公寓旧址在体现中东铁路建筑群遗存体系的完整性等方面有着重要作用，具有较高的历史和科学价值。

横道河子机务公寓旧址并入第六批全国重点文物保护单位中东铁路建筑群。

富拉尔基火车站旧址

编号：8-0000-5-005
年代：1903 年
类型：近现代重要史迹及代表性建筑
地址：黑龙江省齐齐哈尔市富拉尔基区

富拉尔基火车站旧址位于黑龙江省齐齐哈尔市富拉尔基区铁路货运场内，包括站长室、运输室、候车室、电信室、事务室。

富拉尔基火车站始建于 1900 年，1903 年正式运营，是中东铁路第 45 号站，定为五等站。旧址建筑为一层砖木结构，红色铁皮屋顶，黄白相间墙面，具有典型的俄罗斯传统建筑风格，建筑面积 360 平方米。车站正上方有"富拉尔基"站名。

富拉尔基火车站作为中东铁路满洲里至绥芬河主干线西段重要的军列中转站和停靠站，是百年中东铁路的见证，也是研究中东铁路历史的重要实物资料，具有较高的历史价值。

富拉尔基火车站旧址并入第六批全国重点文物保护单位中东铁路建筑群。

勃利西山仓库遗址

编号：8-0000-5-006
年代：1934 年
类型：近现代重要史迹及代表性建筑
地址：黑龙江省七台河市勃利县

勃利西山仓库遗址位于黑龙江省七台河市勃利县勃利镇铁西街道以西 1500 米的山坳中。

勃利西山仓库始建于 1934 年，最初有 12 处洞库、17 处野库以及铁路、围栏铁丝网、电网等，占地面积约 86.75 万平方米。遗址平面呈不规则椭圆形，现存 8 处洞库和 1 处野库。遗址通往外界有一条铁路专用线和一条砂石路，四周有一圈电网和两圈铁丝网围绕。

勃利西山仓库是抗日战争时期侵华日军在我国东北地区建造的军事物资储备库，是为日军提供军火和空中支援的重要军事基地和物资集散地。勃利西山仓库遗址是侵华日军在中国国土上留下的历史罪证，是研究二战史、日本侵华史、关东军史、中国劳工史的实物资料。

勃利西山仓库遗址并入第六批全国重点文物保护单位侵华日军东北要塞。

上海市

青龙镇遗址

编号：8-0034-1-034

年代：唐宋

类型：古遗址

地址：上海市青浦区

青龙镇遗址位于上海市青浦区白鹤镇青龙村、塘湾村，是唐宋时期的一处重要港口城市遗址。青龙镇于唐天宝五年（746年）建镇。宋大观元年（1107年）设监镇理财官，明嘉靖二十一年（1542年）后一度为青浦县治。

遗址包含青龙镇遗址与吉云禅寺塔（青龙塔）。青龙镇遗址发现隆平寺塔基、地宫、房屋基址、铸造作坊等遗迹，出土唐宋元时期瓷器、铜器、铁器、木器等遗物，其中瓷器所占比重最大，以越窑、长沙窑青釉褐彩瓷、龙泉窑青瓷、福建黑釉瓷、景德镇青白瓷等南方窑口为主。吉云禅寺塔（青龙塔）原是七级八面，砖木结构，现仅存宋代修建的塔身，残高30多米。

青龙镇遗址证实了青龙镇是唐宋时期海上丝绸之路的一大重镇，重构了青龙镇兴起、繁荣、衰落的过程，对研究上海地区的港口和城市发展史、中国与东亚地区海上商贸史等具有重要学术价值。

圣三一基督教堂

编号：8-0563-5-047

年代：1869年

类型：近现代重要史迹及代表性建筑

地址：上海市黄浦区

圣三一基督教堂位于上海市黄浦区九江路219号，

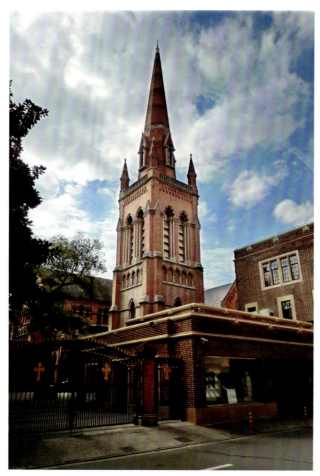

俗称红礼拜堂，由英国著名建筑师乔治·施高脱爵士（Sir George Scott）设计，番汉公司（Famhamand Company）承建，原属英国圣公会，始建于1847年，是上海开埠后建造的第一座基督教新教教堂，曾是当时远东最高级别的教堂。

教堂于1869年落成。主体建筑为巴西利卡式，占地面积3000平方米，建筑面积2490平方米，高17米，砖木结构，平面呈拉丁十字形。教堂建筑风格以罗马风和哥特式相结合为主，正立面采用"山"字形构图，并以三连排券柱廊划分三段。拱圈绝大部分为二心尖券，入口门廊为半圆券。屋顶为木结构，屋面铺页岩瓦。室内可见尖拱状木桁架。钟楼为1893年增建，堂、塔分立。"文革"中尖顶被损坏，后予以恢复。钟楼总高48米，四角小尖顶高3.6米，中间大尖顶高26米。

该教堂地处长江三角洲冲击地带，为避免建筑沉降，建造时曾在1000平方米的地基上打下8000多根木桩，其中4.75米长的有3400根、3.66米长的有2470根、1.52米长的有1660根。钟楼地基亦打有4.75米长的木桩625根，并整铺花岗石。

圣三一基督教堂在建筑技术和艺术方面均取得了很高的成就，在工程建设方面具有很高的科学与艺术价值，为西方建筑文化在上海和中国的传播起到了推动作用。

圣约翰大学近代建筑

编号：8-0564-5-048
年代：1879～1948年
类型：近现代重要史迹及代表性建筑
地址：上海市长宁区、普陀区

圣约翰大学近代建筑位于上海市长宁区万航渡路1575号华东政法大学长宁校区内。圣约翰大学由美国圣公会上海主教施约瑟创建于1879年9月1日，初名圣约翰书院，1896年改称圣约翰学校，1906年定名圣约翰大学，1952年改建为华东政法学院校址。

现存建筑大多建于1894～1939年，先后由通和洋行和英商爱尔德公司设计，占地面积56610平方米，建筑面积近4万平方米，主要包括怀施堂、格致楼、思颜堂、思孟堂、罗氏图书馆、顾斐德纪念体育室、交谊室、纪念坊、西门堂、树人堂、斐蔚堂、新科学馆、大学办公处及校长住宅。其中怀施堂为圣约翰大学现存最早的建筑，1894年1月26日奠基，占地面积3242平方米，建筑面积5061平方米，是近代中国教会学校中最早的中西合璧建筑案例之一。

1949年5月26日，中国人民解放军第三野战军进驻上海，曾把交谊楼作为宿营地之一。

圣约翰大学是在华开办时间最早、办学时间最长的现代高等教会学府之一，是近代中西文化交流的重要史证。圣约翰大学近代建筑是早期中西合璧及中国传统建筑复兴样式的代表，在中国近代建筑史上具有重要地位。

上海交通大学早期建筑

编号：8-0565-5-049
年代：1896年
类型：近现代重要史迹及代表性建筑
地址：上海市徐汇区

上海交通大学早期建筑位于上海市徐汇区华山路

1954 号徐汇校区，占地 23.3 万平方米。上海交通大学始于 1896 年清政府创立的南洋公学，其徐汇校区是中国唯一建于 19 世纪的大学校园。

早期建筑整体为英美学院式方格式布局，与中国传统建筑注重对称的格局截然不同，体现了当时西方校园规划的典型特点。现存建筑有中院、新中院、图书馆、北四楼、盛宅、体育馆、执信西斋、工程馆、总办公厅、校门、科学馆、文治堂、新建楼、新上院、五卅纪念柱，以及史穆烈士墓，集合了邬达克、庄俊、范文照等中国近现代建筑大师的作品，每一处建筑的样式都代表了当时的流行趋势，体现出鲜明的时代特点，且多处建筑采用了当时最为先进的建造技术。

上海交通大学早期建筑汇集了各种代表性建筑风格，如西方古典主义复兴、中国传统复兴、西方现代主义、装饰艺术运动等，如同展现中国近现代建筑风格百年变化的建筑博物馆。

沪江大学近代建筑

编号：8-0566-5-050
年代：1906 ～ 1948 年
类型：近现代重要史迹及代表性建筑
地址：上海市杨浦区

沪江大学近代建筑位于上海市杨浦区军工路 516 号上海理工大学校园内。沪江大学原名上海浸会大学，由美国基督教南北浸礼会于 1906 年创办，1914 年改名为沪江大学，1952 年停办。

沪江大学近代建筑先后建于 1908 ～ 1948 年。现存32 幢风格统一、形式各异的建筑，占地面积 20.11 万平方米，建筑面积 3.7 万平方米。建筑多为砖混结构，二至五层不等，清水红砖墙面，双坡红瓦屋顶，建筑细部丰富，建筑主体结构及外立面保存完好。包括思晏堂、思裴堂、体育馆、思伊堂、思孟堂、思雷堂、科学馆、怀德堂、图书馆、艾德蒙堂、音乐堂、思福堂、大礼堂暨思魏堂、馥赉堂、水塔、麦氏医院、家属楼／教员住宅、大学膳堂等，是上海保存较为完整的校园历史建筑之一。

沪江大学是中国早期重要的教会大学，也是最早的男女学生同班授课的高等学府之一，在引进西方教育模式、推动中国教育近代化方面做出了积极的贡献。沪江

大学近代建筑是沪江大学创立和发展历程的实物见证，其建筑样式包含了近代外廊样式、西方古典样式、罗马风样式、折中主义、现代样式等不同风格，采用了较为先进的建造技术，是近代教育建筑的代表性实例。

上海工部局宰牲场旧址

编号：8-0567-5-051
年代：1933 年
类型：近现代重要史迹及代表性建筑
地址：上海市虹口区

上海工部局宰牲场旧址位于上海市虹口区沙泾路10 号、29 号。

旧址建筑落成于 1933 年，占地面积 8677 平方米，建筑面积 2.95 万平方米，包括暂养圈栏、屠宰场、制化站。

屠宰场平面呈"回"字形，钢筋混凝土结构，四层，中部近似圆柱体的 24 边形建筑与外围建筑通过廊桥相连。底层墙基用花岗岩砌筑，沿街墙面满布花纹精美的镂空小方格窗。屠宰场的"无梁楼盖""伞形柱""旋转坡道"等结构，以及上下交错、盘旋起伏的廊道（牛道）布局等，均体现了中国近代工业建筑的风格和先进的建造工艺技术。

制化站位于屠宰场对面，为一幢三层钢筋混凝土建筑，1937 年建成。建筑带有装饰艺术的风格特征，原是处置和焚烧病畜、废肉、内脏、毛发等废弃物的场所，屋顶北侧中部有一根高耸的烟囱。

上海工部局宰牲场曾是远东最大的屠宰场，也是当时现代化程度最高的多层宰牲场。旧址建筑设计理念独特超前，整体呈现了上海 20 世纪 30 年代流行的装饰艺术风格，且设计中流线、形体、比例、尺度及细部等质量很高，达到甚至超越当时国际工业建筑的优良水准，是国际上早期钢筋混凝土工业建筑的实例，也是中国营造厂跻身复杂钢筋混凝土施工领域的建筑范本。

四行仓库抗战旧址

编号：8-0568-5-052
年代：1937 年
类型：近现代重要史迹及代表性建筑
地址：上海市静安区

四行仓库抗战旧址位于上海市静安区苏州河北岸，西藏路桥西北角的光复路 1 号至 21 号。

1937 年 10 月 26 ～ 31 日，中国军队第七十二军八十八师二六二旅五二四团第一营 420 余名官兵，在中校团副谢晋元率领下，在四行仓库坚守四昼夜，顽强抗击日军，充分显示了爱国官兵奋勇抗敌的民族气概，赢得了国际社会对中国军队的尊重。

四行仓库现存主体建筑建于 1931 ～ 1935 年，为钢筋混凝土结构，东窄西宽，屋宽 64 米、深 54 米、高 25 米。墙体由机制红砖填充，1 ～ 5 层为钢筋混凝土无梁楼盖结构，6 层于 1976 年加建，为钢筋混凝土框架结构。

四行仓库抗战旧址见证了驰名中外的四行保卫战，是彰显民族和国家精神的一处重要抗战纪念地，具有重要的历史价值和社会意义。

中国共产党代表团驻沪办事处旧址

编号：8-0569-5-053
年代：1946 ～ 1947 年
类型：近现代重要史迹及代表性建筑
地址：上海市黄浦区

中国共产党代表团驻沪办事处旧址位于上海市黄浦区思南路 107 号（今 73 号）。

1946 年 6 月，中共代表团驻沪办事处始驻此办公，对外称"周公馆"。1946 ～ 1947 年国共谈判期间，周恩来、董必武等在此与国民党政府代表邵力子、吴铁城及第三方面代表沈钧儒、黄炎培等交换意见，并多次举行中外记者招待会，阐述中国共产党对和平民主的一贯主张，揭露国民党政府假和谈、真内战的阴谋，扩大中

国共产党的影响，赢得了各阶层的同情和支持，有力地配合了解放区的斗争。

旧址建筑为一幢建于20世纪20年代初的西班牙式花园楼房，共四层，建筑总高度14米，占地面积约180平方米，建筑面积625.2平方米，绿化面积150平方米。建筑坐北朝南，为砖木结构，外墙为红砖砌筑，覆水泥拉毛作防水处理；屋面为折檐坡顶，覆红色平瓦。底层为拱券式门廊，一、二层设阳台，四层有挑出的小阳台。

周恩来、董必武等在周公馆进行的革命活动和斗争为中国共产党扩大和巩固革命统一战线，为中国人民的解放事业做出了重要贡献，在中国革命史上写下了光辉的一页。

中国福利会少年宫

编号：8—0570—5—054
年代：1953年
类型：近现代重要史迹及代表性建筑
地址：上海市静安区

中国福利会少年宫位于上海市静安区延安西路64号，1953年6月1日由宋庆龄创办，是新中国第一家少年宫，毛泽东题写宫名。

中国福利会少年宫大理石大厦（嘉道理爵士住宅）建成于1924年，为古典主义建筑风格，立面采用横三段和纵三段形式结构，中央入口处有爱奥尼式券柱廊，砖木石混合结构，共三层，带有半地下室及楼前室外大草坪，占地14436平方米，建筑面积3634平方米，因其楼梯、壁炉、浴室及石壁上雕刻均用大理石制作而被誉为"大理石大厦"。主楼内部装饰仿18世纪欧洲宫廷样式，富丽堂皇，大厅为法国宫廷式建筑风格。室内墙面多用金箔贴饰，房顶饰以精美石膏图案，色彩花纹各异。

自成立以来，中国福利会少年宫（上海市少年宫）坚持实验性、示范性的工作方针，举办并首创了一系列在上海乃至全国颇有影响的少年儿童群众文化教育活动，有效实现了校外教育与学校教育的有机结合，引领全国校外教育事业的发展，更留有众多外国元首及国家领导人到访的历史印迹，具有重要的历史和社会价值。其建筑是20世纪早期上海乃至中国较为著名的西洋古典建筑之一，艺术价值突出。

上海科学会堂

编号：8-0571-5-055
年代：1958年
类型：近现代重要史迹及代表性建筑
地址：上海市黄浦区

上海科学会堂位于上海市黄浦区南昌路47号。

上海科学会堂初建时为法商球场总会，上海解放后收归国有。1956年，上海市第一届人大决定将这处建筑改作科技活动场所，时任上海市市长陈毅题名"科学会堂"。1958年上海市科学技术协会成立，科学会堂作为上海市科协办公和活动场所沿用至今。

现存建筑建于1917年，两层，混合结构，木屋架，建筑面积5845平方米，楼前有6000平方米的花园。建成后经改扩建，于1930年形成面宽130余米、错落有致的孟莎式折坡红瓦屋顶建筑，具有法国文艺复兴建筑特征，兼有新艺术运动装饰和法式乡村建筑风格。

上海科学会堂正式成立至今的60余年间，承办了大量国内外大型科技活动和会议，很多为首次在我国举办，在学术领域具有重要影响。其建筑是上海现存规模最大的法式建筑之一，代表了法式风格建筑的较高设计与建造水平，具有重要的历史、艺术与科学价值。

华亭海塘奉贤段

编号：8-0751-6-001
年代：清
类型：其他
地址：上海市奉贤区

华亭海塘奉贤段位于上海市奉贤区柘林镇柘林社区，紧邻奉柘公路南侧。

江南海塘是明清时期对苏南昭文、太仓、镇洋、宝山、川沙、南汇、奉贤、华亭、金山等九县厅江、海塘的统称。清代江南海塘除宝山县境内有6里石塘，华亭县境内有40里石塘以及金山县境内有部分石塘外，其余皆为土塘。华亭海塘是江南海塘的重要组成部分，始建于清雍正三年（1725年），竣工于雍正十三年（1735年），建设工程经费来源于获罪官员们所出罚金，使其成为江南海塘修筑史上的特例。

华亭海塘奉贤段全长20余千米，现存均为石塘，自柘林镇"小普陀"东侧向东至奉海村长约3.9千米，石塘底宽3米，高出地面1～2.5米，顶宽1.5米。塘身由青石和花岗石的条石垒砌而成，其中约200米石塘为江南海塘工程示范段——样塘。塘身镶嵌有"屹若金汤""万世永赖""河口界碑""长庆安澜""海晏河清""保护桑田"等碑石铭志。

华亭海塘奉贤段用材讲究，工艺精湛，蔚为壮观，人称"上海小长城"，蕴含着丰富的政治、经济、社会和文化背景信息，具有很高的历史和社会文化价值。

中国共产党第一次全国代表大会宿舍旧址

编号：8-0000-5-007
年代：1921 年
类型：近现代重要史迹及代表性建筑
地址：上海市黄浦区

中国共产党第一次全国代表大会宿舍旧址坐落于上海市黄浦区太仓路 127 号。1921 年 7 月中国共产党第一次全国代表大会召开期间，毛泽东、何叔衡、董必武、陈潭秋、王尽美、邓恩铭、刘仁静、包惠僧、周佛海等9 位中共一大代表以"北京大学暑期旅行团"的名义在此租住，并召开了中共一大预备会议，讨论、酝酿大会文件。

旧址建筑原为博文女校，建于 20 世纪初，是一幢独立的老式石库门住宅建筑，建筑平面呈梯形，三楼三底，砖木结构，外墙为黏土砖墙，占地面积 158 平方米，建筑面积 317 平方米。

中国共产党第一次全国代表大会宿舍旧址作为中国共产党第一次全国代表大会会址的重要组成部分，承载了中国共产党创立之初的革命历史，具有极高的历史和社会文化价值。

中国共产党第一次全国代表大会宿舍旧址并入第一批全国重点文物保护单位中国共产党第一次全国代表大会会址。

江苏省

顺山集遗址

编号：8-0035-1-035
年代：新石器时代
类型：古遗址
地址：江苏省宿迁市泗洪县

顺山集遗址位于江苏省宿迁市泗洪县梅花镇赵庄村东南，为一处距今8500～7500年的大型聚落遗址。

遗址总面积17.5万平方米。考古揭露出一处东西宽约230米、南北长约350米、周长近1000米的大型环壕，环壕堆积中出土大量陶片及兽骨，并发现有炭化稻米。该遗址共发现墓地2处，清理墓葬92座、房址5座，出土陶器、石器、玉器、骨器400余件。

顺山集遗址是目前淮河中下游地区发现的年代最早、规模最大的环壕聚落，填补了该地区新石器时代考古空白，为进一步认识淮河流域史前文化谱系、探索中国东部地区文化交流与融合提供了新的实物材料，也为探讨淮河流域史前环境变迁、种群迁徙及人地关系等问题提供了新线索。

韩井遗址

编号：8-0036-1-036
年代：新石器时代
类型：古遗址
地址：江苏省宿迁市泗洪县

韩井遗址位于江苏省宿迁市泗洪县梅花镇韩井村，是一处距今8000多年的聚落遗址。

遗址面积约5万平方米，已探明环壕、生活居住区

及稻田生产区。环壕平面呈不规则圆形，环壕内面积约3万平方米。生活居住区发现有房址、灰坑、灰沟等遗迹，稻田生产区发现一处由水沟和小坑组成的水稻田遗迹，土壤内发现炭化稻米和驯化型的水稻小穗轴、水稻植硅体，表明当时已存在水稻驯化行为。遗址出土大量陶器、骨角器和石器。

韩井遗址发现了目前世界最早的水稻田遗迹，为研究东亚地区稻作农业起源提供了珍贵的样本，对研究新石器时代中期淮河流域的生业模式、淮河中游与黄河流域和长江流域的文化交流具有重要意义。

蒋庄遗址

编号：8-0037-1-037
年代：新石器时代
类型：古遗址
地址：江苏省泰州市兴化市

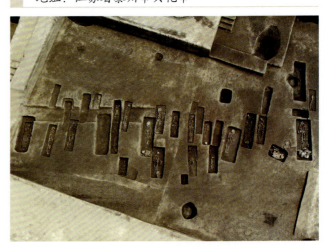

蒋庄遗址位于江苏省泰州市兴化市张郭镇蒋庄村，是一处良渚文化时期聚落遗址。

遗址面积近 2 万平方米，主要包括墓地、居住生活区、生产区。共清理良渚文化时期墓葬 284 座，以及房址、水井、灰沟等遗迹，出土玉器、石器、陶器、骨器等遗物 1200 余件。墓葬中人骨及葬具保存较好，发现了无首、独臂、无掌或首身分离、随葬头颅的现象。

蒋庄遗址首次在长江以北发现随葬琮、璧等玉质礼器的高等级良渚文化墓葬，突破了以往学术界认为良渚文化分布范围北不过长江的传统观点，为全面深入研究良渚文化的埋葬习俗、社会组织关系提供了实物资料，同时对构建江淮东部史前考古学文化谱系、研究良渚文化与本地土著文化的融合及其与周边文化的互动关系等具有重要意义。

寺墩遗址

编号： 8-0038-1-038
年代： 新石器时代
类型： 古遗址
地址： 江苏省常州市天宁区

寺墩遗址位于江苏省常州市天宁区郑陆镇三皇庙村，是一处以良渚文化为主体的大型聚落遗址，由寺墩及外围的多处遗址点和墓地组成，目前探明遗址面积约 120 万平方米。

寺墩是遗址的中心，为一人工堆筑的椭圆形土墩，东西向约 100 米，南北向约 80 米。寺墩东侧约 100 米为一处良渚文化晚期的高级贵族墓地，发现墓葬 4 座，均有玉制礼器出土，其中三号墓出土玉琮 33 件、玉璧 24 件，显示出墓主人具有极高的社会等级和地位。

寺墩遗址是太湖西北部良渚文化的中心聚落遗址，对研究良渚文化整体格局、社会结构、埋葬习俗、玉器工业等问题具有重要意义，是探索长江下游文明起源与发展模式的重要遗址。

下邳故城遗址

编号： 8-0039-1-039
年代： 汉晋
类型： 古遗址
地址： 江苏省徐州市睢宁县

下邳故城遗址位于江苏省徐州市睢宁县古邳镇北侧，是汉晋时期下邳国治所所在地。

城址地处故沂水、泗水交汇之处，平面呈长方形，城墙夯筑，外有护坡、护城河。城墙残高 5.5 米，顶残宽 16 米，底残宽 32 米。城址东西长 1500 米，南北宽 1350 米，面积超过 200 万平方米。城内汉晋时期遗迹丰富，房址规模较大，并有大型砖砌排水沟、水井等相关设施，同时发现了面积较大的炼铁、铸铁遗存。遗址出土铜、铁、瓷、陶、石等各种质地遗物近千件。

下邳故城遗址为研究汉晋时期社会政治、经济、军事和文化状况，以及黄河变迁史、中国古代城市史等提供了重要资料。炼铁、铸铁遗存的发现印证了史料中有关下邳铁官的记载，是研究汉晋时期铁官制度的重要材料，对古代冶铁史的研究具有重要的意义。

隋炀帝墓

编号： 8-0176-2-009
年代： 唐
类型： 古墓葬
地址： 江苏省扬州市邗江区

隋炀帝墓位于江苏省扬州市邗江区西湖镇司徒村曹庄组，包括隋炀帝及萧皇后墓。

墓葬所处土墩俗称"后头山"，夯土总面积2352平方米。1号墓由墓道、甬道、主墓室、东耳室、西耳室五部分组成，墓主为隋炀帝杨广，出土"随故炀帝墓志"以及十三环蹀躞金玉带、鎏金铜铺首等器物20余件（套）。据墓志记载，隋炀帝下葬时间不早于贞观元（九）年。2号墓由墓道、甬道、主墓室、东耳室、西耳室五部分组成，随葬品丰富，清理出陶器、瓷器、铜器、漆木器、铁器、玉器等400余件（套），其中青铜编钟、编磬是迄今国内仅见的唐代实物。人骨鉴定显示2号墓墓主为年龄大于56岁、身高约1.5米的老年女性个体，当为隋炀帝萧皇后。

隋炀帝墓的发现印证了历史文献的记载，为研究隋末唐初高等级墓葬形制、丧葬习俗的演变以及南北文化交流提供了珍贵资料。

垂虹断桥

编号：8-0264-3-067
年代：元明
类型：古建筑
地址：江苏省苏州市吴江区

垂虹断桥位于江苏省苏州市吴江区垂虹遗址公园。元泰定二年（1325年）建62孔联拱石桥，明成化七年（1471年）重修，后桥洞坍塌，现存断桥东西共计17孔。

垂虹断桥现存西段7孔，桥长38.77米；东段10孔，桥长49.3米。桥体以武康石、青石及花岗石砌筑，桥墩厚0.5～0.6米，墩下杉木梅花桩固基。现存桥洞拱跨在4～4.65米，矢跨比在1：1.92～1：2.27。东

段桥堍有汇泽亭基址及牌坊石础2个，西段桥堍埋于道路下尚未出土。

垂虹断桥是中国古代著名的交通水利设施，地处交通要冲，构筑体量大，桥体造型"三起三伏"工艺独特，是江南地区典型的薄墩薄拱桥。现存的桥洞、桥堍、牌坊柱础、汇泽亭基等遗迹基本保持了元明时期的形制特征、材料和施工工艺，为研究江南地区桥梁营造技艺以及水利史、人文史、社会史等提供了珍贵的实物资料，具有较高的历史和科学价值。

西方寺大殿

编号：8-0265-3-068
年代：明
类型：古建筑
地址：江苏省扬州市广陵区

西方寺大殿位于江苏省扬州市广陵区淮海路驼岭巷18号。西方寺始建于唐永贞元年（805年），明洪武五年（1372年）重建，明永乐至清乾隆年间均有修葺。清咸丰三年（1853年）西方寺毁于兵火，仅存大殿。清代"扬州八怪"之一金农（1687～1763年）晚年曾

寄寓寺内。

西方寺大殿南北向，平面近似正方形，面阔五间共计15.8米，进深五间共计15.4米，小青瓦重檐歇山顶，建筑面积290平方米。台明宽18.2米、深18.05米，脊檩高11.7米。大殿大木构为明代遗构，抬梁结构，梁架全部露明，以楠木为材，用材硕大，斗拱类型较多。梁栿为圆作直梁剥腮，发戗结角有别于官式、苏式做法，除南立面入口三开间设木槅扇外，其他墙体均为青砖砌筑，北墙中设券门。梁、枋、檩均留有包袱锦等类型的彩画，柱、斗拱彩画残存较少。

西方寺大殿是江南地区较为少见的明代大式建筑，保留了较多的早期内檐彩画，也是"扬州八怪"活跃的实物见证，具有较高的艺术和历史价值。

常熟言子祠

编号：8-0266-3-069
年代：明
类型：古建筑
地址：江苏省苏州市常熟市

常熟言子祠位于江苏省苏州市常熟市学前街25号，建于南宋庆元三年（1197年）。南宋端平三年（1236年）迁建言子祠于文庙之后。明成化二十二年（1486年）重建言子祠于文庙东，弘治十三年（1500年）重修。现存为明代遗构。

常熟言子祠现存三进院落，占地面积1008平方米，

第一进祠门、第二进仪门和西厢房以及第三进正殿均为明代建筑。正殿外形为方三间单檐歇山顶，面阔和进深均10米，构架为四架梁接前后乳栿四柱八架椽，圆作月梁造，柱为楠木。

常熟言子祠是常熟地区祭祀孔子学生言子这一地方礼制活动的见证，其建筑保留了江南明代大式建筑歇山顶的结角之法和叉手做法，是江南大木做法演进的典型案例，是建筑技术史上证实江南月梁做法和屋盖遵循宋法式做法的样本，具有较高的历史、艺术和科学价值。

洑溪徐氏宗祠

编号：8-0267-3-070
年代：明
类型：古建筑
地址：江苏省无锡市宜兴市

洑溪徐氏宗祠位于江苏省无锡市宜兴市宜城街道荆溪社区溪隐路 200 号，是明代首辅徐溥的家族祠堂，始建于明弘治五年（1492 年）。

洑溪徐氏宗祠现有五进建筑中的第二、三进为明代原构。第二进为仪门，面阔 17 米，进深 6.8 米，硬山顶，阳山石圆柱，梁、枋均施有彩绘。第三进为正厅，又称楠木花厅，面阔 17 米，进深 9.6 米，歇山顶，梁架结构保持了明代原状，上施缠枝花卉、包袱锦、云鹤等彩绘。

洑溪徐氏宗祠建筑主体结构保持了明代历史原貌，用料考究、工艺精美，体现出江南地区建筑的特点，其彩绘内容丰富、构图灵活，为典型苏式彩画，是研究明代彩绘的实物例证，具有较高的历史和艺术价值。

南京鼓楼

编号：8-0268-3-071
年代：明清
类型：古建筑
地址：江苏省南京市鼓楼区

南京鼓楼位于江苏省南京市鼓楼区宁海路街道北京西路 1 号，始建于明洪武十五年（1382 年），清康熙二十三年（1684 年）重建。

南京鼓楼建于明南京城中部制高点鼓楼岗上，现存城台基座为明洪武年间原物。城台面阔 43.8 米，进深 22.5 米，体量宏大，规制极高；下层为砖石结构的楼座，又称台座；中间并列三道拱门，贯穿前后，左右两端各筑券顶，楼梯通道。鼓楼为三开间重檐歇山建筑，规模远小于明代原建筑，殿内有康熙南巡圣谕碑一通，记载康熙皇帝南巡时对江宁（今南京）官员的告诫之词。

南京鼓楼是中国古代城市钟、鼓楼建筑的早期实例，是我国古代城市规划演变和管理制度重要改革的产物，对城市规划和布局产生了深远的影响，具有较高的历史和艺术价值。

仙鹤寺

编号：8-0269-3-072
年代：明清
类型：古建筑
地址：江苏省扬州市广陵区

仙鹤寺又称"礼拜寺"，位于江苏省扬州市广陵区汶河路南门街 111 号，由穆罕默德第十六世裔孙普哈丁建于南宋咸淳年间（普哈丁后葬于扬州）。明洪武二十三年（1390 年）、嘉靖二年（1523 年）重修，清乾隆四十年（1775 年）大修。

仙鹤寺以平面布局形似仙鹤得名，由门厅、礼拜殿、望月亭、诚信堂等建筑组成，占地面积 1740 平方米，建筑面积 690 平方米。门厅的拱形梁架、抱鼓石系明代遗存。礼拜殿为清乾隆时重建，由前带卷棚走廊、大殿、后窑殿组成，面阔均五间，大殿为单檐硬山顶，窑殿为重檐歇山顶。诚信堂为明代所建，三间七架杉木厅。望月亭亦为明代所建。寺内保存有清乾隆年间"奉天命遵圣言"石额 1 块，清光绪年间木匾 2 块。

仙鹤寺作为东南沿海重要的清真名寺，是普哈丁在扬州传教、生活的重要历史见证，是海上丝绸之路的重要文化遗存，对研究宋元时期伊斯兰教传播、伊斯兰教建筑中国化等具有较高的历史价值。

常州唐氏民宅

编号：8-0270-3-073
年代：明至民国
类型：古建筑
地址：江苏省常州市天宁区

常州唐氏民宅包括贞和堂、礼和堂，位于江苏省常州市天宁区青果巷，是明代毗陵唐氏家族的居所，始建于明弘治、正德年间，后屡有修葺。

毗陵唐氏家族科第鼎盛，其中最著名的是明嘉靖年间的文学家、抗倭名将唐荆川。清代至民国时期，常州

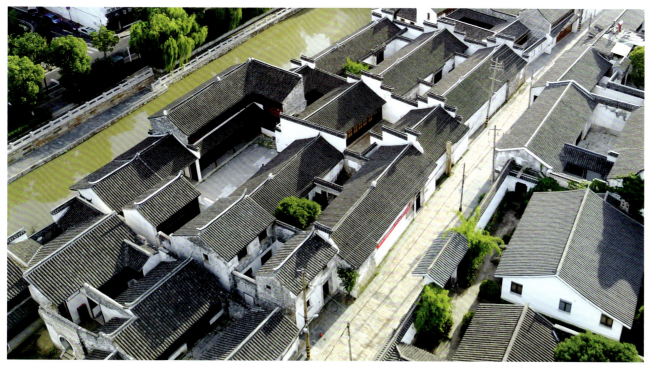

唐氏民宅几经兴废，曾有张太雷等名人和望族在此居住，"汉语拼音之父"周有光曾居于礼和堂。

贞和堂曾名保合堂，现存建筑群五进，进深 75 米，面阔 19 米，占地面积 1460 平方米。贞和堂由门屋、正厅、堂楼、后堂楼、后房、边廊等组成，东侧有辅房与各进主建筑相配，各进房屋由院落、东侧备弄连接贯通，属典型的多庭院组合的江南传统民居格局。第二进正厅的楠木厅保存了明代木构梁架主体，采用月梁体系，厅东侧回廊壁间嵌有明代书法家孙慎行撰书的《保合堂记》碑刻。

礼和堂与贞和堂南北隔街相对，现存建筑为清代改建后的硬山式木结构民居，占地面积 1030 平方米。礼和堂西路和中路各有三进建筑，装饰较少。西路第一进为七檩六开间平房，第二进为七檩六开间平房，第三进为六开间，西侧风火墙高大。中路格局不甚规整，第一进面阔三间，后两进均面阔四间。

常州唐氏民宅是以唐荆川为代表的毗陵唐氏家族在明清两代盛衰的直接物证，它见证了大运河沿线江南城市在经济、文化、社会方面的繁荣变迁，并反映了明代至民国时期江南民居木构建造技艺的演变，具有较高的历史价值。

荡口华氏老义庄

编号：8—0271—3—074
年代：清
类型：古建筑
地址：江苏省无锡市锡山区

荡口华氏老义庄位于江苏省无锡市锡山区鹅湖镇荡口古镇，建于清乾隆年间。

荡口华氏自明初迁居荡口，至明中叶成为当地最大望族，名人辈出，如设计建造了中国第一艘轮船的数学家、科学家华蘅芳等。华氏家族曾建立多个义庄，用于赈济、普及教育及其他社会慈善事宜，华氏老义庄是其中规模最大的一处。

荡口华氏老义庄分东、西两路，东路为四进合院，西路主要为花园，占地面积约 2500 平方米。东路自南向北依次为隔河照壁、码头、八字照壁、门厅、轿厅、正厅和后厅，西路自南向北依次为前厅、中厅和后厅。东路在码头对面设隔河照壁，形制较为独特；门厅两侧分置碑记各一块，梁枋瘦扁，梁枋与斗拱均有彩绘和雕刻；轿厅与正厅之间设东、西两厢；正厅系楠木结构，三间七架，有一定的明代风格，用料较大；后厅三间七架，东墙上嵌有书条石若干；各院过门门头均有精美的砖雕。

荡口华氏老义庄是江南地区规模较大的义庄,是明清时期江南民间自发开展社会慈善事业的重要见证,也从侧面反映了当地经济社会的繁荣。其建筑布局与江南传统民居、园林相同,局部建筑形制有明代风格及地方特色,如反映江南水乡特点的隔河照壁等,工艺精湛,对研究江南地区传统建筑有重要意义,具有较高的历史和艺术价值。

马林医院旧址

编号: 8-0572-5-056
年代: 1892 ~ 1914 年
类型: 近现代重要史迹及代表性建筑
地址: 江苏省南京市鼓楼区

马林医院旧址位于江苏省南京市鼓楼区中山路 321 号。

马林医院建于清光绪十八年(1892 年),是美国基督教会和北方长老会合办的教会医院,也是外国人在南京创办的第一所医院。马林医院原名"基督医院",因第一任院长为马林,故又称"马林医院"。

旧址主体建筑为二层西式楼房,建筑面积 1277 平方米。砖木结构,青砖勾缝、红砖镶嵌,正立面开圆拱形窗,屋顶上开老虎窗,门额上镌刻"光绪十八年""1892年"等字样。设有一层地下室,原作为医院病房,后作为库房、住宅。

马林医院在南京大屠杀期间,作为救死扶伤的重要场所,救助了大量的中国伤员,具有重要意义。

日本驻南京大使馆旧址

编号: 8-0573-5-057
年代: 1935 ~ 1945 年
类型: 近现代重要史迹及代表性建筑
地址: 江苏省南京市鼓楼区

日本驻南京大使馆旧址位于江苏省南京市鼓楼区北京西路 3 号。

日本驻南京大使馆原为日本驻华公使馆,1935 年

5 月 17 日升格为大使馆,七七事变后撤销。1937 年 12 月日军攻占南京后,将总领事馆搬迁至大使馆旧址办公。1940 年汪伪国民政府成立后,日本在原址恢复设立大使馆。1945 年日本投降后,大使馆关闭。

旧址现存建筑建于 20 世纪二三十年代,采用带有西方古典主义特征的折中主义样式,坐南朝北,四层,占地面积 620 平方米,建筑面积 540 平方米。正面设有"八"字形砖砌楼梯,直通二楼。屋顶为木结构"人"字屋架,立面砌女墙,外墙面用水泥砂浆粉刷,门窗外侧加水泥装饰护套。北立面建有外走廊,外廊柱面、挑廊头、门头塑花及栏杆的细部设计受巴洛克风格影响。

日本驻南京大使馆旧址见证了日军侵华的罪行,也见证了中华民族为争取民族独立的曲折历程;其建造于国民政府定都南京后的大规模建设时期,反映了近代中国建筑转型探索时期的多元化风格和建造技术水平。

国立美术陈列馆旧址

编号: 8-0574-5-058
年代: 1936 ~ 1937 年
类型: 近现代重要史迹及代表性建筑
地址: 江苏省南京市玄武区

国立美术陈列馆旧址位于江苏省南京市玄武区长江路 266 号。

国立美术陈列馆建成于 1936 年，是中国第一个国家美术馆，也是中国美术馆事业的开端。1937 年 4 月曾举办第二次全国美展，同年 12 月因南京被日军占领而中止一切美术活动。1949 年南京解放后，旧址建筑作为南京图书馆藏书库用，1960 年 9 月更名为江苏省美术馆沿用至今。

旧址建筑坐北朝南，钢筋混凝土结构，占地面积 4700 平方米，建筑面积 1700 平方米。主楼建筑四层，两翼三层，立面呈"凸"字形，凸出部分为阶梯回廊，中腰为三条纵跨二、三楼的透明玻璃窗。主楼前有庭院花圃。主楼檐口、雨棚、门厅等处有中国传统建筑艺术风格的浅浮雕装饰带。门口立有汉白玉对狮，高 2.33 米（含底座）。

国立美术陈列馆旧址的建筑样式体现了西方现代建筑风格与中国传统建筑装饰艺术元素的融合，并采用新材料和新结构，反映了民国时期中国建筑创作的探索。

侵华日军南京利济巷慰安所旧址

编号：8-0575-5-059
年代：1937 ～ 1945 年
类型：近现代重要史迹及代表性建筑
地址：江苏省南京市秦淮区

侵华日军南京利济巷慰安所旧址位于江苏省南京市秦淮区五老村街道利济巷东侧。

1937 年年底，日军占领南京后将原为国民党中将杨普庆所有的利济巷 2 号建筑改造为"东云慰安所"，将 18 号建筑改造为"故乡楼慰安所"。

旧址建筑建成于 1935 ～ 1937 年，包括八幢民国时期的住宅建筑，由普庆新村、六幢楼房与一幢"L"形门面楼组成，均为两层砖木混合结构，占地面积约

4000 平方米。

侵华日军南京利济巷慰安所是现存唯一被在世慰安妇亲自指认过、直接服务于日本军方的高等级慰安所，该旧址是日军侵华期间罪行的有力证明。

八路军驻南京办事处旧址

编号：8-0576-5-060
年代：1937 年
类型：近现代重要史迹及代表性建筑
地址：江苏省南京市鼓楼区

八路军驻南京办事处旧址位于江苏省南京市鼓楼区傅厚岗 66 号、高云岭 29 号，包括两栋建筑。

八路军驻南京办事处又称第十八集团军驻京办事处，是中国共产党为团结抗战于 1937 年 8 月下旬在国民政府首都南京设立的第一个公开办事机构，中共代表博古（秦邦宪）、八路军驻京代表叶剑英、八路军驻京办事处处长李克农等在此工作过。1937 年 12 月撤离。

傅厚岗 66 号建筑建于 20 世纪 30 年代，原为南开大学校长张伯苓的公馆。主楼坐北朝南，砖混结构，青砖外墙，青瓦屋面，西式风格。庭院面积 397 平方米，

主楼两层共 220 平方米（三层为阁楼），后附房 40 平方米，值班室 18 平方米。

高云岭 29 号（原高楼门 29 号）是一处独立院落的西式建筑，占地面积 2000 平方米，建筑面积 300 平方米。主楼坐北朝南，砖混结构，两层，青色砖墙（现部分已改为水泥墙面），红色大瓦。另有平房一幢。

八路军驻南京办事处旧址见证了中国共产党为实现第二次国共合作，建立和巩固抗日民族统一战线所开展的大量工作，具有较高的历史价值。

新四军盐阜区抗日阵亡将士纪念塔

编号：8-0577-5-061
年代：1943 年
类型：近现代重要史迹及代表性建筑
地址：江苏省盐城市阜宁县

新四军盐阜区抗日阵亡将士纪念塔位于江苏省盐城市阜宁县芦蒲镇。

1943 年春，日伪军以数万兵力扫荡盐阜区，新四军第三师共伤亡 687 人。粉碎扫荡后根据盐阜区各界倡议，第三师师长黄克诚、盐阜区行政公署主任曹荻秋等领导决定兴建"新四军盐阜区抗日阵亡将士纪念塔"，第三师政治部文艺股长兼鲁艺工作团美术教员芦芥负责整体设计和塔顶塑像建造。

纪念塔坐西朝东，矗立于三层平台之上，占地面积 24000 平方米。塔身高 19.25 米，塔顶为半球体形，上立新四军战士铸铁塑像，高 8 尺。

距塔 50 多米的西南角围河北侧有一座六柱穹顶纪念亭。纪念塔建于 1943 年，1947 年遭国民党破坏，1959 年按原有格局进行了修复，由刘少奇题字。1965 年塔身改为砖砌外包钢筋混凝土结构，1983 年恢复了"文革"中被破坏的题词。

新四军盐阜区抗日阵亡将士纪念塔作为抗战期间始建的革命纪念建筑，具有重要的历史价值、社会价值和艺术价值。

黄花塘新四军军部旧址

编号：8-0578-5-062
年代：1943 ～ 1945 年
类型：近现代重要史迹及代表性建筑
地址：江苏省淮安市盱眙县

黄花塘新四军军部旧址位于江苏省淮安市盱眙县黄花塘镇黄花塘村。

由于日伪军加紧了对盐阜区革命根据地的扫荡，1943 年 1 月 10 日，中共中央华中局暨新四军军部转移至黄花塘，至 1945 年 9 月 19 日，在这里驻扎两年八个

月。期间开展了"整风""大生产"和"军政整训"三大运动，指挥车桥战役、顺河集战斗等作战千余次。

旧址占地面积约 4000 平方米，现有新四军副军长张云逸旧居和新四军参谋处旧址各三间。张云逸旧居是土墙茅草屋顶，面积为 57.6 平方米。新四军参谋处旧址草房三间，是赖传珠工作和生活的地方，面积为 52.8 平方米。

黄花塘是新四军军部在一地驻留时间最长的地方。黄花塘新四军军部在华中抗战史上有特殊的历史地位，发挥了重要的作用，见证了这段辉煌的历史以及刘少奇、陈毅、张云逸、罗炳辉为代表的共产党人战斗和工作的历程，具有重要的历史价值和教育意义。

开间歇山顶二层楼组成，东西 12 间，面积约 850 平方米。小北楼是位于北侧的相对独立的二层砖木结构小楼，为"L"形，由 4 间庑殿正屋面和 2 间悬山次屋面组成，面积约 280 平方米。

淮安中共中央华中分局旧址是抗日战争胜利后解放战争爆发这一历史转折时期，我党我军在苏北领导革命斗争的一处重要的实物见证。

淮安中共中央华中分局旧址

编号：8-0579-5-063
年代：1945～1946 年
类型：近现代重要史迹及代表性建筑
地址：江苏省淮安市淮安区

淮安中共中央华中分局旧址位于江苏省淮安市淮安区东长街楚州中学校内。1945 年 9 月～1946 年 10 月，中共中央华中分局于此办公。

抗日战争胜利后，为了统一和加强华中地区党政军领导，1945 年 9 月中旬，中共中央、中央军委决定成立中共中央华中分局、华中军区。同年 10 月 25 日，中共中央华中分局、华中军区在淮安城宣告成立，主要负责人有邓子恢、张鼎丞、谭震林、粟裕、曾山和刘晓。

旧址现存中楼、小北楼。中楼由水平并列的两栋六

兴化垛田

编号：8-0752-6-002
年代：唐至今
类型：其他
地址：江苏省泰州市兴化市

兴化垛田位于江苏省泰州市兴化市垛田街道的杨家荡村、芦洲村之间，面积约 1600 亩。

兴化垛田自唐代起出现，不断发展形成今天的规模，其以杨家荡村、芦洲村之间的区域为核心，具体范围为

杨家荡大桥以东、九里港以南、杨荡村北侧水面以北、龙尾河以西。

兴化垛田因湖荡沼泽而生，叠土为垛，以垛为田，四面环水，互不相连，形同海上小岛。垛岛之间溪流回旋，无舟不行，形成非常独特的垛田文化景观。垛田岛状耕地通风好、光线足，四面环水易排灌，有效种植面积大。土壤由荒滩草地堆积而成，富含腐殖酸，营养丰富，适宜种植蔬菜。清明前后油菜花开，形成"河有万湾多碧水，田无一垛不黄花"的农业文化景观。

兴化垛田独特的耕地形态，是兴化先民和后代子民利用自然、改造自然、与自然和谐相处的典范，是研究我国水网地区种植业历史、生态环境变迁和土地利用方式转变的珍贵样本，具有独特的历史、艺术及科学价值。

江阴蚕种场

编号：8-0753-6-003
年代：1928 年
类型：其他
地址：江苏省无锡市江阴市

江阴蚕种场位于江苏省无锡市江阴市长泾镇河北街2 号。

江阴蚕种场由长泾民族工商业家宋楚材创办，前身是大福蚕种场，1928 年和1936 年先后建成南、北两场，规模宏大。抗战期间南场被毁，1956 年公私合营后改称江阴蚕种场，2012 年全面停产。

江阴蚕种场现仅存北场，以砖木结构为主，占地面积5050 平方米，建筑面积6700 平方米。前为平房院落，后为二进二层楼房，包括办公用房、辅助房、化验间、催青楼、原厂管理用房、原厂主住房、南育种楼、北育种楼、蚕室和辅助生产用房（5 间）以及建筑间连廊，另有地下室。

江阴蚕种场是罕见的居住与生产合一的蚕种场，采用连廊组织整个场区的交通也是孤例。

江阴蚕种场旧址是民国蚕业改良运动中出现的现代

育蚕种专用建筑的杰出代表，融合了现代科学养蚕方法与地方建造技术，代表着这一时期中国蚕室建筑在形制与技术上改良与创新的较高水准，体现了乡土工业建筑在近现代乡村建设中的突出作用，也是我国悠久的丝绸文化在近现代转型的杰出物证。

洋河地下酒窖

编号：8-0754-6-004
年代：1960 ～ 1975 年
类型：其他
地址：江苏省宿迁市宿城区

洋河地下酒窖位于江苏省宿迁市宿城区洋河中大街118 号，包括一组地下酒窖和三组贮酒池库，占地面积3322 平方米，建筑面积5658 平方米。

洋河地下酒窖始建于清末民初，现存地面建筑建于1975 年，平面呈"h"形，三层，砖混结构，占地面积1657 平方米，建筑面积4571 平方米。1967 年，洋河酒厂自行设计建造的下沉式贮酒池率先解决了贮酒池防腐问题，相关经验在业内被广泛推广。

一、二、三号贮酒池库及贮酒池建于20 世纪60 年代。二号池库在酒窖北侧，平面呈"一"字形，砖木结构，建筑面积343 平方米，形制具有徐宿地区"里生外熟"的特点。室内有贮酒池两个，东西对称布局，为"中国第一座大容器贮酒池"，钢筋混凝土结构，上贮酒池容积253 立方米，下贮酒池容积212 立方米。一、三号贮酒池库位于二号池库北侧，东西对称布局，建筑面积均为268 平方米，形式、结构与二号库类似。一号库有贮酒池一座，容积292 立方米；三号库贮酒池消失。

洋河地下酒窖是近现代规模较大、布局结构完整的工业建筑及附属物，也是"洋河酒传统酿造技艺"的物质载体，其独特的窖藏环境和陶坛培土的贮酒工艺，填补了当时浓香型大曲酿制工艺流程中的缺环，为研究中国酿酒科技发展史提供了新的实物资料。

板闸遗址

编号：8-0000-1-005
年代：明
类型：古遗址
地址：江苏省淮安市淮安区

板闸遗址位于江苏省淮安市淮安区福地路社区规划馆南侧，是大运河的有机组成部分，建于明永乐十三年（1415 年）。

遗址包含古河道、水闸、堤坝、码头、建筑基址等遗迹。发掘出土碑座、抱鼓石等建筑构件及陶器、瓷器类遗物约 3000 件。遗址东、西两侧地表有市级文物保护单位明清三元宫和钞关遗址，以南 300 米处有清代粮仓遗址。

板闸遗址为研究明清运河漕运、河工、榷关及运河沿线古代居民生活状况等提供了翔实资料。

板闸遗址并入第六批全国重点文物保护单位大运河。

中山陵附属革命历史图书馆旧址

编号：8-0000-5-008
年代：1935 年
类型：近现代重要史迹及代表性建筑
地址：江苏省南京市玄武区

中山陵附属革命历史图书馆旧址位于江苏省南京市玄武区中山陵 7 号。

旧址建筑建成于 1935 年，平面呈"T"形，砖混结构，前排房屋为两层，后排房屋为三层，中部有地下室，建筑面积 625 平方米。建成之初曾被孙科作为守陵行馆使用数年，后用作陵园管委会办公楼。

中山陵附属革命历史图书馆旧址是中山陵园整体建筑群不可或缺的一部分，具有重要的历史价值。该建筑具有典型的民国建筑风格，是中国建筑现代化历程中对"中国固有形式"的探索，具有较高的科学和艺术价值。

中山陵附属革命历史图书馆旧址并入第一批全国重点文物保护单位中山陵。

浙江省

鲤鱼山—老虎岭水坝遗址

编号：8—0040—1—040
年代：新石器时代
类型：古遗址
地址：浙江省杭州市余杭区

鲤鱼山—老虎岭水坝遗址位于浙江省杭州市余杭区瓶窑镇和良渚街道，分布在良渚古城北面、西面，为良渚古城外围水利工程遗址。

遗址由高坝系统、低坝系统两部分组成，现存10条堤坝，坝体总面积约8.5万平方米。高坝系统包括老虎岭、岗公岭、周家畈、秋坞、石坞、蜜蜂垄6条坝体，坝体长度50～125米，坝顶高程25～35米。低坝系统包括鲤鱼山、狮子山、官山、梧桐弄4条坝体，坝体长度35～360米，坝顶高程9～10米。

鲤鱼山—老虎岭水坝遗址是我国现存最早的大型水利工程遗址，将中国水利史的源头推到了距今5000多年前。该水利系统具有防洪、蓄水、灌溉、水运等功能，是良渚先民利用和改造湿地环境的智慧杰作，在中国和世界文明史上具有重要意义。

嘉兴子城遗址

编号：8—0041—1—041
年代：唐至清
类型：古遗址
地址：浙江省嘉兴市南湖区

嘉兴子城遗址位于浙江省嘉兴市南湖区，为唐代至清代州府衙署遗址。

嘉兴子城遗址平面呈方形，周长约1.1千米，面积约7.5万平方米。地表现存清末重建的城楼和民国时期日伪政权建造的绥靖司令部营房4幢。地下发掘出五代时期城墙基址，以及五代至清的甬道、仪门、戒石坊、大堂、二堂等中轴线建筑基址，其余未发掘区域均探明有各历史时期不同类型的建筑基址。

嘉兴子城遗址格局完整，遗存丰富，是国内罕见的、保存完好的州府衙署遗址，对研究唐宋以来州府衙署建筑制度演变及嘉兴历史沿革等具有重要意义。

坦头窑遗址

编号：8-0042-1-042

年代：唐

类型：古遗址

地址：浙江省温州市永嘉县

坦头窑遗址位于浙江省温州市永嘉县瓯北镇龙下村坦头西坡，是唐代瓯窑的代表性窑场遗址之一。

遗址面积约 6000 平方米，包括南、北两处窑场，北边编号为一号窑场，南边编号为二号窑场。一号窑场经过正式发掘，由窑炉、作坊、贮泥池、辘轳坑和祭祀遗迹等组成，展现了从备料、成形到烧成的瓷器生产流程。窑炉为南方传统龙窑，长近 40 米。出土大量青瓷器和窑具，器形包括碗、盏、壶、罐、钵、盆、盒、碟、灯盏、碾轮等，以素面为主，少量有细线划花与褐彩装饰。窑具有各种类型的匣钵、支烧具与间隔具等。

坦头窑遗址保存了唐代瓯窑完整的瓷器生产工艺流程，对了解瓯窑的产品面貌、制作工艺具有重要意义。

沙埠窑遗址

编号：8-0043-1-043

年代：唐宋

类型：古遗址

地址：浙江省台州市黄岩区

沙埠窑遗址位于浙江省台州市黄岩区沙埠镇与高桥街道一带，从晚唐延续至北宋晚期，是浙江唐宋青瓷窑业的重要组成部分。

窑址以凤凰山北麓仙村岭为中心，散布在栅溪两岸

的山坡上，考古调查发现竹家岭、凤凰山、金家岙、下山头、瓦瓷窑、窑坦、下余等 7 处窑址点，另有瓷土矿坑、窑神庙、八仙池等遗迹。各窑址点相隔 500 米左右，面积 3000～10000 平方米不等。窑址点堆积丰富，其中竹家岭窑址点堆积达 5 米，采集到大量瓷器和窑具，产品造型丰富，釉色可分为青釉和酱釉两类，可辨器类有碗、盘、执壶、罐、炉、粉盒、盏等，以刻划鹦鹉纹大盘最为典型。

沙埠窑遗址位于越窑和龙泉窑两大窑系的技术衔接和过渡地带，是探索越窑瓷业技术南传、龙泉窑瓷业技术渊源和交流的重要遗址。

安吉永安寺塔

编号：8-0272-3-075

年代：五代至南宋

类型：古建筑

地址：浙江省湖州市安吉县

安吉永安寺塔又名"灵芝塔"，位于浙江省湖州市安吉县递铺街道马家村南500米的西苕溪南岸，原为永安寺的一部分，现寺院已毁，仅存此塔。塔始建于五代，宋代曾有两次大修。

塔建于高约5米的自然山石上，为八面十层叠涩檐仿楼阁式砖构实心塔，塔高22.46米，占地面积82平方米。八边形条石塔基高1.2米，设青砖须弥座塔座，塔身各层由平座、塔壁、腰檐等组成，塔壁每面中间设壶门，逐渐向上收分，塔檐陶脊兽五代风格明显，塔顶为相轮式塔刹。塔刹套筒和天宫出土金涂塔铭有题记，明确该塔曾于北宋庆历七年（1047年）和南宋景定元年（1260年）进行过大修。

安吉永安寺塔体量较大，造型优美，同此类塔在南方地区保存较少，为研究五代至南宋时期的古塔提供了重要实物例证，具有较高的历史和艺术价值。

义乌大安寺塔

编号：8-0273-3-076
年代：北宋
类型：古建筑
地址：浙江省金华市义乌市

义乌大安寺塔位于浙江省金华市义乌市稠城街道绣湖社区绣湖公园内，始建于北宋大观四年（1110年），南宋乾道六年（1170年）、明永乐十四年（1416年）有修缮。腰檐与平座栏杆、塔刹等已毁，现仅存塔身五层，寺已无存。

义乌大安寺塔原高约34米，现残高23.42米，占地面积27.4平方米，塔座直径6.82米，塔壁厚1.35米。此塔为六面疏檐砖木结构楼阁式塔，空筒结构，薄壁体，大门窗，塔内有木楼梯盘旋而上。每层均有腰檐和平座，现仅存少量木构残件。塔基由青砖砌筑，高1.26米。塔身转角处有倚柱，柱头卷杀。每面设兼柱，分为三开间，明间设壶门或壁龛，各层错落设置，扶壁拱施重拱，斗拱下面的普拍枋用木枋子。1～4层内外塔壁有砖铭。

义乌大安寺塔造型古朴典雅，其形制、材料和工艺体现了较为典型的宋代楼阁式砖塔特征，建造技术成熟，纪年明确，具有较高的历史、科学和艺术价值。

杭州忠义桥

编号：8-0274-3-077
年代：南宋
类型：古建筑
地址：浙江省杭州市西湖区

杭州忠义桥位于浙江省杭州市西湖区留下街道留下社区留下大街，建于南宋嘉定十一年（1218年），是杭州现存年代最早的石桥。

杭州忠义桥东西向横跨西溪河，系单孔圆弧形石拱桥，拱券采用分节并列法砌筑，素面青石栏板。桥残长16.24米、宽3.65米，拱净跨8.09米，拱矢高4.26米。拱桥除桥面踏步和栏板有更换外，桥身结构基本保存完好。桥两侧拱券石上均有题记，其中西侧券石提及"嘉定戊寅"。

杭州忠义桥构造精巧，造型简练优美，是研究南宋时期造桥技术和桥梁艺术的实物例证，从侧面反映了南宋都城的经济发展水平，具有较高的历史和科学价值。

灵鹫寺石塔

编号：8-0275-3-078
年代：南宋
类型：古建筑
地址：浙江省丽水市莲都区

灵鹫寺石塔位于浙江省丽水市莲都区万象山西南麓，现存四塔，除一塔建于南宋嘉定十一年（1218年）外，其余均建于嘉定九年（1216年）。灵鹫寺石塔原建在灵鹫山灵鹫寺，塔因寺而名，原为七塔。20世纪50年代因筹建瓯江水库将石塔迁置上游前溪山上，80年代初复运回丽水置于现址。

石塔用凝灰岩叠砌而成，外观六面单层，双重须弥座，塔身下部为六边形塔柱，上部为一椭圆形塔肚，周身均有浮雕，主题为佛像、菩萨、供养人、金刚力士、花卉、神兽及宝山海水等。四座塔均局部残损，其中三座塔的塔刹已毁。3号塔保存较为完整，通高4.23米，塔顶高2.1米。塔柱各面均雕刻金刚力士一尊，塔肚中空，开一火焰门，外壁雕佛像、女供养人各二。塔顶为六角攒尖式，施斗拱12攒。塔刹依次为刹座、双重覆莲、宝珠、仰莲、五重相轮、六边形宝盖。

灵鹫寺石塔为"窣堵坡"式石塔，石质仿木构造，形制规整，造型精巧，雕刻生动，是宋式石佛塔的代表性实物，具有较高的历史价值。

形壶门。二层以上两面对设壶门，其余四面为火焰形佛龛。塔顶为青砖叠砌成的圆形大藻井，再上用铸铁覆钵塔刹。塔内原有木楼板和楼梯，现已不存。

绍兴大善寺塔延续了宋代建筑风格，外观和造型精美，具有较高的历史和艺术价值。

绍兴大善寺塔

编号：8-0276-3-079
年代：南宋
类型：古建筑
地址：浙江省绍兴市越城区

绍兴大善寺塔位于浙江省绍兴市越城区解放北路与胜利西路交汇处西南角的城市广场，始建于南朝梁天监三年（504年），南宋绍定元年（1228年）重建，明永乐元年（1403年）、清康熙八年（1669年）修缮，寺已无存。

绍兴大善寺塔高约40米，为六角七层楼阁式塔，主体为砖砌单筒结构，塔身表面有砖仿木斗拱、壁柱，较为精美，原有木结构塔檐已坍塌，平座华拱托叠涩砖完好。塔底层边长3.57米，壁厚1.57米，六面有火焰

南渡广济桥

编号：8-0277-3-080
年代：元、清
类型：古建筑
地址：浙江省宁波市奉化区

南渡广济桥位于浙江省宁波市奉化区江口街道南渡村，始建于北宋初，元至元二十三年（1286年）重建，后又多次重修。

南渡广济桥为四跨五石柱墩廊屋桥，东西横跨原县江上，桥长约52米，宽6.6米。每组桥墩六根石立柱头部用一横向条石榫卯套牢，底部亦铺基石固定。桥面中间高两侧低，略呈弧形，上铺木板，下置粗圆木搭石桥墩上。桥上廊屋为清代所建，宽十一间，抬梁穿斗混合结构，青瓦屋面，两桥头各两间桥屋，其中西桥屋内

有"重修广济桥记碑"等古石碑 5 通。廊屋中间畅通供行人来往，两侧木栏板前设坐凳。

南渡广济桥是有明确纪年的元代桥梁，也是浙江现存较早的木石结构廊桥之一，可以作为同期桥梁断代的重要参考。廊桥造型古朴优美，具有较高的历史和艺术价值，其列石为墩的做法具有一定的科学价值。

詹宝兄弟牌坊

编号：8-0278-3-081
年代：明
类型：古建筑
地址：浙江省丽水市松阳县

詹宝兄弟牌坊位于浙江省丽水市松阳县西屏街道下马街上，建于明代弘治九年（1496 年），是为弘治丙辰科进士詹宝及其兄成化丙戌科进士詹雨而立。

牌坊为青石仿木结构，三间四柱五楼歇山顶，通面阔 6.35 米，通高 8.58 米。明间额枋上正面阴刻楷书"兄弟进士"，背面阴刻"父子贤科"，左侧竖刻小字"赐弘治丙辰"，右侧竖刻小字"进士第詹宝"，正楼石匾匾额竖刻"恩荣"二字。石板地坪。

詹宝兄弟牌坊属功名坊，是研究明清科举制度与乡村教育的重要实例。牌坊形制完整、工艺复杂，雕刻内容丰富、图案逼真，是研究南方地区牌坊形制演变的实物资料，具有较高的历史和艺术价值。

梅城南峰塔和北峰塔

编号：8-0279-3-082
年代：明
类型：古建筑
地址：浙江省杭州市建德市

梅城南峰塔和北峰塔位于浙江省杭州市建德市梅城镇，建于新安江、兰江、富春江三江交汇处的两侧山峰上，两塔夹江而立。

南峰塔又名巽塔，位于南峰村南高峰，始建于宋代，明嘉靖二十五年（1546 年）重建，原为报恩光孝禅寺佛塔，寺已无存。南峰塔为八面七级楼阁式砖塔，占地面积 141 平方米，塔身通高 35 米。各层无平座层，八

面皆开小窗。塔内有梯，各层中有穿室，逐层台阶经穿室盘旋而上，可达第七层。

北峰塔又名卯塔，位于龙泉村东郊之高峰山，始建于宋代，明嘉靖二十七年（1548年）重建，原为圆通禅院佛塔，寺已无存。北峰塔为六边形七层楼阁式塔砖，占地面积30.6平方米，通高29米。外观七级，内分六层，各层无平座层，八面皆开小窗。塔内有砖砌中心柱，自第一层直至第六层。中心柱与塔内壁构成盘登之阶，塔顶设通高两层的穿室。

梅城南峰塔和北峰塔选址独特，建筑与山形水势相得益彰，反映了古代风水思想的影响，同时兼具导航功能。双塔见证了宋代以后江南地区佛教的发展繁荣，是江南古代佛塔的重要实例，具有较高的历史和艺术价值。

独山石牌坊

编号：8-0280-3-083
年代：明
类型：古建筑
地址：浙江省丽水市遂昌县

独山石牌坊位于浙江省丽水市遂昌县焦滩乡独山村东南隅，建于明隆庆三年（1569年）。

独山村叶以蕃官至工部员外郎，其父母、妻均受诰封，遂昌知县等人建独山石牌坊以示旌表。牌坊为花岗石质，三间四柱五楼。牌坊基座宽11.72、深4.13米，明间宽3.22米，次间宽1.78米，底座为长2.96、宽0.52、高0.43米的基石，基石中部立抹角方柱，柱两边夹抱鼓石，明间柱抱鼓石高2.4米，次间抱鼓石高2米。歇山顶，翼角发戗起翘，脊顶饰兽吻，额枋浮雕龙凤瑞兽。

独山石牌坊形制保存完整，构筑坚固，气势雄伟，坊间浮雕形象逼真、技法高超，艺术特色明显，具有较高的历史和艺术价值。

湖州潮音桥

编号：8-0281-3-084
年代：明
类型：古建筑
地址：浙江省湖州市吴兴区

湖州潮音桥位于浙江省湖州市吴兴区慈感寺7号西侧，横跨霅溪，始建于明嘉靖十八年（1539年），万历三十三年（1605年）重建。

湖州潮音桥为东西向三孔石拱桥，桥长57米、宽4.87米、净高7.95米，主孔净跨13.5米、矢高6.46米。拱券为纵联分节并列式砌置，中券肩部端首饰吞水兽，其余端首为弧形素面。桥面中部呈弧形，压面石出檐。两坡各有梯形踏步27级。桥栏为吴王靠式。桥西堍原有残损石狮一尊，桥额有题记。

湖州潮音桥造型古朴舒展，体现了明后期比较成熟的建桥技术，具有较高的历史、科学和艺术价值。

林应麒功德牌坊

编号：8-0282-3-085
年代：明
类型：古建筑
地址：浙江省台州市仙居县

林应麒功德牌坊位于浙江省台州市仙居县福应街道断桥上宅村东南，是明嘉靖年间为表彰林应麒功德所建。

林应麒（1506～1583年），浙江仙居人，明嘉靖十四年（1535年）进士，政绩卓著，任江西道监察御史时清除匪患有功，御赐功德牌坊。

牌坊坐北朝南，占地面积33.23平方米，为四柱三间楼阁式歇山顶石构仿木建筑，通面宽11.46米，进深2.9米，高10.5米。牌坊采用了整雕、透雕、浅浮雕、平浮雕等多种雕刻技法，工艺细腻，技术娴熟。

林应麒功德牌坊为浙江现存时代较早的牌坊之一，为研究明清时期牌坊发展历史和制度提供了重要的资料，其雕刻丰富、精美，具有较高的历史和艺术价值。

紫薇山民居

编号：8-0283-3-086
年代：明清
类型：古建筑
地址：浙江省金华市东阳市

紫薇山民居位于浙江省金华市东阳市画水镇紫薇村，北依乌龟山，前临刀形池塘，始建于明隆庆元年（1567年），为明兵部尚书许弘纲及其父、弟所建府第，后屡有修葺。

紫薇山民居由尚书第、小厅、大夫第构成，均坐北朝南，多为马头山墙硬山顶木结构建筑。小厅紧邻尚书第东北角，建于明隆庆元年。大夫第位于尚书第东侧，相距约60米，与尚书第均建于明万历至天启年间。

尚书第共五进，由门厅、照厅、正厅（诒燕堂）、中堂（仅存遗址）、后厅、后堂（已毁）及左右避弄组成，占地面积2117平方米。门厅五开间，明间四柱七檩中柱落地，尚存彩绘；照厅为五开间敞厅，明间五柱七檩穿斗式构架；诒燕堂为三开间五柱八檩前单步后两单步廊构架，明间抬梁，次间梁架用砖仿木，施有苏式、旋子彩画；后厅为三开间敞厅，明间四柱七檩。

小厅共两进，由前厅、后堂及两侧厢房组成，占地面积667平方米。前厅三开间，明间四柱七檩抬梁式构架；后堂三开间，五柱七檩二层楼屋，穿斗式构架。

大夫第共四进，由照厅（仅存遗址）、正厅（开泰堂）、中堂、后堂组成，占地面积1053平方米。开泰堂为三开间四柱七檩前后单步廊构架，中堂三开间八柱九檩穿斗式构架，后堂三开间八柱八檩有腰檐二层楼屋。

紫薇山民居是珍贵的明末清初木结构建筑遗存，且保留了部分早期彩绘，其圆直平梁式抬梁及边缝砖仿木梁架结构等体现了地方特定做法，是江南地区明清民居建筑的重要实例。紫薇山民居见证了明清时期该地区乡村经济、社会、文化的发展情况，具有较高的历史和艺术价值。

石楠塘徐氏宗祠

编号：8-0284-3-087
年代：明清
类型：古建筑
地址：浙江省金华市婺城区

石楠塘徐氏宗祠又称"崇恩堂"，位于浙江省金华市婺城区雅畈镇石楠塘村，始建于明万历年间，清代多有加建、改建。

石楠塘徐氏宗祠占地面积1040平方米，是当地13个徐氏宗亲居住村落的总祠堂，坐西朝东，现有门楼厅、享堂、寝室及左右侧厅等建筑。厅堂建筑的主体构架均采用抬梁式和穿斗式结合做法，月梁和枋柱用石材仿木并刻有浮雕图案。享堂山面柱梁枋使用陶构，檩椽均为木构。建筑构件上装饰有大量木雕、石雕图案，题材丰富。

石楠塘徐氏宗祠具有鲜明的地方风格和时代特征，布局紧凑，石质、陶质构件做工精美、独特，具有较高的历史和艺术价值。

赤岸朱宅建筑群

编号：8-0285-3-088
年代：明至民国
类型：古建筑
地址：浙江省金华市义乌市

赤岸朱宅建筑群位于浙江省金华市义乌市赤岸镇朱店村，始建于明代，清代和民国有修缮加建。

赤岸朱宅建筑群由荐叙堂、六房厅和大夫第以及民国时期增建的重厢等组成，占地面积3045平方米，建筑面积5409平方米。整组建筑处在村落中心，坐北朝南。

荐叙堂又称官余厅，为明晚期建筑，由三进两院一穿堂组成，前厅后堂"工"字布局。前为门厅，中进正厅为三开间抬梁式敞厅，正厅后连穿堂一间，后进为堂楼，抬梁穿斗结合。

六房厅为朱家祖屋，建于清中期，共两进。门厅、正厅各三开间，左右厢房各六开间。建筑木雕、砖雕和石雕精美。

大夫第为清代理学传人朱一新及其弟朱怀新的宅第，由门楼和朱怀新宅葆真堂、朱一新宅约经堂组成。大夫第门楼为单间屋宇式门楼。葆真堂共两进，门厅、正厅各三开间，左右厢房各六开间，另有两开间辅房和三层阁楼一间。约经堂共两进，门屋、堂楼各三开间，左右厢房各六开间。西厢房书房内整面板壁镌刻八幅书法作品。

重厢包括双宝轩和宝宣堂，位于葆真堂和约经堂西侧，清末民国时期扩建，均为三合院。葆真堂和双宝轩之间有石库门。

赤岸朱宅建筑群规模宏大，格局基本完整，体现了明至民国各时期的建筑艺术风格，时代和地域特征明显。建筑上遍布木雕、石雕和砖雕装饰，题材广泛，尤其是整面板壁的书法作品较为少见，体现了清代江南士人的文化喜好和审美特点，具有较高的历史和艺术价值。

厚吴村古建筑群

编号：8-0286-3-089
年代：明至民国
类型：古建筑
地址：浙江省金华市永康市

厚吴村古建筑群位于浙江省金华市永康市前仓镇。厚吴村初建于南宋嘉定十年（1217年），历经800多年建设，村落发育成熟。现存建筑主要建于清代和民国时期，少量建于明代。

厚吴村面朝屏山，东临南溪，西望历山，背枕前坑，占地面积约5.22公顷。古建筑以前轩间为中心逐步向

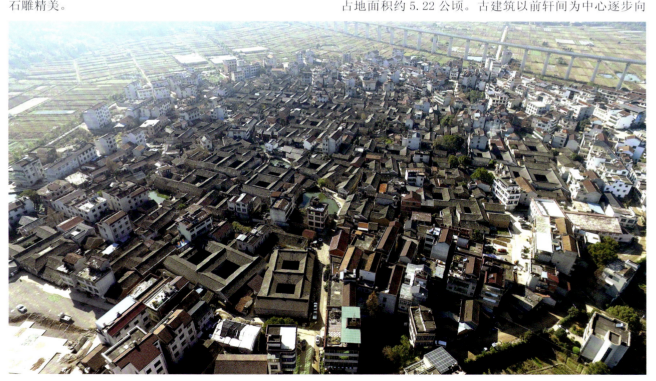

四周扩散，村中吴姓长房、礼房前园、射房祖处、智房东园、勇房外田、御房新楼六大房派的居住区基本完整，此外还存留原有主支巷道、水系。

厚吴村古建筑群保留有质量较高的古建筑 22 座，其中明代 3 座，包括吴氏宗祠、衍庆堂、树玉堂；清代 13 座，包括丽山公祠、澄一公祠、德杰祠堂、存诚堂、司马第、长房起源屋、桂花居、吴崇岳宅、醴泉井、老街店铺、同仁堂药店、宝童塔、镇南庙；民国初年 6 座，包括吴仪庭公祠、向阳公祠、前轩间（厚吴始祖屋）、吴贵盛宅、南峰拱秀宅、新屏山精舍。建筑多为两坡硬山顶。其中吴氏宗祠为三进院落，第一进正立面为牌楼，两侧为五马花墙，中开大门，雕刻工艺精湛；衍庆堂为三进院落，每进均为三开间两坡硬山顶；树玉堂为两进院落，两侧设厢房。

厚吴村古建筑群历史悠久，规模宏大，格局保存较为完整，建筑类型多，时代与地方特色明显，为研究浙中地区元明至民国时期木构建筑的演变提供了丰富的实物资料，完整反映了当地数百年间经济、社会、文化的发展情况，具有较高的历史和艺术价值。

吴文简祠

编号：8-0287-3-090
年代：清
类型：古建筑
地址：浙江省丽水市庆元县

吴文简祠位于浙江省丽水市庆元县举水乡月山村胜境路一弄，面向银屏峰，后依竹山。该祠始建于明嘉靖元年（1522 年），明万历三十四年（1606 年）迁建现址，清顺治五年（1648 年）毁于兵焚，顺治十一年（1654 年）至康熙五年（1666 年）重建。

吴翥（719～784 年），唐代文人，朝廷屡召不应，受唐宣宗谥封为文简先生，后人为追缅先贤而建祠纪念。

吴文简祠坐东南朝西北，整体布局呈纵长方形，面宽 17.4 米，进深 33.4 米，占地面积约 700 平方米。建

筑由门楼、正堂、后堂组成，各进设天井、月台，祠四周筑墙围合院落。门楼三间两进重檐歇山顶，檐下通施斗拱，次间内斜用"卍"字拱；正堂五间六进悬山顶，明间抬梁式减柱造法；后堂依地势而建，两侧设踏跺而上。正堂前左右天井各设香火库，左侧青砖砌筑的香火库额枋上有"嘉靖元年捐资鼎建"的砖刻题记。

吴文简祠基本沿袭明中期格局，现存建筑建于清康熙初年，为明清时期典型的祠庙建筑。其选址和建设充分利用了月山村的地形地貌，依地势而建，纵轴线院落关系明晰，设计巧妙，布局合理。建筑融合了浙南山区和福建地区的建筑风格与手法，地方特色鲜明，具有较高的艺术和历史价值。

下柏石陈大宗祠

编号：8-0288-3-091
年代：清
类型：古建筑
地址：浙江省金华市永康市

下柏石陈大宗祠位于浙江省金华市永康市芝英镇下柏石村，清康熙三十二年（1693 年）建成，戏台于清中晚期有过较大整修。

下柏石陈大宗祠坐西朝东偏南，平面布局呈矩形，五开间三进合院式，占地面积 975 平方米，建筑面积约 890 平方米。建筑由一进天井、门楼、戏台、二进天井、中厅、太子台、后堂、南北厢房、南北钟鼓楼、南北茶亭、水池等组成。宗祠依地势而建，除门楼为两层外，其他为单层五开间合院式，单檐木结构硬山造，抬梁穿斗结合承重，五山封火墙高筑，内墙版筑。

下柏石陈大宗祠选址背山面水，建筑顺应山势，布局中轴对称，整体结构合理，是浙中地区保存较为完好的一处宗祠建筑，是研究清早期宗族制度的实物资料，具有较高的历史和艺术价值。

余姚通济桥

编号：8-0289-3-092
年代：清
类型：古建筑
地址：浙江省宁波市余姚市

余姚通济桥位于浙江省宁波市余姚市凤山街道宪卿第社区北滨江路，始建于北宋庆历八年（1048年），初名"德惠桥"，经四毁四建，元至顺三年（1332年）改筑石桥，更名为"通济桥"。现存桥梁为清雍正九年（1731年）重建。

余姚通济桥为连接余姚南北双城的纽带，占地面积527平方米。桥横跨姚江，为陡拱式三孔石桥，拱券采用纵联分节砌置法，桥通长43.39米，宽6.43米。主孔净跨14.2米，拱矢高度8.4米，下可行舟。桥体栏板、望柱及主拱券边墙刻浮雕连枝花纹、石狮、仰覆莲瓣及对联等。

余姚通济桥是浙东运河的重要组成部分，在古代浙东交通网络中具有较重要的地位，其造桥技术也具有较高的科学研究价值。

金清大桥

编号：8-0290-3-093
年代：清
类型：古建筑
地址：浙江省台州市温岭市

金清大桥位于浙江省台州市温岭市新河镇城南村，因横跨金清港而得名，建于清嘉庆初年。

金清大桥为五孔石拱桥，长64米，宽约4.6米，高约12米，占地面积320平方米。两端有桥亭，桥为纵联分节并列砌筑，桥孔下净空较大，便于行舟。桥墩由条石错缝叠砌，每个桥墩用明柱、长系石，长系石出头作兽首形。桥面曲线较有特色，非连续弧线，各拱顶处设平台，平台之间由石阶成斜面相连。大桥两侧有石桥栏，两端部各施抱鼓石。桥栏间望柱每侧28根。桥亭为木石结构，四角攒尖，方形，进深、面阔均为3.76米。

金清大桥建于沿海市镇的河流入海口，兼顾陆路与水路交通，反映了当时浙江沿海地区的商贸繁荣。大桥建造技艺高超，形成独特的石券桥风格，浮雕图案生动有致，具有较高的历史和艺术价值。

江山文昌宫

编号：8-0291-3-094
年代：清
类型：古建筑
地址：浙江省衢州市江山市

江山文昌宫位于浙江省衢州市江山市廿八都镇浔里村，建于清宣统元年至三年（1909～1911年）。

江山文昌宫坐北朝南，占地面积1570余平方米，建筑面积1199平方米。总体平面布局呈纵长方形，共三进两天井，沿中轴线依次为大门、前殿、天井、正殿、天井、寝殿，左右为厢房，以檐廊相连，砖木结构。正殿为三层重檐歇山顶阁楼式建筑，平面呈正方形，大殿正面各层均在明间两檐柱上设翼角起翘。文昌宫中有彩绘作品450余幅，内容丰富，包括状元及第、封神榜人物故事、儿童牧牛、山水花鸟等。

江山文昌宫位于浙闽赣三省毗邻区域，建筑风格融汇多个地域的风格，雕刻精美，彩画丰富，反映了该地区清末民间社会文化生活、建筑艺术的繁荣发展，具有重要的历史和艺术价值。

兰溪通洲桥

编号：8—0292—3—095
年代：清
类型：古建筑
地址：浙江省金华市兰溪市

兰溪通洲桥位于浙江省金华市兰溪市梅江镇塔山村，横跨梅溪之上，始建于清乾隆二十三年（1758 年），道光三年（1823 年）重建，光绪十二年（1886 年）改建为木石结合廊桥。

兰溪通洲桥为六墩五孔石拱桥，全长 84.8 米，其中两端引桥各长 14.35 米，正桥长 56.1 米，桥面净宽 4.35 米，两边有三层条石错缝砌成的护栏。桥上有廊屋、廊亭和门楼。桥拱为纵联砌置，以当地棕褐色条石砌成，拱券正中两面各嵌一青石匾，书"通洲桥"。桥墩设分水尖，桥东西两侧第一桥墩分水尖上各置七面青石经幢一座，幢身刻七佛名，有镇水护桥的寓意。上部桥屋部分有廊屋 21 间，中间穿以桥亭，两端设有四柱三间牌楼式门楼。桥屋柱以上下纵横两层梁枋连接，有效加强了桥屋结构的整体性，并为行人休息提供便利。

兰溪通洲桥为古代金华、兰溪、义务、浦江、建德五县间的交通要道，是浙江保存较为完整的木石结合廊桥之一，其采用石桥墩和木结构廊桥结合的做法，结构合理，壮硕的桥墩、石拱、连续的廊屋及桥亭、门楼共同构成了高低起伏的造型，具有较高的艺术和科学价值。

雅端村古建筑群

编号：8—0293—3—096
年代：清
类型：古建筑
地址：浙江省金华市义乌市

雅端村古建筑群位于浙江省金华市义乌市赤岸镇雅端村，从清乾隆初年至清嘉庆、道光年间陆续建造，时间长达百年。

雅端村枕山面水，古建筑群在村落中央，坐西朝东，占地面积 5082 平方米，建筑面积 8527 平方米，由陈氏宗祠（叙伦堂）、容安堂、容安堂南北重厢（兰翠堂、珠宝堂、荣春堂、明星堂）、遗安堂、居安堂、德星堂、敦礼堂、敦星堂等多个厅堂宅院组成，号称"七厅八堂"。

建筑群以容安堂为核心。容安堂居前，前临广场，建材取精用宏，由门厅、正厅、堂楼和左右厢房、南北重厢组成五路六院；遗安堂居于容安堂之后，为一座十八间四合院；敦礼堂居遗安堂左上方，居安堂居右，分别为十六、十三间的四合、三合式宅院。叙伦堂为陈氏宗祠，是陈氏举行祭祀大典的场所，祠前有外明堂。

容安堂用于举办婚嫁等喜事，遗安堂则用于举办族中丧事，敦安堂原用于举行佛事，后毁于火。敦礼堂、德星堂、敦星堂系陈家祖屋，和居安堂、容安堂重厢院构成"八堂"，供陈氏子孙分房居住。

雅端村古建筑群整体布局保存完整，规模宏大，功能体系完备，是封建家族伦理秩序和宗族管理制度的集中体现，对研究清代经济社会和民俗文化具有典型的实证意义。其建筑形式多样，用料考究，雕刻精美，内容丰富，具有较高的历史和艺术价值。

塘下方大宗祠

编号：8-0294-3-097
年代：清
类型：古建筑
地址：浙江省金华市义乌市

塘下方大宗祠位于浙江省金华市义乌市后宅街道塘下村，始建于宋，明代迁建于现址，清同治六年（1867年）至光绪二十年（1896年）在明万历基址上重建，布局基本保存明代晚期风格。

塘下方大宗祠建筑主体坐北朝南，含三进两院的祠堂和西侧的花厅一座，占地面积1859平方米。宗祠周边溪水环绕，三面纵贯三座五花马头，意为方氏族中连中三个进士。

祠堂主体建筑包括门厅、飨堂和寝堂。门厅面阔九间，居中三间为屋宇式金柱大门，门前设抱鼓石和拒马栅，两侧设穿斗式楼房，后为三间照厅。飨堂为七开间五架梁敞厅，台基和方砖铺地为明万历间原物。寝堂为七开间抬梁敞厅，台基高踞。祠堂建筑的梁、檩、枋、廊轩、天花、雀替、牛腿、角拱（又称插翅）等部位饰雕刻、彩绘，木雕精细，色彩鲜艳，飨堂局部雕刻鎏金。祠堂前院设水院，居中架一座双拱三墩石雕栏杆桥，雕麒麟吐书等祥瑞图案。

花厅系附属建筑，用作宗族祭祀的庖厨、祭器库及看祠人居所、宾客房间等。平面不甚规整，厅堂面阔三间，两侧厢房围合。

塘下方大宗祠规模宏大，等级较高，格局完整，并

保存了清代木雕、彩画及明清石雕，对研究清代社会政治、经济及宗法制度均具有重要意义，有较高的历史和艺术价值。

椒江戚继光祠

编号：8-0295-3-098
年代：清
类型：古建筑
地址：浙江省台州市椒江区

椒江戚继光祠位于浙江省台州市椒江区东山西南麓，原为戚继光任台金严参将时水师驻兵处之一。当地人民为纪念戚继光的抗倭功绩，于城隍庙驻兵处建立戚公祠，现建筑为清同治、光绪年间重修。

椒江戚继光祠坐北朝南，为一条纵轴线上的三进建筑，占地面积2010平方米，建筑面积1020平方米，由照壁、前大殿、戏台、看楼、大殿组成。门前及第一进院落均设方形水池，池上架桥。看楼七开间，自梢间出翼楼，三重檐歇山顶。大殿为五开间歇山顶，两旁设偏殿。祠内有南宋庆善寺铜钟，重六千斤，该钟于明初抗倭时移至此处，用于报警。

椒江戚继光祠在形制特征、材料和工艺特点等方面保留了历史原状，是明中后期抗倭斗争的重要见证，具有较高的历史价值。

东阳白坦民宅

编号：8-0296-3-099
年代：清
类型：古建筑
地址：浙江省金华市东阳市

东阳白坦民宅位于浙江省金华市东阳市巍山镇白坦村，包括福舆堂和务本堂。福舆堂正厅及两侧厢房建成于清嘉庆年间，恭、勤、惟、德四房在道光、咸丰年间先后建成。务本堂建于清嘉庆年间至清末。

福舆堂占地面积1万多平方米，现存建筑分东、西

两路。西路南侧三进院落，由大门、门楼、前厅、后堂及两侧厢房组成，为德房和惟房建筑；北侧两进院落，由前厅、后堂及两侧厢房组成，前厅（正厅）为福舆堂建筑群的中心建筑，后堂院落为勤房建筑。东路为三合院，坐北朝南，由正屋、两侧厢房及西重厢组成，为恭房建筑，整体呈"品"字形布局。

务本堂坐西朝东，占地面积 3100 平方米，呈横向布局，由三条轴线组成。中轴线前后三进，由门楼、正厅（务本堂）、后堂及两侧厢房组成；左轴线由十一间头和菊庄厅两个三合院落组成；右轴为三立堂三合院。中轴正厅是公共性建筑，前有元宝形天井，三开间敞厅，明缝四柱八檩前轩后单步廊抬梁式构架；后堂明间设一直上二层的藻井，俗称"鸡笼结顶"。

东阳白坦民宅以当地典型的三进院、三合院等院落组合为模块，形成复合布局的建筑组群，规模宏大，格局清晰。其建筑采用大量东阳木雕以及砖雕、石雕、书法、壁画、堆塑等装饰艺术，技艺精湛，题材丰富，充分体现了地方和时代特色，具有较高的历史和艺术价值。

汉建初元年买地刻石

编号： 8-0485-4-008
年代： 东汉
类型： 石窟寺及石刻
地址： 浙江省绍兴市越城区

汉建初元年买地刻石位于浙江省绍兴市越城区富盛镇乌石村跳山东坡一块裸露岩石上，凿刻于东汉建初元年（公元 76 年）。

摩崖题刻分上、下两部分，隶书阴刻，书雄健，无边框。正文 5 行，每行 4 字，上书："昆弟六人，共买山地，建初元年，造此冢地，直三万钱。"额题"大吉"。

汉建初元年买地刻石是我国现存年代最早、体积最大的土地券约，是研究东汉土地买卖的珍贵史料，也是研究东汉早期书法艺术的重要实物资料。

雁荡山龙鼻洞摩崖题记

编号： 8-0486-4-009
年代： 唐至民国
类型： 石窟寺及石刻
地址： 浙江省温州市乐清市

雁荡山龙鼻洞摩崖题记位于浙江省温州乐清市雁荡山风景区龙鼻洞内，现存题记年代最早的为唐贞元十年（794 年），至民国时期均有题记、碑刻留存。

摩崖题记沿山势而分布，共三坛。摩崖主要分布在第一坛两侧岩壁，左壁尤为密集。碑大多竖立在二、三坛平地上，少数嵌在崖壁间。摩崖题记共 94 处，分为题名、题字、诗刻、记游等，书体多样。经辨认，有宋代科学家沈括的题刻、明代总兵杨宗业的草书诗碑、民国时教育总长傅增湘的碑文等，洞口路旁一个岩石上有朱熹所书"天开图画"四字。明代旅行家徐霞客称其为"嶂左第一洞"。

雁荡山龙鼻洞摩崖题记出自历代众多名家之手，兼具正、行、草、隶、篆各种书体，具有较高的书法研究价值、艺术价值和史料价值。

杭州孔庙碑林

编号：8-0487-4-010
年代：唐至民国
类型：石窟寺及石刻
地址：浙江省杭州市上城区

杭州孔庙碑林位于浙江省杭州市上城区府学巷，保存了自唐代至民国时期的各类石碑。

碑林占地面积1.32公顷，展有唐碑2通、五代碑3通、宋碑117通、元碑8通、明碑32通、清碑215通，另有残破、风化漫漶碑100余通。其中南宋太学石经为宋高宗所书，为全国仅有；五代石刻星象图是目前世界上发现的年代最早的石刻星象图之一，在天文史研究中有重要价值。唐广明元年（880年）所刻十六罗汉像，王羲之、王献之、苏轼、米芾、祝允明等历代名书法家的手书法帖刻石、绘画碑刻，以及南宋和清代帝王御碑等均具有较高的艺术价值。此外还有大量有关地方史、儒学教育与宗教文化的碑刻墓志。

杭州孔庙碑林保留了大量珍贵石刻，其中"宋高宗书太学石经""五代石刻星象图""贯休十六罗汉像"具有很高的历史、艺术和科学价值，是研究我国古代石刻艺术、书法艺术和天文立法的重要资料。

仙岩洞摩崖题记

编号：8-0488-4-011
年代：宋、清
类型：石窟寺及石刻
地址：浙江省衢州市衢江区

仙岩洞摩崖题记位于浙江省衢州市衢江区樟潭街道金仙岩村红星自然村南，主要为宋代、清代题刻。

洞门朝东，洞外为仙岩寺旧址，洞内面积约390平方米，壁上留有摩崖题刻50余块。现存有文字的题刻共39块，有确切纪年可考的29块，大部分为宋代所刻，许多是当朝官员和著名文人的笔迹，其中最为珍贵的是北宋镇压方腊农民起义时留下的题记。

仙岩洞摩崖题记延续时间长，书体多样，特别是记载了北宋朝廷镇压方腊农民起义军的经过，对研究我国宋代农民起义史具有较高的价值。

道场山祈年题记

编号：8-0489-4-012
年代：元
类型：石窟寺及石刻
地址：浙江省湖州市吴兴区

道场山祈年题记位于浙江省湖州市吴兴区道场乡道场山护圣万寿禅寺东北。

题记刻于巨岩之上，通高3.6米，通宽2.9米，最

厚处约 1.26 米。全文共 10 行，160 字，楷书阴刻，字迹清晰。记录了元代湖州路达鲁花赤囊加䚟在后至元五年（1339 年）春耕时来道场山为民祈求丰年的过程。文字由万寿寺主持编撰，谢德懋书，内容包括时间、参与人员、礼祭过程等。

道场山祈年题记对于研究元代历史与社会习俗具有重要价值。

沈钧儒故居

编号：8-0580-5-064
年代：1921 年
类型：近现代重要史迹及代表性建筑
地址：浙江省嘉兴市南湖区

沈钧儒故居位于浙江省嘉兴市南湖区环城南路 545 号，始建于清嘉庆年间，1921 年沈钧儒全家移居于此。

沈钧儒（1875～1963 年），字秉甫，号衡山，浙江嘉兴人，著名爱国民主人士。中华人民共和国成立后历任中央人民政府委员、最高人民法院院长、全国人民代表大会常委会副委员长、政协副主席等职，1956 年当选为民盟中央主席。被周恩来总理誉为"民主人士左派的旗帜"。

沈钧儒故居原有五进，现存门头、前厅、仪门和后楼四进，其中前厅、后楼为原建筑，门头、仪门为 2000 年复原建筑。前厅总面阔三间，进深五柱四进，硬山顶，屋面使用阴阳合瓦，檐口用勾沿和滴水，建筑面积 120 平方米。后楼为两层建筑，总面阔五间，一层进深为五进六柱，二层进深为三进四柱，重檐硬山顶，屋面使用阴阳合瓦，檐口用勾沿和滴水，建筑面积 350.8 平方米。

沈钧儒故居见证了沈钧儒人生中的一段重要历程，其建筑具有太湖流域传统民居的典型特点，具有突出的历史价值和一定的艺术价值。

英国驻温州领事馆旧址

编号：8-0581-5-065
年代：1894～1924 年
类型：近现代重要史迹及代表性建筑
地址：浙江省温州市鹿城区

英国驻温州领事馆旧址位于浙江省温州市鹿城区江心屿，包括两栋建筑。

清光绪三年（1877 年）温州开埠，英国驻温州首任领事抵达温州，以江心屿浩然楼为临时领事馆。1894 年，新建领事馆。1924 年，英国驻温州领事馆撤销。

旧址 1 号楼为领事办公用房，建于 1894 年，建筑面积 553 平方米，四坡屋顶，依山而建，由台基、楼体、屋顶三部分构成，用青砖、红砖、花岗岩块石混合砌筑，外券廊装饰精细讲究，颇具特色。2 号楼位于 1 号楼以东 55 米处，为英驻温领事馆警卫人员住所，俗称"巡捕房"，建于 1895 年，建筑面积 198 平方米，立面装饰较 1 号楼简洁。

英国驻温州领事馆旧址见证了西方列强近代以来对中国的殖民侵略以及温州开埠的历史进程，是研究和展示中国近代史的重要实物例证。其建筑受欧洲古典主义和折中主义的影响，属于比较典型的殖民地外廊样式，在采用传统砖木材料的同时也采用了槽钢混凝土楼面、石膏板天花等新式做法，建筑施工技术较高，时代特征明显。

求是书院旧址

编号：8-0582-5-066
年代：1897 ～ 1914 年
类型：近现代重要史迹及代表性建筑
地址：浙江省杭州市上城区

求是书院旧址位于浙江省杭州市上城区大学路 3 弄 5 号。

求是书院创办于清光绪二十三年（1897 年），停办于 1914 年，是浙江省第一所新型高等学府，是全国最早的文理综合性普通高等学校之一，在中国近代教育史上占有一席之地。同时它还是浙江省 19 世纪末 20 世纪初资产阶级民主革命的重要阵地，有"东南革命策源地"之称。

旧址现存建筑原为普慈寺大殿和偏殿，建于清光绪十五年至十七年（1889 ～ 1891 年），均坐北朝南。大殿平面呈"凸"字形，由正殿和抱厦组成，占地面积 522 平方米，内柱、梁架用材粗壮，柁橔、牛腿等雕饰精美。偏殿平面呈矩形，为硬山建筑，占地面积 256 平方米，分心式梁架结构为其特色。

求是书院旧址作为求是书院创立和发展演变历程的实物见证，具有重要的历史价值和社会意义。

恩泽医局旧址

编号：8-0583-5-067
年代：1901 ～ 1951 年
类型：近现代重要史迹及代表性建筑
地址：浙江省台州市临海市

恩泽医局旧址位于浙江省台州市临海市古城街道望天台 43 号。

恩泽医局由英国传教士白明登医生创办，后由乡贤陈省几购买并改称恩泽医院，集医院、教学、传教、生活功能于一体，体现了西式医院特点和西医办学思想。建筑空间布局充分利用山形地势，因地制宜。

旧址建筑始建于清光绪二十七年（1901 年），主要包括养病院、教学楼、清气院、前廊、后廊及四口水井，建筑面积 1550 平方米。养病院、教学楼、清气院之间连以廊道。养病院为现存主体建筑，南北走向，平面为"凸"字形，八间二层带阁楼，砖木结构，建筑面积 464 平方米。教学楼平面为长方形，三间二层，砖木结构，建筑面积 138 平方米。清气院平面方正，五间二层，砖木结构，建筑面积 856 平方米。

恩泽医局在抗战时期曾救治美军受伤飞行员，是中

国反法西斯战争及中美友谊的重要纪念地。旧址建筑是我国早期西式医院的代表性建筑之一，样式为中西结合，具有一定的历史价值和艺术价值。

浙江图书馆旧址

编号：8-0584-5-068
年代：1909～1936年
类型：近现代重要史迹及代表性建筑
地址：浙江省杭州市上城区、西湖区

浙江图书馆旧址位于浙江省杭州市西湖区孤山路28号、上城区大学路102号，由孤山馆舍和大学路馆舍组成。

浙江图书馆前身为浙江藏书楼，1900年始建大方伯里馆舍，1903年扩建为浙江藏书楼，1909年再扩建成浙江图书馆。

孤山馆舍建筑包括白楼、红楼及青白山居，整体坐北朝南。白楼位于馆舍东部，1911年动工，1912年建成，为二层砖木结构西式洋房，平面呈"凹"字形，建筑面积1829平方米。红楼建于1903年，坐北朝南，平面呈矩形，建筑面积818平方米，墙体以红砖砌筑，周有拱券围廊，歇山式屋顶覆盖红色机平瓦。青白山居位于孤山之巅，1936年动工，坐北朝南，中西合璧，建筑面积1360平方米。

大学路馆舍建于1928年，1931年竣工，占地面积1626平方米，建筑面积为3481平方米。主体为二层仿西方古典柱式建筑，设有地下室与阁楼，坐北朝南，平面呈"工"字形，钢筋混凝土结构，立面采用典型的古典主义纵横三段式构图。

浙江图书馆是我国创办较早、规模较大的近代公共图书馆，旧址见证了中国传统私人藏书楼向现代公共图书馆的转变历程，具有重要历史价值。

陈望道故居

编号：8-0585-5-069
年代：1891年
类型：近现代重要史迹及代表性建筑
地址：浙江省金华市义乌市

陈望道故居位于浙江省金华市义乌市城西街道分水塘村后分片110号。

陈望道（1891～1977年），浙江省义乌市人，我国著名的语言学家、教育家、社会活动家，马克思主义的早期传播者之一，曾任民盟中央副主席。1920年陈望道回到故乡义乌分水塘村，受邵力子委托，以日文版《共产党宣言》为基准，完成了《共产党宣言》首个中文全译本翻译工作。

现存建筑始建于清宣统元年（1909年），为前廊式天井院，砖木结构，坐北朝南，前园后宅，由前院的三间门屋和一座十一间三合院组成，建筑面积约470平方米。

故居建筑整体布局基本保存完整，雕刻精美，具有浙中民居的典型特点，具有一定的历史价值和艺术价值。

史家庄花厅

编号：8-0586-5-070
年代：1915年
类型：近现代重要史迹及代表性建筑
地址：浙江省金华市东阳市

史家庄花厅位于浙江省金华市东阳市巍山镇东方红行政村史家庄自然村。

花厅建成于1915年，坐北朝南，总面宽34.5米，总进深21.6米，占地面积745平方米。由正厅三间和东西厢房各五间组成，左右对称，呈十三间头三合院平面布局。

正厅三开间，硬山顶，重檐两层，楼下为敞厅。明间设抬梁，次间穿斗式构架。檐柱设山水人物故事牛腿，前廊天花木雕装饰。花厅两边封砌马头山墙，檐下绘有墨线和壁画，脊为镂空砖与堆塑组成的花脊，前部墀头为青石，上下两部分作石雕处理。前廊两端开设青石门洞，花篮形柱础石雕繁细。东西厢房分列正厅左右两侧，各五间一弄，硬山顶，通过一短廊与正厅前廊相连接。明间设六扇格门，绦环板浅浮雕人物故事题材图案。院墙中开大门，两端与厢房山墙相接，双落水花脊，内侧墙面上部堆塑花卉、人物风景等。

史家庄花厅装修繁缛精丽，木雕、石雕、墙绘、堆塑等遍施其中，工艺精湛，技法高超，充分体现了民国时期东阳建筑的营造水平，堪称东阳传统建筑艺术的代表作。花厅木雕为东阳木雕名家卢连水所作，是东阳传统民居木雕装饰艺术的重要实物范例。

仁爱医院旧址

编号：8-0587-5-071
年代：1922年
类型：近现代重要史迹及代表性建筑
地址：浙江省杭州市下城区

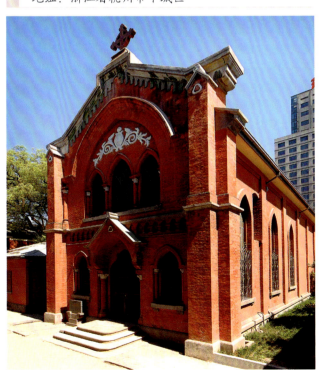

仁爱医院旧址位于浙江省杭州市下城区潮鸣街道刀茅巷社区环城东路208号。

仁爱医院由法国天主教仁爱会修女郝格肋捐建，1955年6月改名为杭州红十字会医院。旧址建筑采用院落式布局，总体格局完整，占地面积10125平方米。风格朴素实用，不事雕琢。现存建筑建于1922年，包括入口门楼1座（施诊室）、院舍4栋（第二病房、第一病房、X光与电疗室）、教堂1座。院舍均为一、二层砖木结构房屋，教堂为哥特式建筑，均为红色清水砖墙。

仁爱医院旧址是我国南方地区保存相对完整的近代宗教和医疗建筑群，其建筑风格和形式体现了中国近代"西风东渐"的典型特征，是中国近代公共医疗设施发展的重要实物例证。

第一届西湖博览会工业馆旧址

编号：8-0588-5-072
年代：1928年
类型：近现代重要史迹及代表性建筑
地址：浙江省杭州市西湖区

第一届西湖博览会工业馆旧址位于浙江省杭州市西湖区北山路41号、42号。

为了纪念北伐之胜利，"争促物产之改良，谋实业之发达"，浙江省主席张静江刚上任即宣布筹办"西湖博览会"，展会宗旨是"提倡国货，奖励实业，振兴文化"。1929年6月6日～10月10日，"西湖博览会"在杭州举办，开中国大型现代博览会之先河，历时128天。

旧址建筑始建于1928年，主体坐北朝南，靠山面湖，中设天井，平面呈"回"字形，称为"口字厅"，采用融合近代工业建筑特征和中西方传统建筑元素的装饰艺术风格，与博览会的主旨与功能需求相适应。东西长约60米，南北宽约40米，建筑面积2350平方米。

以铁钎做接口，用木桁架支撑建筑整体，窗高6米多，室内采光良好。建筑入口采用简化的欧洲古典主义石柱配以中式装饰纹样，简洁明快。

第一届西湖博览会是中国会展史上规模较大、影响深远的展会，在国际上产生了影响，对发展民族工商业起到了积极作用，也是浙江走向世界的尝试。工业馆旧址是此次博览会所建建筑中唯一保存至今的，作为国内较早的大跨度现代会展类建筑，在中国现代史、贸易史、会展史以及建筑史上均有一定的地位。

五四宪法起草地旧址

编号：8-0589-5-073
年代：1953～1954年
类型：近现代重要史迹及代表性建筑
地址：浙江省杭州市西湖区

五四宪法起草地旧址位于杭州市北山街84号大院30号。

1953年12月28日～1954年3月14日，毛泽东主席领导宪法起草小组在西子湖畔历时77天，起草了中华人民共和国第一部宪法草案初稿，为1954年宪法的正式诞生奠定了基础。

旧址建于民国时期，原为国民党将领汤恩伯旧居，由前院、主楼、平房组成，建筑面积756平方米。主楼与平房坐落于高台之上，砖木结构，均为坡顶，覆深灰色洋瓦。主楼高二层，带阁楼，中西合璧，背山面湖，是20世纪30年代典型的西式别墅。主楼西北方有后期加建的附房。

五四宪法起草地旧址作为新中国第一部宪法起草地和毛泽东同志曾经工作过的地方，在中国当代史特别是法治发展史上占有重要地位，具有较高的历史价值和社会意义。

一江山岛战役遗址

编号：8-0590-5-074
年代：1955年
类型：近现代重要史迹及代表性建筑
地址：浙江省台州市椒江区

一江山岛战役遗址位于浙江省台州市椒江区，包括一江山岛战役遗址和解放一江山岛纪念塔。

一江山岛战役是中国人民解放军陆、海、空三军首次协同登陆作战，也是中国人民解放军与国民党军进行的最后一次大规模战役。1955年1月18～20日，由张爱萍将军指挥，中国人民解放军陆、海、空三军联合出动，一举攻占一江山岛，迫使盘踞在大陈、披山、渔山、南麂等岛的国民党守军仓皇逃跑，至此浙江沿海岛屿全部解放。

一江山岛战役遗址原为岛上国民党军队的工事，现存碉堡、暗堡、炮位、堑壕、营房、埠头等战役遗存250余处。

解放一江山岛纪念塔位于椒江区青年路解放一江山岛烈士陵园内，于1956年建成。纪念塔为钢筋混凝土结构，高18米。塔基四周砌筑青条石塔座，塔座为正六面形，上雕塑有陆、海、空军战士立像，正面嵌青石

碑。塔身为六面，大、小各三面。

解放一江山岛使中国人民解放军初步取得了多兵种协同作战的经验，改变了台湾海峡的斗争形势，战后形成的台海格局确保了东南沿海和平稳定的发展环境。一江山岛战役遗址是该历史事件的实物遗存，具有重要的历史价值和社会价值。

王店粮仓群

编号：8-0591-5-075
年代：20 世纪 50 年代
类型：近现代重要史迹及代表性建筑
地址：浙江省嘉兴市秀洲区

王店粮仓群位于浙江省嘉兴市秀洲区王店镇四喜社区塘东街 13 号。

王店粮仓群建于 20 世纪 50 年代，整体布局为行列式，现存粮仓 14 个，占地面积约 5700 余平方米，建筑面积 1583 平方米。粮仓均为房式仓与立筒仓结合的组合型粮仓，屋顶为六边形坡屋顶，正中高起形成类似歇山顶的造型，实现了传统房式粮仓屋顶与立筒粮仓墙面的完美结合。各粮仓尺寸基本相同，直径 12 米，层高 8.15 米，内部用木梁架承六面青瓦屋顶，距地 2 米开门，避潮湿鼠害。总体布局整齐完整，建成后几乎未做改动，基本保持原状。

王店粮仓群以其苏式特征反映了新中国建立之初推行学习苏联工农业建设的历史，选址及规模则反映了嘉兴鱼米之乡的传统农业地位，以及当时水运在嘉兴粮食运输中的重要地位。其建筑形制特殊，规模较大，保存完整，在同类建筑中具有代表性。

江厦潮汐试验电站

编号：8-0592-5-076
年代：1979 年
类型：近现代重要史迹及代表性建筑
地址：浙江省台州市温岭市

江厦潮汐试验电站位于浙江省台州市温岭市西南江厦港。

江厦潮汐试验电站于 1958 年 10 月动工，1959 年建成，时称沙山潮汐发电厂。1979 年年底，江厦潮汐试验电站厂房土建工程竣工。1980 年 5 月 4 日，首台 1 号机组投产发电；1984 年 4 月，3 号机组发电并网；1985 年建成 5 台机组；2007 年 6 号机组完成安装投运。

江厦潮汐试验电站由大坝、泄水闸、厂房等组成。大坝为黏土心墙堆石坝，坝长 670 米，最大坝高 15.5 米，坝面高程 5.62 米、顶宽 5.5 米、最大底宽 182 米。泄水闸设于大坝和厂房间，为五孔平底闸，每孔净宽 3 米，利用原七一塘围垦工程挡潮排涝闸改建，单向平板滑动

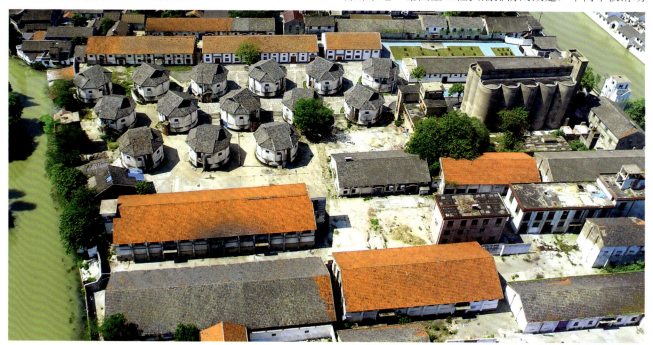

钢筋混凝土闸门。螺杆式启闭机，泄水能力为60立方米／秒，单层机房，1985年改建为液压启闭机，机房重建面积197平方米。厂房为4层钢筋混凝土结构，全长56.9米、宽25.5米、高25.2米，安排6台机组。

江厦潮汐试验电站是中国第一座投入运行的双向潮汐电站，也是中国规模最大的潮汐电站，作为研究潮汐能开发利用的试验基地，为我国在潮汐能研究和利用方面提供了试验数据与实践经验，见证了我国在潮汐能研究和利用方面的发展历程，具有重要的历史、科学价值和社会意义。

太湖溇港

编号：8-0755-6-005
年代：春秋至今
类型：其他
地址：浙江省湖州市吴兴区

太湖溇港位于浙江省湖州市吴兴区，是太湖溇港圩田体系的重要组成部分。

太湖溇港包括宣家港、杨渎港、大钱港、钱溪、诸溇、罗溇、大溇、义皋溇、幻溇、许溇、杨溇、谢溇、蒋溇、钱溇、新浦溇、汤溇、宋溇、乔溇、胡溇，共19条保存较好、较具代表性的溇港。

从春秋时期开始，居住于太湖周边的先民们利用自然分布的墩岛高地，用圈圩挡水的办法，在湖泊沼泽之地修建了一批大小不一的原始圩田，并陆续修建了大量的塘、浦、溇、港和排灌渠系统。经过唐、五代、宋、明、清历代浚治塘浦、修筑堤岸，逐步形成了河渠纵横、圩田横布、管理科学的溇港圩田系统。该系统规模适度、布局合理，具有以闸管控、双向引排、束水攻沙、以清刷黄等基本特征，奠定了湖州"鱼米之乡、天下粮仓"以及"苏湖熟，天下足"的历史地位。

太湖溇港是古代劳动人民改造自然、变涂泥为沃土的独特创造，也是太湖流域一处特色鲜明的农业文化景观遗产，具有较高的历史、科学和艺术价值。

钱塘江海塘海盐救海庙段和海宁段

编号：8-0756-6-006
年代：明清至今
类型：其他
地址：浙江省嘉兴市海盐县、海宁市

钱塘江海塘位于浙江省嘉兴市，包括海盐救海庙段和海宁段海塘。

海盐救海庙段海塘又称"鱼鳞塘"，位于海盐县武原街道东部沿杭州湾一带，南至南台头闸北侧，北至城北路口，长约2300米。始建于明嘉靖二十一年（1542年），其后历代均有维修。现海塘高程约10米，为重力式鱼鳞石塘，采用五纵五横的条石叠筑方法，共十八层塘。塘底有木桩，塘外向海中有护坡、"丁"字挑水坝（丁坝），塘上有防浪墙。海盐救海庙段海塘营筑工艺复杂，具有较好的整体性、稳定性和防渗性，是我国古代海塘工程建筑技术上的一项重大突破。

海宁海塘位于海宁市境内，钱塘江北岸，为一线临江海塘，东至石墩，西至老盐仓大坝北端。包括清代鱼鳞大石塘、条块石塘和民国至今的近现代海塘，共计约31千米。现存海塘由主塘和副塘构成，用条石砌筑，包括塘身、坦水、护塘墙、丁坝等。海宁海塘作为钱塘江水纵深防御体系，是在对水力学、土动力学、潮汐动力学科学认知基础上所开展的重要实践。

钱塘江海塘海盐救海庙段和海宁段是我国古代大型水利工程和科技成果的实例，具有较高的历史和科学价值。

矾山矾矿遗址

编号：8-0757-6-007
年代：清至1994年
类型：其他
地址：浙江省温州市苍南县

矾山矾矿遗址位于浙江省温州市苍南县矾山镇福德湾村。

矾山矾矿开采始于明代，第一座矾窑建于清乾隆九年（1744年），1994年停产。矾山矾矿一直沿用"水浸法"

工艺，明矾年产量和明矾石储存量均居世界第一，素有"世界矾都"之称。

矾山矾矿遗址坐南朝北，由采矿遗址、炼矾遗址、附属遗址和传统民居建筑组成，占地面积21.39公顷。采矿遗址（矿洞工作面遗址）包括矿洞口、调度室、1号变电房、压风机房、1号打铁铺、食堂、铁索控制室、废石堆。炼矾遗址包括选矿房、煅烧炉、结晶池、风化沉淀池，其中1号煅烧炉、2号煅烧炉保存较好，3号煅烧炉和4号煅烧炉因安全考虑爆破炉身上部，仅存炉座。附属遗址包括管理房、堆料场、2号变电房、2号打铁铺、水泵房、蓄水池、锅炉管理场。遗址内保存有五座较为典型的民居建筑，建筑风格、形制具有独特性，保存程度相对较好，是福德湾老街传统民居的代表。

矾山矾矿遗址是我国矾矿开采冶炼及矾业商贸发展历史的重要见证，保留的矾矿开采、冶炼、结晶、提取工艺和技术，对研究明矾工业生产技术的发展演变具有重要的科学价值。

源口窑遗址

编号：8-0000-1-006

年代：元明

类型：古遗址

地址：浙江省丽水市龙泉市

源口窑遗址位于浙江省丽水市龙泉市道太乡瓯江岸边，是自元代延续至明初的重要民窑和外销瓷窑场。

窑址面积约1000平方米，考古揭露龙窑2条、原料制备与制坯成形作坊4处、澄泥和储泥池12个、陶车基坑10个、素烧炉4个，以及房屋残基和流水沟设施等众多遗迹。出土了大量青瓷器、窑具和制瓷工具等遗物，产品以青瓷日用器具为主，证明源口窑是龙泉窑瓷业生产体系的重要组成部分。

源口窑遗址对于研究龙泉窑瓷器生产技术、窑业生产布局，以及元明时期陶瓷贸易具有重要价值。

源口窑遗址并入第三批全国重点文物保护单位大窑龙泉窑遗址。

巾山东大塔、南山殿塔

编号：8-0000-3-002

年代：明清

类型：古建筑

地址：浙江省台州市临海市

巾山东大塔、南山殿塔位于浙江省台州市临海古城东南隅的巾子山上。

巾山东大塔又称"大文峰塔"，立于巾山东峰，始建于北宋，重建于清同治四年（1865年），现存须弥座为宋代遗存。巾山东大塔为五层六面仿木楼阁式砖石结构塔，占地面积101平方米，通高约21米，由塔基、塔台、须弥座、塔身、刹座和塔刹组成。塔身内有石级螺旋而上。

南山殿塔立于巾山西南坡南山殿前，建于明万历四十六年（1618年），清同治年间重修。南山殿塔为六面五级仿木楼阁式砖石结构空心塔，占地面积约7.36平方米，塔残高16.3米，由塔基、基座、塔身组成，塔刹已毁，塔顶损毁严重。塔体外部有"万历四十六年"砖铭。

巾山东大塔、南山殿塔为研究明清砖石仿木结构建筑提供了实物资料，具有较高的历史价值。

巾山东大塔、南山殿塔与第七批全国重点文物保护单位千佛塔合并，整体定名为巾山塔群。

安徽省

华龙洞遗址

编号：8-0044-1-044
年代：旧石器时代
类型：古遗址
地址：安徽省池州市东至县

华龙洞遗址位于安徽省池州市东至县尧渡镇汪村梅源山南麓，是一处距今约 30 万年的古人类化石地点。

遗址分布面积约 52 万平方米，包括洞穴部分和旷野部分。考古发现古人类头骨化石 1 件、古人类化石 30 余件、古人类制作使用的石器 100 余件、古脊椎动物化石 60 余种以及大量带有人工切割或砍砸痕迹的骨片。此外，还发现了疑似用火的证据。

华龙洞遗址发现的古人类头骨化石、石器工具、脊椎动物化石，以及化石表面保留的切割或砍砸痕迹，对研究人类起源，更新世中期中国乃至东亚地区的古人类演化、扩散和生存行为，以及长江流域气候和环境变迁等问题具有重要的科学价值。

金寨遗址

编号：8-0045-1-045
年代：新石器时代
类型：古遗址
地址：安徽省宿州市萧县

金寨遗址位于安徽省宿州市萧县庄里乡金寨村，是新石器时代晚期徐淮地区一处大型中心性聚落遗址。

遗址总面积约 50 万平方米。遗址主体为大汶口文化和龙山文化遗存，考古揭露有壕沟、房址、大型红烧

土坑、墓地等遗迹，出土大量陶器、石器、玉器等遗物。大汶口文化中期，遗址西部为居住区，东部为墓葬区。大汶口文化晚期，遗址西部主体是居住区，有少量墓葬，东部也有少量墓葬。进入龙山文化时期，整个聚落向东北部扩展。

金寨遗址构建了徐淮地区史前文化发展的完整序列，首次将大汶口文化中期的范围向南推进到皖北地区，是大汶口文化向龙山文化过渡的重要中间环节，对研究距今 5000 年前后黄淮地区的文明起源和发展具有重要意义。

台家寺遗址

编号：8-0046-1-046
年代：商
类型：古遗址
地址：安徽省阜阳市阜南县

台家寺遗址位于安徽省阜阳市阜南县朱寨镇三合村，主体为一处商代聚落遗址。

遗址总面积约1.04万平方米，主要包括居住区和墓葬区。居住区位于台家寺台墩，考古揭露商代方形围沟、台基、大型建筑、铸铜作坊、灰坑等遗迹，出土大量陶器和卜甲等。墓葬区位于台家寺台墩西200米，大多被润河冲毁，现存面积约400平方米，发现商代墓葬7座，出土铜器、玉器等随葬品15件。1940年和1957年曾在遗址发现商代青铜龙虎尊和兽面纹尊等大型青铜器。

台家寺遗址是淮河流域的高等级商代聚落遗址，展示了商人在淮河流域生产、生活以及埋葬的场景。这是在郑州商城和殷墟遗址以外首次发现有铜容器铸造活动的商代遗址，填补了早商与晚商之间铸铜手工业遗存的空白，对研究商代金属资源分配和铸铜技术传播具有重要意义。

汤家墩遗址

编号：8-0047-1-047
年代：商周
类型：古遗址
地址：安徽省铜陵市枞阳县

汤家墩遗址位于安徽省铜陵市枞阳县周潭七井村，是皖西南地区的一处商周聚落遗址。

遗址面积约1.34万平方米，为北高南低的长方形

台地。考古揭露房屋建筑遗迹、制陶以及青铜铸造遗址，出土遗物百余件。陶器有锥足鬲、罐、杯、碗、壶、簋、纺轮、网坠、拍、范等，石器有斧、锛、刀、铲、杵等，青铜器有甬、镰、锛、斧等，文化层中伴有炼渣等遗物。1987年在遗址西南部出土一件西周时期青铜方彝，制作精美，是难得的文物珍品。

汤家墩遗址的发现对研究皖西南商周时期铜矿的开采和青铜器铸造等有重要意义，为认识商周时期中原地区与长江中下游地区的政治、经济和文化交流提供了难得的实物资料。

合肥曹魏新城遗址

编号：8-0048-1-048
年代：三国
类型：古遗址
地址：安徽省合肥市庐阳区

合肥曹魏新城遗址位于安徽省合肥市庐阳区三十岗乡公园路，始建于三国曹魏太和四年（230年），因在汉代合肥城外新建此城，故名"新城"。

合肥曹魏新城遗址呈不规则长方形，面积约10万平方米。城墙为夯土版筑，现地表有14个土墩和连续的墙基，四角及南北城墙中间6个土墩最大，高约15米。墙外有护城壕。考古发现3处城门遗址以及城内道路、兵器铸造作坊、兵营、饮马池等遗迹，出土板瓦、陶器、釉陶器、青瓷器、铁器、铜器等大量遗物。

合肥曹魏新城遗址是江淮地区发现的一处典型的以军事用途为主的古城址，是研究中国古代战争史的珍贵资料。

墓葬为前后室四隅券进式穹隆顶结构砖室墓，可分为墓坑、墓室、填土、封土四部分。墓坑呈"亞"字形，斜坡墓道。墓室由南往北依次为封门墙、墓门及挡土墙、甬道、前室及左右耳室、过道、后室。采用专门烧制的大型精美模印几何纹方砖砌筑而成，砖上纹饰主要有钱纹、放射线纹、"十"字纹等。填土、封土由原始黄色及红褐色生土混合而成，层层夯筑填实。封土外围发现排水沟和环壕。墓葬出土各类随葬品181件（套），其中一块漆皮上有隶书"永安三年"（260年）字样。

洞阳东吴墓时代明确，且出土大量高规格精美文物，对研究三国时期的丧葬制度、工艺技术以及东吴文化特征等具有重要价值。

洞阳东吴墓

编号：	8-0177-2-010
年代：	三国
类型：	古墓葬
地址：	安徽省马鞍山市当涂县

洞阳东吴墓位于安徽省马鞍山市当涂县姑孰镇洞阳村东，是一座三国时期的东吴帝王级陵墓。

吴复墓

编号：	8-0178-2-011
年代：	明
类型：	古墓葬
地址：	安徽省合肥市肥东县

吴复墓位于安徽省合肥市肥东县陈集镇秦家湖行政村享堂任自然村西南部，是一座明代初期的高等级贵族墓。

吴复为明代开国功臣，封为安陆侯，死后追谥黔国公，谕葬今肥东县。

墓园占地面积6000平方米，现存墓冢、墓碑龟趺、望柱及石像生等。圆形墓冢，原墓圹石无存。神道由青石铺成，长方形，位于墓冢西侧。石像生共5对，分列于神道两侧，自东向西依次为石人、石虎、石羊、石马及控马人和望柱，是元末明初石雕艺术的精品。墓冢前方左右分布有两个坟丘，传说为吴复裨将陪葬之墓。陵

墙、享堂、拜台被毁。

吴复墓是明初高等级墓葬的典型代表，墓碑碑文记载了吴复征战南北的事迹，可与史料相印证，对研究明初丧葬制度、明朝历史具有重要价值。石刻刀法流畅，神态生动，具有较高的艺术价值。

芜湖广济寺塔

编号：8-0297-3-100
年代：北宋
类型：古建筑
地址：安徽省芜湖市镜湖区

芜湖广济寺塔又名"赭山塔"，位于安徽省芜湖市镜湖区赭山西南麓的广济寺内，建于北宋治平二年（1065年）。

芜湖广济寺塔为六边形五层仿木楼阁式空心砖塔，

内部为单筒式结构，立面采用仿木结构装饰，底层每边长3.62米，通高26.8米。每层设腰檐、平座，均以双层砖雕斗拱承托，每层间隔设小券门和长方形隐窗，隐窗下墙体表面镶嵌一排剔地砖浮雕小佛像。造型、斗拱、腰檐、平座、隐窗等具有宋塔的典型特征。

芜湖广济寺塔是江南地区为数不多的北宋楼阁式仿木砖塔，整体造型美观，砖作工艺精良，保存基本完好，具有较高的历史、艺术和科学价值。

贵池百牙山塔

编号：8-0298-3-101
年代：明
类型：古建筑
地址：安徽省池州市贵池区

贵池百牙山塔位于安徽省池州市贵池区百牙山东麓，近长江南岸，由池州知府陆冈建于明嘉靖十七年（1538年），是兼有登览和航标功能的风水塔，与清溪塔相望。

贵池百牙山塔为砖石砌筑六角七层楼阁式，底层边长3.5米，对径6.68米，通高34.3米。该塔内部采用壁内折上式梯级、逐层设置塔心室的做法，砌筑工艺考究，斗拱飞檐、穹隆顶等细部精美。

贵池百牙山塔是较为典型的明代州府官造砖塔，体量庞大，形制规整，是明代砖塔的佳作，具有较高的历史、科学和艺术价值。

贵池清溪塔

编号：8-0299-3-102

年代：明

类型：古建筑

地址：安徽省池州市贵池区

贵池清溪塔原名"妙因塔"，位于安徽省池州市城区流坡村清溪组清溪河故道与长江交汇处，与百牙山塔相望。明万历二十九年（1601年）始建，耗时11年建成。明崇祯十五年（1642年）塔刹遭雷击损毁，清光绪年间维修。1940年第五、六层因遭日军炮击而出现小面积坍塌。

贵池清溪塔是兼有登览和航标功能的风水塔，为砖石砌筑八角七层楼阁式，底层边长4.61米，通高55.7米。该塔使用各地署名定造、统一规格的"府砖"建造，内部结构采用壁内折上式梯级、逐层设置塔心室的做法，砌筑工艺考究，斗拱飞檐、穹隆顶等细部精美。

贵池清溪塔是有确切记载的明代州府官造的"府

塔"，形制规整，规模较大，具有较高的历史、科学和艺术价值。

滁州无梁殿

编号：8-0300-3-103

年代：明

类型：古建筑

地址：安徽省滁州市琅琊区

滁州无梁殿原名"玉皇殿"，位于安徽省滁州市琅琊区琅琊山山腰，是供奉玉皇大帝的道教建筑，始建于后周显德年间，后屡有修葺。现存建筑为明初重建。

滁州无梁殿坐北朝南，面阔五间（含侧廊）共计15.02米，进深10.36米，占地面积156平方米。该殿全部采用砖石拱券结构，十字拱结构较为特殊，殿内有砖柱14根，无木梁。外观及前轩大量采用仿木砖雕，门额有砖刻浮雕的龙、凤、狮等图案。

滁州无梁殿建于明初，其结构与外观形式较为独特，砖雕图案精美、工艺精湛，具有较高的历史、艺术和科学价值。

池河太平桥

编号：8-0301-3-104

年代：明清

类型：古建筑

地址：安徽省滁州市定远县

池河太平桥位于安徽省滁州市定远县池河镇，横跨于池河之上，为连接南京与凤阳两都间驿道的官桥，朱元璋赐名"太平桥"。明洪武八年（1375年）建造，清道光六年（1826年）、光绪四年（1878年）两次维修。1938年初，桂军为阻止日军北上炸毁中间三孔。

池河太平桥原为十三孔桥，后两端各有一孔被收窄的河岸掩埋，现露明十一孔。桥东西长139米，桥面宽7.5米，桥高9.65米，占地面积1200平方米。建造采用干修法，堆土券桥孔，桥墩皆以红色大条石为缘边，红石

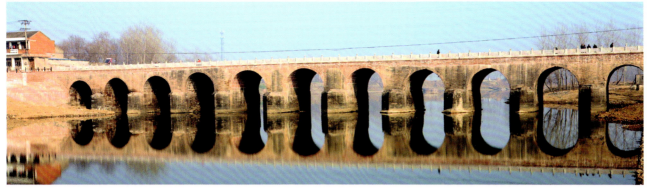

券砌而成，用糯米汁和石灰灌注，中填塞之镶石。桥头刻有对联："灯明月明，大明一统；军乐民乐，永乐万年。"桥上设白石栏杆，柱头狮形，计36对，形态各异。

池河太平桥为洪武初年奉旨建造于两京驿道上的官桥，具有重要的交通地位和较大的规模体量。该桥设计精巧，造型优美，砌筑技法和样式具有明显的年代特征，是我国古代桥梁的典型实例，具有重要的科学、历史和艺术价值。

洪坑牌坊群及洪氏家庙

编号：8-0302-3-105
年代：明清
类型：古建筑
地址：安徽省黄山市徽州区

洪坑牌坊群及洪氏家庙位于安徽省黄山市徽州区岩寺镇洪坑村。

洪坑牌坊群包括四座石牌坊：世科坊、进士坊、吴氏贞节坊和吴氏节孝坊。世科坊始建于明弘治十一年（1498年），清同治年间修缮；进士坊建于清乾隆年间；吴氏贞节坊建于清乾隆六年（1741年）；吴氏节孝坊建于清嘉庆二十一年（1816年）。世科坊为四柱三间三楼仿木结构石牌坊，面宽9.58米，总高8.9米。进士坊为四柱三间三楼冲天式仿木结构青石牌坊，面宽

12.51米，总高11.73米。吴氏贞节坊为两柱单间三楼冲天式仿木结构青石牌坊，面宽4.31米，总高8.46米。吴氏节孝坊为两柱单间三楼冲天式仿木结构青石牌坊，面宽5.95米，总高8.29米。世科坊和进士坊的斗拱、额枋、雀替、丁头拱、石狮及部分石柱表面有大量雕刻，手法包括浅浮雕、高浮雕、透雕等，纹饰包括龙凤、麒麟、狮、仙鹤等瑞兽及如意祥云、八瓣宝相花等，工艺极为精湛。

洪氏家庙始建于明代，现存为清代遗构。洪氏家庙平面呈"日"字形布局，占地面积577.69平方米，建筑面积491.95平方米。三进两天井，依次有门屋、前天井及东西庑廊、享堂、后天井及东西厢廊、寝堂部分，现东西庑廊已毁失。门墙外墙皮上贴砌四柱三间三楼式的砖雕门楼，厅堂用材硕大，梁栿、雀替、狮撑等木雕构件较精美，寝堂砌青石须弥座祭台，雕卷草、瑞兽等图案。

洪坑牌坊群及洪氏家庙是我国古代乡村礼仪教化、规划建设的实物见证，具有较高的历史价值。四座牌坊均为仿木结构石牌坊，造型素朴，雕琢简洁，规模较大，具有较高的艺术价值。

三阳洪氏宗祠

编号：8-0303-3-106
年代：明清
类型：古建筑
地址：安徽省黄山市歙县

三阳洪氏宗祠又称"叙伦堂",位于安徽省黄山市歙县三阳镇三阳村梅溪河畔。始建于明嘉靖年间,明万历、清康熙年间两次扩建,清同治十二年(1873年)大规模修缮。

三阳洪氏宗祠坐北朝南,背山面水,占地面积近2000平方米,建筑面积738平方米。三进五间两天井格局,由前院、门廊、享堂、寝堂、后院组成,祠前两旁竖"黟县青"抱鼓石,墙脚石雕刻精美。中进享堂为祭祀之所,面阔15.9米,进深12.2米,月梁、金柱粗硕宏大。享堂前栏板、望柱石雕精美有寓意。后进寝殿两层。

三阳洪氏宗祠是皖南祠堂的典型例证,格局严谨,规制完备,寝堂中姑娘房和相公房形制较为独特,石雕、木雕内容丰富,工艺精湛,具有较高的历史、艺术和科学价值。

屯溪镇海桥

编号:8—0304—3—107
年代:明清
类型:古建筑
地址:安徽省黄山市屯溪区

屯溪镇海桥位于安徽省黄山市屯溪区三江口,是连接屯溪老街和黎阳古镇的交通枢纽。始建于明嘉靖十五年(1536年),清康熙十五年(1676年)重修,康熙三十八年(1699年)再度重修并命名为"镇海桥"。分水桥墩、桥身和栏板基本保持明代历史原貌。

镇海桥桥身七孔,全长133米,宽7.3米,桥墩处宽15米,为六墩七孔石拱桥,规模较大。桥面和桥栏用茶园青石铺建,桥身用红麻岩砌筑,上部为等截面实

腹式石拱,下部为浆砌条石重力式墩台,拱券为横联砌筑。桥墩成等腰三角形,分水头石尖翘起,呈船头状。中央桥墩处有"禁止取鱼"石刻。

屯溪镇海桥是等跨分配法石拱桥设计营造技术的代表实例,其保留了明清三次修建痕迹,具有较高的科学价值和一定的历史、艺术价值。

石潭吴氏宗祠

编号:8—0305—3—108
年代:明清
类型:古建筑
地址:安徽省黄山市歙县

石潭吴氏宗祠位于安徽省黄山市歙县霞坑镇石潭村中部,由叙伦堂、春晖堂组成。

叙伦堂建于明嘉靖三十三年(1554年),清光绪十七年(1891年)修缮。叙伦堂又称"下门祠堂""百梁厅",五间三进,占地面积675平方米,为徽州传统廊院式祠堂,依次为门厅、享堂、寝堂。前进门厅五凤楼为清代样式,翼角飞扬,空间层次丰富,关檐板和斜

撑木雕细腻精美；中进享堂有大、小梁近百根，保留明代风格，梭柱覆盆础，雕花丁头拱、莲花盘头、倒柳花插、垫木、雀替等木雕构件非常精美；后进寝堂建于高台基上。

春晖堂现存主体建筑为清嘉庆年间重建，寝堂为光绪十七年（1891年）重修。春晖堂又称"上门祠堂"，三间三进，占地面积530.7平方米，包括大门、享堂和寝堂。大门上枋满雕人物典故浮雕；中进享堂结构高敞，前卷后轩，象鼻、平盘斗、雀替均雕刻精美，明间一对木雕狮子斜撑高大威猛；后进寝堂建在高台基上，立有青石栏板，石柱上雕有石狮，梁架结构类似中进。

石潭吴氏宗祠叙伦堂、春晖堂是徽州地区保存较为完整的明清家族祠堂，布局讲究，规制严谨，砖雕、石雕、木雕形式丰富，内容别致，具有较高的艺术和历史价值。

蜀源牌坊群

编号：8-0306-3-109
年代：明清
类型：古建筑
地址：安徽省黄山市徽州区

蜀源牌坊群位于安徽省黄山市徽州区潜口镇蜀源村入村古道上，为该村鲍氏家族所建，由赞宪坊、贞寿之门坊、节孝坊组成。赞宪坊建于明嘉靖三十五年（1556年），贞寿之门坊建于清乾隆七年（1742年），节孝坊建于清乾隆三十九年（1774年）。

赞宪坊为二柱单间三楼花岗岩仿木结构牌坊，面宽3.98米，总高7.68米，占地面积10.33平方米。贞寿之门坊为四柱三间三楼冲天式仿木结构青石牌坊，面宽8.82米，总高10.85米，占地面积19.4平方米。节孝坊为四柱三间三楼冲天式仿木结构青石牌坊，面宽7.9米，总高10.2米，占地面积16.72平方米。除仿木构件外，各坊分别雕刻有龙、仿彩画包袱锦、花卉等装饰，较为精美。

蜀源牌坊群真实存留了地方家族的历史信息，是我国古代乡村礼仪教化、规划建设的实物见证，具有较高的历史和社会价值。三座牌坊均为仿木结构石牌坊，造型素朴，雕琢简洁，赞宪坊的讹角石柱、节孝坊的龙门枋杂式彩绘具有鲜明的时代和地域特色，具有较高的艺术价值。

屏山舒氏祠堂

编号：8-0307-3-110
年代：明清
类型：古建筑
地址：安徽省黄山市黟县

屏山舒氏祠堂位于安徽省黄山市黟县宏村镇屏山村，由舒氏家族的光裕堂、百善厅、咸宜堂、荣光堂四组祠堂组成。光裕堂由建于明万历年间的舒庆余堂和建于清乾隆年间的舒光裕堂组成，百善厅、咸宜堂、荣光堂建于明末清初，屡有修缮。

光裕堂有前后两祠，以廊屋相连，占地面积1017.23平方米。舒庆余堂在北，用料硕大，梭柱月梁，门楼砖雕做法为先塑后烧再加工，门洞及墙面用鼓钉，具有典型明代特征。舒光裕堂在南，中进一半通到二层，形成跑马楼，一圈罗马柱栏杆富有西洋韵味。

百善厅坐南朝北，依次有门厅、前天井及东西庑廊、享堂、后天井及东西厢廊、寝堂，占地面积305.63平方米。享堂前檐减柱造较有特色。

咸宜堂俗称"二房厅"，坐北朝南，依次有门厅、前天井及庑廊、寝堂、后天井及厢廊，占地面积487.93平方米。厅堂有两层并有神龛装饰，寝堂空间结合了享堂，布局较为特殊。

荣光堂平面呈"日"字形，三进两天井，依次有门厅、前天井及东西庑廊、享堂、后天井及东西厢廊、寝堂，占地面积 355.54 平方米。正面外墙贴砌四柱三间三楼式的砖雕门楼，较为壮观。

屏山舒氏祠堂是中国古代农耕社会宗族文化的集中体现，其建筑形制古朴，雕刻精美，祠堂布局和建筑样式多具地方特色，具有较高的历史和艺术价值。

稠墅牌坊群

编号：8—0308—3—111
年代：明清
类型：古建筑
地址：安徽省黄山市歙县

稠墅牌坊群位于安徽省黄山市歙县郑村镇稠墅村西入村古道上，包括四座牌坊，自西向东依次为方氏节孝坊、褒荣三世坊、吴氏节孝坊、父子大夫坊。父子大夫坊建于明天启元年（1621 年），吴氏节孝坊建于清乾隆十五年（1750 年），褒荣三世坊建于清乾隆二十七年（1762 年），方氏节孝坊建于清乾隆三十九年（1774 年）。

四座牌坊皆采用浙江淳安产"茶园石"仿木牌坊，同为四柱三间三楼冲天样式，宽 8 ～ 9.8 米，高 10 ～ 12 米。字牌为灰凝石，有浅浮雕纹饰，余为花岗岩。其中褒荣三世坊明间基座为石质须弥座，前后共置 4 只坐狮。除父子大夫坊外的三坊拱眼均有精美的镂空雕刻，其他仿木石构件均不作雕饰。

稠墅牌坊群形制统一，真实存留了地方家族、徽商和扬州盐商等相关的历史信息，是我国古代乡村礼仪教化、规划建设的实物例证，具有较高的历史和社会价值。四座牌坊均为仿木结构石牌坊，基本保存完好，造型素朴，雕琢简洁，规模较大，具有较高的艺术价值。

姥山塔

编号：8—0309—3—112
年代：明清
类型：古建筑
地址：安徽省合肥市巢湖市

姥山塔又名"文峰塔"，位于安徽省巢湖姥山岛主峰上。该塔始建于明崇祯四年（1631 年），建至第四层时因明末农民起义而停工，清光绪四年（1878 年）最终完工。

姥山塔为八边形七层阁楼式，采用砖石仿木结构，占地面积 82 平方米，底层塔身边长 3.47 米，总高约 48.5 米。塔身每层出飞檐，檐悬铁铃，塔体系条石青砖结构，内部登塔梯道为方形壁内折上并回廊塔心室式，踏级石制，梯道顶砌分段式拱券。塔内每层均有砖雕佛像和石质匾额，包括完整的修建碑记 3 通以及李鸿章、刘铭传等名人匾额题刻 26 块。塔底层各面有灯龛，有一定的航标功能。

姥山塔高耸巢湖姥山岛主峰之巅，充分利用了巢湖、姥山岛及其主峰的山水形势，选址具有明显的风水寓意。塔体砖石仿木技艺精湛，内部空间丰富，具有较高的艺术、科学和历史价值。

歙县太平桥

编号：8-0310-3-113

年代：明清

类型：古建筑

地址：安徽省黄山市歙县

歙县太平桥位于安徽省黄山市歙县徽城镇，横跨于练江之上，为古徽州府与杭州等地及各属县连接的要道。该桥前身为宋代浮桥"庆丰桥"，明初改为木桥，明弘治年间改为现存石桥，并改名"太平桥"。明万历年间和清代曾多次维修。

歙县太平桥为十六孔纵列联立拱桥，长267.6米，宽7.1米，高9.5米。桥身与分水垛用红色粉砂岩砌筑而成，桥顶平直，桥面与栏杆用青色泥灰角砾岩砌筑而成。

歙县太平桥规模宏大，较为罕见，是徽州的交通要道，桥身结构做法具有典型性，其见证了数百年间我国桥梁技术的发展历程，具有较高的科学和历史价值。

巴慰祖宅

编号：8-0311-3-114

年代：明清

类型：古建筑

地址：安徽省黄山市歙县

巴慰祖宅位于安徽省黄山市歙县徽城镇渔梁街77号、79号，始建于明万历年间，清代陆续扩建至现规模。

巴慰祖（1744～1793年），清乾隆年间书法家、篆刻家，候补中书，世居此宅。

巴慰祖宅坐北朝南，南北五进，包括门廊、客厅、中进、后进、东厅、西厅和后花园，占地面积1000平方米，建筑面积约1500平方米。中进、后进皆为带楼阁的三合院住房，第二进银杏木构客厅的瓜柱柱托雕刻精美，第四进采用梭柱和覆盆柱础等古制。

巴慰祖宅建筑规模宏大、保存完整，各时期建筑风格清晰可辨，宅内壁板、栏杆、梁柱等雕刻精美，是徽州民居的典型实例，也从侧面反映了明清徽州地区的经济和文化发展情况，具有较高的历史和艺术价值。

歙县许氏宗祠

编号：8-0312-3-115

年代：明至民国

类型：古建筑

地址：安徽省黄山市歙县

歙县许氏宗祠又名"惇睦堂"，位于安徽省黄山市歙县许村镇金村。歙县许氏宗祠历时40余年分3次建成，始建于明嘉靖十五年（1536年），万历七年（1579年）竣工，1913～1928年修缮。

歙县许氏宗祠由门廊、门厅、享堂、寝堂台基遗存以及两侧庑廊、天井组成，四进五开间，建筑整体呈阶梯式抬高，占地面积 667 平方米。门廊墙前置单坡屋面廊单披檐屋面，门廊上为人字轩顶，月梁下边雀替上刻有狮、象、鹿、马等瑞兽图案，斜撑整个雕成凤凰形象，墙后附檐。门厅前卷后轩，抬梁穿斗结合，上覆草架，象鼻、雀替、平盘斗、梁柁、斜撑等有木雕。享堂进深 13.8 米，保存明式结构，梁柱粗硕，大梁绘包袱锦彩绘，其中明间额枋和月梁的包袱锦开光处绘有人物图案，前檐步梁架华美，檩、枋间用斗拱承接，并饰以花垫木、驼峰、卷云、札牵等雕刻构件。该堂木构架彩画图案丰富，金碧辉煌。寝堂进深 13 米，现仅存遗址。该祠四面高墙耸立，马头墙高低起伏，祠内现存旗墩石和多块古代匾额。

歙县许氏宗祠是徽州地区较为珍贵的明代木结构建筑遗存，其建筑和装饰有较强的地方特色，彩绘雕刻题材丰富、工艺精湛，具有较高的艺术和历史价值。

唐模檀干园

编号：8-0313-3-116
年代：清
类型：古建筑
地址：安徽省黄山市徽州区

唐模檀干园位于安徽省黄山市徽州区潜口镇唐模村，包括沙堤亭、同胞翰林坊、镜亭和高阳桥。

唐模檀干园建于清初，乾隆年间增修，总建筑面积约 240 平方米。沙堤亭始建于明正德年间，清康熙年间重建；同胞翰林坊建于清康熙二十五年（1686 年）；高阳桥始建于明弘治年间，清康熙五十八年（1719 年）再修，后又三次重修，维持康熙年间形制。1934 年旱灾时曾疏浚檀干溪和园内水塘，对全园做了较大修整。

檀干园由桥、水、沙（丘）、名木和建筑等要素组成，模仿西湖风景，引檀溪水入园，将山水、田野、建筑融于一体，构思巧妙。园内建筑古朴雅致，保存有修建碑记和历代名家碑刻 10 余方。

沙堤亭平面呈正方形，边长 6.48 米。建筑外观三层假阁，三重檐歇山顶，底层外檐 12 根石柱，中以砖砌方形内室，四边各开一门，古驿道穿亭而过。门上有匾额，东题"沙堤"，西题"云路"。

同胞翰林坊为青石四柱三间三楼冲天式，宽 10 米，总高 12.23 米。牌坊两中柱前后饰石狮，两边柱前后饰抱鼓石，基座、柱头、月梁雕琢精美。西面坊额书"同胞翰林"。

镜亭位于湖心岛上，坐西向东，四面临水。主楼为歇山顶，四周为回廊，主楼前为勾连搭抱厦。离主楼 12 米处设一入口门亭，有游廊与主楼连接。

高阳桥呈东西向跨檀干溪而立，桥身双孔，红条石砌筑，桥面建五开间廊屋。

唐模檀干园是徽州地区私家"水口园林"的独特例证，其园林和建筑设计具有较强的地域特征，从侧面反映了清代徽州农村地区的经济和文化发展情况，具有较高的历史、艺术价值。

亳州薛阁塔

编号：8-0314-3-117
年代：清
类型：古建筑
地址：安徽省亳州市谯城区

亳州薛阁塔原名"文峰塔"，位于安徽省亳州市谯城区薛阁路中段，建于清乾隆三十七年（1772年）至清嘉庆十七年（1812年）。

亳州薛阁塔为八角七层仿木作楼阁式砖塔，逐层收窄，底层边长2.94米，通高34.15米。塔座为青石砌筑。塔壁砖仿木作逼真，每角砌抹角方柱，柱上饰砖枋，枋下饰砖刻禽鸟、花卉等图案。再上为平座，由叠涩砖和砖作斗拱层层出挑形成，雕刻精美，宽约0.75米。每层八面各有一门，明门、盲门间隔设置。内部登塔方式为弧线形壁内折上式。铁铸相轮塔刹。

亳州薛阁塔从侧面反映了清代当地社会、经济、文化的发展情况，具有较高的科学和艺术价值。

歙县鲍氏宗祠

编号：8-0315-3-118
年代：清
类型：古建筑
地址：安徽省黄山市歙县

歙县鲍氏宗祠又名"惇叙堂"，位于安徽省黄山市歙县上丰乡蕃村，清乾隆五十二年（1787年）建成。

歙县鲍氏宗祠坐西朝东，依山势而建，自前至后渐次升高，依序为门前坦、门屋、享堂、寝堂，占地面积680平方米。门前坦上设6个旗杆墩分立于祠前。门屋为五开间五檩四步架前后披水单层建筑，前厅卷棚轩，后厅人字轩，边间设砖细八字墙，正立面设木质雕花竖格栅。享堂为三开间十檩九步架前后披水单层建筑，前廊卷棚轩，正厅及后廊人字轩，明间后金缝置可开启皮门照壁，次间为固定皮门。享堂后檐两边加置两厢廊，为单开间三檩二步架向内一披水建筑。寝堂为五开间九檩八步架前后披水二层建筑，阶沿前边置石柱栏杆，后金后檐间为神龛装修，后金缝为槅扇门。

歙县鲍氏宗祠建筑布局严整，用材硕大，具有徽州廊院祠堂的典型特征，祠内外砖、木、石雕构件众多，装饰艺术精湛，见证了清代徽州地区的经济、社会和文化发展情况，具有较高的艺术、历史和科学价值。

休宁登封桥

编号：8-0316-3-119
年代：清
类型：古建筑
地址：安徽省黄山市休宁县

休宁登封桥位于安徽省黄山市休宁县齐云山北麓齐云山镇，筑于横江之上。其前身为始建于明万历十五年（1587年）的"桥东桥"，是古代登齐云山的必经之路，清乾隆五十三年（1788年）被洪水冲毁，乾隆五十六年（1791年）重建为"登封桥"，民国时期曾进行修整。

休宁登封桥为十墩九孔拱桥，桥墩船形，桥长162.9米，宽7.2米，最高处12米。桥身由条形麻石砌筑，南北向设登桥台阶，桥面铺红砂条石，两侧建护栏。桥南端有两柱冲天式石牌坊，上书"登封桥"三个大字。桥北端立"府正堂峻示"碑。

休宁登封桥规模巨大，建造技艺精良，两侧桥头分别保存有同时期的桥坊和峻示碑，完整展示了古代桥梁建造和管理制度，具有较高的历史、艺术和科学价值。

休宁同安堂

编号：8-0317-3-120
年代：清
类型：古建筑
地址：安徽省黄山市休宁县

休宁同安堂位于安徽省黄山市休宁县海阳镇齐宁街152号，建于清中期，为徽商住宅。

休宁同安堂坐北朝南，共五进，由主屋、东偏厅、古井、花园组成，占地面积1309.6平方米，建筑面积1288平方米。建筑结构保留典型的清代规制，规模较大，布局完整，其私家园林为现存徽派建筑中较为难得的实例。主屋第二进构架精美，前廊轩为船篷轩顶，正贴人字轩顶，童柱及立柱间均以叉手枋相连。同安堂砖木石雕题材丰富，刀法细腻，工艺精湛。院落卵石拼花及石板铺地、花台、假山等做工较为细致。

休宁同安堂具有一定时代特征和地域代表性，是清代徽商府第、徽州私家园林的典型实例，建筑布局灵活，构成丰富，具有较高的历史、艺术和科学价值。

大阜潘氏宗祠

编号：8-0318-3-121
年代：清
类型：古建筑
地址：安徽省黄山市歙县

大阜潘氏宗祠又称"敦本堂"，位于安徽省黄山市歙县北岸镇大阜村，是大阜潘氏桥西的支祠。始建于明万历元年（1573年），清咸丰年间毁，清同治三年至十二年（1863～1872年）按明代原格局重修。

大阜潘氏宗祠由门厅、享堂、寝堂和后楼组成。后楼存有遗址，面阔五间共计18.8米，进深四进42.6米，占地面积约800平方米。门厅五凤楼气势壮观，八字门砖雕细腻精美。祠内石方柱和柱础浑厚雄壮。享堂梁柱粗硕，梁架结构精巧。雀替、平盘斗、象鼻、狮子梁撑等木雕内容丰富，工艺精湛。祠堂内保存有十余块古代匾额。

大阜潘氏宗祠是皖南祠堂的典型例证，反映了耕读传家的文化传统，具有较高的历史、艺术价值。

泾县张氏宗祠

编号：8-0319-3-122

年代：清

类型：古建筑

地址：安徽省宣城市泾县

泾县张氏宗祠位于安徽省宣城市泾县丁家桥镇后山村，始建于明弘治年间，现存建筑建于清光绪六年（1880年）。

泾县张氏宗祠由祠堂和学屋组成，平面呈"L"形，建筑面积约1300平方米。祠堂坐北朝南，前后三进。门厅三间，两边另有一间厢房，外用八字门墙，内为四水到堂天井，天井四周庑廊檐柱为石质。享堂五开间五架梁，两边山墙上嵌有"忠孝节义"石刻四块，后有过厅与寝楼相连，拱桊金漆，雕饰藻井。寝楼五开间，二层。祠内砖、木、石雕精美，花砖为泾县地区所特有。祠堂东侧为一进三间学屋，为宗族子弟课读之所。

泾县张氏宗祠布局、结构及工艺具有时代特征，雕刻及彩绘内容丰富，是研究皖南地区祠堂建筑及其建造技术的实例，具有较高的艺术和历史价值。

昌溪太湖祠

编号：8-0320-3-123

年代：清

类型：古建筑

地址：安徽省黄山市歙县

昌溪太湖祠又称"吴氏宗祠叙伦堂"，位于安徽省黄山市歙县昌溪乡昌溪村，因所在地古称"太湖丘"而得名。据吴氏家谱记载，太湖祠始建于元代中叶，明万历年间重建宗祠正堂和寝堂，清代延续明万历年间格局重修。

昌溪太湖祠平面方正，布局工整，采用典型的门厅、享堂、寝堂三进五开间形制，占地面积700平方米，建筑面积758平方米。建筑做法考究，并较多延续明代木构做法，门厅五凤楼悬山形制，享堂采用梭柱和芦苇墙等古朴做法，两根楠木金柱用材硕大。雕刻精美，数百只梁柁构成的"百兽图"无一雷同。室内空间布局较有特色，寝堂两层分别设男、女神主，正中朝天开设"香火窗"。

昌溪太湖祠是徽州清代祠堂的代表之一，见证并展示了吴氏家族数百年来的历史，祭祀功能延续至今，具有较高的历史、艺术和科学价值。

绩溪文庙

编号：8-0321-3-124

年代：清

类型：古建筑

地址：安徽省宣城市绩溪县

绩溪文庙位于安徽省宣城市绩溪县，始建于北宋庆历四年（1044年），元至大元年（1308年）迁至今址。明正德九年（1514年）重建，明清有记载的修葺20余次。

现存建筑为大成殿和东西廊庑，均为清代建筑，占地面积约1300平方米，建筑面积约830平方米。大成殿坐北朝南，为五开间三进带前廊重檐歇山建筑，屋脊高耸，室内有天花，木梁壮硕，各梁上均设斗拱及其他承托构件，雕饰较多。东西廊庑在大成殿以南，分列左石，均为七开间双坡硬山建筑，设马头墙。大成殿及东西廊庑大木架后代扰动小，大成殿保存有精美的题记、梁架及天棚彩绘。

绩溪文庙建制为县级文庙，但史称"规模甲于江南"，是皖南地区现存面积最大、有明确建筑纪年和历史沿革的孔庙建筑，是研究儒家思想和徽州地域文化的珍贵实物例证，具有较高的艺术和历史价值。

阮鹗墓石刻

编号：8—0490—4—013
年代：明
类型：石窟寺及石刻
地址：安徽省铜陵市枞阳县

阮鹗墓石刻位于安徽省铜陵市枞阳县卣山镇卣山村阮家享堂西侧，为明代抗倭名将阮鹗墓神道石刻。

石刻包括牌坊、墓碑、望柱以及羊、麒麟、象、武将、文臣等石像生，具有鲜明的时代特征。石像生沿神道两侧东西相对、南北依次排列，共12件。石牌坊榫卯搭接，四柱三间冲天式，四柱顶端饰蹲狮，楼间镂雕祥龙雄狮、珍禽奇卉等图案。石刻均用整块汉白玉雕琢而成，体积硕大，集线刻、浮雕、圆雕等多种技法于一体，具有强烈的艺术感染力。

阮鹗墓石刻用料考究，刻琢精细，刀法简洁，是明代石刻的代表性作品，对研究明代丧葬制度也有重要参考价值。

汪由敦墓石刻

编号：8—0491—4—014
年代：清
类型：石窟寺及石刻
地址：安徽省黄山市休宁县

汪由敦墓石刻位于安徽省黄山市休宁县溪口镇木干村北，系清代乾隆时期军机大臣汪由敦墓神道石刻。

石刻包括石望柱、石像生、墓碑。墓神道入口处有一对石望柱，两侧依次排列石翁仲、石马、石虎、石羊各一对。墓碑由满汉两种文字书写，墓前石雕有"乾隆二十三年三月奉旨雕刻"字样。

汪由敦墓石刻采用镂空和浮雕相结合的技法，雕刻细腻，刀法简洁，形象栩栩如生，反映了清代徽州地区高超的石雕工艺水平。

戴安澜故居

编号：8—0593—5—077
年代：1904年
类型：近现代重要史迹及代表性建筑
地址：安徽省芜湖市无为县

戴安澜故居位于安徽省芜湖市无为县洪巷镇练溪社区风和自然村，是国民党爱国将领、抗日英雄戴安澜将军的出生地和青少年时期居住地。

戴安澜（1904～1942年），安徽省无为县人，1926年黄埔军校第三期毕业生，在抗日战争中曾先后参加台儿庄战役、武汉会战、长沙保卫战、昆仑关战役、东瓜保卫战等重要战役，战功卓越。1942年5月在中国远征军突围回国途中身负重伤，光荣殉国。戴安澜作为抗日英雄得到了国共两党的高度评价，被追赠陆军中

将，是第二次世界大战反法西斯斗争中第一位获得美国勋章的中国军人。1956 年，中华人民共和国追认戴安澜为革命烈士。

戴安澜故居建筑建于清末，为典型的天井院落式民居，坐北朝南，平面呈长方形，砖木结构，两进，布局规整，建筑面积 152 平方米。面阔三间，南北两进深九间。明间中部设置天井，天井两侧各有厢房。故居为单檐硬山式屋顶，小青瓦砌脊，小青瓦屋面，穿斗式梁架，条砖地面。

戴安澜故居见证了戴安澜将军青少年时期的成长历程，具有重要的历史价值和纪念意义。

津浦铁路淮河大铁桥

编号：8-0594-5-078
年代：1911 年
类型：近现代重要史迹及代表性建筑
地址：安徽省蚌埠市蚌山区

津浦铁路淮河大铁桥位于安徽省蚌埠市蚌山区蚌埠港以东约 500 米处，包括桥梁主体和淮河大桥烈士纪念碑。

津浦铁路淮河大铁桥由英国工程师德纪主持修建，1911 年建成通车，为固定型桁梁桥，全长 573.42 米，单车道，有桥台 2 个、桥墩 8 个、桥孔 9 个。抗日战争和解放战争期间，桥梁历经多次破坏和修复，形成多种形式钢桁架并存的情况。1949 年修复时增加了一孔一墩，至 1988 年多次对桥体进行修复加固。

淮河大桥烈士纪念碑位于大铁桥南端西侧，建于1949 年 7 月，以纪念因抢修大铁桥而光荣牺牲的王吉珍、刘建国、王焕伦等革命烈士。碑的基座为砖混结构，外饰水磨石。

津浦铁路淮河大铁桥是津浦线上仅次于黄河铁路桥的第二大铁路桥，目前仍在使用，其设计建造精细，材料运用合理，是钢桁架桥的突出实例，且保存了多个时期的构造技术样本，是研究我国桥梁建筑史的重要实物例证，也是缅怀革命先烈的重要纪念地。

老芜湖海关旧址

编号：8-0595-5-079
年代：1919 年
类型：近现代重要史迹及代表性建筑
地址：安徽省芜湖市镜湖区

老芜湖海关旧址位于安徽省芜湖市镜湖区滨江公园内。

老芜湖海关是旧中国 40 余处海关之一，1876 年根据《中英烟台条约》建立，1877 年 4 月 1 日开关，1938 年闭关。现存建筑建于 1919 年，坐东朝西，面临长江，占地面积 497.84 平方米，建筑面积 1101.46 平方米。主楼建筑为典型的殖民地外廊样式，平面接近正方形，东、西、南三向设置外廊，砖木结构，两层，四

坡屋顶，铁皮铺盖屋面。一楼原为营业大厅；二楼原为办公用房，中部有一条南北贯通的内走廊，内走廊东西对称布局，两侧原各有办公室四间。钟楼矗立在主楼西向外廊中部，平面方正，通高 19.55 米，顶部有瞭望台。钟楼的四面有圆形舷窗，舷窗下装饰绶带雕刻，线脚飘逸舒展，西、南、北三向均装有圆形铜钟。

老芜湖海关旧址是近代列强殖民侵略的产物，也是芜湖开埠通商开启近代化历程的见证，是研究中国近代历史，特别是经济外交史的重要实物资料。

张治中故居

编号：8-0596-5-080
年代：1890 年
类型：近现代重要史迹及代表性建筑
地址：安徽省合肥市巢湖市

张治中故居位于安徽省合肥市巢湖市黄麓镇洪家疃村。

张治中（1890～1969 年），原名本尧，字文白，安徽巢县（今巢湖市）人，杰出的政治活动家、著名的爱国将领、民革中央领导人，他毕生主张国共合作，不遗余力地为国内和平而奔走，被誉为"和平将军"。1937 年，张治中将军参加第二次淞沪会战后返回家乡在故居休养了 40 多天，期间他认识到，要想抗日救国，必须要联合中国共产党，建立民族抗日统一战线。这是张治中将军后期思想转变及形成的重要节点，也为他日后主政湖南、新疆等地，"三上延安"加强与共产党合作奠定了思想基础。

故居现存建筑建于 1927 年，坐西朝东，为三进四厢院落，平面由南、北两条轴线构成，共 13 间，占地面积 378 平方米，建筑面积 245 平方米。北轴线上建筑布局为三进四厢两天井，第一进为门厅和会客室，第二进为正厅，第三进为卧室，后面庭院为故居原第四、五进房屋遗址。南轴线上建筑布局为南屋及厨房遗址。

张治中故居不仅是张治中将军出生和成长的地方，也见证了他中年以后的思想转变，具有较高的历史价值。

红二十八军重建会议旧址

编号：8-0597-5-081
年代：1933 年
类型：近现代重要史迹及代表性建筑
地址：安徽省六安市金寨县

红二十八军重建会议旧址位于安徽省六安市金寨县南溪镇南湾村吕家大院。

红二十八军是红四方面军主力离开鄂豫皖革命根据地后，于 1933 年 1 月组建的以金寨为中心的皖西北中心苏区红军武装，后在对敌斗争中遭受重大损失。1933年 10 月 11 日，中共皖西北道委在南溪吕家大院召开会议，决定重建红二十八军，军长徐海东、政委郭述申，辖 82、84 师。红二十八军重建后，在以金寨为中心的皖西北一带开展游击战争，先后发起石门口、皂靴河、火炮岭、古碑冲和葛藤山等战斗，取得了一连串的胜利，逐步摆脱了被动局面。

红二十八军重建会议旧址现存建筑始建于清末，坐北朝南略偏东，主要由院门、庭院、门屋、天井及两廊、寝堂组成，院落占地面积 1364.13 平方米，建筑面积 279.89 平方米。主体建筑为砖木结构，青砖青瓦，中轴对称。

红二十八军重建会议旧址见证了红二十八军发展史上的一次重大历史事件，具有重要的历史价值和社会价值。

芜湖内思高级工业职业学校旧址

编号：8-0598-5-082
年代：1934 年
类型：近现代重要史迹及代表性建筑
地址：安徽省芜湖市镜湖区

芜湖内思高级工业职业学校旧址位于安徽省芜湖市镜湖区雨耕山。

旧址现存建筑建成于1935年，依山而建，山下建五层，山上建两层，作阶梯状收减，平面呈"日"字形，占地面积4133平方米，建筑面积11483平方米。砖混结构，整体采用融合欧洲古典、殖民地外廊样式的现代建筑风格，内部装饰带有中国传统建筑元素。建筑外墙采用青砖净缝砌筑，简明淡雅，红色机制瓦铺盖屋面，色彩艳丽，屋面与墙体的色差对比强烈。

芜湖内思高级工业职业学校是近代中国规模较大的职业学校，旧址建筑作为学校创立和发展的见证，在建筑艺术和技术方面也达到了较高水准，具有重要的历史价值与一定的艺术价值。

中共皖浙赣省委驻地旧址

编号：8-0599-5-083
年代：1936～1937年
类型：近现代重要史迹及代表性建筑
地址：安徽省黄山市休宁县

中共皖浙赣省委驻地旧址位于安徽省黄山市休宁县汪村镇田里行政村石屋坑村民组21号。

1936年4月，中共闽浙赣省委在休宁县和婺源县边界张公山召开扩大会议，决定改闽浙赣省委为皖浙赣

省委，省委书记为关英。皖浙赣省委驻石屋坑村，至1937年1月下旬离开。在此期间成立了赣东北、皖赣、浙皖、上浙皖、下浙皖5个特委和皖浙赣独立团，开展了一系列革命斗争。

旧址现存建筑原为农宅，建于民国初年，为徽州传统民居样式，三层，建筑面积165平方米。建筑结构为常见的抬梁式与穿斗式结合，地面为大方砖及三合土地面。

中共皖浙赣省委驻地是当时皖浙赣3省43县"南方三年游击战"重要的指挥枢纽之一，石屋村中共皖浙赣省委驻地旧址为研究红军革命斗争史及中国革命史提供了重要材料，具有重要的历史价值。

野寨抗日阵亡将士公墓

编号：8-0600-5-084
年代：1943年
类型：近现代重要史迹及代表性建筑
地址：安徽省安庆市潜山市

野寨抗日阵亡将士公墓位于安徽省安庆市潜山市野寨中学（原景忠中学）校园内，建成于1943年。

国民革命军第48军第176师由抗日劲旅19路军余部编成，1937年出师南宁，历经淞沪会战、徐州会战、武汉会战等重大战役，转战上海、江苏、浙江、安徽、湖北五省，扼守江淮，依托大别山区抗击日军，牺牲官兵3713人。1942年，在范苑声等人倡议下，安徽、湖北两省13县民众捐资修建野寨抗日阵亡将士陵园。

野寨抗日阵亡将士公墓占地面积116667平方米，包括主墓区、景忠厅和碑刻33通，碑刻年代为1942～1943

年。主墓区面积 3432 平方米，设计庄严肃穆，安葬有国民革命军第 48 军 176 师 985 位抗战阵亡将士遗骸。公墓顶部为四方形台体，上置圆环形大理石，地面用青砖铺砌。东、南、西三面设有石质护栏，护栏东、西两侧立有碑刻 6 通。南侧立有高 3.4 米的主墓碑，北侧立有碑刻和题刻 10 通。景忠厅始建于 1942 年，是典型的民国年代建筑风格，建筑面积 95.7 平方米。正面为方块拱状的墙壁，窗顶为方圆搭配，房间较小，内壁嵌有碑刻 2 通。

野寨抗日阵亡将士公墓是抗战期间建成较早、规模宏大的抗战英烈集体墓葬，是反映正面战场抗战以及中国军民坚持持久抗战的重要历史遗存。

佛子岭水库连拱坝

编号：8-0601-5-085
年代：1954 年
类型：近现代重要史迹及代表性建筑
地址：安徽省六安市霍山县

佛子岭水库连拱坝位于安徽省六安市霍山县佛子岭镇，建成于 1954 年。

佛子岭水库连拱坝主体为钢筋混凝土结构，由连拱坝和溢洪道组成，建筑面积分别为 23550 平方米和 1640 平方米，坝顶全长 510 米、宽 1.8 米。连拱坝坝体由 20 个垛、21 个拱和两岸接岸重力坝段组成，防浪墙顶高程 131.06 米，最大坝高 75.9 米，控制流域面积 1840 平方千米，总库容量 5 亿立方米。溢洪道位于东岸山凹，露顶式，堰顶高程 112.56 米，6 孔，单孔净宽 10.6 米，每孔安装双扉滚轮平板钢闸门，最大泄洪量 7460 立方米／秒，百年一遇溢洪流量 5000 立方米／秒。连拱坝上有毛泽东题词"一定要把淮河修好"。

佛子岭水库连拱坝是中华人民共和国成立后自主设计、自主施工的第一座钢筋混凝土连拱坝，被称为"新中国第一坝"，是 20 世纪 50 年代中国人民独立自主、自力更生精神的实物载体和艰苦奋斗历程的见证，在我国水利技术史上占有重要地位，具有较高的历史价值、科学价值和社会意义。

涡河一桥

编号：8-0602-5-086
年代：1964 年
类型：近现代重要史迹及代表性建筑
地址：安徽省蚌埠市怀远县

涡河一桥位于安徽省蚌埠市怀远县荆山镇与榴城镇交界处的涡河上。涡河一桥于 1958 年勘察设计，1959 年 4 月施工，1964 年年底竣工，前后历时 6 年。

涡河一桥为仿制隋代赵州桥形制而建的大型石拱桥，采取纵连砌筑法，选用花岗岩块石筑成，总长 285.5 米，宽 10 米。主桥四孔，每孔跨径 50 米。引桥三孔，每孔跨径 15 米。主孔跨径之大为当时安徽省同类拱桥之冠。大桥两头引道 2124 米，桥面净宽 7 米，两侧人行道各宽 1.5 米，桥上纵坡为 3%，桥高 32.95 米。

涡河一桥跨度大，建造水平高，将传统工艺材料与现代桥梁设计技术充分结合，代表了 20 世纪 50～70

年代我国桥梁建设的特殊类型，充分反映了我国在社会主义建设时期独立自主、开拓创新的精神，时代特征鲜明，具有很高的历史价值、科学价值。

小岗村旧址见证了中国农村改革从酝酿到发生再到不断前行发展的珍贵历史进程，具有重要的历史价值，同时作为改革样板也具有重要的社会价值。

小岗村旧址

编号：8-0603-5-087
年代：1978年
类型：近现代重要史迹及代表性建筑
地址：安徽省滁州市凤阳县

小岗村旧址位于安徽省凤阳县小溪河镇小岗村，现存建筑包括前、后两进房屋。

1978年末，凤阳县小岗村的18位农民在土坯茅草屋内，以"敢为天下先"的胆识在土地承包责任书上按下了红手印，立下将生产队土地包干到户的"生死契约"，创造了"小岗精神"。包产到户责任制的"大包干"模式先后得到万里同志、邓小平同志以及中共中央的支持和肯定，由此拉开了中国农村改革的序幕。

前排为土坯茅草房，建于1973年，长13.7米，深6米。正面开有双扇门，墙面开有小窗洞，草房背面为单扇门，屋顶用本地所产茅草覆盖，墙为泥土拌和稻草砌垒而成，屋内卧室为当年的签字室。后排砖瓦房建于1985年，是"大包干"推广后富裕起来的农民盖的新房，三间瓦房带走廊，是20世纪80年代典型的砖瓦民居建筑。

骆冲窑遗址

编号：8-0000-1-007
年代：五代至北宋
类型：古遗址
地址：安徽省芜湖市繁昌县

骆冲窑遗址位于安徽省芜湖市繁昌县繁阳镇骆冲自然村东，是五代至北宋时期重要的白瓷和青白瓷窑业遗址。

遗址分布范围约3000平方米，考古揭露龙窑2座、房址1处。出土大量白瓷、青白瓷和窑具，瓷器制作精美、种类丰富，偶见莲瓣纹、柳条纹等纹饰。许多产品与同时期的定窑产品十分相似，表明二者之间联系密切。

骆冲窑的生产始于五代，止于北宋前期，是繁昌窑瓷业生产体系的重要组成部分，代表了南方早期白瓷的生产面貌和生产水准。骆冲窑遗址对探索中国南方白瓷

的起源具有重要意义，是北方白瓷生产技术南传的重要证据。

骆冲窑遗址并入第五批全国重点文物保护单位繁昌窑遗址。

九龙岗老火车站碉堡

编号：8—0000—5—009
年代：1938～1945年
类型：近现代重要史迹及代表性建筑
地址：安徽省淮南市大通区

九龙岗老火车站碉堡位于安徽省淮南市大通区九龙岗镇。

1938年6月4日，侵华日军第三师团一部由上窑一带入侵淮南矿区，侵占了淮南、大通两座煤矿及淮南铁路，矿区沦陷。为对抗中国抗日军民的斗争，加强对矿工的管理，负责警备任务的日军独立混成第十三旅团在铁路及矿山周边修筑了大量据点，仅大通煤矿周边的碉堡就有36座，其中包括九龙岗老火车站碉堡。

九龙岗老火车站碉堡地跨老火车站南、西两侧，由南、西两处碉堡构成。南碉堡为圆柱体"暗堡式"建筑，灰色花岗岩石结构，水泥筑顶，西北角设一入口，四周

设有机枪眼3处、梯形观察口8处。西碉堡为圆柱体"炮楼式"建筑，砖质结构，水泥抹面，残存观察口4个。两处碉堡直线距离约500米，建筑面积合计约43.41平方米。

九龙岗老火车站碉堡是日军侵占淮南的又一历史罪证，在记录侵华日军罪行、弘扬爱国主义精神等方面具有重要的历史、社会价值。

九龙岗老火车站碉堡并入第七批全国重点文物保护单位侵华日军淮南罪证遗址。

福 建 省

壳丘头遗址群

编号：8-0049-1-049
年代：新石器时代至商
类型：古遗址
地址：福建省福州市平潭县

壳丘头遗址群位于福建省福州市平潭县平原镇山显美村至白青乡剑湖村，自南向北分别为壳丘头遗址、东花丘遗址和龟山遗址。其中壳丘头遗址为新石器时代遗址，距今 6500 ~ 5500 年；龟山遗址为新石器时代至商周时期遗址，距今 5000 ~ 3000 年；东花丘遗址为夏商时期遗址，距今 3800 ~ 3300 年。

壳丘头遗址面积约 4000 平方米，是典型的贝丘遗址，发现墓葬 1 座，出土大量的石器、陶片、陆生动物遗骨及海生贝类遗骸。东花丘遗址与壳丘头遗址边界相接，面积约 3.3 万平方米，考古揭露一批有规律分布的柱洞、陶窑、灰坑等遗迹，出土大量的陶器及石器，既有彰显本地土著文化特征的器物群，还有大量来自闽北地区的黑衣陶文化器类。龟山遗址面积约 13 万平方米，遗址上层为黄土仑文化，陶片成层状堆积、面积大；中层为

东花丘类型文化；下层相当于昙石山文化早段。

壳丘头遗址群对构建福建沿海地区史前考古学文化谱系和年代序列，推动南岛语族起源研究，研究闽台史前文化关系等具有重要价值。

岩仔洞遗址

编号：8-0050-1-050
年代：新石器时代
类型：古遗址
地址：福建省三明市将乐县

岩仔洞遗址位于福建省三明市将乐县古镛镇梅花井村岩仔山，是一处旷野和洞穴相结合的史前聚落遗址，距今 4900 ~ 4500 年。

遗址包括山顶区域遗址和洞穴遗址两部分。山顶区域遗址面积约 8100 平方米，揭露墓葬 2 座、沟 1 条、房址 2 座、灰坑和柱洞十余个，出土陶器、石器、玉器、骨器等千余件，还发现一具较完整的人骨架。洞穴遗址出土了一批第四纪哺乳动物化石，种类有大熊猫、剑齿象、水牛、鹿、野猪、豪猪、豹等。

岩仔洞遗址对研究第四纪晚更新世福建地区哺乳动物群的成员结构、生存环境以及分布范围等具有重要科研价值，为研究全新世阶段闽西北山地古人类的种群、聚落形态、生业方式等提供了珍贵的实物资料。

苦寨坑窑遗址

编号：8-0051-1-051
年代：夏商
类型：古遗址
地址：福建省泉州市永春县

苦寨坑窑遗址位于福建省泉州市永春县紫美村西南面山坡上，是一处夏商时期烧造原始青瓷的窑场，年代距今 3700～3400 年。

窑址面积约 3.5 万平方米。考古发现烧造原始青瓷的窑炉遗迹 9 座，大部分保存较好，为土洞式长条形的龙窑，保留火膛、窑室、出烟室等结构，出土了数量众多的印纹陶、原始青瓷及窑具，器形有尊、罐、钵、豆和纺轮等，器物胎呈灰色或黄白色，装饰上采用刻划、拍印、戳印、堆印、镂空等手法。

苦寨坑窑遗址的发现，明确了福建晋江流域、沿海地区发现的大量原始青瓷和印纹陶的产地和年代，将我国烧制原始瓷的历史向前推进了 200 年，同时也为福建地区闽江与晋江流域青铜时代的文化编年提供了可靠资料，对研究东南沿海地区青铜时代的文化交流有着重要意义。

武夷山闽赣古驿道

编号：8-0052-1-052
年代：唐至清
类型：古遗址
地址：福建省南平市武夷山市

武夷山闽赣古驿道位于福建省南平市武夷山市岚谷乡岭阳村与江西交界处，始建于唐五代，宋代、清代陆续设置巡检司、关防、关塘、厘金局等。

武夷山闽赣古驿道长 2020 米，东南起于丘岭水口景观石，终至关顶隘口，用荒石或河卵石平铺垒砌，宽 1.8～2.34 米，呈东南—西北走向。关隘呈西北—东南走向，现存关门、残墙和石基等。驿道沿途现存石拱桥 3 座、路亭 2 座，以及丘岭驿站遗址、摩崖石刻、水井等。

武夷山闽赣古驿道是研究万里茶道和武夷山地区古代交通、商业、军事、铺驿制的重要实物资料。

宝丰银矿遗址

编号：8−0053−1−053
年代：宋至明
类型：古遗址
地址：福建省宁德市周宁县

宝丰银矿遗址位于福建省宁德市周宁县李墩镇芹溪村、浦源镇官司村、西坑村和上洋村，是宋至明代的银矿开采遗址。

遗址包括古矿硐遗址和矿主张彭八旧宅。古矿硐遗址分布于海拔800～1400米的高山地带，东西长4175米，南北宽3804米，面积约11平方千米。共发现345处矿硐以及与采矿相关的房屋基址、堡墙，发现明代督银课税的"宝丰公馆"遗址，出土明代"奉府案两院禁示"碑及石碾等。上洋村保存有明代嘉靖年间矿主张彭八旧居建筑（众厅），面积205平方米。

宝丰银矿遗址在中国古代矿冶史上具有典型意义，为研究经济史、矿业勘探开采技术和银矿冶炼史等提供了重要资料。

白鹤岭福温古道

编号：8−0054−1−054
年代：南宋至清
类型：古遗址
地址：福建省宁德市蕉城区

白鹤岭福温古道位于福建省宁德市蕉城区西南，是"福（州）温（州）古道"的重要段落，历来为福建与江浙往来的陆路要道，于南宋宝庆年间由宁德县主簿丁大全主持修建。清代实行现代邮政制度后，白鹤岭道的驿站铺递功能消失。

白鹤岭福温古道原长7500米，始于旧宁德县南城门，经白鹤鸣冈（一说始于西城门，经西岭岗），直上岭头隘门，过岭头村，经湾亭村跨宦溪桥，登界首岭，至界首关宁罗界碑处。古道现存4939米，其中半岭自然村至上达白鹤岭岭头村、里片楼、南漈公园至亭坪、岭头村域内、湾亭村口至界首岭段价值最高。原路面由石磴层层累砌而成，宽2～3米。沿途尚存摩崖石刻12处、碑刻8通，以及古桥2座、关隘遗址2处、烽火台遗址2处。

白鹤岭福温古道保存较好且延续时间长，是研究中国古代驿道制度和东南地区交通史的重要实物资料。

东溪窑遗址

编号：8−0055−1−055
年代：明清
类型：古遗址
地址：福建省漳州市华安县、南靖县

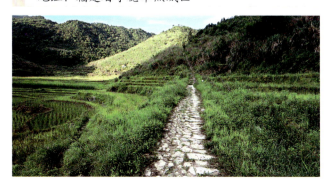

东溪窑遗址位于福建省漳州市华安县、南靖县交界处，为明清时期大型民间窑场，也是大宗外销瓷的生产基地。

窑址分布范围约 10 平方千米，据文献记载为"漳窑"。考古发现数量众多的窑炉、作坊、居住遗址及瓷矿点等，以华安县上虾形、马饭坑、扫帚石、南靖县封门坑窑址为代表，窑址总面积约 11.15 万平方米。窑炉为横室阶级窑，是福建地区古代龙窑发展的最后形态。出土米色釉、酱黑釉、蓝釉、仿龙泉釉以及五彩等瓷器品种。

东溪窑遗址是明清漳窑的重要实物遗存，也是 16 世纪以后海上丝绸之路贸易及历史的重要见证。

百崎郭氏墓群

编号：8-0179-2-012
年代：明
类型：古墓葬
地址：福建省泉州市惠安县

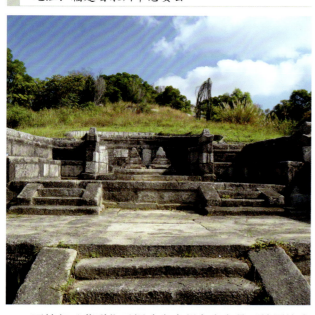

百崎郭氏墓群位于福建省泉州市惠安县百崎回族乡下埭村、里春村，是明代定居该地的阿拉伯商人郭氏的家族墓群。

墓群包括下埭村、里春村两处墓地。下埭村墓地建于明永乐至宣德年间，为百崎等"九乡郭"的开基祖墓，占地面积约 116 平方米。墓坐东北朝西南，包括台阶、挡土墙、石埕、墓盖石、墓围。里春村墓地由二至七世先祖的 13 座墓组成，占地面积 1032 平方米，保存完好。墓葬均为伊斯兰教祭坛式花岗岩石墓盖。墓穴的选择和墓区建筑基本取法汉式，墓主人身份明晰，流传有序。

百崎郭氏墓群是中外文化交流、民族融合的重要物证，也是海上丝绸之路国际交流的重要证明。

荔城报恩寺塔

编号：8-0322-3-125
年代：北宋
类型：古建筑
地址：福建省莆田市荔城区

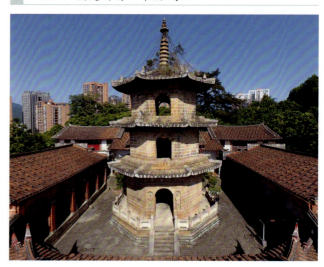

荔城报恩寺塔位于福建省莆田市荔城区东岩山报恩寺内，寺始建于宋淳化元年（990 年），塔建于宋绍圣年间，元皇庆二年（1313 年）对寺及塔进行修缮，明洪武二十年（1387 年）重修寺及塔。

报恩寺塔坐北朝南，三层八角空心石构楼阁式，边长 4.4 米，塔身通高约 13 米，占地面积 49 平方米。须弥座高 1.2 米，上下枭浮雕莲花纹饰，上下坊浮雕卷草纹饰，束腰浮雕 37 只形态各异的奔狮。塔身各层叠涩出檐，每层四面开拱门，第一层塔门两旁浅龛浮雕金刚武士，线条粗犷有力。底层塔室内壁嵌石级上通第二层塔室。顶作藻井式，用相轮塔刹。

荔城报恩寺塔造型简洁粗犷，古朴浑厚，保留宋代雕刻风格，且其位于寺院中轴线上，采用早期塔院式布局，是研究古代建筑及佛寺演变的重要实例，历史和艺术价值较高。荔城报恩寺塔外墙薄、塔室中空、重心低，整体稳定性好，历经强震仍保存完整，科学价值较高。

崇福寺应庚塔

编号：8-0323-3-126
年代：北宋
类型：古建筑
地址：福建省泉州市鲤城区

崇福寺应庚塔位于福建省泉州市鲤城区崇福寺大雄宝殿东侧，北宋熙宁元年（1068 年）建造，历史上多次倾斜扶正。崇福寺其他建筑已失旧貌。

崇福寺应庚塔是为祈福与存放高僧舍利而建，为实心仿木构楼阁式石塔，由塔基、塔身、塔刹组成，塔高

10.9 米，占地面积 5 平方米。塔身八面七层，每层底部为菱形开光，中部为直棂盲窗图案，顶部为仿木结构塔檐。每层均设佛龛，雕刻佛像。七层上承塔刹，圆柱形附相轮四圈，上端为葫芦结顶。2001 年 9 月落架大修清理塔基，出土钱币上千枚、铜镜 49 面及玻璃器、金银、舍利盒、舍利等。

崇福寺应庚塔造型颀长秀美，塔身雕刻建筑构件、纹饰等，具有较高艺术和历史价值。多次"纠偏"记录体现了古代的工程技术水平，塔内发现的多种器形的玻璃器则见证了当时泉州的对外交流活动。

建瓯值庆桥

编号：8-0324-3-127
年代：明
类型：古建筑
地址：福建省南平市建瓯市

建瓯值庆桥位于福建省南平市建瓯市迪口镇黄村村尾水口处，为一座木构廊桥，始建于明弘治年间，清康熙四十五年（1706 年）、乾隆五十二年（1787 年）曾

有大修。

建瓯值庆桥为伸臂叠梁廊桥，面阔九间，进深四柱九檩，居中三间为重檐，上檐与下檐都是悬山，总长 30.6 米，宽 5.3 米，建筑面积 177 平方米。桥两侧台基由块石垒砌而成，南侧桥架为伸臂叠梁结构，北侧叠梁桥架落在石构台基上。梁架中月梁、斗拱造型精致，廊屋与叠梁外侧均有遮雨板保护木结构。桥内设有三处神龛，兼具民间祭祀功能。局部保留有彩绘和明代题记。

与桥邻近的永福堂西朵殿为明代木构厅堂建筑，面阔三间，进深十一檩，建筑面积 96 平方米。该殿四根内柱、两根前金柱为梭柱，梁枋下皮有明万历四十三年（1615 年）题记，室内板壁上亦有多处题记。

建瓯值庆桥是比较典型的明代木构廊桥，具有鲜明的地域特色，构件加工精美，且选址位于村尾水口，充分体现了古人村落建设与风水景观规划、建设的特征及营造水平，具有较高的历史、艺术和科学价值。

安溪土楼

编号：8-0325-3-128
年代：明清
类型：古建筑
地址：福建省泉州市安溪县

安溪土楼位于福建省泉州市安溪县境内，包括映宝楼、聚斯楼、南岩梅记泰山楼。

映宝楼位于西坪镇平原村培田角落，始建于明洪武五年（1372 年）。该楼坐西向东，方形嵌山式合院，三层，总高 15.4 米。进深各三间，东西长 30 米，南北宽 26.4 米，占地面积 792 平方米。大厅用六根 13 米高的柱子洞穿，第三层的花窗雕工精细。映宝楼的主人是明末清初的制茶大户，该楼三层有 100 多个用于烘干制作茶叶的土灶，

见证了当时制茶业的兴旺。

聚斯楼位于西坪镇赤石村长坑角落,建于元末明初,是安溪县境内最早建造的土楼。该楼坐北朝南,方形三层楼合院,穿斗式木构架屋面,单檐歇山顶,占地面积919平方米。

南岩梅记泰山楼位于西坪镇南岩村,建于清光绪十八年(1892年),为石木结构的二层楼房合院,占地面积488平方米。该楼依山而筑,蔚为壮观,是梅记茶行的发祥地。

安溪土楼平面布局方正、规整,屋面层叠错落,结构、外观、装饰有一定的闽南建筑特色。土楼内的制茶遗迹是安溪制茶历史的重要见证,具有较高的历史、科学和艺术价值。

黄道周讲学处

编号:8—0326—3—129
年代:明清
类型:古建筑
地址:福建省漳州市漳浦县

黄道周讲学处位于福建省漳州市漳浦县城绥安镇龙湖路,始建于明万历三十七年(1609年),始称"东皋书舍",明崇祯十七年(1644年)扩建成现有规模,改称"明诚堂"。

黄道周(1585～1646年)是明代著名理学家、书法家与教育家,精研天文历法与易学,明末抗清被俘后殉国。黄道周讲学处是黄道周25岁以后主要的生活、讲学和著述之地。整组建筑坐北朝南,中轴线上依次分布门厅、天井、庑廊、正堂,占地面积1058平方米。主体建筑为正堂,面阔五间,进深三间。天井中间摆正方形天方盘,边长3.78米,盘面刻一万多个小方格和八个同心圆,方格和圆圈纵横交错,是黄道周手制演绎易经用的器具。其他建筑多经后期维修。

黄道周墓位于福建省漳州市漳浦县城绥安镇北郊,建于清康熙元年(1662年)。黄道周与其夫人蔡玉卿合葬,与黄道周同时殉节的四个门生附葬于墓侧。黄道周墓平面呈"风"字形,三层墓埕,封土直径3.5米。

黄道周讲学处对研究黄道周思想的形成与学术成就具有重要价值,对研究闽南地区书院格局也有一定价值。书舍内的天方盘是研究我国古代天文学和科技史的重要实物。

芷溪宗祠建筑

编号：8-0327-3-130
年代：清
类型：古建筑
地址：福建省龙岩市连城县

芷溪宗祠建筑位于福建省龙岩市连城县庙前镇芷溪村，由分布于芷溪村中的三处清代客家宗祠建筑组成，分别为黄氏家庙、澄川公祠和翠畴公祠。

黄氏家庙建于清顺治十三年（1656 年）至康熙三十年（1691 年），嘉庆三年（1798 年）重修，坐东朝西，占地面积 3021.5 平方米，建筑面积 779.25 平方米。由半月塘、雨坪、门楼、门厅、廊、天井、正厅所组成，以围墙为界。家庙设内外两个门楼，外门楼（大门）为八字石门楼，七屋顶叠落，飞檐翘角；内门楼为木牌楼，歇山顶三叠落。

澄川公祠建于清同治年间，坐东朝西，两进院，两侧各辅以一横屋，占地面积 464 平方米。由雨坪、石门楼、门厅（前厅）、大厅（即正厅）、天井、回廊、偏厅和伙厢组成。门厅和大厅木构件的木雕、彩绘十分丰富。石质门楼宏伟壮观，雕刻繁复，六柱五开间五屋顶。

翠畴公祠建于清光绪年间，是较为典型的"九厅十八井"建筑，坐东朝西，占地面积 767 平方米，建筑面积 543 平方米。由门楼（西南角）、雨坪、半月塘、牌楼、门厅、天井及走廊、大厅、南北横屋（主轴线两侧）、书房（西北角）、翠园（北横屋以北）组成。

1929 年 7 月，毛泽东在澄川公祠召开农工商学代表座谈会，发展地方赤卫队和工农武装阵地，建立地方政权，深入开展土地革命。1929 年红四军进闽期间，将翠畴公祠作为休整、整训的一处场所，并于 1930 年初在此成立芝溪区苏维埃政府，下辖 6 个乡。

芷溪宗祠建筑结构完整，构件加工和石雕、木雕等细部装饰精美，具有鲜明的地域特色，能够反映该地区民间营造技艺的特点和水平，且见证了中国工农红军发展的系列重要历史事件，具有较高的历史和艺术价值。

福安黄氏祠堂

编号：8-0328-3-131
年代：清
类型：古建筑
地址：福建省宁德市福安市

福安黄氏祠堂又称"察阳黄氏宗祠"，位于福建省宁德市福安市阳头街道阳中社区黄厝上巷 58 号。祠堂始建于宋末，明万历八年（1580 年）重建，清顺治十三年（1656 年）焚毁，仅留后座。康熙三十三年（1694年）重修戏楼、前座，乾隆三十三年（1768 年）重修，光绪二年（1876 年）修后座，1920 年修建戏楼并重修大厅。

福安黄氏祠堂原为朱熹门徒黄干祠堂，后作为黄氏家族祠堂。坐西南朝东北，三进院落，占地面积 2516平方米，建筑面积 1432.9 平方米。整组建筑规模较大、布局完整，由东北至西南依中轴线分别为仪门、古井、泮池、照壁、前埕、祠堂大门、前院、戏楼、戏廊、前天井、前座、覆龟亭、两廊、后座、后天井和后厢房等建筑。戏楼之上用四柱三组庑殿式牌楼。大量采用砖雕彩绘和灰塑装饰，门窗、雀替、锯花、屏风等木构件雕刻花鸟、人物、瑞兽图案。后座花窗贴金箔，技艺精湛。

福安黄氏祠堂参照孔庙规制建造，设置仪门、泮池和照壁，平面布局独特，体现了"立庙于学"的寓意，为研究祠堂建筑类型提供了实物资料，且其建筑装饰较为精细，整体具有较高的艺术和历史价值。

泉港土坑村古建筑群

编号：8-0329-3-132

年代：清

类型：古建筑

地址：福建省泉州市泉港区

泉港土坑村古建筑群位于福建省泉州市泉港区后龙镇土坑村，包括百万大厝、施布当铺、肇元进士第、长春堂药铺、万捷十三行、绣花楼、来铺当铺、建珍大厝共8组建筑。泉港土坑村古建筑群由当地海商刘氏家族兴建，自清代乾隆年间，刘氏族人不断建造新屋，逐渐形成以家族为纽带、功用齐全、四横五纵的古厝街区布局。

泉港土坑村古建筑群占地面积3677平方米，建筑面积3329平方米。院落多为单进式前后厅，天井带两廊，均坐西北朝东南。商业建筑均前门为店，后门为仓，商住两用，布局规整有序。各建筑采用红砖红瓦，硬山造，屋脊两端上扬曲线造型，两端用"燕尾脊"。建筑装饰内容、手法工艺还融合了部分西方、南洋的文化因素。

泉港土坑村古建筑群基本保持了清代建筑格局和形制特征，其类型丰富、功能多样，较为完整地保存了土坑村自清乾隆年间以来的聚落形态及要素，见证了这一海边村落的经济和社会发展历程，是闽南地区海洋贸易较为重要的历史遗存，也是闽南红砖建筑的典型代表，具有较为重要的历史价值和一定的艺术价值。

坂埔古厝

编号：8-0330-3-133

年代：清

类型：古建筑

地址：福建省泉州市南安市

坂埔古厝位于福建省泉州市南安市英都镇良山村坂埔自然村，始建于清乾隆年间，为翁山洪氏家族所建造。

坂埔古厝由13座大厝和两口清代水井构成，总占地面积6000余平方米，建筑面积5515平方米。13座大厝分别是顶点金、棋盘厝、在中堂、若莲居、思源居、康美居、存善堂、顺兴居、含章堂、封君祠、近贤堂、德美居、箭楼居。

坂埔古厝为一进或二进，院落带有单边或双边护厝，主体梁架以穿斗式为主，局部抬梁结构。屋面多为燕尾硬山或悬山式，建筑立面以闽南传统"出砖入石"营造技法砌筑，白石墙裙，红砖砌壁，是典型的闽南传统建筑。坂埔古厝保留了闽南地区自古以来形成的山、水、田的人居生活格局。

坂埔古厝是研究清代以来闽南地区家族制度与社会变迁的重要实物资料，具有较高的历史和艺术价值。

永春文庙

编号：8-0331-3-134

年代：清

类型：古建筑

地址：福建省泉州市永春县

永春文庙位于福建省泉州市永春县桃城镇，始建于北宋庆历年间，历经宋、元、明时期的7次迁址，32次重建、增修和扩建，到明嘉靖四十四年（1565年）以后才在现址固定下来。清雍正十二年（1734年），永春文庙成为州府文庙。现存建筑为清乾隆五十年（1785年）重建。

永春文庙坐北朝南，总体格局保存基本完整，由万仞宫墙、门亭、棂星门、泮池和状元桥、戟门、甬道、拜台、大成殿、东西庑廊组成，占地面积3000余平方米。其中戟门面阔三间进深七檩硬山，大成殿面阔三间进深四间歇山重檐。大殿正脊、石柱及戟门墀头、木构件的雕饰精美。此外尚有明、清两代的碑刻多通。

永春文庙规格、等级均按州府文庙建制修建，是闽南地区儒学发展的重要例证，具有较高的历史和艺术价值。

永泰庄寨建筑群

编号：8-0332-3-135

年代：清

类型：古建筑

地址：福建省福州市永泰县

永泰庄寨建筑群由分布在福建省福州永泰县同安镇、大洋镇的5处庄寨建筑组成，包括仁和庄、昇平庄、积善堂、绍安庄、中埔寨，均为清代修筑。庄寨与土楼、土堡同为福建地区三大防御性民居类型。

永泰庄寨建筑群均为木构建筑，主体结构以二层为主，外墙为防御而用块石砌筑，极其厚重、坚实。建筑格局主要包括庄门、门厅、前楼、天井、厢房、正堂、后轩、跑马廊、转角处的碉楼、后花台及小花园、角楼

等，面积多为3000～10000平方米。

永泰庄寨建筑群选址与自然环境和地形相结合，同时满足防御与生产、日常生活需求，在空间处理、建筑结构、营造技术与材料、装饰等方面具有鲜明的地域特色，反映了民间营造的智慧、技术与水平，具有较高的历史、艺术和科学价值。

采陔公祠

编号：8-0333-3-136

年代：清

类型：古建筑

地址：福建省龙岩市连城县

采陔公祠位于福建省龙岩市连城县庙前镇庙上村，始建于清代晚期，是当地江氏十四祖采陔公的纪念祠。

采际公祠是闽西客家地区的大型传统祠堂建筑，为典型的"九厅十八井"格局，规模较大，占地面积4865平方米，建筑面积4311平方米，分为前落和后落两大部分。前落斯馨堂由东北角门坪、门楼、门头房，西北角茅屋，中轴线院坪、石构牌楼、下厅、上厅及南侧横屋二排、东侧横屋三排组成。后落聚欢堂由东北角的门坪、门楼、门头房，中轴线围屋、院坪、院坪东西厢房、下厅、中厅、上厅及南侧横屋三排、东侧横屋四排组成。斯馨堂前院坪内东西各立石桅杆一根。中轴线前为石牌楼，四柱三楼，石构异形斗拱叠涩出跳，做工精细，雕刻图样精美。

采际公祠建筑组群规模较大，总体格局和建筑保存基本完好，雕刻精美，是较具地方代表性的砖、木、石古建筑，是闽西清代古建筑的重要实例，具有较高的艺术和历史价值。

水美土堡群

编号： 8-0334-3-137
年代： 清
类型： 古建筑
地址： 福建省三明市沙县

水美土堡群位于福建省三明市沙县水美村"岭美乾"盆地，周边群山环绕，盆地内水土肥沃。

土堡群是张氏家族为防御土匪而建造，由双吉、双兴、双元三座土堡构成，体现了血缘家族聚居的社会结构，占地面积约13400平方米，建筑面积10372平方米。双吉堡始建于清嘉庆年间，道光二十七年（1847年）完工。双兴堡始建于清道光年间，咸丰七年（1857年）加建外围堡墙，前堡墙已倒塌。双元堡始建于清道光年间，同治元年（1862年）完工。

水美土堡群依山坡多级台基构筑，呈"品"字形布局，互为犄角。土堡平面前方后弧，外层为堡墙和护盾，内层为行列式排布的木结构多进院落，各建筑间多有亭、廊相连。堡墙分上、下两层，下层由块石垒砌而成，上层外侧为土墙，设有枪眼、瞭望窗，各向节点建有炮楼。堡内设有水井、酒窖、柴火间，生活设施齐全。封火墙高耸，屋脊和屋面层层叠叠。堡内建筑现存有部分壁画、灰塑等装饰。

水美土堡群土堡依山坡多级台基构筑，与自然环境融为一体，是研究中国传统建筑规划、建筑理念和风水观念的实物例证。土堡居住与防御并重的建筑布局、土木复合的建筑结构有较强的地域特色和独创性，具有较高的艺术、科学和历史价值。

南安桃源宫陀罗尼经幢

编号： 8-0492-4-015
年代： 北宋
类型： 石窟寺及石刻
地址： 福建省泉州市南安市

南安桃源宫陀罗尼经幢位于福建省泉州市南安市丰州镇桃源宫内。北宋天圣三年（1025年），南安葛门陈二十二娘为追荐其夫而建此经幢。

经幢用花岗岩雕琢叠筑，七层八角，由基座、幢身、幢顶三部分组成，通高7米。基座为四层须弥座，第一层较宽大，层层叠加并向上收分。石幢八面雕刻佛顶尊胜陀罗尼经，幢身上额横刻"奉为今上皇帝资崇佛幢一座"，并雕有佛、菩萨、护法、飞天、迦陵频伽、龙、莲瓣等造像或图案。幢顶作葫芦状，造型饱满。

南安桃源宫陀罗尼经幢整体高大挺拔、雕刻精湛，是研究佛教艺术和宋代石构建筑技艺的重要实物资料。

魁星岩摩崖造像

编号：8-0493-4-016

年代：南宋

类型：石窟寺及石刻

地址：福建省泉州市永春县

魁星岩摩崖造像位于福建省泉州市永春县石鼓镇桃场社区魁星山的崖壁上，雕凿于南宋时期。

龛作拱形，内为高浮雕西方三圣立像，中为阿弥陀佛，左为观音大士，右为大势至菩萨。阿弥陀佛高4米，螺发，脸庞浑圆，额际有白毫，身披袒右式袈裟，立于莲台上。观音和大势至菩萨高3.4米，均头戴带宝冠，颈下佩串珠项饰，身披广袖大衣，下身着裙，立于仰莲座上。

魁星岩摩崖造像雕刻技艺精湛，是研究南宋时期闽南地区佛教艺术和民间净土信仰的珍贵实物资料。

观山李氏民居

编号：8-0604-5-088

年代：1890～1936年

类型：近现代重要史迹及代表性建筑

地址：福建省泉州市南安市

观山李氏民居位于福建省泉州市南安市眉山乡观山村，由清末民国著名爱国华侨李功藏及其长子李成器所建，包括番仔楼、功藏厝、成器厝，建筑面积1397平方米。

李功藏（1860～1928年），观山人，印尼商界领袖，热心家乡公益事业，在闽南地区捐建大量市政及公共建筑，20世纪20年代曾捐资修缮泉州开元寺双塔和泉州府文庙等古建筑。

番仔楼又称"池塘湖番仔楼"，建于清光绪二十五年（1899年），坐西北朝东南，建筑面积380平方米。上、下两层，建筑外墙线条硬朗，南洋风格浓厚，内部装饰为闽南风格。功藏厝建于清光绪十六年（1890年），坐西北朝东南，建筑面积530平方米。成器厝建于1936年，坐北朝南，建筑面积487平方米。功藏厝和成器厝建筑为单进二落带双边护厝的传统闽南红砖大厝，抬梁式或穿斗式木构架，硬山顶，燕尾脊。

观山李氏民居内砖、木、石无一不雕，且雕饰精美繁缛。建筑造型和雕饰融入南洋风格，呈现出中西合璧、土洋结合的建筑装饰特征，折射出南洋文化、西方文化对闽南侨乡的影响，体现了独特的历史、艺术和社会价值。

福建省

第八批 全国重点文物保护单位

东美曾氏番仔楼

编号：8-0605-5-089
年代：1910 年
类型：近现代重要史迹及代表性建筑
地址：福建省漳州市龙海市

东美曾氏番仔楼位于福建省漳州市龙海市角美镇东美村墩上社，始建于清光绪二十九年（1903 年），主体建筑于宣统二年（1910 年）竣工。

番仔楼主体建筑群坐南朝北，平面呈"凹"字形，占地面积 5140 平方米，建筑面积 3357.5 平方米。大小房间共 99 间，包括宗祠、中楼、后楼、东大厝、西大厝、西楼、东楼、副楼、打谷房、风力抽水机房和附属用房。整体建筑沿中轴线对称排列，左右各有两条通巷，形成五纵三横的建筑布局。每排之前都有大石埕作为缓冲带，分别称作前埕、中埕、后埕。

东美曾氏番仔楼总体布局严谨，工艺精湛，中轴线上的宗祠为闽南传统祠堂建筑风格，两侧大厝融闽南传统民居与西方外廊式建筑元素于一体，主体建筑四周环绕外廊式建筑，体现出中西建筑文化的交融，具有较高的历史、艺术和科学价值。

安礼逊图书楼

编号：8-0606-5-090
年代：1927 年
类型：近现代重要史迹及代表性建筑
地址：福建省泉州市鲤城区

安礼逊图书楼位于福建省泉州市鲤城区开元街道培元中学内，建于 1927 年。

安礼逊图书楼建筑平面呈"十"字形，钢筋混凝土结构，由门楼、门厅、礼堂、礼台组成，占地面积 1246 平方米，建筑面积 981 平方米。

门楼平面为长方形，平顶，顶部为晒台，周围浇筑围栏，面承洗石子，占地面积 323 平方米，建筑面积 264.3 平方米。门厅共有五层，第一至第四层为西式建

筑风格，第五层为中式结构凌云台，总高24.8米，占地面积311平方米，建筑面积236.4平方米。礼堂平面为长方形，屋顶两坡水，前面屋角有交趾陶堆积卷草，混凝土抬梁式梁架，屋面为红瓦，占地面积483平方米，建筑面积384.24平方米。礼台为拱形，边缘有卷草纹饰和泥塑，平顶，占地面积129平方米，建筑面积96.65平方米。

安礼逊图书楼由民国闽南建筑大师傅维早主持设计，外墙立面采用简化的西洋柱式，塔楼顶部凌云台采用闽南地方传统建筑形式，属典型的中西合璧建筑风格，是近代泉州城标志性建筑之一。安礼逊图书楼见证了20世纪侨办教育的辉煌历程和历史变迁，以及中国近现代教育史和建筑史的时代变革。

张山头红军墓群

编号：8-0607-5-091
年代：1928～1935年
类型：近现代重要史迹及代表性建筑
地址：福建省南平市武夷山市

张山头红军墓群位于福建省南平市武夷山市洋庄乡小浆村张山头自然村东侧丘陵中。

红军墓群埋葬了1928～1935年于当地红军医院牺牲的来自闽浙赣3省22个县市的红军战士，以及被错杀的红军和苏维埃政府工作人员。其中有原红军医院院长王日华同志墓。

墓群总体呈南北向分布，由红军墓群东山头—排头山、墓坪—苦竹头、瓦窑、黄泥潭仔—老虎嘴4个区块构成，共发现红军墓葬1343座，占地面积约19公顷。墓葬依山而葬，全部为土坑葬，地表为长条形土堆，封门处以青薄砖或石块构建。墓葬朝向依山形而定，大部分无规则，少部分排列整齐有序，属有规划安葬。在东坑头山上立有刻"红军墓""三一年立"字样和五角星的石墓碑一方。

张山头红军墓群是闽浙赣三省红色革命的重要见证，也是全国屈指可数的保存完整的大型红军墓群，对研究闽浙赣红色革命根据地的历史以及医疗卫生史、红军葬俗都有重要意义。

歪嘴寨闽粤边区乌山游击队指挥部旧址

编号：8-0608-5-092
年代：1929～1937年
类型：近现代重要史迹及代表性建筑
地址：福建省漳州市诏安县

歪嘴寨闽粤边区乌山游击队指挥部旧址位于福建省漳州市诏安县金星乡湖内村长田自然村。

土地革命战争（含"南方三年游击战争"）时期，歪嘴寨所在的湖内村（俗称"下涂村"）是闽粤边区红军游击队活动的腹心地带，歪嘴寨是闽粤边区乌山红军游击队指挥部和闽粤边区特委、闽粤赣边区闽南支队的重要活动据点。1930～1935年，歪嘴寨是中央红色交通线的一个重要站点。

旧址坐北朝南，东、西、北三侧至外山墙墙体，南侧至前埕最外围，建筑面积1038平方米。土木结构，楼高二层，屋顶寨墙高1.5米，平面方形后两角转圆，外墙用三合土高筑。二层及外墙升高部分遍布枪眼射击孔，具有典型的防卫功能。

歪嘴寨闽粤边区乌山游击队指挥部旧址是中国共产党在闽粤边区坚持土地革命战争的实证，具有重要的历史价值。

中央红色交通线旧址

编号：8-0609-5-093
年代：1930～1934年
类型：近现代重要史迹及代表性建筑
地址：福建省龙岩市永定区、长汀县和广东省汕头市金平区

1930年，中央交通局开辟了一条由上海经香港、汕头、大埔、清溪、永定、上杭、长汀到达江西瑞金的

交通线，初期分为水路和陆路两条，后停用陆路，史称"华南线"或"中央韩、汀江线"。依托这条秘密交通线，我党在此后五年中陆续护送200多名领导干部到苏区工作，输送了数千吨的紧缺物资，传送了大量中央和地方党委文件、情报，出色完成了党中央从上海到苏区的战略转移任务，为中国革命做出了重大贡献。这条秘密交通线被誉为中国革命事业的"生命线"。

伯公凹交通站旧址位于福建省龙岩市永定区城郊桃坑村，为交通线入闽第一站。旧址系土木结构，主楼原为"凹"字形二层土楼，包括旁边独立的一层小土楼，占地面积225平方米，建筑面积142平方米。

孟良公祠交通站旧址位于福建省龙岩市永定区合溪乡溪南村外石塘，地处永定前往闽西交通大站虎岗和上杭、汀州的要道，起中转作用。旧址坐南朝北，砖木结构，占地面积300平方米，建筑面积174平方米。

丁正昌号商铺交通站旧址位于福建省上杭县白砂镇碧沙村，地处永定通往长汀的必经之路，起中枢作用。旧址坐北朝南，平面呈"一"字形，土木结构，占地面积280平方米，建筑面积164平方米。

挹春堂交通站旧址位于福建省上杭县溪口镇大厚村坑口15号，地处永定进入上杭境内的第一站，起中转作用。旧址坐北向南，土木结构，占地面积约1200平方米，建筑面积800平方米。

春生公祠交通站旧址位于福建省长汀县涂坊镇赖坊村竹头子下6号，地处交通线长汀与上杭的交接点，起中转作用。旧址坐东南朝西北，客家传统府第式（围屋）建筑，占地面积1427平方米，建筑面积1165平方米。

华富电料行秘密交通站旧址位于广东省汕头市金平

区海平路97号（原98号），占地面57平方米，建筑面积171平方米。该秘密交通站于1931年4月开始启用，是大革命时期南方地区唯一未被破坏的红色交通线，包括周恩来、叶剑英、邓小平、陈云等200多名中共重要领导干部均由此秘密交通站平安进入中央苏区。

中央红色交通线旧址保存了土地革命战争时期党中央与中央苏区联络的唯一秘密通道的历史信息，对研究中国共产党早期奋斗历程，中国革命隐蔽战线的特殊斗争形式，以及秘密交通线所发挥的重大作用等革命历史具有重要价值。

永春福兴堂

编号：8-0610-5-094
年代：1947年
类型：近现代重要史迹及代表性建筑
地址：福建省泉州市永春县

永春福兴堂位于福建省泉州市永春县岵山镇塘溪村，建成于 1947 年。

永春福兴堂建筑坐西朝东，平面呈长方形，占地面积 2100 平方米，建筑面积 1570 平方米。其为闽南常见的五间张两进双护厝、抬梁穿斗式砖石木混合结构，红墙灰瓦，局部融有西方建筑装饰元素，形成闽南侨乡中西合璧的建筑特色。

永春福兴堂建筑装饰种类多样，包括石雕、木雕、砖雕、灰塑、剪瓷雕和彩画；雕刻技法独特，有平雕、线雕、浮雕、透雕和圆雕。其装饰题材丰富、雕刻细腻、工艺精美，充分展现了闽南地区传统建筑装饰技艺精美繁缛、细致的风格特点。除了民俗、儒家、宗教文化外，永春福兴堂还汇集了民国时期福建书画名家的作品。

永春福兴堂不仅具有以红砖墙灰瓦为要素的闽南传统民居建筑风格特征，还吸收了西方建筑形式元素，形成独特的中西杂糅风貌，集中反映了民国时期闽南侨乡建筑中儒家、宗教、侨乡与民俗等多元文化的融合。

景胜别墅

编号：8-0611-5-095
年代：1948 年
类型：近现代重要史迹及代表性建筑
地址：福建省泉州市石狮市

景胜别墅位于福建省泉州市石狮市宝盖镇龙穴村龙穴三区 9 号，建成于 1948 年。

景胜别墅主体建筑面阔五间带周廊，共四层，占地面积 1565 平方米。建筑风格为中西合璧，砖石木砼混合结构，一至三层为居室，四层是楼梯间。一、二层周边外廊为混凝土柱梁，水刷石饰面；内部呈闽南传统民居的"三落三间张"格局。三层向中内退，单进院落格局。三层中轴线上建两座镇楼亭，均为钢筋混凝土仿木构形式，其中前亭立于二层楼顶，为两层八角亭，依附在三层立面上；后亭立于三层楼顶中心，为重檐六角亭。

景胜别墅由地方工匠采取传统营造方式建造完成，其空间、构造、材料、装饰等方面将欧洲外廊式建筑与闽南传统建筑特征完美结合，成为闽南红砖建筑与南洋建筑文化结合的典范。

霍童灌溉工程

编号：8-0758-6-008
年代：隋至今
类型：其他
地址：福建省宁德市蕉城区

霍童灌溉工程位于福建省宁德市蕉城区霍童镇，开凿于隋皇泰元年（618 年），至迟到 12 世纪已形成相对完备的引水灌溉工程体系。宋淳熙二年（1175 年），当地官府曾颁布政策保护该水利工程。

霍童灌溉工程由龙腰水渠和琵琶涵洞组成，灌溉面积两万余亩。

龙腰水渠又称"度泉洞"，沿山体开凿而成，主要为引水明渠，总长 1765 米。水渠内侧和渠底利用岩体开凿成形，外侧壁另用河卵石砌造渠墙，截面大部分呈"凹"字形。渠面最宽 2.72 米，最窄 1.51 米，最深 3 米，最浅 0.95 米。

琵琶涵洞又称"蝙蝠洞"，位于霍童溪北岸，总长 578 米。该段明渠形制与凿造方法和龙腰水渠相似，由

明渠与涵洞连接而成。其中涵洞有五段，从北至南分别长9.8米、15.5米、34米、9米、15.5米。涵洞直壁弧顶，壁面光滑，截面呈上小下大不规则椭圆形，高约2.4米，宽约1米。

霍童灌溉工程是东南地区乡村较有代表性的民间灌溉工程，是目前国内较为少见的采用烧爆法开凿隧洞的实例，具有重要的科学价值。该工程自开凿起历代沿用至今已有1400余年，是不断演进的水利工程，作为乡村水利建设、管理的实证，具有较高的历史价值。

鼓浪屿近代建筑群增补点

编号：8-0000-5-010
年代：清至民国
类型：近现代重要史迹及代表性建筑
地址：福建省厦门市思明区

鼓浪屿近代建筑群增补点坐落于福建省厦门市思明区鼓浪屿岛。

鼓浪屿近代建筑群增补点在空间上几乎覆盖全岛，包括16组建筑及宅院类核心要素，分别为鼓浪屿工部局遗址、和记洋行仓库遗址、协和礼拜堂、燕尾山午炮台遗址、厦门海关通讯塔旧址、闽南圣教书局旧址、洋人球埔旧址，英国领事公馆旧址、汇丰银行职员公寓旧址、中南银行旧址、鼓浪屿电话公司旧址、鼓浪屿自来水公司旧址、廖家别墅（林语堂旧居）、春草堂、黄赐敏别墅和黄家花园。

鼓浪屿见证了亚洲全球化早期中外各种价值观的交汇、碰撞和融合。鼓浪屿近代建筑的本土化，特别是从鼓浪屿兴起的厦门装饰风格建筑，是多元文化与本土文化相互影响及融合的最突出证明。

鼓浪屿近现代建筑群增补点并入第六批全国重点文物保护单位鼓浪屿近代建筑群。

江西省

老虎墩遗址

编号：8-0056-1-056

年代：新石器时代

类型：古遗址

地址：江西省宜春市靖安县

老虎墩遗址位于江西省宜春市靖安县高湖镇中港村，是一处新石器时代中晚期遗址，现存面积约4300平方米。

老虎墩新石器时代遗存可以分为两期。第一期为新石器时代中期遗存，主要为居址，重要遗迹有房址、鹅卵石道路等，陶器主要有凹沿釜、高领罐和圈足盘，年代距今8000～7600年。第二期为新石器时代晚期遗存，主要为高台墓地，发现人工土台3个、墓葬121座，陶器多见鼎、豆、壶、鬶、觚形杯、缸和器盖等，年代距今4600～3800年。

老虎墩遗址新石器时代遗存文化面貌新颖，填补了江西新石器时代考古学文化谱系的缺环。

山背遗址

编号：8-0057-1-057

年代：新石器时代、商周

类型：古遗址

地址：江西省九江市修水县

山背遗址位于江西省九江市修水县上奉镇山背村，由跑马岭、杨家坪、养鸭场等遗址点构成。

遗址点大多分布在山间岗地和周边山坡上，间距50～200米，面积200～3000平方米。考古发现新石器时代晚期和商周时期的房址、墓葬、灰坑等遗迹，出土大量陶器、石器、玉器。以有段石锛、夹砂红陶豆为

153

代表的器物群面貌独特，因而被命名为"山背文化"。出土玉器有玉琮坯料、玉石芯、玉棒、饰片等，大多为加工废弃料，推测应存在玉器制造作坊。

山背遗址的发现确立了山背文化，对研究赣西北山地史前聚落形态、生业模式、空间及资源利用等具有重要意义。

锅底山遗址

编号：8-0058-1-058
年代：新石器时代至商周
类型：古遗址
地址：江西省抚州市宜黄县

锅底山遗址位于江西省抚州市宜黄县棠阴镇解放村，是抚河流域一处新石器时代至商周时期的聚落遗址。

锅底山遗址面积约4.2万平方米，主要包括台地、城墙、壕沟及外壕堤。台地平面呈长方形，面积约6800平方米。城墙位于台地外侧，西、北、南三面残存壕沟，宽36～40米。考古发现墙基、柱洞、灰坑等遗迹，出土石器、印纹硬陶、原始瓷等大量遗物。

锅底山遗址为了解抚河流域环壕聚落类遗址的分布规律、文化性质及功能布局提供了重要资料，对建立抚河流域新石器晚期至夏末商初考古学文化编年，深入研究南方先秦时期文化面貌和区域文明发展模式具有重要价值。

南窑遗址

编号：8-0059-1-059
年代：唐
类型：古遗址
地址：江西省景德镇市乐平市

南窑遗址位于江西省景德镇市乐平市接渡镇坑口村南窑村，是以烧造青瓷为主的唐代窑址。

遗址分布范围约3万平方米，主要包括窑山遗址烧造区，白土塘、无垢塘、江湖塘等原料取土区，以及溪坑、畈上屋码头等运输区，展现了唐代景德镇地区完整的瓷业体系。窑山遗址烧造区发现12条长度超过60米的龙窑，其中一条长78.8米，是迄今为止考古发现最长的唐代龙窑。南窑瓷器种类丰富，有素胎、青釉、青釉褐斑、青釉褐彩、酱褐釉等类型，以青釉瓷为主，主要器形有壶、瓶、碗、罐、盘、灯、茶碾、腰鼓等。出土窑具数量巨大，包括匣钵、支座、间隔具、窑撑、利头、印模、火照和荡箍等。

南窑遗址是景德镇瓷业的源头，为研究唐代制瓷技术和瓷业生产模式，以及中国青釉瓷器发展史提供了重要资料，对中国陶瓷史研究具有重要意义。

五府山银铅矿遗址

编号：8-0060-1-060
年代：唐宋
类型：古遗址
地址：江西省上饶市广信区

五府山银铅矿遗址位于江西省上饶市广信区五府山镇塘里村，是一处唐宋时期的银铅矿开采、冶炼遗址。

考古发现唐宋时期的矿业遗存主要包括采矿窿洞、炼渣堆积和工棚遗址三类。唐代采铅矿洞16处，主要分布在上梨子坑采区，面积约600平方米。宋代银矿洞24处，主要分布在下梨子坑采区，面积约900平方米，

包括平巷、斜巷（斜井）、天井、竖井、盲井等多种形式。唐代铅炼渣堆积、宋代银炼渣堆积各1处。唐代铅炼渣含银锌成分较多，渣块较轻，呈蜂窝状；宋代银渣较重，呈板结状，表面有条纹。两处工棚遗址位于缓坡平坦区，在唐宋时期连续居住使用，出土大量矿工生活用青釉瓷器。

五府山银铅矿遗址采矿规模巨大、地下开采矿洞系统复杂、开采提炼技术先进，集中体现了唐宋时期我国银铅矿开采技术和水平，为研究中国古代矿冶技术以及唐宋社会经济史提供了宝贵资料。

浮梁双峰塔

编号：8-0335-3-138
年代：北宋
类型：古建筑
地址：江西省景德镇市浮梁县

浮梁双峰塔位于江西省景德镇市浮梁县勒功乡勒功村双峰寺遗址旁，因处于宝莲山两山峰之间而得名。该塔始建于北宋天圣年间，南宋绍兴年间曾重修塔刹。

浮梁双峰塔是典型的弧身塔，塔的每边墙面呈不规则的弧形，塔身收分呈弧线，弧线拱率约为1/20。塔六角五层，坐东朝西，残高16.2米，维修后高19米。底层每边长3.5米，无平座层。第一层塔身最高，层外立面分成上、下两段，两段交接处留有梁槽痕迹和外跳平座的基脚插孔。二层以上，每明层有两处洞口为内外出入通道，另有两处洞口为上下通道，余下两处洞口隔断作内壁龛。每夹层亦在各面开洞，内作壁龛及佛龛，供有石雕佛像。隔层有木质楼板，塔内外均置层砖叠涩挑檐。塔内壁、壁龛、佛龛、门洞面层以纸筋白灰粉刷饰面。

浮梁双峰塔属江西境内年代较早的北宋砖体佛塔建筑，塔身、塔檐均采用弧身墙面，在宋代佛塔建筑中较为罕见，为研究我国佛塔建筑提供了珍贵实例。塔内石雕造像刀法刚劲，千姿百态，充分反映了精湛的佛像雕刻艺术水平。

福寿沟

编号：8-0336-3-139
年代：北宋
类型：古建筑
地址：江西省赣州市章贡区

福寿沟位于江西省赣州市章贡区，是赣州古城地下的大规模古代砖石排水管沟系统，始建应早于北宋熙宁年间，历代均有修浚更新。

福寿沟利用地势高差连通城内坑塘水系蓄洪，再通往城墙处的水窗，并以单向水窗阻挡赣江洪水，在洪水消退时向赣江排涝。这种结合坑塘水系、集蓄、防、排于一体的设计，体现了中国古城水系经营的典型做法。

福寿沟沿用千年，至今仍是赣州旧城区排水道的主要构成部分。原管沟总长不少于12.6千米。目前已勘测均井巷一姚衙前、罗家巷两段古沟段，主沟共

1066.4米，支沟共37.5米。主沟为宽0.7～1米、高1.1～1.35米的管沟，青砖拱券顶，砖石侧壁，底部平整。

福寿沟是中国古城防洪排涝的河道沟渠水系中保留较为完好的一例，防洪排涝效果好，具有较强的科学性。此外，福寿沟经历代维修，留下了丰富的实物遗存和历史信息，是研究古代城市建设历史的珍贵实物资料，具有较高的科学和历史价值。

浮梁红塔

编号：8-0337-3-140
年代：北宋、明
类型：古建筑
地址：江西省景德镇市浮梁县

浮梁红塔原名"西塔""大圣宝塔"，位于江西省景德镇市以北约15千米的浮梁县浮梁镇旧城村西南角。唐太和六年（832年）僧度创"大圣禅寺"，北宋建隆二年（961年）始建西塔，后寺院因之改名为"西塔寺"。

明万历三年（1575年）塔重修。因受雨水侵蚀，塔身通体被外渗的红壤浆液染红，故今日俗称"红塔"。寺已不存。

浮梁红塔为砖体楼阁式佛塔，七层六面，由须弥座、七级塔身和塔刹组成，通高40.47米。塔身皆用大型青砖实砌，每层均有双檐，由青砖叠涩而成，不设勾栏，下层檐设木斗拱外挑支承，木斗拱内侧有砖仿木斗拱装饰。塔身各层均设暗层，且建有楼梯供人登临，塔内共14层。塔顶正中的覆盆由生铁铸成，直径达2米，外壁铸有铭文，标明覆盆铸造于北宋康定元年（1040年）。

浮梁红塔是江西境内年代较早、体量较大的古塔之一，体现了北宋初期佛塔建筑艺术特征，包含有大量明代修缮技艺信息，具有较高的艺术、历史和科学价值。

大司马牌坊

编号：8-0338-3-141
年代：明
类型：古建筑
地址：江西省抚州市宜黄县

大司马牌坊位于江西省抚州市宜黄县凤冈镇桥下村王家场巷口，建于明万历二年（1574年），是纪念明代抗倭名将谭纶的牌坊。

大司马牌坊为花岗石建造，坐北朝南，通高10.4米，面宽8.1米。正面六柱三门，两侧各三柱，顶端为三角形屋面，结构较为罕见。正中三楼高起，错落分布，与两侧的三角形屋面形成庄重、巧妙的体量组合，底门高3.4米、宽3.6米，两层顶部仿木斗拱，构件高瘦。大司马牌坊上遍施雕刻，石雕采用高浮雕、浅浮雕、透雕、线刻等技法。三层额枋均透雕龙凤云纹图案、宫廷戏曲人物，其中中门额枋为"双龙戏珠"，侧门为"百鸟朝

凤""鲤鱼跳龙门""蟠桃上寿"。

大司马坊牌的结构、工艺和用料达到了较高水平，雕刻精美，艺术表现力强，是明代仿木石牌坊的重要实例，具有较高的艺术和历史价值。

龙南乌石围

编号：8-0339-3-142
年代：明
类型：古建筑
地址：江西省赣州市龙南县

龙南乌石围位于江西省赣州市龙南县杨村镇乌石村，由赖氏家族于明万历十年至三十八年（1582～1610年）历时28年建成，清末民国时期局部有修缮。因围屋门前有一块状似蟾蜍的乌石，故称"乌石围"。

龙南乌石围占地面积约4300平方米，是一座砖石木结构的圆弧形围屋，由圆弧形外围房屋围绕方形厅堂建筑构成。围屋坐东南朝西北，前方后圆，内方外圆，设四座炮楼，墙高约9米，二层向内出挑木质环廊。围内厅堂并列三个轴线，均为三进院落，中轴线五开间，左右轴线各三开间，砖木结构，封火山墙。主围门外有禾坪、照壁及月池。乌石围建筑用料考究，围内木刻、砖雕、山墙、戗脊走兽等装饰构件较为精致。

龙南乌石围集居住、城堡、水系、祖堂、议事厅和中心广场于一体，体量宏伟，功能多样，建筑装饰精美，是赣南围屋的典型实例，具有较强的代表性，对此后围屋、土楼等建筑类型的发展产生了重要影响。龙南乌石围是研究客家历史及其社会环境的珍贵实例，具有较高的艺术和历史价值。

济美石坊

编号：8-0340-3-143
年代：明
类型：古建筑
地址：江西省宜春市奉新县

济美石坊位于江西省宜春市奉新县会埠镇，始建于明万历二十七年至二十九年（1599～1601年）。

济美石坊是为表彰华林胡氏后裔的善行义举而敕建，为仿木结构石制四面牌坊，平面呈"口"字形，每边均为双柱五楼，内外一致，总体为四柱二十楼。边柱、额坊、童柱上均刻有人物、花卉、禽兽和几何图案，采用平雕、浅浮雕、高浮雕、透雕、镂雕、线刻等多种雕刻手法，内容千姿百态，形象生动，技艺精湛。

济美石坊是一座雕刻精美、纹饰丰富、建造年代及缘由清晰、结构稳定、比例均衡的四面石坊，具有较高的艺术和历史价值。

棠阴古建筑群

编号：8—0341—3—144
年代：明清
类型：古建筑
地址：江西省抚州市宜黄县

棠阴古建筑群位于江西省抚州市宜黄县棠阴镇，包括承恩坊、八府君祠、迎恩塔、罗家大院和官帽厅民居。

承恩坊建于明宣德五年（1430年），是为纪念和表彰中宪大夫通政司右通政吴余庆而建。两柱一间五楼式木牌坊，占地面积13.74平方米，高7.42米。该坊的斗拱与屋面、梁架连接方式有较强的地方特色，两根主立柱各由石鼓背抵。

八府君祠建于明万历八年（1580年），坐东朝西，原由门厅、中厅、后堂三部分组成，现仅存中厅及左右厢房。中厅双脊悬山顶，面阔三间，进深五间，抬梁式构架。1931年6月～1933年4月，红军第三、四次反"围剿"期间，毛泽东、朱德、周恩来等曾率红军主力在此召开群众大会。

迎恩塔始建于明崇祯元年（1628年），清初建成，为六面七层仿木楼阁式砖塔，中空，塔高38米，占地面积50.24平方米。塔身每层设腰檐，从下至上腰檐高度逐层降低，砖雕牛腿或砖叠涩支承。

罗家大院建于清代，坐西朝东，三进院，两侧为厢房，占地面积700平方米。现存建筑包括门楼（门厅）、正厅、后厅、厢房等。

官帽厅民居建于清中期，坐北朝南，三进院，两侧为厢房，以穿斗结构为主，占地面积891平方米。现存建筑包括门楼（门厅）、正厅、后堂、厢房等。红一军团政治部曾驻扎在此。

棠阴古建筑群较好地保留了明清时期的形制，反映了这一地区在明清时期的经济、社会和文化发展情况，此外还是红一军团在此区域活动的实物见证，具有较高的历史价值。其建筑雕饰题材广泛、技艺高超、造型优美，体现了明清时期江西的地方建筑特色和建造技艺，具有较高的艺术价值。

官溪胡氏宗祠

编号：8—0342—3—145
年代：明清
类型：古建筑
地址：江西省上饶市玉山县

官溪胡氏宗祠位于江西省上饶市玉山县仙岩镇官溪南面的内村西北，始建于明万历四十二年（1614年），清光绪十年（1884年）扩建至现有规模。

官溪胡氏宗祠整体坐西北朝东南，砖木结构，由主体建筑宗祠和附属建筑月池桥、古井组成，占地面积2264.2平方米，建筑面积3386平方米。分前、中、后三落和两厢。

前落包括门廊、门厅和戏台，三者连为一体。门廊面阔十一间，进深一间，明、次间设三重檐歇山顶，抬梁和穿斗混合式梁架，用如意斗拱，木构件雕刻有麟、凤、狮、马、花等图案；门厅二层，面阔十一间，进深

两间，硬山顶；戏台面阔三间，进深一间，重檐歇山顶，抬梁、穿斗混合式梁架，浮雕丰富。中落正厅凸出于院落中央，面阔五间，明间出抱厦，进深四间，封火山墙，抬梁木结构梁架带斗拱。后落包括享堂和左右小厅。享堂供奉先祖，面阔五间，进深四间，硬山顶；左右小厅面阔三间，进深四间，封火山墙，抬梁穿斗混合式梁架。左右厢厅与前落相连，沿轴线方向展开，两层，面阔八间，第六间出抱厦，进深三间，形成封闭院落。此外还有院外左附房，为东北角附属的两个三合院；右附房，为西北角附属的一个三合院。

官溪胡氏宗祠保持了明清两代徽派建筑的风格，主体建筑木构架的明代手法较为明显，特别是十一开间大门廊为宗祠建筑中所罕见。建筑群空间布局清晰、灵活，门楼、戏台设计精巧，装饰繁多，空间感染力强，是一座具有江南传统韵味的府第式宗祠，具有较高的艺术、历史和科学价值。

十都王家大屋

编号：8-0343-3-146
年代：清
类型：古建筑
地址：江西省上饶市广丰区

十都王家大屋位于江西省上饶市广丰区嵩峰乡十都村，建于清雍正十年（1732 年）至清乾隆三十四年（1769 年）。

建筑坐北朝南，平面较不规则，占地面积 3689.8 平方米，建筑面积 3589.5 平方米。由入口向内依次为门厅（门屋）、廊道、桃园、书厅、天井、左右厢房、官厅、天井、左右厢房、祖厅。

十都王家大屋布局以祖厅为中心，体现了宅院、家祠合一的布局特征。以祖厅、官厅、书厅为主轴，向两翼依序拓展，左厢房后檐与左陪屋相连，右厢房后檐由南往北以天井和廊子分别与马舍、右陪屋、厨房及花园相接。共设大小房 108 间，各单体之间以廊相连，构成"四水归堂"的天井 22 个，以天井、地下陶管组成排水系统。王家大屋的建筑类型全面，有厅、堂、亭、廊、榭等，并采用鱼池、花园、漏窗和月门等造园手法，木雕、砖雕、石雕及彩绘等装饰众多，题材有古乐器、花卉植物、人物故事等。

十都王家大屋是江西规模较大的古民宅之一，布局完整，主从有序，空间类型十分丰富。该建筑地处赣浙交界区域，在梁架、小木作和雕刻工艺上融合了浙江与江西风格，大屋装饰、绘画、雕刻图案内容丰富、雕工精湛，具有较高的艺术和历史价值。

奎壁联辉民宅

编号：8-0344-3-147
年代：清
类型：古建筑
地址：江西省抚州市广昌县

奎壁联辉民宅位于江西省抚州市广昌县驿前镇下街，始建于清乾隆八年（1743 年）。

奎壁联辉民宅为商住两用民居，坐西向东，由门楼、

门厅、前堂、中堂、后堂、过廊等建筑组成。门楼正面牌坊上有乾隆八年"奎壁联辉"石匾一方，上下刻有鲤鱼跳龙门、狮子滚绣球等吉祥图案。其后是第二重大门，二者方向与主轴垂直。主轴第一进为门厅，前院墙做牌坊式照壁。第二进前堂为三开间。第三进中堂为礼仪性空间，设置神龛和太师壁。第四进为后堂。正堂与后堂左右均为卧室，后檐口较前檐口低很多，古称"拖步"。

奎壁联辉民宅格局较为完整，建筑形制、材料工艺等方面保留了历史原状，体现了江西东南部民居院落的典型特征，其石雕、砖雕、木雕反映了当时的工艺特点，具有较高的历史和艺术价值。

浮梁县衙

编号：8-0345-3-148
年代：清
类型：古建筑
地址：江西省景德镇市浮梁县

浮梁县衙位于江西省景德镇市浮梁县浮梁镇旧城村，建于清道光年间。

浮梁县衙坐北朝南，占地面积2357平方米，原有东、中、西三条轴线。现存建筑分布于中轴线，依次为头门、仪门、衙院、正堂、二堂、三堂。头门俗称"八字衙门"，即县署大门，为三开两进，梁柱结构为穿斗式，头门两侧为八字影壁墙。仪门为三间五架穿斗式结构，有中门、东门和西门三座门。衙院位于仪门和正堂之间，中间为青石甬路，甬路上有石坊一座，名"天语亭"；左侧有

古井一口，名"澄镜"。正堂为五间五架檩穿斗抬梁混合式结构，位于建筑群中心，是县衙最重要的建筑，前面置轩廊，中部以明、次三间为堂，梢间以板壁及槅扇门隔断。二堂为五间五架七檩穿斗式结构。三堂即内宅，五间五架七檩穿斗式结构。

浮梁县衙是保存较为完整的古代县级衙署，既保持了衙门特有的威严气势，又有江南庭院的秀丽之美，是研究我国古代县级政权机构的重要实例，具有较高的历史价值。

玉山考棚

编号：8-0346-3-149
年代：清
类型：古建筑
地址：江西省上饶市玉山县

玉山考棚旧称"试院"，位于江西省上饶市玉山县县城东南，始建于清乾隆五十七年（1792年），道光十八年（1838年）重建，咸丰年间受兵灾焚毁，同治六年（1867年）修葺。

玉山考棚为合院式总体布局，由门厅、公堂和东西号舍三大部分构成，四栋单层建筑合围成相对封闭的空间，占地面积2807平方米，建筑面积1597平方米。南面为进出考棚的门厅，五间三启门，前后有廊，抬梁穿斗混合梁架结构，门厅檐柱上的撑拱雕刻鳌鱼、菊花等吉祥图案，雕工细腻，形象生动。北面为公堂，是主持考试的知县和收卷、阅卷等人员的办公场所，五间敞开

式公共空间，穿斗式梁架，前出挑檐，硬山顶。门厅与公堂之间为考棚的主体建筑东、西号舍，各有25开间，是考生考试的场所，号舍廊下每间都有号数匾。号舍之间为长75米、宽3米的甬道，以青石条、卵石铺就，连接门厅和公堂。

玉山考棚布局结构保存完整，中轴线院落关系明晰，主体建筑基本保持了清同治时期的建筑格局，形制特征、材料和工艺特点等保留了历史原状，为研究清代童生县试制度提供了弥足珍贵的实物资料。

浒湾书坊建筑群

编号：8-0347-3-150
年代：清至民国
类型：古建筑
地址：江西省抚州市金溪县

浒湾书坊建筑群位于江西省抚州市金溪县浒湾镇，是明清四大雕版印刷基地之一。

现存建筑多建于清末至民国初年，主要位于文化底蕴最深且保存完整的两条商业街——前书铺街与后书铺街，由"藻丽嫏嬛"门与大夫第、许家祠堂、红杏山房刻印书作坊、付氏节孝坊、黄氏商会会馆、忠信堂刻书作坊、两仪堂刻书作坊、协盛厂刻印书作坊、余大文堂刻印书作坊、天水世家古民居、洪顺祥南昌分铺商行、

银楼与青蓝土布店、三十六都四图漕仓、瑞兴祥绸布行等14处建筑组成。

浒湾书坊建筑群临水而建，满足了雕版印刷产业用水、商贸运输交通和生活用水要求，是中国家庭式作坊的典型代表。建筑多为院落式格局，天井院落横向狭长，进深较深，外檐多设滑动天窗用以遮阳，以雕塑、雕刻、绘画、书法等手法反映出丰富的建筑装饰艺术与文化内涵。

浒湾书坊群是研究清末民国时期江西地区建筑风格和浒湾雕版印刷产业发展的重要实物，对研究江右商帮、资本主义经济萌芽等具有重要参考意义，有较高的历史和艺术价值。

九江姑塘海关旧址

编号：8-0612-5-096
年代：1902～1931年
类型：近现代重要史迹及代表性建筑
地址：江西省九江市濂溪区

九江姑塘海关旧址位于江西省九江市濂溪区姑塘镇姑塘村。

九江海关始建于明景泰元年（1450年），清雍正元年（1723年）在姑塘设立九江钞关姑塘分关，是鄱

阳湖进入长江唯一的通商口岸和商品集散地。1901年《辛丑条约》签订后易名为姑塘海关，现存建筑建于清光绪二十八年（1902年），1931年撤关。

旧址建筑背倚姑塘山，东临鄱阳湖，依坡就势，坐西朝东，包括征税处、行政管理办公处和宿舍，周边建有围墙，占地面积2028平方米，建筑面积551平方米。三栋建筑均为木构架，木门窗；屋面铺设青石板瓦；外墙以青砖砌筑，卵石粉饰，具有中西合璧的建筑风格。后方山上有监督"逃避征税"的炮台1座，现仅剩台基及上山台阶数十级。建筑前侧为海关码头，现仅存部分卵石遗迹。

九江姑塘海关旧址见证了鄱阳湖入长江水道成为长江水运中商品集散地，以及近代殖民化的历程，其建筑风格是中西方多元文化碰撞的产物。

安源路矿工人补习夜校旧址

编号：8-0613-5-097
年代：1922年
类型：近现代重要史迹及代表性建筑
地址：江西省萍乡市安源区

安源路矿工人补习夜校旧址位于江西省萍乡市安源区安源镇安源广场左侧。

1921年冬，李立三奉毛泽东和中共湖南支部委派到安源开展工人运动，他以教师的合法身份租下旧址二

楼的三间房间做校舍，开办平民小学，免费招收工人子弟入学。经过实践考察，李立三于1922年1月在这里创办了第一所工人补习学校，因为白天小学生上课，晚上工人上课，所以又称"工人夜校"。

旧址坐北朝南，为一栋三间砖木结构的两层楼房，占地面积约366平方米，建筑面积约800平方米。旧址一楼和二楼的南、北、西三面分别建有回廊，楼房正面右边有木质楼梯通往二楼。

安源路矿工人补习夜校的开办提高了工人的文化水平和阶级觉悟，为培养工人运动骨干，建立和发展党、团及俱乐部组织创造了前提条件，推动了安源工人运动的发展和兴盛。夜校旧址见证了这一历程，具有重要价值。

工农革命军第一军第一师第一团团部旧址

编号：8-0614-5-098
年代：1927年
类型：近现代重要史迹及代表性建筑
地址：江西省九江市修水县

工农革命军第一军第一师第一团团部旧址位于江西省九江市修水县义宁镇凤凰山路80号。

旧址原为凤巘书院，建于清同治四年（1865年），原为一进三重院落。现存建筑为中幢文昌宫，面积336平方米。

1927年8月，根据中央指示，我党领导的国民革命军第四集团军第二方面军总指挥部警卫团和平江、浏阳工农义勇队赶赴南昌参加起义。因南昌起义提前爆发，警卫团、平江工农义勇队辗转来到修水县，浏阳工农义勇队则辗转抵达铜鼓县。8月12日，警卫团会同平江工农义勇队攻占修水县城，驻扎在凤巘书院和附近的县商会、祠堂等地。8月底9月初，三支武装中层以上负责人在修水县山口老街万寿宫召开建军编师会议，组建

工农革命军第一军第一师，确定建制序列为"三三制"，一团设三个营；师长余洒度，副师长余贲民，参谋长钟文璋兼任一团团长；师部驻修水商会，团部驻凤巘书院。9月9日凌晨，召开秋收起义誓师大会，不久转战井冈山。

工农革命军第一军第一师第一团是三湾改编后"红一团"和长征路上"红一团"的前身，凤巘书院作为工农革命军第一军第一师第一团团部的最早驻地，是秋收起义中具有代表性的革命史迹，对研究秋收起义乃至中国革命史都有重要的价值。

中共赣西南第一次党代会旧址

编号：8-0615-5-099
年代：1930年
类型：近现代重要史迹及代表性建筑
地址：江西省吉安市青原区

中共赣西南第一次党代会旧址位于江西省吉安市青原区富田镇潭溪陂下村。

旧址建筑为潭溪陂下村胡氏宗祠敦仁堂，现存建筑为清代咸丰年间重修。建筑总平面呈长方形，坐西朝东，二进五开间，砖木结构，墙屋顶两端设风火墙，从前至后依次为前院、前廊、前厅、操坪、参亭、正殿、后天井、寝堂，建筑面积2700平方米。旧址内外墙壁上留存有大量的红军宣传标语。

1930年3月22～29日，根据"二七会议"精神，赣西南地区30余县的89名代表在胡氏宗祠召开赣西南党的第一次代表大会，刘士奇代表特委作政治工作报告。大会选举产生了以刘士奇为书记的赣西南特委，并将赣西苏维埃政府改组为赣西南苏维埃政府，曾山任主席。

这次会议标志着赣西南革命根据地正式形成，使赣西南革命斗争出现了一个崭新局面，具有重要意义。

峡江会议旧址

编号：8-0616-5-100
年代：1930年
类型：近现代重要史迹及代表性建筑
地址：江西省吉安市峡江县

峡江会议旧址位于江西省吉安市峡江县巴邱镇横街100号。

旧址原名"怡顺堂"，建于清末，砖木结构，前后两进，每进六开间，建筑面积598平方米。

1930年10月17日傍晚，红一方面军总前委在怡顺堂召开扩大会议。会议由毛泽东主持，李井泉、占柏记录，朱德、彭德怀、林彪等20余名军级以上干部参加。毛泽东在会上提出了东渡赣江、"诱敌深入"的战略转移方针。会议还通过了"土地问题"和"资本问题"的决议。

峡江会议是中共党史、军史上的一次重要会议，会议纠正了李立三"左"倾错误，防止了红军分裂，为粉碎敌人第一次"围剿"奠定了思想和行动基础。

水西红三军团指挥部旧址

编号：8-0617-5-101
年代：1930 年
类型：近现代重要史迹及代表性建筑
地址：江西省新余市渝水区

水西红三军团指挥部旧址位于江西省新余市渝水区（今高新区）水西镇沙陂村。

旧址原为廖氏宗祠，为清末祠堂建筑，坐西朝东，砖木结构，硬山顶，三进两天井，面积 561 平方米。

1930 年 9 月底，红一方面军撤出攻打长沙战斗，向江西袁水流域转移，其中红三军团于 10 月 1 日解放江西新喻（今新余市）县城，并在当地开展革命斗争。10 月 25～30 日，红一方面军总前委与江西省行委在距旧址 10 千米的新余罗坊召开联席会议，史称"罗坊会议"，期间彭德怀率领的红三军团指挥部驻扎于廖氏宗祠。

水西红三军团指挥部旧址是红三军团革命活动的见证，具有重要的历史价值。

黄陂中共苏区中央局第一次扩大会议旧址

编号：8-0618-5-102
年代：1931 年
类型：近现代重要史迹及代表性建筑
地址：江西省赣州市宁都县

黄陂中共苏区中央局第一次扩大会议旧址位于江西省赣州市宁都县黄陂镇山堂村瑶上村小组。

旧址建筑原为胡氏家庙，建于清末民初，坐南朝北，平面呈"凹"字形，两进院落，占地面积 1404.5 平方米，建筑面积 2033.6 平方米。通面阔五间，通进深四间，局部两层，砖木结构，由前堂、前廊庑、前天井、中堂、后廊道、后廊庑、后天井和后堂组成。

1931 年 3 月 18～21 日，苏区中央局第一次扩大会议在胡氏家庙召开。会议由项英主持，传达了中共中央六届四中全会精神和"国际来信"反对"立三路线"的指示精神，总结了中央局成立两个月以来的工作，并对苏区第二次反"围剿"作战战略方针进行了讨论。会议还对土地问题、富田事变、共青团工作、当时形势与任务等进行了讨论，并决定增选彭德怀、林彪、周以栗、曾山、陈毅为苏区中央局委员。

黄陂中共苏区中央局第一次扩大会议旧址是研究第二次反"围剿"及中共苏区中央局历史的重要载体，是党和红军建设与发展历史的见证，具有重要的历史价值和文物价值。

宁都会议旧址

编号：8-0619-5-103

年代：1932 年

类型：近现代重要史迹及代表性建筑

地址：江西省赣州市宁都县

宁都会议旧址位于江西省赣州市宁都县东山坝镇小源村。

旧址建筑原为榜山翁祠，建于清康熙年间，平面呈长方形，坐西北朝东南，占地面积 307.2 平方米。建筑为砖木结构，小青瓦屋面，硬山顶，由门廊、门厅、天井和正厅组成。

1932 年 10 月上旬，为解决中共苏区中央局前、后方领导人对当时红军行动方向问题发生的严重分歧，确立如何应敌的战略指导方针，中共苏区中央局在宁都小源榜山翁祠召开全体委员会议，对 1932 年以来红军的行动进行了评估和总结，对第四次反"围剿"的战略方针及前方战争的领导问题进行了讨论和决定。会后，中共苏区中央局撤销了毛泽东红一方面军总政治委员的职务，铸成历史性的错误，致使中国革命遭受重大损失，直到遵义会议才得以纠正。这次会议史称"宁都会议"。

宁都会议旧址是以毛泽东为代表的"积极防御战略"同王明"左"倾盲动主义"积极进攻战略"进行斗争，以及毛泽东服从大局对党忠诚的历史见证，承载有对中国革命产生过重大影响且具有重要借鉴意义的历史信息，对研究中国共产党党史，特别是全面了解中央苏区的革命史具有重要价值和教育意义。

中央苏区第四次反"围剿"战役遗址

编号：8-0620-5-104

年代：1933 年

类型：近现代重要史迹及代表性建筑

地址：江西省抚州市乐安县、金溪县

中央苏区第四次反"围剿"战役遗址位于江西省抚州市金溪县和乐安县，包括左坊红一方面军总部旧址和登仙桥大捷旧址。

1932 年 12 月，国民党向中央苏区发动第四次"围剿"。周恩来、朱德率领红一方面军首创红军大兵团伏击战战法，于 1933 年 1～2 月以优势兵力展开了金溪、登仙桥伏击战等战役，取得了重大胜利。

左坊红一方面军总部旧址位于江西省抚州市金溪县左坊镇后龚村，包括司令部旧址、朱德旧居、王稼祥旧居、周恩来旧居、无线电队旧址，建筑面积 1437.9 平方米。旧址的墙壁上还保留有当年红军书写的标语。

登仙桥大捷旧址位于江西省抚州市乐安县谷岗乡登仙桥村。登仙桥原名洪门桥，现存桥体为 1922 年重建。整座桥用麻石砌成，桥面廊亭由砖木建成。登仙桥上的弹痕如今仍清晰可见，可以想见当年战斗的激烈。

中央苏区第四次反"围剿"战役遗址是第四次反围剿中金溪战役、登仙桥伏击战的历史见证，是目前保存最完整的与第四次反"围剿"作战相关的重要史迹。

叶坪马克思共产主义学校旧址

编号：8-0621-5-105

年代：1933～1934 年

类型：近现代重要史迹及代表性建筑

地址：江西省赣州市瑞金市

叶坪马克思共产主义学校旧址位于江西省赣州市瑞金市叶坪乡洋溪村。

旧址建筑原为刘氏私祠，建于清光绪二十三年（1897年），坐北朝南，砖木结构，硬山顶，两堂两横一排屋，上下正间主要以木板组合而成，占地面积627平方米。

1933年3月，马克思共产主义学校在刘氏私祠创办，设有教务处、总务处。苏区中央局组织部长任弼时任校长（后李维汉），副校长杨尚昆、董必武，教务主任冯雪峰。1934年4月和7月，该校先后迁至沙洲坝和云石山，同年10月随红军主力长征。

叶坪马克思共产主义学校是中国共产党创办的第一所中央党校，具有重要意义。

湖坊中共闽赣省委、省革委、省军区旧址

编号：8-0622-5-106
年代：1933 ～ 1935 年
类型：近现代重要史迹及代表性建筑
地址：江西省抚州市黎川县

湖坊中共闽赣省委、省革委、省军区旧址位于江西省抚州市黎川县湖坊乡湖坊村，1933年5月闽赣省省委、省革委在此成立，1933年6月4日闽赣省军区在此成立。

1932年冬至1933年初，中央红军相继攻占闽赣边的建宁、黎川、泰宁、邵武、光泽、资溪、金溪、将乐等县，打通了中央苏区与闽北苏区的联系。1933年1月25日，中央红军与赣东北红军于贵溪县上清会师，闽北苏区连成一片。此后建立了闽赣省，成立了中共闽赣省委和省革命委员会，顾作霖任省委书记，邵式平为主席。1933年6月4日，以建黎泰警备司令部为基础成立了闽赣军区，萧劲光任闽赣军区指挥员兼政委。

湖坊中共闽赣省委、省革委旧址建筑原为龚家大屋，

始建于清代，坐南朝北，砖木结构，单厅重房，上搭阁楼，占地面积531.47平方米。闽赣省军区旧址建筑原为吴氏家庙，始建于清代，坐北朝南，砖木结构，砖石地面，占地面积318.08平方米。红军戏台位于闽赣省军区司令部旧址对面，木质结构，长13.4米、宽9米，曾作为闽赣省苏维埃政府召开代表大会和红军操演的场所。

闽赣省苏区是中央苏区的重要组成部分，是连接中央苏区和赣东北根据地的纽带和通道。在党的领导下，闽赣省为革命战争胜利做出了重要贡献。湖坊中共闽赣省委、省革委、省军区旧址作为闽赣省领导机关的创建地，是中国共产党及其领导的人民军队在革命战争时期留存的具有重大影响和纪念意义的史迹，具有重要的历史价值。

井塘中共中央分局、中央政府办事处旧址

编号：8-0623-5-107
年代：1934 ～ 1935 年
类型：近现代重要史迹及代表性建筑
地址：江西省赣州市于都县

井塘中共中央分局、中央政府办事处旧址位于江西省赣州市于都县黄麟乡井塘村。

1934年10月上旬，中央红军主力部队撤出中央苏区时，在中央苏区成立中国共产党中央分局（简称"中央分局"）和中华苏维埃共和国中央政府办事处（简称"中央政府办事处"）。项英任分局书记，陈毅任办事处主任。中央分局和中央政府办事处原驻瑞金云石山马道口，1934年12月迁驻黄麟乡井塘村新屋组。1935年2月上旬，中共中央分局、中央政府办事处离开驻地迁往禾丰镇黄泥村。

井塘中共中央分局、中央政府办事处旧址建筑原为钟氏民居，建于清代末期，坐西朝东，悬山顶，土木、砖木混合结构，是一栋一进两堂三横式不对称的传统民居建筑，由前栋、天井及左右厢房、后栋、左右横屋和横屋私厅组成，总平面略呈"凹"字形，占地1120平方米。

中共中央分局、中央政府办事处是中共中央机关和中央红军长征后留在中央苏区的党政军最高领导机关，为保卫中央苏区、掩护主力红军战略转移发挥了巨大的作用。

中共中央东南分局旧址

编号：8-0624-5-108
年代：1938～1939年
类型：近现代重要史迹及代表性建筑
地址：江西省南昌市西湖区

中共中央东南分局旧址位于江西省南昌市西湖区东书院街21号。

1937年12月14日，中共中央政治局决定成立中共中央东南分局，作为抗日战争时期中共中央在东南地区的派出机关。1938年1月6日，中共中央东南分局在江西南昌成立，机关办公地点设在现东书院街21号

的1～6号房内。中共中央东南分局作为东南地区党的最高机关，负责东南地区的全面工作，对外统称新四军驻赣办事处。1939年3月南昌沦陷前夕，中共中央东南分局迁往皖南新四军军部。

旧址建筑原为盐商余兴庆私人住宅，建于1917年，由六栋面积相近、风格相同的两层半砖木结构的楼房组成，占地面积约1572平方米，建筑面积1908.2平方米。

在南昌期间，中共中央东南分局在新四军军部组建和队伍改编、恢复发展东南地区党组织、推动抗日救亡运动开展等方面做了大量工作。

马家洲集中营旧址

编号：8-0625-5-109
年代：1940～1945年
类型：近现代重要史迹及代表性建筑
地址：江西省吉安市泰和县

马家洲集中营旧址位于江西省吉安市泰和县马市镇仙桥村委松山村。

1940年6月至1945年1月，受江西省政府主席熊式辉指派，江西省特种工作委员会在抗战时期的临时省会泰和县设立了一所秘密监狱，即马家洲集中营，对外称江西省青年留训所。集中营设立的四年半时间内，先

后关押过张文彬、廖承志等中国共产党人和爱国进步人士近 500 人。

旧址主体建筑是征占松山村王氏祠堂和四幢民房稍加改建而成，四周有两层围墙，外层是 4 米多高的砖围墙，里面是竹篱笆围墙，大门朝东，门外有一岗亭。现保留有特务办公室及审讯室、大禁闭室、重禁闭室、女禁闭室及训育室、后勤处和一棵"先烈古樟"树，占地面积约 5000 平方米。

特务办公室和审讯室原为民房，坐北朝南，砖木结构，建筑面积 185.7 平方米。大禁闭室原为王氏祠堂，坐北朝南，砖木结构，建筑面积 834.5 平方米，关押一般"犯人"。重禁闭室原为民房，坐北朝南，砖木结构，保存较好，建筑面积 137.1 平方米，曾关押过廖承志、张文彬、谢育才、吴建业等党的重要领导人。女禁闭室原为民房，坐北朝南，砖木结构，建筑面积 236.4 平方米。后勤处（又称"十八间"）坐北朝南，砖木结构，建筑面积 434.5 平方米，曾作为集中营后勤处厨房、营房、医疗室等。

"先烈古樟"原为村中一棵古樟树，距集中营 150 米，紧靠吴大可烈士墓。1942 年 2 月 13 日，吴大可被枪杀于此古樟下，故称其为"先烈古樟"。

马家洲集中营是国民党顽固派残酷迫害共产党人和爱国人士的一所秘密监狱，其旧址是国民党顽固派破坏抗日民主统一战线的铁证，也是共产党人在狱中进行不屈不挠斗争的实物见证，具有重要的历史价值和社会价值。

大上清宫遗址

编号：8-0000-1-008
年代：宋至清
类型：古遗址
地址：江西省鹰潭市贵溪市

大上清宫遗址位于江西省鹰潭市贵溪市龙虎山，北宋崇宁年间始建，至清雍正时期形成两宫十二殿二十四院的宏大规制。

遗址占地面积约 18 万平方米，建筑面积 2 万余平方米。考古揭露龙虎门、玉皇殿、后土殿、三清阁、三官殿、五岳殿、天皇殿、文昌殿、御碑亭、明代碑亭、庭院、东厢房等建筑基址，以及东侧的附属建筑提点司、崇元院和宋代建筑基址，共计 30 余处遗迹。出土宋、元、明、清不同时期的各类建筑构件、生活用具 1 万余件。据文献记载，1930 年大上清宫毁于火灾。20 世纪 60 年代，大上清宫残存建筑全部被毁。

大上清宫是一处皇家敕建道观建筑，是历代天师阐教说法、传道授箓和举行重大醮仪的核心宫观，现存遗址对研究道教发展史、道教宫观建筑艺术具有重要价值。

大上清宫遗址并入第七批全国重点文物保护单位龙虎山古建筑群。

国字山墓群

编号：8-0000-2-002
年代：东周
类型：古墓葬
地址：江西省宜春市樟树市

国字山墓群位于江西省宜春市樟树市大桥街道彭泽村，东距筑卫城遗址约 200 米，是一处东周时期的高等级贵族墓地。

墓群包括 4 座带双墓道的"中"字形大型墓葬以及附属陪葬坑、围沟、夯土建筑基址等遗迹。1 号墓为墓群核心，所在台地近方形，东西长约 80 米，南北宽约 60 米，外侧有陪葬坑和夯土建筑基址等。墓葬为双斜坡墓道"中"字形竖穴木椁墓，面积 230 平方米。墓内构筑有大型木椁，木椁被分隔成 25 个空间单元。

国字山墓群为认识筑卫城遗址的年代、性质及其在区域社会发展中的地位提供了重要资料，对研究江西地区先秦文明演进以及吴、越、楚的历史具有重要意义。

国字山墓群并入第五批全国重点文物保护单位筑卫城遗址。

中共闽浙赣省机关旧址

编号：8-0000-5-011
年代：1926 ～ 1934 年
类型：近现代重要史迹及代表性建筑
地址：江西省上饶市横峰县

中共闽浙赣省机关旧址位于江西省上饶市横峰县，由闽浙赣省"四部一会"旧址（闽浙赣内务部、土地部、劳动部、工农检察部和妇女生活改善委员会）和省总工会旧址组成。

闽浙赣革命根据地是土地革命时期全国六大红色区域之一，是方志敏、黄道、邵式平等于 1927 年 12 月发动"弋横"暴动后创建的革命根据地。1932 年 12 月，中共闽浙赣省委、省苏维埃政府正式成立，主席为方志敏，省会设在横峰县葛源。

"四部一会"旧址位于横峰县葛源镇枫林村，原为汪氏宗祠，建于晚清，坐西朝东，土木结构，占地面积474.86 平方米，建筑面积 238.49 平方米。省总工会旧址位于横峰县港边乡港边村，原为徐氏宗祠，建于晚清，坐北朝南，砖木结构，占地面积 1000 平方米，建筑面

积 1148.63 平方米。

中共闽浙赣省"四部一会"和省总工会是闽浙赣省苏维埃政府的重要组成部分，是对闽浙赣省委机关旧址的有力充实和完善，使其作为一个有机的整体，更加全面地展示闽浙赣革命根据地创建与发展的历史，尤其是墙上的红军标语，对于铭记闽浙赣根据地军民浴血奋战的历史具有重要的历史和社会文化价值。

中共闽浙赣省机关旧址并入第四批全国重点文物保护单位闽浙赣省委机关旧址。

山东省

邱家庄遗址

编号：8-0061-1-061
年代：新石器时代
类型：古遗址
地址：山东省烟台市福山区

邱家庄遗址位于山东省烟台市福山区门楼街道邱家庄村北的土岗上，是山东沿海地区新石器时代晚期典型的贝丘遗址。

遗址面积约 1.5 万平方米，考古发现房址、灰坑、墓葬等遗迹。出土石器有斧、锛、刀、磨盘、磨棒等，骨器有锥、针、镞等，陶器有鼎、罐、钵、支座、纺轮等。遗址还出土了大量海贝、鱼骨、兽骨和龟甲，其中

海贝、鱼骨等堆积具有显著特征，展现出以渔猎为生，并兼有农业和畜牧业的生业模式。

邱家庄遗址是构建胶东史前文化谱系的重要环节，为研究胶东地区史前贝丘聚落形态、文化内涵、生业形态及人地关系，以及胶东半岛与山东中部、辽东半岛之间的文化联系提供了重要资料。

焦家遗址

编号：8-0062-1-062
年代：新石器时代
类型：古遗址
地址：山东省济南市章丘区

焦家遗址位于山东省济南市章丘区龙山街道办事处焦家村西，是一处大汶口文化大型聚落遗址。

焦家遗址总面积 100 万平方米。遗址主体为大汶口文化中晚期遗存，考古发现夯土城墙和壕沟以及墓葬 215 座、房址 116 座、陶窑 1 座、灰坑 974 个。城墙位于遗址南部，外侧为壕沟，墙体宽 10～15 米，高 0.5～0.9 米，壕沟平面形状近似椭圆形，外围东西长 425～435 米，南北宽 250～360 米，总面积约 12.25 万平方米。城墙年代不晚于大汶口文化晚期，是海岱地区已知年代最早的城址之一。墓葬全部为土坑竖穴墓，等级分化明显，在大型墓葬中发现玉钺、玉镯、骨雕筒、

高柄杯、白陶鬶、白背壶、白陶杯等。房址包括半地穴式、单间地面式、多间地面式三种类型。

焦家遗址是大汶口文化中晚期阶段鲁北地区具有政治、经济和文化中心意义的重要遗址,对于探讨鲁北地区聚落结构和人地关系、深化中国东部地区的文明起源和形成研究具有重要意义。

汶阳遗址

编号:8-0063-1-063
年代:新石器时代
类型:古遗址
地址:山东省济南市莱芜区

汶阳遗址位于山东省济南市莱芜区汶阳村西,包含新石器时代大汶口文化、龙山文化遗存。

遗址面积约 28 万平方米。遗址中部为新石器时代

遗址区,有厚约 1 米的文化层,大汶口文化、龙山文化堆积较厚,发现土墙、墓葬和制陶作坊等遗迹,采集有石器、玉器、骨蚌器、陶器等遗物。陶器以黑陶为主,并有一定数量的蛋壳陶。

汶阳遗址是汶河流域上游地区史前时期的中心聚落,填补了该区域距今 5500 ~ 4500 年的考古学文化空白,对于研究汶河上游地区史前先民生存活动、迁徙演变、人群互动交流等具有重要意义。

岗上遗址

编号:8-0064-1-064
年代:新石器时代
类型:古遗址
地址:山东省枣庄市滕州市

岗上遗址位于山东省枣庄市滕州市东沙河镇陈岗村东首的河旁高地之上,是一处大汶口文化中晚期的遗址。

遗址总面积约 50 万平方米,考古发现大汶口文化墓葬 13 座、房址 7 座、灰坑 3 个,出土大量陶器、玉器、石器、骨角器等遗物。陶器多见罐、豆、杯、壶、盆、钵、鼎、鬶、器盖等,发现部分彩陶片,施红、白、黑等颜色。玉器发现有人面纹玉饰、钺、璇玑、璧、三联璧、四连璧、环等。遗址出土的薄胎彩陶罐片、白陶片代表了新石器时代晚期制陶工艺技术水平。

岗上遗址对于大汶口文化的确立起到了重要作用,是山东地区一处非常重要的大汶口文化中心聚落遗址。

十里铺北堌堆遗址

编号：8-0065-1-065
年代：新石器时代至商
类型：古遗址
地址：山东省菏泽市定陶区

十里铺北堌堆遗址位于山东省菏泽市定陶区仿山镇十里铺村西北，包含新石器时代至商时期的文化遗存。

遗址总面积9万多平方米，以龙山文化、岳石文化、商代晚期遗存最丰富。发现一座岳石文化时期小型城址，面积约3万平方米，晚商时期对城墙进行增补加宽。城内发现大量岳石文化窖穴、商代窖穴及祭祀坑，出土大量陶器、蚌器、骨器，发现一件完整卜甲，另见少量与铸铜有关的陶范残块。

十里铺北堌堆遗址为完善鲁西南地区史前文化序列提供了重要资料，对研究鲁、豫、皖交界地区夏商时期文明与社会发展进程具有重要价值。

吕宋台遗址

编号：8-0066-1-066
年代：新石器时代、商周至汉
类型：古遗址
地址：山东省潍坊市寿光市

吕宋台遗址位于山东省潍坊市寿光市孙家集街道吕宋台村西、郑家村北，包含龙山文化、岳石文化、商周至汉代不同时期的遗存。

遗址平面呈不规则圆形，面积约32万平方米。中部偏东有一大土墩，俗称"点将台"。遗址发现墓葬、围沟、灰坑等遗迹，出土大量商、西周、春秋时期的陶器、铜器。

吕宋台遗址文化延续时间长，堆积丰厚，展现了弥河流域乃至山东地区从史前至汉代的历史脉络，体现了中原文化与东夷文化交汇融合、延续发展的进程，也为齐国史研究提供了重要资料。

梁堌堆遗址

编号：8-0067-1-067
年代：新石器时代至商周
类型：古遗址
地址：山东省菏泽市曹县

梁堌堆遗址位于山东省菏泽市曹县侯集镇梁堌堆村北部，时代为新石器时代至商周时期。

遗址平面略呈圆形，面积2.3万平方米，文化层堆积厚达14米。考古发现龙山文化、岳石文化和商代晚期的窖穴、灰坑、房基等遗迹。出土大量陶器，包括新石器时代的泥质方格纹灰陶罐、器盖、釜、甗、陶纺轮等，商周时期的夹砂粗绳纹袋状鬲足、夹细砂红陶罐、夹细砂灰陶缶、甗、罐、盆、尊和泥质灰陶缸等。

梁堌堆遗址为研究山东地区新石器时代的社会状况、聚落形态、原始宗教信仰以及社会的发展水平、农业发展状况等提供了重要资料，对研究夏、夷、商关系具有重要意义。

刘台子遗址

编号：8-0068-1-068
年代：西周
类型：古遗址
地址：山东省济南市济阳区

刘台子遗址位于山东省济南市济阳区曲堤镇刘台村西约 150 米处，是一处西周逄国的居址和墓葬区。

遗址由西周早中期逄国贵族生活区及墓葬区构成，面积 2 万余平方米。现存土冢高约 3 米，地表散落有大量灰陶片。土冢周边发现 6 座墓葬，已发掘 4 座均为西周墓葬。出土大量制作精良的青铜器、玉器和原始瓷器，以及带有"逄"字铭文的青铜器。

刘台子遗址文化堆积保存完整、时代清晰，填补了西周逄国历史的空白，对于研究周初周王室与方国的关系等提供了重要资料。

曲城故城遗址

编号：8-0069-1-069
年代：西周至北齐
类型：古遗址
地址：山东省烟台市招远市

曲城故城遗址位于山东省烟台市招远市蚕庄镇东曲

城村南、洼子村西，是一处从西周沿用至北齐时期的重要遗址。

遗址主要由曲城城址、东曲城墓葬区、南窑遗址区、洼子遗址区构成，总面积约 34 万平方米，城址面积约 20.6 万平方米。已发现城墙、壕沟、墓葬、殉马坑、窑址等遗迹，出土大量西周至北齐时期的陶器、青铜器、铁器和建筑构件等，包括带有"齐中""姜作"等铭文的青铜器。考古发现证明，曲城故城遗址是文献记载的曲城所在地，兴盛于周代，汉代设县，历魏晋延续至北齐。

曲城故城遗址保存较好，延续时间长，对于研究莱夷与齐国、中原的关系，探讨郡县制度和汉代县城规制特点，以及秦汉时期国家山川祭祀制度等均具有重要价值。

高密故城遗址

编号：8-0070-1-070
年代：东周至东汉
类型：古遗址
地址：山东省潍坊市高密市

高密故城遗址位于山东省潍坊市高密市井沟镇后刘家庄村南，是一处东周至东汉时期的古城遗址。

城址近方形，东西长 1850～1920 米，南北宽 1790 米，总面积约 337 万平方米。北城墙和西城墙尚存少量残垣。考古发现有城墙、护城壕、城门、道路、宫殿及官署建筑基址、制铁和铸铜手工业作坊址以及居住址等，出土战国秦汉时期的砖、瓦和瓦当等建筑材料，以及陶器、铜器、铁器等其他遗物。城外近郊分布有多处战国晚期至东汉的墓群。根据文献和考古发现，该城始筑年代不晚于东周，战国时期为齐国高密城，秦代设高密县，汉代曾为西汉胶西郡治、胶西国国都（城阴城）和东汉高密国都城、北海国属县县治所在。

高密故城遗址内涵丰富，保存状况较好，是研究中国古代城市规划史、秦汉郡县制度演变过程、山东半岛古代社会发展面貌的重要实物例证。

卞国故城遗址

编号：8-0071-1-071
年代：春秋
类型：古遗址
地址：山东省济宁市泗水县

卞国故城遗址位于山东省济宁市泗水县泉林镇卞桥村，是春秋时期卞国故城遗址。

城址平面呈长方形，面积约97万平方米。地表残存西北城角及部分北城墙。西北角城墙残长66米，宽10米，残高5～9米。东、西城墙残存较少，南墙保存相对较好。城壕沿城墙外侧一周，宽30～50米。东侧城壕向东延伸至现泗河内，北侧城壕被泗河破坏严重，局部地段或以泗河为城壕。出土春秋时期的陶豆、鬲、盆、罐等遗物。

卞国故城遗址是研究春秋时期诸侯国历史的实物资料，对于探讨中国古代营城理念、建筑水平和环境变迁等具有重要意义。

少昊陵及景灵宫遗址

编号：8-0072-1-072
年代：宋至清
类型：古遗址
地址：山东省济宁市曲阜市

少昊陵及景灵宫遗址位于山东省济宁市曲阜市，始建于宋代，元代、清代续建，相传为五帝之一少昊之墓。

少昊陵陵园南北长231米，东西宽90米，面积约1.7万平方米，现存古建筑17间、碑刻26通、古树391株。少昊陵神道南北长172米，宽24米。清乾隆三年（1738年）建石坊。陵园由南至北依次为宫门、享殿及东西配房、祭祀陵墓等。宋大中祥符、政和年间立像砌墓。清乾隆六年（1741年）改陵上石室为黄瓦小庙。

景灵宫遗址位于少昊陵南侧，东西宽196米，南北长318米，面积约4万平方米。始建于宋大中祥符五年（1012年），北宋至元代曾多次毁修。元末毁于战乱，地表现存宋元石刻及大量建筑构件。

少昊陵及景灵宫遗址是我国宋代以来纪念黄帝和少昊的重要场所，对研究中国古代皇家祭祀制度以及宋代石刻艺术等具有重要意义。

凫山羲皇庙遗址

编号：8-0073-1-073
年代：宋至清
类型：古遗址
地址：山东省济宁市邹城市

凫山羲皇庙遗址位于山东省济宁市邹城市郭里镇，始建年代可追溯至宋代或更早，至清末蔚成规模。1929年被焚毁。

凫山羲皇庙遗址平面呈长方形，总占地面积约2.24万平方米。遗址庙墙内自西向东可分为5个建筑组群，其中西二路建筑群规模最大，包括朝王殿、钟楼、鼓楼、人祖殿、火神庙、学堂、三圣殿、团圆宫等基址。庙墙外有照壁、午朝门基址及6通石碑。现存明万历四十五年（1617年）"重修伏羲献殿记因序历代帝王纪"碑、万历四十七年（1619年）"创建三圣殿记"碑、清顺治四年（1647年）"杏祥"碑、清康熙六年（1667年）"王上宫殿通字碑"等碑刻，出土元代盘龙石柱等文物。

凫山羲皇庙遗址结构完整，布局清晰，集伏羲文化

祭祀与道教、佛教信仰于一体，建筑遗址体现了官式建筑和民间做法相结合的特征，是研究中国古代宗教文化和宗教建筑的重要实物资料。

东镇庙大殿遗址

编号：8-0074-1-074
年代：宋至民国
类型：古遗址
地址：山东省潍坊市临朐县

东镇庙大殿遗址位于山东省潍坊市临朐县东镇庙村东侧，宋代奠基，元、明屡加增修。

宋代大殿、古祭台等大部分建筑基址保存较好。宋代大殿基址东西长 18 米，南北宽 9.4 米，高 2.1 米。台面保存东西向柱础 3 排，每排 4 个，跨度 4 米。前两排为前廊柱础，做工精细，均为高浮雕复瓣莲花；后排为素面中部微凸形制。古祭台东西长 19.3 米，南北宽 12 米，通高 1.6 米，面积 231.6 平方米，为石灰石锁板构筑，是目前国内保留最完整的宋式祭台。现存完整碑刻 124 通，记载了历代朝廷官府对东镇沂山的诏封祭告，还刻记了风雨不调、亢旱洪涝、地震陨落等自然灾害，以及国家变革、外侵内乱、边关军事等内容。

东镇庙大殿遗址保存完整，规模宏大，保留的大量碑刻是研究我国古代书法、雕刻艺术的珍贵资料，具有较高的历史与艺术价值。

纪王崮墓群

编号：8-0180-2-013
年代：东周
类型：古墓葬
地址：山东省临沂市沂水县

纪王崮墓群位于山东省临沂市沂水县泉庄镇杨家洼村西纪王崮，是一处东周时期诸侯国高等级墓葬群。

墓群包括陵园、崮堡、山城三部分。陵园位于纪王崮顶，已发现多座大型墓葬。已发掘的一号墓为带一条

墓道的竖穴木椁墓，由墓室、墓道及附属的车马坑组成，墓室与车马坑共凿建于一个岩穴之中，墓地外围发现防御设施。墓内出土了大量的青铜器、玉器、玛瑙器及部分骨器、陶器、贝饰、绿松石饰等遗物。二号墓是一座未完工的岩坑竖穴墓。崮堡发现宫殿建筑、城门、壁崖和石头墙等，具有明显的防御功能。崮下山城平面呈椭圆形，面积 35 万平方米，包括拦马墙、城门、道路、点将台、窑址、山泉等遗迹。

纪王崮墓群规模较大，陵园、崮堡、山城的组合地域特色显著，结构特殊，出土遗物丰富且规格较高，是研究东周历史与文化的重要资料，对推进该区域墓葬制度和社会风俗研究具有重要价值。

金山汉墓群

编号：8-0181-2-014
年代：西汉
类型：古墓葬
地址：山东省菏泽市巨野县

金山汉墓群位于山东省菏泽市巨野县独山镇金山店子村，为一座西汉时期的大型崖墓。

墓地面积约 6300 平方米，由两座崖墓构成。一号墓包括墓道、四个侧室、两个耳室和主室，"前堂后室"布局。二号墓位于其西侧约 20 米处，墓向正南，仅凿出了墓道轮廓。该墓未曾使用，根据王隐《地道记》、郦道元《水经注·菏水》和考古发现，推测应是为昌邑王刘贺及其配偶所建之墓，并未完工。

金山汉墓群是典型依山凿洞的横穴式墓葬，全部为人工开凿，工程浩大、凿制工整、技艺高超，填补了两汉时期诸侯王陵寝的缺环，为研究西汉时期昌邑国的经济、政治、文化以及王侯级丧葬制度提供了重要的历史资料。

卧化塔

编号：8-0348-3-151
年代：唐
类型：古建筑
地址：山东省菏泽市成武县

卧化塔位于山东省菏泽市成武县大田集镇田塔村东侧，始建于唐朝初期。此处原有兴善寺，后毁于战火，塔名早已失佚，2007 年据出土"卧化塔石础"命名为卧化塔。

卧化塔为全石楼阁式结构，平面近方形，底边南北长 5.45 米，东西长 5.04 米，高 5.82 米，占地面积 27.46 平方米。塔原由塔刹、塔身、基座三部分组成。共七层，塔刹两层已毁，地面现存五层，基座为四级如意踏步。底层有塔室，南向，进深 1.5 米。塔室东西两壁分别有石造像一尊，造像正面均有佛龛，佛龛雕刻内容丰富，艺术风格突显了唐代佛造像的特点。塔身由汉墓石板垒砌而成，层层内收，结构严谨，错落有致。每层塔檐均有三层斗拱，斗拱上设椽，檐顶呈缓坡状，制

作精良。

卧化塔造型古朴大方，为研究我国唐初石塔建造技术和雕刻艺术提供了重要的实物资料，具有较高的历史、艺术和科学价值。

郓城观音寺塔

编号：8-0349-3-152
年代：五代
类型：古建筑
地址：山东省菏泽市郓城县

郓城观音寺塔位于山东省菏泽市郓城县胜利街北段唐塔广场西部，相传为五代时建，宋代重修。

郓城观音寺塔是一座全砖结构的佛教塔，平面呈正八边形，首层直径 12.9 米，占地面积 80 平方米。塔原有七层，明正统十三年（1448 年）塔的一、二层被淤埋于地下，现地表上露出五层，高 28.1 米，地面下部

分高 15 米。该塔为八棱四门楼阁式，墙体为大亨泥方砖砌筑而成，东、南、西三面各设券顶乾坤门（或佛龛），北面为塔门，其余四面为砖雕假窗。塔檐部分均由砖雕斗拱组成。由北门进塔，拾级而上可以穿过塔柱环转至塔顶。塔内一层为实心，三层、四层设回廊，青砖铺底。该塔第三层由内壁与塔心相对挑出叠涩，相交组成回廊，体现了五代时期塔内回廊的特征。

郓城观音寺塔为典型五代时期全砖结构佛塔，形体硕大，造型简洁，是鲁西南地区现存时代较早的佛塔之一，具有较高的历史价值。

泇村古楼

编号：8-0350-3-153
年代：明
类型：古建筑
地址：山东省淄博市淄川区

泇村古楼位于山东省淄博市淄川区昆仑镇泇村，建于明天启、崇祯年间。

泇村古楼为北方四合院式楼群，占地面积 2085 平方米，坐北朝南，由北楼、东西阁楼组成。北楼为主楼，高四层，硬山双坡，面阔三间，砖石结构。其中一、二层楼顶为砖砌拱券无梁殿结构，三层楼顶为木制梁板，四层楼顶为四架五檩抬梁式做法，门前配有青石护栏和月台，雕刻精美。东西阁楼左右对称，楼高 12 米，硬山双坡，面阔三间。一层为砖石拱券无梁殿结构，木制楼梯，窗台以下为石砌，窗台以上为清水砖墙。楼间有地道相连，可通向村外，以防备匪盗袭扰。

泇村古楼保持了明代建筑格局，主要建筑在形制特征、材料和工艺特点等方面保留了历史原状，具有鲜明的时代特征和地方特色。同时，泇村古楼结构科学合理，主次分明，功能明确，是北方地区明代砖石类多层民居建筑典型实例，具有较高的历史和科学价值。

王渔洋故居

编号：8-0351-3-154
年代：明至民国
类型：古建筑
地址：山东省淄博市桓台县

王渔洋故居位于山东省淄博市桓台县新城镇城南村，始建于明万历年间，清康熙年间王渔洋增葺为西城别墅。清末中路院落有所改造，20世纪二三十年代受战乱影响，西北部花园部分损毁严重。

王士禛（1634～1711年），世称王渔洋，山东新城（桓台）人，清代初年诗人、文学家，官至刑部尚书。王渔洋故居由东、中、西三路建筑组成，占地面积15000余平方米，建筑面积7000余平方米。东路建筑为清代典型的五进四合院布局，包括第一进院大门及车轿房、倒座房、西花厅，第三进院东西耳房，第四进院正厅及东西厢房、耳房，第五进院正房及西厢房。其中南倒座、垂花门、过厅、屏门、宸翰堂、东西厢房、后罩房等保存完整，特色鲜明。正厅宸翰堂为东路主体建筑，坐北朝南，硬山前出廊，面阔五间。正厅及东西厢房保留有完整的暖地设施。中路建筑为四进四合院，包括第一进院倒座房及附房，第二进院正房，第三进院正厅及东西厢房，第四进院正房及东西厢房。其中四进院正厅为砖木结构，硬山前出廊，面阔五间，进深一间。西路建筑为园林区，有明代建筑半偈阁。西南侧为祭祀区，有渔洋祠正房、牡丹祠。

王渔洋故居比较完整地保留了从明代到民国时期延续发展的建筑结构形制和院落布局，整组建筑群布局完整、地域特色鲜明，具有较高的历史价值。

老庄大佛寺石刻造像

编号：8-0494-4-017
年代：隋唐
类型：石窟寺及石刻
地址：山东省济南市历城区

老庄大佛寺石刻造像位于山东省济南市历城区仲宫镇锦绣川街道老庄村北，雕刻于隋唐时期。

佛窟坐北朝南，平面呈方形。佛像高大，胸宽4.05米，通高9.05米，躯干雄伟，法相庄严，着通肩袈裟，胸前博带左右下垂，结跏趺坐，作禅定印。左侧石壁上雕刻有菩萨、比丘各1尊，右侧石壁上雕刻小型造像7尊。石窟内保存有题记5则，其中1则有明确纪年为唐天宝七年（748年），为研究确认造像年代提供了佐证。

老庄大佛寺石刻造像是山东地区现存最大的一座石窟造像，雕刻精美，具有重要的历史、艺术价值，对研究隋唐佛教造像艺术具有重要意义。

陶山朝阳洞石刻造像

编号：8-0495-4-018
年代：宋至民国
类型：石窟寺及石刻
地址：山东省泰安市肥城市

陶山朝阳洞石刻造像位于山东省泰安市肥城市湖屯镇北陶山主峰西北侧山崖之上，洞内存有北宋至民国时期的石刻造像及题记。

朝阳洞洞口南向，洞深约29米，由外至内包括洞口、前室、二台、后室四部分。洞壁均有题刻、造像，以后室最多。洞口处有文字石刻，洞内有主佛、菩萨像、弥勒佛像，关公、周仓等人物像及文字题记等，内容丰富，题材多样。

陶山朝阳洞石刻造像是山东地区时代跨度较大、保存较完整的石刻造像群，是研究古代佛教艺术和山东地区石刻艺术的重要实物资料。

武霖基督教圣会堂

编号：8-0626-5-110
年代：1872年
类型：近现代重要史迹及代表性建筑
地址：山东省烟台市蓬莱市

武霖基督教圣会堂位于山东省烟台市蓬莱市紫荆山街道。

教堂为欧式建筑，建于清同治十一年（1872年），主体建筑由东部礼拜堂和西部钟楼联体构成。东部礼拜堂为单层结构，四开间，建筑面积185平方米。神坛坐东朝西，正中设洗礼池，两侧为更衣房，堂内可容纳近400人。西部钟楼为三层，一层为玄关（过厅），大门朝西，门前立有"大美国慕拉第女士遗爱碑"（1915年），有两耳门向东通礼拜堂，两耳门之间的墙上嵌有一块"高师母纪念碑"；二层为储藏室；顶楼木梁上悬有做礼拜用的铜钟。

武霖基督教圣会堂是较为典型的西洋式教堂建筑，细部上又使用了一些山东本地建筑做法，是我国北方近代早期基督教会建筑的实物见证，也是中西建筑文化交流的实物例证，具有较高的历史价值。

中兴煤矿公司旧址

编号：8-0627-5-111
年代：1899年
类型：近现代重要史迹及代表性建筑
地址：山东省枣庄市市中区

中兴煤矿公司旧址位于山东省枣庄市市中区矿区街道。

1878年经李鸿章上奏光绪皇帝批准筹办"峄县中兴矿局"，1880年正式成立"中兴矿局"（中兴煤矿公司前身），1896年11月停办。1899年清政府批准重开枣庄煤矿，实行中德合营，定名"华德中兴煤矿公司"。1908年华方筹资赎回德股，该公司成为名副其实的民族股份制企业，1936年成为国内屈指可数的大型综合企业。中华人民共和国成立后改称枣庄煤矿，1999年关井。

旧址建筑包括中兴煤矿公司办公楼及东西配楼、火车修理车间、矿师楼、电务处、机务处、南大井、北大井、东大井、枣兴堂和中兴洋房，总占地面积 13830 平方米，建筑面积 20700 平方米，于 20 世纪初至 40 年代陆续建成。

旧址办公楼为外廊式建筑风格，中轴对称布局；火车修理车间为小青瓦坡屋面，门窗边框采用砖砌火车头式样；矿师楼为典型的德式住宅风格；电务处为砖混结构，以带天窗的钢桁架形成大跨度工业建筑室内空间；机务处包含机务处洋房和东、西两处车间，其中洋房为殖民地外廊式建筑风格；北大井（包含绞车房及钢制井架）、东大井（包含绞车房及压风机房）、南大井（包括井架及其下附属用房）现存建筑均为清水红砖墙面，其中两处绞车房设砖砌壁柱、券洞，立面造型简洁；枣兴堂门厅立面采用石材装饰，具有典型的近代日本建筑特征；中兴洋房为砖木结构机制平瓦四坡顶建筑。

中兴煤矿公司与开滦煤矿、抚顺煤矿并称中国三大煤矿，是我国历史上首批股份制企业和使用现代化机械采煤的企业，见证了中国煤炭工业现代化的历程，是中国近现代民族工业发展史和近代建筑史的重要实物例证。

潍县西方侨民集中营旧址

编号：8-0628-5-112
年代：1942 ～ 1945 年
类型：近现代重要史迹及代表性建筑
地址：山东省潍坊市奎文区

潍县西方侨民集中营旧址位于山东省潍坊市奎文区广文中学及毗邻的潍坊市人民医院内。

1942 年 9 月太平洋战争爆发后，日军在中国华北地区抓捕了英、美、法等 21 国共 2008 名无辜侨民，并秘密关押于特设的西方侨民集中营 3 年半。1945 年 8 月 17 日，该集中营被解放。

旧址原为乐道院，现存建筑由十字楼、中营南北关押房（各 1 座）、文美楼、文华楼、医院专家楼（两座）组成，总占地面积约 20000 平方米，建筑面积 3621 平方米。旧址建筑均为砖木混合结构，基本为殖民地建筑风格或西方乡村别墅风格。

潍县西方侨民集中营是二战时期亚洲规模最大、关押人数最多的同盟国侨民集中营之一，旧址具有重要的历史价值。

青岛朝连岛灯塔

编号：8-0629-5-113
年代：1903 年
类型：近现代重要史迹及代表性建筑
地址：山东省青岛市崂山区

青岛朝连岛灯塔位于山东省青岛市崂山区沙子口街道东南黄海海域的朝连岛，建成于 1903 年。

灯塔由塔体和裙房组成，平面略呈"工"字形，采用了建筑与灯塔连为一体的形式，总建筑面积 398.9 平方米。南北四面石砌山墙呈"人"字形，南侧、西侧各有一个入口，西入口颇具德国建筑特色。灯塔平面为八角形，石构，两层，高 12.8 米。整体结构稳定，建成以来多次维修，包括 1993 年的大修和 2002 年的灯塔灯笼改造。灯塔目前仍在使用中，主要作用是为进出胶州湾以及在黄海海域通行的船舶助航及定位。

青岛朝连岛灯塔是德国海军在青岛海域建造的规模较大的灯塔，也是黄海海域最早的航标之一。它见证了德、日帝国主义在山东的殖民史和侵略史，同时也是研究中国近代建筑史和航海史的珍贵实物资料。

曲阜师范学校旧址

编号：8-0630-5-114
年代：1905～1931年
类型：近现代重要史迹及代表性建筑
地址：山东省济宁市曲阜市

曲阜师范学校旧址位于山东省济宁市曲阜市鼓楼南街11号，由曲师礼堂、教学楼和考棚组成。

曲师礼堂系教育家范明枢1920年任校长时所建，建筑面积535平方米，拱顶瓦屋面，为原曲阜师范学校进步师生进行集会、演讲等活动的主要场所。

教学楼是抗日烈士张郁光1931年任校长时所建，平面呈"工"字形，建筑面积900平方米，德式两层砖木结构建筑，是学校主要教学场所。

考棚即兖州府考试东棚，建于清康熙年间，设在孔庙东侧，原系三进府衙式建筑，现存仅门三间、大堂和二堂各五间，建筑面积475平方米。

曲阜是孔子家乡，曲阜考棚由传统的科举考试场所变为新式师范学堂，见证了以儒学为核心价值观的中国科举制度的兴废。曲师礼堂、教学楼及考棚的建造年代跨度较大，体现了不同历史时期的建筑形式和建造技术，为珍贵的近代建筑史研究实物例证。

济南万竹园

编号：8-0631-5-115
年代：1917年
类型：近现代重要史迹及代表性建筑
地址：山东省济南市市中区

济南万竹园位于山东省济南市市中区泺源大街趵突泉西侧，为元明时期"万竹园""通泺园"旧址，现存建筑建成于1917年。

济南万竹园为军阀张怀芝私宅，俗称"张公馆"，建筑包括石榴院、木瓜院、杏院、海棠院、玉兰院、爱荷亭、白云轩、望水泉、四角亭，总占地面积13000平方米。园林宅院平面布局分前、东、西三院，呈"品"字形排列，由四进院落及群组建筑组成，还包括三处泉池及泉水园林。园林将望水泉圈入园内，两组院落空间以泉水出露而形成的三处方形泉池及与其相连的泉渠而展开。

济南万竹园利用自然、结合自然的特有民居建筑模式，体现了在特殊地势和泉水环境下的独特园林生活方式，具有较高的艺术、科学价值。

五三惨案遗址

编号：8-0632-5-116
年代：1928年
类型：近现代重要史迹及代表性建筑
地址：山东省济南市槐荫区

五三惨案遗址位于山东省济南市槐荫区五里沟街道经四路370号。

1928年春，正当国民革命军第二次北伐进军山东之时，日本帝国主义借口保护侨民，于4月下旬陆续开

抵济南，自行划界布置障碍设防，并寻衅滋事，挑起事端。5月3日，日军进犯国民政府战地委员会驻济南交涉公署院内，将国民政府战地委员会外交处长兼外交部特派山东交涉员蔡公时及16名外交人员逮捕杀害并焚尸灭迹，同时进攻国民革命军驻地、在济南城内肆意捕杀中国军民，是为震惊中外的五三惨案（又名济南惨案）。中国民众被焚杀死亡者达17000余人。

旧址原为国民政府战地委员会驻济南交涉公署，现存建筑建于1920年前后，坐南朝北，主体为两层，局部三层（阁楼和南侧三层塔楼），另有一层地下室，占地面积371平方米，总建筑面积约974平方米。

五三惨案遗址反映了20世纪20年代日本帝国主义通过阻挠国民革命军北伐来妄图侵占我东北及华北的事实，是其在我国制造惨案罪行的重要见证。

牟平恤养院旧址

编号：8-0633-5-117
年代：1933年
类型：近现代重要史迹及代表性建筑
地址：山东省烟台市牟平区

牟平恤养院旧址位于山东省烟台市牟平城东楼39号，建成于1933年。

牟平恤养院旧址建筑呈"目"字形，坐北朝南，包括南北连通的三进院落。院内建筑中轴对称，占地面积7522平方米，建筑面积8181平方米，有楼房265间、平房34间。院落南侧正中大门的巴洛克山花下，镌刻着"恤养院"题名及"卍"字符号。第一进院落中部坐落着二层礼堂（八角楼），钢筋混凝土混合结构，建筑正面为巨柱支撑的半圆柱廊，四角建有八角形角楼，顶部建盔顶小亭。二、三进院落均为欧式带天井的庭院建筑，由两层楼房环绕组成。恤养院包含教学、礼堂、工厂、医院、宿舍等多种使用功能。

牟平恤养院旧址建筑为单体仿欧式风格，总体保持了中国传统四合院中轴线对称格局，建筑风格中西合璧，是现存规模较大的近代恤养院遗存之一，具有突出的历史价值。

临沂大青山突围战遗址

编号：8-0634-5-118
年代：1941年
类型：近现代重要史迹及代表性建筑
地址：山东省临沂市沂南县

临沂大青山突围战遗址位于山东省临沂市沂南县大青山一带，包括抗大一分校旧址和大青山战斗遗址。

1941年11月30日拂晓，日伪军5万余人对大青山地区进行"清剿"。抗大一分校、中共山东分局、省战工会、第115师后勤、省抗敌同志协会、姊妹剧团、省妇救会等近6000名非武装人员误入敌"清剿"圈，抗大一分校校长周纯全指挥一分校五大队经一天浴血奋战突出重围。省战工会副主任兼秘书长陈明、姊妹剧团团长辛锐、德国记者汉斯·希伯、第115师敌工部部长王立人等300多人牺牲。

抗大一分校旧址位于沂南县孙祖镇东高庄村，建筑为砖石结构，坐北朝南，有堂屋四间，西厢房三间，东

厢房现只存墙体，占地面积 3600 平方米。

大青山战斗遗址现为大青山烈士陵园，位于沂南县双堠镇东、西梭庄村之间，坐北朝南，建于 1944 年，占地面积 16700 平方米。陵园大门为牌坊式建筑，上书"大青山烈士陵园"。烈士墓区共有烈士墓 311 座。抗日烈士碑坐落在陵园最高处，碑高 4.1 米，正面刻"抗日烈士碑"，背面刻碑文，其他两面刻 296 位烈士英名。

临沂大青山突围战遗址是山东省抗日斗争的历史见证，具有重要的历史价值和社会价值。

赵疃地雷战遗址

编号：8-0635-5-119
年代：1942 ～ 1945 年
类型：近现代重要史迹及代表性建筑
地址：山东省烟台市海阳市

赵疃地雷战遗址位于山东省烟台市海阳市行村镇赵疃村，包括信号山遗址、第一颗地雷爆炸遗址。

1942 年晚秋，盘踞行村的日本侵略军到寨头村扫荡，经过赵疃村南山枣埠一带时踏响了民兵在山枣埠埋下的两颗地雷，五名日军被炸死炸伤。

信号山遗址是抗日战争期间赵疃民兵在与敌人斗争中设立在南垛埠、庵西坡和松山的瞭望哨和信号树所在地，占地面积 4 万平方米。

第一颗地雷爆炸遗址位于赵疃村南山枣埠一带，占地面积 3.6 万平方米。

赵疃地雷战遗址反映了在中国共产党领导下地方军民通过游击战争机制灵活打击日寇的史实，是抗日战争史研究和爱国主义教育的生动教材。

昌邑县抗日殉国烈士祠

编号：8-0636-5-120
年代：1945 年
类型：近现代重要史迹及代表性建筑
地址：山东省潍坊市昌邑市

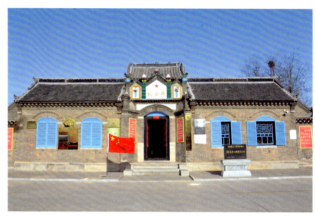

昌邑县抗日殉国烈士祠位于山东省潍坊市昌邑市龙池镇北白塔村东。

烈士祠建成于 1945 年，坐北朝南，包括主院和西跨院。主院为四合院，包括门楼、东西倒座、东西厢房、正厅，以南北中轴线对称布局。院内中轴线甬道上有 1946 年 4 月立"昌邑县抗日殉国烈士纪念碑"一座，碑正面刻有马骏题写的"浩气参天"大字，背面是寿光、昌邑、潍县 3 县在抗日战争中牺牲的我党我军 391 名抗日烈士英名录。正厅为祀堂，面阔五间，进深两间，前出廊。东、西厢房面阔五间，进深一间。

昌邑县抗日殉国烈士祠是全国现存少有的抗战结束前在根据地建成的奉祀我党我军抗日烈士的专祠，具有特殊的历史价值和教育意义。烈士祠的建设集中了当时昌邑北乡著名工匠，布局严谨，建筑精良，装饰丰富，沿用传统建筑形式的同时又使用了黑色机瓦、百叶窗等极具时代特征的建筑构件和元素，是这一时期国内祠庙建筑的典型代表。

羊山战斗纪念地

编号：8-0637-5-121
年代：1952 年
类型：近现代重要史迹及代表性建筑
地址：山东省济宁市金乡县

羊山战斗纪念地位于山东省济宁市金乡县羊山镇，是 1952 年为纪念解放战争时期在羊山战役中牺牲的烈士所建。

1947 年，刘伯承、邓小平率晋冀鲁豫野战军挥戈南下、挺进大别山途中，在羊山激战半个月，消灭蒋介石嫡系部队整编六十六师。羊山战役为解放军千里跃进大别山打开了通道，拉开了解放战争由战略防御转入战略进攻的序幕。

羊山战斗纪念地占地 142 亩，包括革命烈士纪念塔和烈士墓区。革命烈士纪念塔建于羊山，高 19 米，花岗石砌成，呈四方形。烈士墓区坐落在陵园西侧，共安葬 1471 位烈士。

羊山战斗纪念地见证和记录了革命先烈为战役胜利做出的突出贡献和巨大牺牲，具有重要的历史价值和教育意义。

德国海军军官俱乐部旧址

编号：8-0000-5-012
年代：1909 年
类型：近现代重要史迹及代表性建筑
地址：山东省青岛市市南区

德国海军军官俱乐部旧址位于山东省青岛市莱阳路 8 号海军博物馆院内。

旧址建筑建于青岛德占期间（1897～1914 年），由德国人海因里希•舒巴特（Heinrich Schubart）设计，1909 年落成，地上三层，地下三层，红瓦黄墙，参差错落，总建筑面积 2391 平方米。其中地面一层和地下室为砖混结构，二、三层为砖木结构。建筑中的石梯、旋转木梯、地板和部分门、窗保存完好。

德国海军军官俱乐部初为常驻青岛的德国海军第三营和远东巡洋舰队高级军官俱乐部，是德国殖民青岛的历史见证，也是近现代中国海军和海防发展的重要见证。旧址建筑是青岛德国建筑的重要组成部分，为典型的 20 世纪初期德式建筑，其建筑形式和建筑风格是德国殖民建筑的典型代表。

德国海军军官俱乐部旧址并入第四批全国重点文物保护单位青岛德国建筑。

河南省

孙家洞遗址

编号：8-0075-1-075
年代：旧石器时代
类型：古遗址
地址：河南省洛阳市栾川县

孙家洞遗址位于河南省洛阳市栾川县栾川乡湾滩村哼呼崖，是一处旧石器时代早期洞穴遗址，距今约40万年。

洞穴内面积约100平方米，内部构造复杂，可分为前后两个空间。考古发现6件人类牙齿化石、大量动物化石及少量石制品。6件人类牙齿化石分属3个个体，其中2个为未成年人，可归为直立人。动物化石包括中国鬣狗、肿骨大角鹿、葛氏斑鹿、李氏野猪、牛、梅氏犀等，为中国中更新世典型动物种属。石制品类型简单，主要有石核、石片和断块，未见加工成器的石制品。

孙家洞遗址发现的中更新世时期直立人幼年颌骨及牙齿化石，对于探讨直立人演化具有重要作用，也为研究古人类的个体发育及系统演化问题提供了化石依据。动物化石的大量发现，对研究中国第四纪古生物的演化、古气候环境的变化等都有着十分重要的意义。

老奶奶庙遗址

编号：8-0076-1-076
年代：旧石器时代
类型：古遗址
地址：河南省郑州市二七区

老奶奶庙遗址位于河南省郑州市二七区九娘庙河东

岸，距今5万～3万年，是嵩山东南麓旧石器地点群中的一处中心营地遗址。

遗址面积1.5万平方米，考古发现20余处用火遗迹，以及多层叠压、连续分布的古人类居住活动面，清楚显示了古人类在中心营地连续居住、活动的场景。遗址出土近万件石制品、2万余件骨制品与大量动物骨骼等，石器技术属于华北地区典型的小石片石器工业。

老奶奶庙遗址完整地再现了距今5万～3万年前嵩山东麓古人类发展进程，证明了我国境内更新世人类发展的连续性特点，以及中原地区繁荣的旧石器文化与复杂的栖居形态，为探讨我国及东亚地区现代人类出现与发展提供了新证据。

后高老家遗址

编号：8-0077-1-077
年代：新石器时代
类型：古遗址
地址：河南省周口市项城市

后高老家遗址位于河南省周口市项城市高寺镇后高老家村西北，是淮河流域一处延续时间较长的新石器时代遗址。

遗址核心台地面积约8万平方米，文化层厚1.8～5米，文化类型丰富，发现灰坑、红烧土块，以及大量陶器、石器、骨器和动物骨骼等。在遗址中发现有靴形器，含有双墩文化因素，为研究裴李岗文化与双墩文化关系提供了珍贵资料。

后高老家遗址涵盖了裴李岗文化、仰韶文化、大汶口文化、屈家岭文化、龙山文化遗存，是目前我国已知裴李岗文化分布的最东端，也是豫鲁皖边界一处关键遗址，对研究新石器时代沙颍河上游地区的考古学文化意义重大。

苏羊遗址

编号：8-0078-1-078
年代：新石器时代
类型：古遗址
地址：河南省洛阳市宜阳县

苏羊遗址位于河南省洛阳市宜阳县张坞镇苏羊村，是一处以仰韶文化和龙山文化为主体的新石器时代晚期遗址。

遗址总面积约63万平方米，分为苏羊区、下村区和留召区，文化层堆积厚达6米。苏羊区发现房址5座，灰坑30余个，出土曲腹钵、斜折沿罐、直颈罐、三足钵、折腹盆、罐形盉等陶器。下村区和留召区分别发现人工壕沟，壕沟宽度约18米，两壁较陡直，出土陶器有鼎、罐、钵、盆、瓶等，石器有刀、斧、铲、盘状器、镞等，骨器有针、锥、簪等。遗址北部靠近洛河处发现大面积的草拌泥烧土堆积，应是烧窑区。

苏羊遗址是洛河中游地区仰韶文化中晚期的大型中心聚落，对研究洛阳地区新石器时代社会生产、生活状况及经济、文化面貌具有重要价值。

老坟岗遗址

编号：8-0079-1-079
年代：新石器时代
类型：古遗址
地址：河南省南阳市西峡县

老坟岗遗址位于河南省南阳市西峡县五里桥镇封湾村，为新石器时代仰韶文化遗址。

遗址呈半岛形台地，总面积约2万平方米，文化层厚1.5～3米。考古发现房基23座，墓葬20座，出土了大量的陶器、石器和骨器等遗物。老坟岗遗址发现大量积石墓，均为小型单体积石墓，在中原地区尚属首次发现。

老坟岗遗址遗迹遗物丰富，是豫西南独具特色的仰韶文化遗址，出土陶器既有仰韶文化半坡类型特征，又有仰韶文化庙底沟类型性质，为研究江汉地区与关中仰韶文化的交流提供了重要线索。

阎村遗址

编号：8-0080-1-080
年代：新石器时代
类型：古遗址
地址：河南省平顶山市汝州市

阎村遗址位于河南省平顶山市汝州市纸坊镇阎村东的黄涧河西岸台地上，为新石器时代仰韶文化遗址。

遗址面积约29万平方米。1978年配合农田水利建设时发现一批陶器，其中"鹳鱼石斧彩陶缸"是中国目前保存最好的一幅"原始图画"，具有非常高的艺术价

值。考古调查发现瓮棺埋葬区，采集到陶缸、尖底罐、红陶钵、三足彩陶盆、釜形鼎等陶器，多为泥质红陶，器表有单色红衣，图案主要有"S"纹、垂弧纹、匕纹、平行线纹、网状纹、圆点纹、变形手纹、眼纹等。少量陶片为白衣褐彩和红底黑彩，图案有方格纹、圆点纹、弧形三角纹以及弯曲的涡形纹等。

阎村遗址是仰韶文化阎村类型的代表性遗址，其特殊的埋葬习俗、独有的陶器风格、丰富多姿的彩陶艺术等具有重要的研究价值。

史官遗址

编号：8-0081-1-081
年代：新石器时代、商周
类型：古遗址
地址：河南省濮阳市南乐县

史官遗址位于河南省濮阳市南乐县梁村乡史官村，是一处以新石器时代仰韶文化、龙山文化和商周时期遗存为主的大型遗址。

遗址平面近圆形，面积约5万平方米。仰韶文化遗存位于遗址中心区域，面积约2万平方米。周边发现环壕，东侧壕沟残长约162米，北侧壕沟残长约115米，南侧壕沟残长约145米。出土红陶钵、红陶盂、支脚、石刀、石斧及少量蚌刀、骨针。龙山文化遗存叠压在仰韶文化遗存之上，面积约2.3万平方米，出土绳纹罐、红陶钵、石刀、石斧及少量蚌器、骨器。商周遗存遍布遗址，面积约5万平方米，出土陶鬲、陶罐、陶钵及少量卜甲、卜骨。

史官遗址堆积丰富，延续时间长，是已知河南龙山文化的最北端遗址，为研究黄河下游地区文明化进程和晋冀鲁豫地区考古学文化的互动关系提供了重要的实物资料。

鹤壁刘庄遗址

编号：8-0082-1-082
年代：新石器时代至夏
类型：古遗址
地址：河南省鹤壁市淇滨区

鹤壁刘庄遗址位于河南省鹤壁市淇滨区刘庄村，以新石器时代仰韶文化大司空类型遗存及夏时期下七垣文化大型墓地为主。

遗址总面积60余万平方米。大司空类型遗存主要有窖穴、灰坑、房基、陶窑等遗迹。下七垣文化墓地可明显分为两大区，已发掘330余座墓葬，布局规整，保存完整，随葬品丰富。各区随葬品组合、头向等墓葬特征截然不同。墓地中首次发现先商石棺墓。

鹤壁刘庄遗址发现目前所知规模最大、保存最完整的下七垣文化墓地，是研究先商文化的墓葬制度、社会结构、夏商关系的重要资料，为探讨商族起源提供了新线索。

淮阳双冢遗址

编号：8—0083—1—083
年代：新石器时代至商
类型：古遗址
地址：河南省周口市淮阳区

淮阳双冢遗址位于河南省周口市淮阳区王店镇双冢村北，是一处新石器时代龙山文化时期至商时期的遗址。

遗址因两个相连的土冢而得名。土冢局部系夯土筑成，分别高 16 米、20 米。土冢下为新石器时代至商时期的遗址，面积约 5.28 万平方米，文化层厚约 5 米。已发现龙山文化的陶器、石器，以及大量的鹿角、蚌壳和猪、羊、狗、牛等动物骨骼；二里头文化时期和商代的陶鬲、大口尊、罐、瓮等文物。

淮阳双冢遗址文化堆积丰富，是一处人口稠密、规模较大的古代村落遗址，对研究淮河流域早期社会与文化面貌、人群迁徙交流等具有重要价值。

西史村遗址

编号：8—0084—1—084
年代：夏商
类型：古遗址
地址：河南省郑州市荥阳市

西史村遗址位于河南省郑州市荥阳市城关乡西史村索河西岸，是一座夏商时期的遗址。

西史村遗址平面呈长方形，面积 48.84 万平方米。考古发现了平面呈"L"形的城垣和环壕，发掘灰坑 28 座、

墓葬 36 座、灶 1 座，以及建筑基址、窑址等各类遗迹，揭露出两排东西排列的墓葬。出土铜器、陶器、石器、骨器、蚌器等生产工具和生活用具 200 余件，铜器中有商代早期的鬲、爵各 1 件。

西史村遗址以二里头、二里岗时期遗存为主，出土二里岗下层时期铜器，表明西史遗址为规格较高的聚落，对研究早期国家形成和发展、豫中地区夏商文化具有重要价值。

闰楼遗址

编号：8—0085—1—085
年代：商
类型：古遗址
地址：河南省驻马店市正阳县

闰楼遗址位于河南省驻马店市正阳县付寨乡付寨村闰楼北，是商代"禽"族（国）的中心遗址。

遗址面积 150 万平方米，考古发现晚商时期墓地与居址。墓地密集地分布在文殊河南岸三个高岗地上，分为西区、中区和东区。西区总面积 6.75 万平方米，发现墓葬 218 座；中区总面积 5.88 万平方米，发现墓葬 10 座；东区总面积 20 万平方米，发现墓葬 38 座。出土青铜器、陶器、玉器、骨器、石器共 348 件，铜器铭文"亚禽""示亚禽"，表明闰楼遗址应是晚商"禽"族的墓地。居址考古发现灰坑、井、窑等遗存。

闰楼遗址是豫南地区商代晚期一处重要的大型方国都邑聚落，是商王朝向南发展在淮河和大别山地区设置的中心据点，为研究淮河流域上游晚商文化及淮夷集团的政治、经济、文化提供了重要学术资料。

浚县辛村遗址

编号：8—0086—1—086
年代：商周
类型：古遗址
地址：河南省鹤壁市淇滨区

浚县辛村遗址位于河南省鹤壁市淇滨区金山办事处

辛村，是一处超大型商周聚落遗址。

遗址分布于淇河南北两岸，东西 4500 米，南北 2500 米，以商周文化遗存为主，西周时期遗址推测为卫国的都邑遗址。考古发现铸铜作坊区、制骨作坊区、一般居住区、祭祀区及王陵区、中小型墓地，以及大量祭祀殉人、殉牲、窖藏坑和建筑遗存等。王陵区是卫国王侯及中高级贵族专用埋葬区，面积 10 万平方米，1932 ～ 1933 年曾发掘西周时期墓葬 80 余座，其中包括大型墓 8 座、中型墓 11 座、小型墓 54 座和车马坑 14 座等，出土著名的"康侯簋"等珍贵文物。2015 年、2017 年在辛村村东南、东北发掘了中小型墓数座及马坑 1 座，出土有带铭文的铜簋盖等。此外，在大李庄、刘庄西大坡、杨晋庄、杨庄北、王庄村东及北、庞村南、辛村新村西发现了 7 处平民墓地。

浚县辛村遗址是目前豫北地区已知规模最大的西周时期聚落遗址，为探索解决朝歌、卫国初封地、卫国都城等商周城邑位置和重大历史事件提供了线索，是了解商周变革时期社会文化面貌、族群关系和卫国历史的重要资料。

官庄遗址

编号：8-0087-1-087
年代：周
类型：古遗址
地址：河南省郑州市荥阳市

官庄遗址位于河南省郑州市荥阳市高村乡官庄村西北，是一处西周晚期至春秋时期的大型遗址。

官庄遗址平面呈东西向长方形，总面积 180 万平方米。考古发现环壕、"吕"字形的小城和大城遗址，大城建造年代晚于小城。清理灰坑 1500 多个，墓葬 65 座，道路 6 条，陶窑 10 余座，水井 11 口，房址 1 座，灶 4 个，

灰沟 50 条，瓮棺葬 18 座。出土大量陶器、青铜器、骨器、铁器、玉石器、蚌器。

在大城中北部发现了丰富的制陶、铸铜、制骨等手工业遗存。其中发现 3000 多块陶范，可辨识器类包括鼎、簋、壶、盨、钟等礼乐器，剑、戈、矛、镞等兵器，节约、辖、镳、辕首等车马器，以及铲、刀、凿、斧等工具，还有环、泡以及数十件空首布銎芯。作坊区内发现了一些祭祀坑，以人和动物祭祀，很可能与铸铜活动有关。

官庄遗址是中原地区规模较大的西周城址，为完善两周考古学文化序列、探讨西周至春秋时期铸铜技术和生产方式、研究中国古代青铜艺术等提供了珍贵资料，对于厘清东虢、郑、韩历史，研究西周城市形制和社会组织形态具有重要意义。官庄遗址发现丰富的铸铜遗迹遗物，生产的铜器种类多样、纹饰精美、器形庞大，说明铜器的使用者身份较高。发现的数十块空首布銎芯，是目前国内较早的铸钱遗存，为遗址归属提供了重要线索。

阳城故城遗址

编号：8-0088-1-088

年代：战国

类型：古遗址

地址：河南省周口市商水县

阳城故城遗址位于河南省周口市商水县舒庄乡扶苏村北，是一处战国时期城址。

遗址包括内城和外城，城墙夯土筑建，内外城墙土色一致，夯层厚度、夯窝特点相同，应为同时筑建。外城面积30万平方米，东北部夯土墙高出地面，残长200米。内城位于外城北部正中，平面呈方形，面积6.25万平方米。城内遗存丰富，出土筒瓦、板瓦、瓦当、饕餮纹砖、方砖等建筑构件，灰陶罐、盆、豆、敦、釜等陶器，曾采集戳印"扶苏司工"的陶器残底。城内发现多处地下陶水管道，沿城垣铺砌，通向城外河道。城内西北部发现一处战国铸铁遗址，地表可见铁渣、铁器等。

阳城故城遗址建于战国晚期，根据《史记》记载，有可能是秦的阳城，对研究陈胜吴广起义的历史、探讨我国古代营城理念和筑城技术等具有重要意义。

保安古城遗址

编号：8-0089-1-089

年代：战国

类型：古遗址

地址：河南省平顶山市叶县

保安古城遗址位于河南省平顶山市叶县保安镇前古城村，是一处战国时期的中小型城址。

遗址主要由城址和城外墓葬区组成。城址呈长方形，总面积约20.6万平方米。考古发现了城墙、城门、城壕、房址等重要遗迹。四面城墙仅局部可见城墙残垣、外壕轮廓。有南、北、东三个城门。出土遗物多为板瓦，表面多饰绳纹，瓦的内壁多压印纹，主要有麻点纹和菱形纹。生活日用陶器残片较少，可辨器形有鬲、罐、盆、豆等。墓葬区主要分布在前古城村东南，以战国和汉代墓葬为主。

保安古城遗址与《左传》所载的"卷"城位置大致相当，地扼楚国去东北陈、蔡、齐、鲁的交通要道，为研究战国时期楚国与中原地区的交流互动、诸侯国之间的军事关系和政治格局等提供了重要资料。

新安故城遗址

编号：8-0090-1-090

年代：秦汉

类型：古遗址

地址：河南省三门峡市义马市

新安故城遗址位于河南省三门峡市义马市新区办事处二十里铺村，为一座秦汉时期的城址。

遗址平面为长方形，总面积约33万平方米，文化层厚1～3米。考古发现城墙基础，宽约9米，断层处可见夯土。城内曾发现石子铺砌道路，路下间有陶质下

水管道。城内外发现大量砖、瓦碎片，采集到筒瓦、板瓦、瓦当及陶盆等文物。

据文献记载，秦始皇二十六年（前221年）始置新安县，属三川郡。汉高祖二年（前205年）改三川郡为河南郡，属司隶部。这里是中原通往大西北的交通要道和战略要地，历来为中原地区政治、经济、军事重镇之一。

新安故城遗址是研究秦汉中小型城市布局、建筑形制的重要资料，对探索秦汉军事史、交通史、中原地区与北方文化交流史具有重要价值。

黎阳故城遗址

编号：8-0091-1-091
年代：西汉至北宋
类型：古遗址
地址：河南省鹤壁市浚县

黎阳故城遗址位于河南省鹤壁市浚县河道村，是西汉至北宋时期黎阳城故址。

遗址平面近长方形，总面积约101万平方米。城外有护城河环绕，南部有连接黄河的入水口，东北部有出水口。护城河内为城壕，宽25～40米。城壕内为城墙，石基宽20米，夯土墙厚10米。城内遗迹丰富，有南北、东西向主路各一条，以城内南北道路为中轴线分为东、西两部分。城内东部为生活区，发现道路、井、夯土、陶窑、灰坑、排水设施等遗迹。北城门附近发现多处建筑基址，推测为城门附属建筑或衙署区。城内出土大量

汉至宋代的砖、瓦等建筑构件，以及碗、盘、豆、杯、罐等陶瓷器。

根据文献记载，西汉高祖时置黎阳县。唐初为黎州总管府治，后废州为县。北宋天圣元年至六年（1023～1028年）间毁于黄河水患。黎阳故城遗址沿用时间长、内涵丰富，与黎阳仓遗址、永济渠有着密切联系，是隋唐大运河历史及中国古代漕运史的重要历史见证。

崤函古道石壕段

编号：8-0092-1-092
年代：唐宋
类型：古遗址
地址：河南省三门峡市陕州区

崤函古道石壕段位于河南省三门峡市陕州区硖石乡车壕村至石壕村之间，主要为唐宋时期遗存。

崤函古道石壕段全长1317米，共分为三段。考古发掘揭露的中部路段为西北—东南走向，全长230米，最宽处达8.8米，最窄处5.2米。主要遗迹包括石灰岩质古道路面、路旁三处蓄水设施。自然岩石道路遗存中部两侧各有一处人工刻凿痕迹，对自然地形略加修整，形成三个不同时期刻凿的台级形断壁，每个台级高0.5米。蓄水设施是利用自然坑凹地形略加整修而成，供来往行人以及驾车、驮货的牲畜饮水之用。

古道的石灰岩质路面因车轮长期辗轧形成较深的车辙，车辙的印痕宽窄不等、深浅不一，最宽达40厘米，最深处41厘米，最浅处仅数厘米。两车辙印痕外宽相距一般在132厘米，最窄处106厘米，最宽处156厘米。车轮间距的数据范围体现了古道长期沿用的历史。

崤函古道石壕段是汉唐时期沟通长安和洛阳交通要道的组成部分，是丝绸之路交通保障系统的珍贵物证。

窑沟遗址

编号：8-0093-1-093
年代：宋金
类型：古遗址
地址：河南省郑州市新密市

窑沟遗址位于河南省郑州市新密市大隗镇窑沟村南和大路沟村，是一处宋金时期的民窑遗址。

窑址东起窑沟，西至大路沟，总面积约 33.71 万平方米。遗址遍布瓷器、窑具残片堆积层，遗物丰富。考古发现残窑 14 座，主要分布于大沟西岸的黄庄南沟，均为马蹄形窑。采集瓷器标本主要是磁州窑系产品，以白釉为主，黑釉次之。白地黑花、黑釉凸线纹、珍珠地划花和宋三彩为多，有碗、盘、碟、盆、罐、注子、瓶和枕等器类，还有一些动物造型的产品。

窑沟遗址是研究宋金时期民窑的重要资料，对于探讨宋金时期瓷器制作技术、南北方文化交流互动等有着重要价值。

东沟窑遗址

编号：8-0094-1-094
年代：金元
类型：古遗址
地址：河南省平顶山市汝州市

东沟窑遗址位于河南省平顶山市汝州市大峪镇东沟村，是一处金元时期窑址。

窑址面积约 8.32 万平方米。遗址文化层厚约 2 米，堆积丰富，考古发现窑炉 3 座、水井 1 口和灰坑 4 个。发掘一座马蹄形窑炉，窑床经过多次修补。东沟窑的主要产品为青瓷和钧瓷，其中早期以青釉瓷器为主，元代中后期青瓷、钧瓷各占一半。出土青釉瓷器多为香灰胎或白胎，以天蓝釉为主，也见天青、粉青、茶叶末、月白釉，器类主要有敞口碗、浅腹盘、直口盂、茶托、酒器、花瓶、文具等。

东沟窑遗址出土瓷器为金代青瓷和钧瓷的断代提供了新的实物资料，对于研究金元时期瓷业和瓷器制作技术具有重要价值。

天湖墓地

编号：8-0182-2-015
年代：商周
类型：古墓葬
地址：河南省信阳市罗山县

天湖墓地位于河南省信阳市罗山县莽张镇（原莽张乡）天湖村，是一处重要的商周时期方国墓地。

墓地发现商代晚期至西周时期墓葬 50 座，战国时期墓葬 22 座，出土大量陶器、石器、玉器和青铜器，其中有 36 件带铭文"息"字的青铜器。商代晚期至西周时期墓葬均为土坑竖穴墓，墓葬形制分为"井"形椁墓和土坑墓两种。战国时期墓葬可分为"井"形椁墓、"Ⅱ"形椁墓和土坑墓，均为楚墓。天湖墓地是沟通商代晚期都城殷墟和广大南方地区的重要节点，体现了商人对"南土"的控制。墓葬文化面貌有强烈地域特色，是豫南地区"殷墟文化天湖类型"的代表性遗存。

天湖墓地是商代晚期中原地区与长江流域、江淮地区进行文化、资源和技术交流的重要见证。

徐阳墓地

编号：8-0183-2-016

年代：东周

类型：古墓葬

地址：河南省洛阳市伊川县

徐阳墓地位于河南省洛阳市伊川县徐阳村，是一处东周时期的戎人墓地。

墓地面积约 20 万平方米，发现各时期大、中、小型墓葬 300 余座，车马坑 15 座，墓葬以东西向为主。葬具均为木棺，大型墓葬葬具为一棺一椁，中、小型墓葬葬具均为单棺。出土有编钟、编磬以及青铜及玉石质礼器，少数墓葬出土五鼎四豆的礼器组合以及中原地区罕见的单耳陶罐。车马坑中发现有马、牛、羊"头蹄葬"现象。普遍有在单耳罐内放置羊骨，在陶鬲内放置猪骨的现象。遗址主要遗迹有灰坑、烧窑、道路、祭祀坑等。

徐阳墓地可确定为陆浑戎首领及贵族墓地，是目前伊洛河流域众多戎人族群中唯一能够与文献记载相印证的戎人遗存，证明了陆浑戎迁徙中原的历史事件。墓葬及随葬品显示出戎人文化逐步被周文化同化的特征，是研究中国古代民族迁徙、融合的重要材料。

西朱村曹魏墓

编号：8-0184-2-017

年代：三国

类型：古墓葬

地址：河南省洛阳市洛龙区

西朱村曹魏墓位于河南省洛阳市洛龙区寇店镇西朱村南，是经过科学发掘的曹魏时期帝后级别的大型墓葬，据推测为魏明帝曹叡墓及其祔葬墓。

墓地共发现 3 座墓葬，均为长斜坡墓道明券砖室墓，平面略呈"甲"字形，未发现封土及相关建筑遗址，与文献中曹魏时期"不封不树、不设陵寝"的记载相符。一号墓墓圹东西全长 52.1 米，深 10.8 米，由墓道、甬道、前室、过洞、后室组成。出土文物 400 余件，包括

陶器、铁器、铜器、漆木器和少量玉石器、骨器等，以及少量动物骨骼和贝类。出土刻铭石牌 200 余件，与墓葬中部分器物有明显的对应关系，可还原曹魏时期高等级墓葬的随葬物品组合。在前室砖壁上发现有残存的壁画，可辨识人物、瑞兽、宴饮、祥云等图案。

西朱村曹魏墓为研究三国时期墓葬形制、丧葬礼仪及制度、器物类型演变等提供了重要资料，刻铭石牌对研究三国时期语言、书体等具有重要参考价值。

安阳永和桥

编号：8-0352-3-155

年代：北宋

类型：古建筑

地址：河南省安阳市安阳县

安阳永和桥位于河南省安阳市安阳县永和镇，始建年代不详，现存为宋代遗构，明弘治六年（1493年）修葺。

安阳永和桥东西走向，横跨洹河故道，全长 39.5 米，桥面宽 6.8 米，桥面弧长 31.5 米，通高 8.2 米。桥体为厚墩联式三孔石桥，拱券一大二小，中间宽 7 米，两侧宽 4.5 米，中间拱券用 40 行青条石顺砌，竖缝交错，用白灰泥粘接；桥墩系纵横交错垒砌，下部两端砌有分水尖，桥墩下插立有密集的木桩，木桩上垫方木，其上为桥墩基石，木桩保存完整，墩石之间嵌铁件；桥面为

青条石铺砌,中央有相距 1.27 米的两道古代车辙痕迹。

安阳永和桥是河南现存较早的仍延续交通功能的古桥,桥身浮雕图案古朴,栏板雕刻内容丰富,选址、建筑形制和技术反映了我国古代石桥的建造技术,是研究古代桥梁的珍贵实物,也为研究宋代以后洹河流向、河道及道路交通的变迁提供了佐证,具有较高的历史、艺术和科学价值。

三祖庵塔

编号:8-0353-3-156
年代:金
类型:古建筑
地址:河南省郑州市登封市

三祖庵塔位于河南省郑州市登封市太室山南麓卧龙峰下,始建于金元光二年(1223 年),明天顺、嘉靖年间及民国时期均有重修。三祖庵塔原为三祖庵院内的佛塔,庵院建筑现已无存。

三祖庵塔为叠涩密檐式七层砖塔,平面呈方形,占地面积 4.4 平方米,现高约 10 米。塔身第一层正面辟半圆拱券门,门内为方形塔心室,可直视塔顶。二至五层塔身南壁辟尖拱形门楣的假门,塔刹仅剩石质仰莲,青石雕刻。塔身诸层高度自下而上递减,面阔逐层收敛,墙体做法沿用宋以前黄泥砌筑的材料和工艺。

三祖庵塔具有唐塔的建筑风格,是金塔袭古的典型之作和重要的实物例证;具有较高的历史和科学价值。三祖庵塔对研究中原地区宗教寺庙的发展演变和禅宗等宗教文化的传播演变具有一定的历史价值。

轵城关帝庙

编号:8-0354-3-157
年代:金、清
类型:古建筑
地址:河南省济源市

轵城关帝庙位于河南省济源市轵城镇东轵城村,建于金大定二年(1162 年),明、清均有修缮。

轵城关帝庙坐北朝南,占地面积 2000 余平方米,现存山门、拜殿、关帝殿、西配殿及碑碣、石香案等附属文物。山门为金代遗构,单檐悬山,面阔三间,进深四架椽,占地面积 85.5 平方米。关帝殿为金代遗构,单檐悬山,面阔三间,进深四架椽,占地面积 130 平方米。拜殿为清代建筑,单檐悬山式,面阔三间,进深四架椽,五架抬梁结构,南北通透,占地面积 85.14 平方米。西配殿为清代建筑,单檐悬山前廊式,面阔三间,进深四架椽,占地面积 84.5 平方米。关帝殿、山门的前后檐铺作、梁架、柱等,除关帝殿西缝平梁为后期更换外,均为金代原构。轵城关帝庙山门劄牵狭而高,关

帝殿使用单材耍头、齐心斗，以及运用柱头卷杀、替木、驼峰、合楷、叉手、椽头卷杀和槫枋之间使用攀间铺作，均体现了宋代工艺特征。

轵城关帝庙为中原地区保存有金代原构的早期建筑组群，又保留了部分宋代风格特征，体现了建筑在结构、用材、做法等方面的嬗递演变关系及南太行地区所受《营造法式》的影响，具有较高的历史价值。

丹霞寺塔林

编号：8-0355-3-158
年代：元至清
类型：古建筑
地址：河南省南阳市南召县

丹霞寺塔林位于河南省南阳市南召县留山镇马窝村丹霞山南麓，分布在丹霞寺的东、南、西三面，现存塔15座，其中元塔6座，明塔4座，清塔5座。

丹霞寺塔林依山而建，主要分为三处，除三座方形砖塔坐西朝东外，其他均坐北朝南。1号塔为"第十一代云居才公禅师寿塔"，建于大元至元三年（1266年），塔平面为六边形，塔基底边长1.23米，残高两层，高3.4米，为密檐式实心砖塔。2号元塔为"特赐佛日圆照广慧禅师孤严安公之塔"，建于大元至元六年（1269年），塔平面为六边形，塔基底边长1.2米，高三层，总高5.7米，为楼阁式实心砖塔。3号元塔，塔平面为六边形，塔基底边长1.25米，高三层，总高5.7米，为楼阁式实心砖塔。4、5、6号塔均为明塔，7、8、9、10号塔均为清代八角形石塔。11号塔为"海公禅师之塔"，坐北向南，平面八边形，高两层，总高2.91米，为石质亭式塔。12号塔为"特赐佛慧普明大禅师讷庵言公寿塔"，塔平面为六边形，坐北向南，残高一层，总高4.9米，为密檐式实心砖塔，建于大元至元三年。

13号塔为"敕赐领曹洞一宗佛性圆明普照禅师筠溪和公之塔"，塔平面为六边形，坐北向南，底边长1.89米，高三层，总高6.44米，为密檐式实心砖塔，建于大元至元三年。14号塔平面为六边形，坐北向南，残高三层，塔顶被毁，总高4.84米，为密檐式实心砖塔。15号塔为"碧峰清公和尚之塔"，乾隆三十四年（1769年）建，塔平面为六边形，高三层，总高6.44米，为密檐式实心砖塔。

丹霞寺塔林现存15座砖石塔，时代从元至清延续不断，是河南现存规模较大的重要的塔林建筑之一；六座元塔砖雕精美，清代石塔造型别致，雕刻内容丰富，具有较高的历史和艺术价值。

禹州天宁万寿寺

编号：8-0356-3-159
年代：元至清
类型：古建筑
地址：河南省许昌市禹州市

禹州天宁万寿寺位于河南省许昌市禹州市古钧台街北第一高中院内，始建年代不详，金代末年毁于兵火，元大德三年（1299年）重建，明弘治、嘉靖年间和清道光年间重修。

禹州天宁万寿寺坐北朝南，现仅存山门和大殿两座建筑，建筑面积共251.85平方米。山门为小型无梁殿式建筑，面阔三间，歇山式绿琉璃瓦顶，前后门额上分别嵌有明嘉靖和弘治年间匾额。大殿面阔三间，进深三间，平面呈方形，单檐歇山灰瓦顶；殿内梁架采用彻上明造草栿梁之做法，抬梁式木结构，大部分木构件为自然材；使用减柱造。建筑形制、构造总体呈现出元代建筑风格。

禹州天宁万寿寺大殿体现了元代建筑形制和风格，是当地保存较完整的早期建筑，对研究地方建筑建造技术及发展具有重要的历史价值。

舞阳彼岸寺大殿

编号：8-0357-3-160

年代：元至清

类型：古建筑

地址：河南省漯河市舞阳县

舞阳彼岸寺大殿位于河南省漯河市舞阳县侯集镇高寺村高寺小学院内，始建于元至正二年（1342年），明清有修缮。

舞阳彼岸寺大殿院落坐北朝南，占地面积约7000平方米，现仅存中轴线上中佛殿（大殿），院内保留有少量石碑等附属文物。彼岸寺大殿面阔三间共10.09米，进深三间共7.92米，单檐歇山式建筑。柱网减前金柱，为典型的元时期减柱造。梁架结构形式为四椽栿对乳栿劄牵用三柱。铺作为四铺作单下昂，当心间前后檐补间铺作各二朵，其余补间铺作各一朵。大殿正门东侧墙内嵌有元至正二年"敕建碑"一方。

舞阳彼岸寺大殿是河南少有的元代遗存，保存了明清的修缮信息，为研究元明清建筑嬗递关系提供了实物例证。

阳安寺大殿

编号：8-0358-3-161

年代：明

类型：古建筑

地址：河南省南阳市镇平县

阳安寺大殿位于河南省南阳市镇平县王岗乡砚台村

黄土河东岸。阳安寺始建于唐显庆元年（656年），元至元九年（1272年）重建，明代正统年间重修，现仅存大殿。

阳安寺大殿为明代建筑，面积约130平方米，面阔三间，进深三间，单檐歇山顶，木构架使用自然材建造，前部柱网采用移柱造，前部梁架采用纵梁设计，四架梁前部梁头置于一纵身梁之上，纵身梁由两翼角下金柱支撑。外檐斗拱结构中带耳拱，昂下竖刻沟槽。屋架用七桁大木作，屋面为大式灰瓦作。

阳安寺大殿完整保留了明代原构，为研究中原地区明代木构建筑提供了重要的实物资料。

汝宁石桥

编号：8-0359-3-162

年代：明

类型：古建筑

地址：河南省驻马店市汝南县

汝宁石桥包括济民桥和宏济桥，分别位于河南省驻马店市汝南县汝宁镇东关、北关，均为横跨汝河的联拱式实腹五孔石桥。

济民桥始建于明成化十九年（1483年），明隆庆三年（1569年）、崇祯六年（1633年）和清顺治八年（1651年）均有重修。济民桥桥长55米，宽7.3米，高11米，桥分为桥基、桥身两部分。有桥墩四个，墩脚自河泥以上一般高5.3米，全部用长方形青条石垒成，桥墩的逆水面带有分水金刚雁翅，由桥墩伸出4.7米，约占桥墩高的三分之一。桥栏板采用浅浮雕和高浮雕技法，饰有各种异花奇草、珍禽瑞兽。

宏济桥始建于明弘治十八年（1505年），嘉靖年间重修。桥长55米，宽8.6米，高10米。桥拱中孔由排券联成，每排用券石21块，采用纵向分节并列式做法，两边的孔采用纵联式砌拱法使整个拱券成为一体，内券以条石砌筑。桥基除两岸金刚墙外共有四个桥墩，每个桥墩用 18 层石条横向叠砌而成。桥墩头朝上游砌有分水尖，平面呈船形，分水尖为楼梯形，三层以上每层递减 30 厘米。桥墩之上拱与拱之间有一个长方形的空腔，空腔内两壁用青砖镶砌。

汝宁石桥为河南保存不多的大型石拱桥，设计严谨，构造精巧，石桥桥墩的空腔可以有效减小水流阻力，减轻桥身自重，增大排水面积；迎水桥墩上砌筑分水金刚雁翅、分水尖、镇水兽可以抗击洪水和冰块冲击，保护桥身，顺水一侧船形设计可减少券洞内水流挤压力，对研究明代桥梁建造技术具有较高的科学价值。

延津大觉寺万寿塔

编号：8-0360-3-163
年代：明
类型：古建筑
地址：河南省新乡市延津县

延津大觉寺万寿塔位于河南省新乡市延津县城关镇温州商业街中段大觉寺旧址，大觉寺始建于唐天宝年间，明宣德、成化年间重修，明嘉靖二十八年（1549 年）重建，万历十三年（1585 年）竣工。

延津大觉寺万寿塔为平面六角七级楼阁式砖塔，通高 29.67 米，底层边长 3.9 米，占地面积 41 平方米，由基座、塔身、塔刹组成，自下而上挑檐及平座逐层内收轻微。二至七层皆由砖雕仰莲平座、砖砌塔身和带砖

雕斗拱的挑檐三部分组成。七层塔顶为六角攒尖顶，上置铜质葫芦塔刹。附属文物有元赵孟頫书"长明灯记"碑、明"重修大觉寺记"碑。

延津大觉寺万寿塔重建历时 36 年，塔体和镶嵌在塔内的捐资修建记事碑等碑刻，是研究地方建筑史的重要实物载体。延津大觉寺万寿塔整体建筑结构浑厚、风格规整，具有典型的明代特征，塔心室内雕刻精美丰富，斗拱耍头雕刻样式多变，具有较高的历史和艺术价值。

杞县大云寺塔

编号：8-0361-3-164
年代：明
类型：古建筑
地址：河南省开封市杞县

杞县大云寺塔位于河南省开封市杞县宗店乡瓦岗村，始建于唐，明万历二十四年（1596 年）重建，原建于大云寺内。

杞县大云寺塔为七级八边仿木楼阁式砖塔，平面呈正八边形，现高 20.43 米，层层出檐，逐层内收，榫卯相扣，严密坚实，造型独特。从第一层到第六层，塔身内外壁原共镶佛 400 余尊。塔基上西侧辟门，有券顶回廊，逆时针而上直通塔心室，踏步 33 级。东面辟真门；正中有阳台，台上有佛龛；东壁嵌塔石铭一块。

大云寺塔造型独特，古朴大方，砖雕花卉及佛像精美细致，塔体建筑上特别是檐下砖雕、斗拱等造型优美，做工考究，对研究古代优秀雕刻艺术和建筑艺术具有重要价值，并见证了武则天推广《大云经》、诏令全国各州郡修建大云寺的历史事件，是研究宗教史和明代佛教建筑珍贵的实物遗存。

龙泉澧河石桥

编号：8—0362—3—165
年代：明
类型：古建筑
地址：河南省平顶山市叶县

龙泉澧河石桥又称善桥、翠花桥，位于河南省平顶山市叶县龙泉乡龙泉村北澧河上，南北走向，始建于明代。

龙泉澧河石桥为31孔石板平桥，桥长60米，宽5米，每孔桥面为5块条石并排铺成，第1、3、5块为石灰岩（青石）铺设，供人行走；第2、4块用坚硬的花岗岩条石作梁，专门行车。用碗口粗的柳木呈梅花状嵌入河床成为支撑桥身的桩基，在桩基之上满铺海墁石，其上承托桥墩。桥墩由三块条石叠砌而成，条石两端均凿圆形孔洞，内插铁相连。桥面石板与石板间皆有铁扣连固。铁扣和插铁的设置有效增强了桥面和桥墩的整体性能，密排的木桩大大提高了基础的地耐力，桥基、桥墩、桥面形成整体共同抵抗洪水的冲击。桥的下流饿水处铺有石板，石板外又有木桩支撑，减少了河水对桥墩的冲击。西侧桥墩雕螭首，逆水排列，东侧桥墩雕螭尾，雕刻较为精美。

龙泉澧河石桥虽经清代修葺，但仍保留有明显的明代风格，是研究我国古代桥梁建筑的实例，具有较高的历史价值。

原武城隍庙

编号：8—0363—3—166
年代：明清
类型：古建筑
地址：河南省新乡市原阳县

原武城隍庙位于河南省新乡市原阳县原武镇东街，始建于明洪武二年（1369年），明清两朝多有添建重修。

原武城隍庙整体坐北朝南，现存有前殿、中殿、拜殿、大殿四座建筑和明清石刻20余通，总建筑面积596.2平方米。现存四座建筑皆建于明代，为硬山灰瓦砖木结构。其中大殿、拜殿建于明洪武二年，保留了明代早期木构件的结构特征，并体现了元代的建筑风格。前殿、中殿建于明崇祯年间，木结构为早期用材，并且保留了当时独具特色的艺术构件。

原武城隍庙是研究豫北地区明清庙宇建筑及地区建筑发展的重要实证材料，为研究明代河南砖木结构建筑形式风格、结构特点和彩绘艺术提供了实物例证，具有较高的历史价值。

许昌文庙

编号：8-0364-3-167
年代：明清
类型：古建筑
地址：河南省许昌市魏都区

许昌文庙位于河南省许昌市魏都区文庙前街中段。创建于唐文宗开成元年（836年），金章宗昌明年间迁至现址，明洪武三年（1370年）重建，后屡有修葺与扩建，现存主要为明清建筑。

许昌文庙坐北朝南，轴线上依次建造有照壁、戟门和大成殿。文庙照壁为四柱三间石牌坊式样，下面用须弥座，具有明代早期石刻的特征。戟门为五间硬山建筑，梁架用自然材，檐下单昂用三踩斗拱，延续了明代建筑细部处理的特征，也体现了地方特色作法。大成殿面阔七间，进深十一檩，前方有宽阔的月台。屋顶用绿琉璃瓦，檐下用双下昂五踩斗拱，保留了明代建筑特点。

许昌文庙整体布局基本完整，建筑具有明代地方传统建筑风格，附属碑刻和石刻文物保存基本完好，具有较高的历史价值。

弦歌台

编号：8-0365-3-168
年代：明清
类型：古建筑
地址：河南省周口市淮阳区

弦歌台位于河南省周口市淮阳县城西南隅龙湖中，唐开元九年（721年）为纪念孔子在陈蔡（今淮阳）绝粮七日、弦歌不止，移孔子庙于该台。明嘉靖二十一年（1542年）更名为"弦歌台"。明清两朝多有修建。

弦歌台四面环水，占地面积100余亩，整体布局为三进式，现存正门、戟门、大成殿等明清建筑3座，另有部分附属碑刻。正门始建于明嘉靖二十一年，清康熙五十年（1711年）重修，位于十三级台阶之上，面阔三间，单檐歇山式，顶覆绿琉璃瓦，檐下饰单翘"品"字形砖雕斗拱，门上方嵌有"弦歌台"石匾额1方。戟门始建于明嘉靖二十一年，清康熙六年（1667年）重修，位于七级台阶之上，台高1米，面阔三间，硬山式。门旁墙上嵌有重修碑，名曰"谒弦歌台"。大成殿始建于明嘉靖七年（1528年），清康熙五十三年（1714年）重修，五级台阶，高台建筑，面阔七间，进深五间，单檐歇山式，绿琉璃瓦复顶，周有回廊。

弦歌台现存建筑基本保留并延续了其从唐代到清代作为孔庙和书院的格局特征，具有较高的历史价值。

济源二仙庙

编号：8-0366-3-169
年代：明清
类型：古建筑
地址：河南省济源市

济源二仙庙又称"紫虚元君庙"，位于河南省济源市梨林镇大许村，是纪念道教上清派第一代宗师魏华存的场所。创建于唐代，明嘉靖三十年至三十三年

（1551～1554年）重修静应殿、东配殿等，明万历五年（1577年）重修元君殿，清顺治七年（1650年）、乾隆三十年（1765年）、道光二十年（1840年）、光绪二十六年（1900年）均有重修和增建。

济源二仙庙坐北朝南，占地面积4000余平方米，现存元君殿、静应殿、拜殿、东配殿四座建筑和山门遗址处的元代石狮、明清碑碣、石香案等。元君殿原为二仙庙中轴线上的第三座主殿，面阔三间，进深六架椽，单檐歇山造，是一座保留有大量明代构件和做法的清代重修建筑。前檐大额枋精美的透雕，硕大的梁架以及通额枋、三道正心拱的使用，带有较强的时代和地区特色。

济源二仙庙大木构架较多地保留了明代的原构和做法，反映了南太行地区的建筑特色，具有较高的历史价值。

登封玉溪宫

编号：8-0367-3-170
年代：明清
类型：古建筑
地址：河南省郑州市登封市

登封玉溪宫原名"瑜栖宫"，位于河南省郑州市登封市唐庄镇土观村，始建于明代，明宣德年间、清康熙年间均有重修。

登封玉溪宫占地面积约3200平方米，现存有明代

玉皇殿和清代九苦殿、三官殿以及明至民国时期碑刻10通。玉皇殿为玉溪宫正殿，面阔三间，进深三间，单檐歇山绿色琉璃瓦覆顶，檐下施双昂五踩斗拱，殿内存有壁画和拱眼壁彩画，充分显示了地方彩画特征。九苦殿、三官殿均为面阔三间，进深一间，三架梁，无柱，单檐硬山式灰筒瓦覆顶。

登封玉溪宫玉皇殿结构严谨，在建筑特征和构件制作上灵活巧妙地运用了许多地方手法，具有鲜明的时代性、区域性，对研究地方建筑建造技术及发展具有重要的参考价值；保存下来的碑刻、石雕及壁画记载了宫院的产生、发展和兴衰历史，突出体现了嵩山古代道教传播发展的重要性，是研究中原道教历史文化的实物例证。

侯湾泰山庙

编号：8-0368-3-171
年代：明清
类型：古建筑
地址：河南省平顶山市汝州市

侯湾泰山庙位于河南省平顶山市汝州市焦村镇邢村，始建于宋庆历五年（1045年），历经各代修建，现存为明清建筑。

侯湾泰山庙坐北朝南，现有建筑组群东西宽62米，南北长193米，占地面积11966平方米。建筑群整体呈中轴线对称布局，现存三进院落，有明清建筑8座。中轴线上一进院落现存拜殿、正殿、东太尉殿、西太尉殿，正殿西侧为阎君殿；二进院落现存寝殿、三官殿；三进院落仅存东侧的老母殿。庙内现存古碑10余通。正殿、拜殿和三官殿具有典型的明代建筑特征，金柱柱头卷杀

呈覆盆状，有明显斗䫌，有襷间斗拱，正殿后檐用重唇板瓦。拜殿东北角柱有明代隆庆元年（1567年）题记。正殿两侧山墙较好地保存了明代壁画，壁画色彩简洁，线条流畅，人物形象、车马、仪仗幡旗栩栩如生。寝殿内存清代壁画，生活气息浓厚。

侯湾泰山庙整体格局完整，体现了河南明代建筑形制特征，且壁画内容生动形象，具有较高的历史和艺术价值。

温县遇仙观

编号：8-0369-3-172
年代：明清
类型：古建筑
地址：河南省焦作市温县

温县遇仙观位于河南省焦作市温县武德镇徐堡村北侧，始建于元朝至元年间，后经明清两代多次扩建和重修。

温县遇仙观坐北朝南，占地面积1752平方米，现存主体建筑有山门、玉皇殿、三清殿，配殿分别为关帝殿、土地殿、天将东殿、天将西殿、三官殿、工母殿、天师殿、三皇殿、瘟神殿、四圣殿。观内还保留着大量的石碑、石刻等附属文物。中轴线上的三座建筑均为明代建筑，大木构架沿袭了元代自然材的特点。三清殿的斗拱斗口为8.5厘米，单材高12.7厘米，足材高17.8厘米，符合宋《营造法式》的用材比例；斗拱上的12个龙头形态各异，雕刻精美。山门和玉皇殿门枕石上的狮子刻艺精湛，玉皇殿内梁架保留有明代彩绘。

温县遇仙观建筑规模较大，保存完整，是豫北地区较有代表性的明代建筑，具有较高的历史价值。

大程书院

编号：8-0370-3-173
年代：清
类型：古建筑
地址：河南省周口市扶沟县

大程书院位于河南省周口市扶沟县城书院街，是宋代著名思想家、教育家、理学家程颢于宋神宗熙宁八年（1075年）至元丰三年（1080年）任扶沟知县时创建，现书院格局是清康熙二十八年（1689年）重建而成。

大程书院占地面积3200平方米，现存建筑均为清代所建，坐北朝南，分两进院落，由大门、龙门、东西文场、立雪讲堂等建筑组成，保存有清代石刻5通。主体建筑立雪讲堂始建于清乾隆十四年（1749年），建筑面积130平方米，面阔三间，进深三间，十架椽，单檐硬山式，筒板瓦屋面，民式脊饰，建筑南侧前面设有

月台，月台前设青石踏步。

大程书院建筑工艺古朴，结构严谨，设计精巧，尤其是砖雕构件雕刻精美，对于研究河南建筑地方手法及书院建筑的形制特点具有较高的历史价值。大程书院是二程理学的发源地和传播地，也是典故"程门立雪"传扬之所，影响深远，为研究古代社会史和文化史提供了丰富的例证资料。

龙亭大殿

编号：8—0371—3—174
年代：清
类型：古建筑
地址：河南省开封市龙亭区

龙亭位于河南省开封市龙亭区中山路北端的龙亭公园内。龙亭一带最早是唐宣武军节度使衙署，之后为后梁、后晋、后汉、后周、北宋、金末六朝皇宫所在地。清康熙三十一年（1692年）修建万寿亭，雍正十二年（1734年）在万寿亭的基础上修建万寿宫，乾隆十六年（1751年）改为万寿观，咸丰六年（1856年）龙亭大殿恢复旧观。

龙亭大殿坐落于北宋皇宫后御苑旧址之上，大殿墩台为明代周王府花园中的煤山，清代包砌而成。墩台高13.2米，东西长31.8米，南北宽25米。大殿坐北朝南，总高26.7米，面阔五间，通面阔19.1米，进深四间，通进深11.9米。

龙亭大殿坐落于宋代皇宫后御苑旧址之上，是开封作为六朝古都延续、发展的历史见证，包含了不同时代的多种遗存，整合成为与周边景观环境协调共存的高台建筑，形制独特，具有较高的历史和艺术价值。

偃师九龙庙

编号：8—0372—3—175
年代：清
类型：古建筑
地址：河南省洛阳市偃师市

偃师九龙庙位于河南省洛阳市偃师市山化乡石家庄村，是清嘉庆年间为纪念治水英雄黄大王而建。正殿始建于清嘉庆十六年（1811年），后殿建于嘉庆二十二年（1817年），东厢房、西厢房分别建于清同治十一年（1872年）、同治十二年（1873年），钟楼、鼓楼建于清光绪十八年（1892年）。

偃师九龙庙坐北向南，占地面积3500平方米，布局中轴对称，现保存单体建筑自南而北依次为钟楼、鼓楼、东厢房、西厢房、正殿（含拜殿）、后殿；原有山门和戏楼已毁。钟楼、鼓楼分别位于庙宇的东南角和西南角，平面皆呈方形，歇山式二层阁楼，青瓦顶，内部五架梁三檐椽。东西厢房面阔五间，进深一间，单檐硬山式建筑，前出廊，青瓦顶。拜殿在正殿前，与正殿形成勾连搭形式。拜殿面阔三间，进深一间，为砖木卷棚结构，青瓦顶。正殿面阔三间，进深三间，平面呈方形，

歇山式，青瓦顶，檐下饰斗拱，均饰彩绘，四角斜梁上饰垂花式寿桃，梁柱接榫处有雀替。后殿面阔三间，进深一间，单檐硬山式二层阁楼，前出廊，廊下有木楼梯可至二层，东西各有耳房一间。庙宇内关于黄守才治水故事的彩绘较为精美，还有较多的斗拱木雕、墀头砖雕等。

偃师九龙庙是保存较为完整的纪念当地治理水患、普惠民众的历史名人的建筑群，是研究洛阳地区建筑史、文化史的重要实证，具有较高的历史和艺术价值。

怀邦会馆

编号：8-0373-3-176
年代：清
类型：古建筑
地址：河南省许昌市禹州市

怀邦会馆位于河南省许昌市禹州市老城西北隅文卫路15号，由怀庆府（今河南省沁阳市）籍的药商于清同治十一年（1872年）修建，由于在修建会馆时所用青砖面上均模印有阳文"怀邦"二字，故称"怀邦会馆"。

怀邦会馆坐北朝南，占地面积5028平方米，现存中轴线建筑自南向北依次有照壁、山门、戏楼、拜殿、大殿，东西厢房及西门楼七座建筑。照壁东西长17.5米，南北宽1.02米，为一字三楼式青砖影壁；山门面阔五间，17.32米，正中三间为抱厦式，两梢间为硬山卷棚式，进深6.38米；山门后接倒座戏台，单檐歇山式建筑，面阔三间12.3米，进深一间7.22米；拜殿面阔五间17.3米，进深一间6.62米，单檐歇山卷棚式建筑，

台基高0.95米，前出月台。大殿面阔五间17.3米，进深三间12.32米，单檐悬山式建筑，台基高0.95米；东西厢房面阔五间，进深一间，单檐单层悬山式建筑；西门楼面阔一间4.18米，进深一间3.62米，单檐硬山式建筑。

怀邦会馆是河南地区规模较大、时代较早的药商会馆，是清代社会经济和中药文化繁荣发展的见证。怀邦会馆具有会馆类建筑群布局的典型特征，木雕、砖雕、石雕技艺精湛、内容丰富，大殿内彩绘层次分明，具有较高的历史和艺术价值。

登封崇福宫

编号：8-0374-3-177
年代：清
类型：古建筑
地址：河南省郑州市登封市

登封崇福宫位于河南省郑州市登封市太室山南麓万岁峰下，建于西汉元封元年（前110年），明成化九年（1473年）重修，清代又有修葺。范仲淹、司马光、程颢、程颐、朱熹等名儒掌管过崇福宫。

现存建筑泰山殿、三元殿、玉皇殿、龙王殿皆为清代建筑，并有附属文物"寇谦之传碑"。三元殿为砖石结构，无木建筑，拱券顶覆以灰色筒瓦，歇山式，平地起券，四周墙体厚1～1.5米，均用山石及灰砖白灰粘缝垒砌而成。殿檐一周施用灰砖雕刻磨制而成的仿木五踩斗拱，后檐及两山各施五组，前檐施有八组，四角各施有一组大转角斗拱；上顶覆以灰色筒瓦，筒子脊，饰以五脊六兽；前墙明间辟一拱券形大板门，次间辟有方窗。龙王殿前有泛觞亭。

登封崇福宫现存的三元殿、玉皇殿均为拱券式无梁建筑，是研究河南无梁殿建筑的实例。崇福宫自建成以后就是皇帝祈福佑民的重要活动场所，北宋时是王安石变法时保守派被贬之地，同时也是名道主持的道场、名儒著书立说之地，对研究我国道教史和儒家文化具有较高的历史价值。

新安洞真观

编号：8—0375—3—178
年代：清
类型：古建筑
地址：河南省洛阳市新安县

新安洞真观位于河南省洛阳市新安县铁门镇玉梅村的烂柯山麓，观内建筑始建于宋、金时期，元、明、清屡次重修，现存建筑主要为清代遗构。

新安洞真观北为古建筑区，南为洞窟区。现存的山门、三清殿、官厅、玉皇殿位于中轴线上，王母殿、厢房、道房、道坊院分列东、西两侧。洞窟凿于岩崖处，现存五窟，大小不一。新安洞真观山门、三清殿及玉皇殿内墙壁上现存清代彩绘壁画30余幅，面积约90平方米，图案清晰，保存较完整。主体建筑三清殿木构梁架保留了大量原构，用材较大，斗拱、梁架多数构件体现清代早期建筑特征，但收分、侧角明显，部分体现明代特征，并保留有龙、云纹彩绘。洞真观内现存碑碣61通，其中元成宗皇帝圣旨碑3通，名人题诗碑16通，明清时期修醮完满记事碑以及题刻历史重修碑记、朝山进香碑记等30余通。

新安洞真观现存清代彩绘壁画内容丰富，具有较高的艺术价值。洞真观体现了道教文化在豫西地区的传播和兴盛，具有一定的历史价值。

宜阳福昌阁

编号：8—0376—3—179
年代：清
类型：古建筑
地址：河南省洛阳市宜阳县

宜阳福昌阁位于河南省洛阳市宜阳县韩城镇西福昌村北，始建于明代，清嘉庆二十四年（1819年）进行全面修葺，现存为清代建筑。

宜阳福昌阁为高台建筑，台高约30米，就山崖筑台，在东西两侧砌筑砖洞；台基两侧也用砖砌券洞，称

为"神洞"，奉祀神位。阁坐北朝南，面阔五间，进深三间，重檐绿琉璃瓦，花脊。屋顶构造形式独特，在庑殿顶的后坡又做一个歇山顶，在五架梁上形成"勾连搭"。老檐柱和檐柱的额枋上安装斗拱，具有强烈的装饰作用。台下另有清代建筑燕堂书斋三间，外壁嵌立历代碑刻7方。

宜阳福昌阁是供奉真武大帝的道教活动场所，高台建筑形式较有特色，其上层屋顶结构形制较为罕见，具有较高的历史价值。

偃师兴福寺大殿

编号：8-0377-3-180
年代：清
类型：古建筑
地址：河南省洛阳市偃师市

偃师兴福寺大殿位于河南省洛阳市偃师市高龙镇高崖村，始建于明正德四年（1509年），清代和民国时期均有修缮，现存大殿为清代建筑。

偃师兴福寺大殿坐北朝南，面阔进深均为三间，东西长11.30米，南北进深9.10米，歇山式，土木结构建筑。正脊两端饰有正吻，中间有侧剑把吻形装饰；垂脊和戗脊上有鲤鱼翻身、吼狮、龙吻等脊兽；滴水瓦有八卦图案；大殿前檐下斗拱上有54个精美的衔珠龙头造型。建筑墙体上半部为土坯砖砌筑，外做粉刷层，下半部为青砖砌筑。整个大殿全由传统榫卯结合，四面墙内均置有墙内柱，内部柱、梁结构复杂，明间西部为通柱，东部通梁，结构不对称，巧妙利用力学原理保持建筑稳固。大殿墙壁和内部梁架上均绘制有祥云、佛像等壁画。

偃师兴福寺大殿保存完整，建筑精美，结构独特，充分反映出地方建筑因形就势、灵活建造的特点，具有较高的历史价值。

花洲书院

编号：8-0378-3-181
年代：清
类型：古建筑
地址：河南省南阳市邓州市

花洲书院位于河南省南阳市邓州市老城区东南角。北宋庆历六年（1046年），北宋著名政治家、军事家、文学家范仲淹谪知邓州，在古城东南隅创建花洲书院，写下《岳阳楼记》。北宋绍圣二年（1095年）范仲淹之子曾对书院进行整修，现存主要为清代建筑。

花洲书院居中为书院主体，五进四院结构，西部为范文正公祠，东部为百花洲、园林、亭台楼榭等。历史建筑范文正公祠、春风堂、万卷阁、览秀亭，另有历代碑刻4通。范文正公祠坐北朝南，单檐硬山式建筑，面阔三间12.99米，进深两间7.53米，建筑面积97.81平方米。春风堂坐北朝南，单檐硬山卷棚式建筑，面阔三间13.32米，进深三间9.37米，建筑面积124.81平方米。万卷阁坐北朝南，单檐双层硬山式建筑，面阔三间13.44米，进深三间7.49米，建筑面积201.34平方米，占地面积100.67平方米。览秀亭又名景范亭，单檐单层八角攒尖亭式建筑，位于被水围绕的八角形台基上，前、后设虹桥出入，占地面积25.71平方米。

花洲书院居中书院展现了中国古代书院建筑的结构，东部体现了江南园林风格，为研究中国古代书院文化与建筑风格提供了宝贵的史料和物证。

尹宙碑

编号：8-0496-4-019
年代：东汉
类型：石窟寺及石刻
地址：河南省许昌市鄢陵县

尹宙碑现存河南省许昌市鄢陵县城原文庙戟门内，为东汉熹平六年（177年）制碑。

碑通高2.09米，宽0.96米，厚0.24米。碑额正中有一直径 0.13 米的穿孔，穿孔右端残存篆书"从铭" 2 字。碑文以隶书勒石，碑文 14 行、行 27 字，记载了豫州从事尹宙的家世及功绩。

尹宙碑书体是隶书向楷书的过渡型，笔法圆健，近于楷体，在中国书法史和文字发展史上具有承上启下的意义，对研究汉代文字发展演变及书法艺术具有重要价值。

回銮碑

编号：8-0497-4-020
年代：北宋
类型：石窟寺及石刻
地址：河南省濮阳市濮阳县

回銮碑，又写作迴銮碑，位于河南省濮阳市濮阳县城关镇御井街，又称"契丹出境碑"，制于北宋至和二年（1055 年）。

碑体为青黑色石质，原碑仅存上部，1987 年补修，整修后碑身高 2.9 米，宽 1 米，厚 0.32 米。碑阳正文题刻宋真宗赵恒所作《契丹出境诗》全文，计 65 字，现仅存上部 31 字，阴刻行草书体，为宋真宗御制亲书。

回銮碑是宋辽"澶渊之盟"这一事件的实物见证，具有重要的历史和艺术价值。

佛顶尊胜陀罗尼经幢

编号：8-0498-4-021
年代：金
类型：石窟寺及石刻
地址：河南省郑州市荥阳市

佛顶尊胜陀罗尼经幢位于河南省郑州市荥阳市康泰

路与京城路交叉处，建于金泰和三年（1203 年）。

经幢为青石雕建，高 7 米，由座、身、顶三部分组成。须弥座，上刻高浮雕力士像及仰莲图案。幢身为八棱柱，刻有佛经和跋语，可辨认出《佛顶尊胜陀罗尼经》和《佛说父母恩重经》。幢顶由宝珠、宝壶、重檐、四面开龛雕像、仰莲座、八面花盖狮头等组成。

佛顶尊胜陀罗尼经幢是金代石刻文物中的珍品，对研究中国古代雕刻艺术史、佛教文化发展史具有重要价值。

兴隆庄火车站站舍旧址

编号：8-0638-5-122
年代：1915 年
类型：近现代重要史迹及代表性建筑
地址：河南省开封市祥符区

兴隆庄火车站站舍旧址位于河南省开封市祥符区杜良乡尚寨村东陇海铁路北侧。现存火车站站舍建于 1915 年，站长住所和防空洞建于 1937 年。

火车站站舍、站长住所及附属防空洞总占地面积 18000 平方米，建筑面积 421 平方米。站舍建筑包括主楼和东、西次楼，为一层阁楼式，平面呈"十"字形，

建筑面积 171 平方米，红砖墙体，木桁架结构。站长住所建筑位于站舍西侧 100 米处，为一组合院布局的一层坡顶房舍，建筑面积 150 平方米。防空洞为砖混结构，建筑面积 100 平方米。1983 年 3 月，因修建新站舍，该站舍停运后作为仓库使用。1959 年、2008 年曾进行维修。

兴隆庄火车站站舍旧址是目前陇海铁路全线保留的为数不多的民国时期铁路交通类建筑群，尤其是首批由比利时人建设的站舍，是重要交通大动脉陇海线百年铁路活动的重要见证；旧址火车站站舍主体建筑风格为西式建筑风格，设计合理、造型别致、美观大方，反映了中西文化的碰撞与融合，具有一定的科学、艺术价值。

河南省博物馆旧址

编号：8-0639-5-123
年代：1927 年
类型：近现代重要史迹及代表性建筑
地址：河南省开封市龙亭区

河南省博物馆旧址位于河南省开封市龙亭区三胜街 30 号。

旧址建筑建于 1927 年，包括南楼、西楼、北楼和礼堂，合院式布局，西式建筑风格，装饰简洁，格调典雅。南楼、北楼、西楼为两层砖混结构的外廊式建筑。礼堂为单层砖木结构，巴西利卡形式，立面为古典主义建筑风格。旧址占地 1917.26 平方米，总建筑面积 1967.13 平方米。

1927 年，时任河南省政府主席的冯玉祥为妥善保护 1923 年出土的 100 多件青铜器，推动创建了河南省博物馆。

河南省博物馆是中国最早的现代公共博物馆之一。该馆旧址是现河南博物院的发轫之地，是中国博物馆事业发展历程的一个重要见证。

中国工农红军第一军司令部旧址

编号：8-0640-5-124
年代：1930 年
类型：近现代重要史迹及代表性建筑
地址：河南省信阳市新县

中国工农红军第一军司令部旧址位于河南省信阳市新县箭厂河乡黄谷畈村。

1930 年 2 月，中共中央将鄂豫皖边三省十七县划为特别区，成立鄂豫皖特委。3 月，决定将红三十一、三十二、三十三师改编为中国工农红军第一军，直属中央领导。4 月，红一军军部在黄谷畈组成，军长许继慎，政治委员曹大骏，副军长徐向前。

旧址建筑主体为三间砖木结构的普通民房，坐西向东，房前有一个长形小院，院墙北首开一"吞"字门楼，总占地面积 165 平方米。中屋为军首长会议室，南屋为军长许继慎住室，北屋为军部饭厅。

中国工农红军第一军的成立，实现了鄂豫皖革命根据地红军的统一领导，为开展更大规模的武装斗争和鄂豫皖革命根据地的大发展创造了条件，是鄂豫皖革命史乃至中国革命史上的重大事件。司令部旧址记录和见证了这一段光辉历程，具有重要的历史价值和社会意义。

鄂豫皖边特区苏维埃政府旧址

编号：8-0641-5-125
年代：1930 年
类型：近现代重要史迹及代表性建筑
地址：河南省信阳市新县

鄂豫皖边特区苏维埃政府旧址位于河南省信阳市新县箭厂河乡李洼村杨畈村民组。

1930 年，中共中央派郭述申、许继慎、曹大骏、熊受暄等相继到达鄂豫边的中心箭厂河。3 月 20 日，中共中央巡视员曹大骏在箭厂河召开原鄂豫边特委和红军领导干部会议，宣布中共鄂豫皖边特委成立，郭述申任书记。6 月底选举产生特区苏维埃政府，下辖财经、文化、裁

判、农民、妇女、总工会、扩大红军等委员会和政治保卫局、石印局等单位。

鄂豫皖边特区苏维埃政府旧址建筑原为石氏商铺，坐北向南，前后两排，每排五间，东西各有一间横屋，共12间青砖灰瓦房，构成一座长方形小院，"吞"字大门开在西侧横屋。建筑面积260平方米。

鄂豫皖边特区苏维埃政府的成立，标志着鄂豫皖区实现了党和政府机构的高度统一，为鄂豫皖革命根据地的发展奠定了基础，在党的历史发展，特别是早期政权建设史上有着重要地位。鄂豫皖边特区苏维埃政府旧址作为这段重要历史的实物见证，具有重要价值。

晋冀鲁豫野战军指挥部旧址

编号：8-0642-5-126
年代：1947～1948 年
类型：近现代重要史迹及代表性建筑
地址：河南省濮阳市范县

晋冀鲁豫野战军指挥部旧址位于河南省濮阳市范县白衣阁乡白衣阁村。

1946 年 10 月，晋冀鲁豫野战军司令员刘伯承、政委邓小平率部发起陇海路段反击战和曹县、定陶、巨野等战役。11 月 4 日，晋冀鲁豫野战军指挥部在这里召开部队团级以上干部会议，邓小平政委作《形势与任务》

报告，刘伯承司令员作《关于战术问题》报告。这次会议为刘邓大军强渡黄河、千里跃进大别山，揭开战略反攻的序幕奠定了基础。

旧址建筑原为房氏民宅，始建于清末，院落占地面积 2980 平方米。包括北房 4 间（刘伯承住，两间为会议室），南屋 4 间（邓小平住，两间为作战指挥室），西屋 3 间（军需管理室），东屋 4 间（通讯室）。

晋冀鲁豫野战军指挥部旧址，是解放战争时期刘邓大军强渡黄河、千里跃进大别山以及中国人民解放事业由战略防守转为战略进攻的重要见证，具有重要的历史价值。

豫陕鄂军政大学旧址

编号：8-0643-5-127
年代：1948 年
类型：近现代重要史迹及代表性建筑
地址：河南省平顶山市鲁山县

豫陕鄂军政大学旧址位于河南省平顶山市鲁山县鲁阳镇八街村，鲁山一高附中院内。

1948 年 1～3 月，豫西军政干部学校、五分区军政干部学校以及鄂豫皖干部训练班先后迁到鲁山县城，合并改组后在鲁山文庙建立豫陕鄂军政大学，校长由陈赓司令员兼任，1948 年 5 月离开鲁山。

旧址建筑原为文庙大成殿和崇圣祠。文庙大成殿为金代仿宋建筑，元、明、清以来多次重修，面阔七间，为单檐歇山、台梁式梁架的砖木结构建筑。崇圣祠建于清乾隆五十七年（1792 年），面阔七间，进深两间。

豫陕鄂军政大学为我党我军培养了大批急需的军事和政工干部，也为中国人民解放军军事工程学院的建立打下了一定的基础，在我国军校发展史上具有重要地位。豫陕鄂军政大学旧址是这段光辉历程的实物见证，具有重要的历史价值和纪念意义。

开封伞塔

编号：8-0644-5-128
年代：1955 年
类型：近现代重要史迹及代表性建筑
地址：河南省开封市禹王台区

开封伞塔位于河南省开封市禹王台区南郊乡干河沿村南，于 1955 年 9 月动工修建，1956 年 6 月落成使用。

伞塔高 85 米，圆柱形，钢筋混凝土结构，由塔基、塔身和塔顶三部分组成。塔基深埋于地面以下；塔身直径 8 米，顶部设 3 座悬臂跳台；塔顶为圆锥形状，上端设有避雷针和五角星装饰。该塔建成时被誉为"亚洲第一，世界第二"。塔顶、塔身分别嵌有"伞塔"和"伞兵的摇篮" 7 个金色大字。塔内设施已不存。

开封伞塔是新中国伞兵的摇篮，也是国内著名的国防体育运动设施，举办过多次全国伞塔跳伞比赛，曾有数万名空降兵官兵和地方伞塔跳伞员在此接受训练，为空降兵部队建设和中国跳伞运动的发展做出了重要贡

献。1959 年 1 月 8 日，我国运动员崔秀英、耿桂芳和郝建华，在这里打破了苏联运动员 1957 年创造的跳伞世界纪录。

开封伞塔作为"伞兵的摇篮"，见证了中国空降兵从无到有、由弱变强艰苦创业的发展历程，是一代又一代空降兵心中的丰碑，具有重要的历史价值和精神情感价值。

滑县县委县政府早期建筑

编号：8-0645-5-129
年代：1959 年
类型：近现代重要史迹及代表性建筑
地址：河南省安阳市滑县

滑县县委县政府早期建筑位于河南省安阳市滑县道口镇解放路中段。

滑县县委县政府早期建筑建成于 1959 年，占地面积 66276 平方米，总建筑面积约 8000 平方米。包括建筑 12 处共 21 栋：县委办公 1 号院，县委办公 2 号院，县委 1 号综合办公楼，县委 2 号综合办公楼，县委大会议室，中心组会议室，县委综合办公用房 1 号房，县委综合办公用房 2 号房；县政府办公 1 号院，县政府办公 2 号院，职工餐厅，县政府综合办公楼。

建筑结合苏联建筑风格与中国传统建筑元素，分为单层建筑和阁楼式建筑，均为砖木结构。建筑屋面均为红瓦绿檐口，屋架为三角桁架形式。根据建筑功能需求，办公区整体采用中国传统合院的布局方式，但在入口形式、墙面装饰和屋架形制等方面采用苏式建筑做法，从而形成中苏合璧的院落建筑风格。

该建筑至今已使用 60 余年，是保存十分完整的特定历史时期的当代行政办公建筑，其保存规模及包括当代使用功能在内的完好程度在全国都十分罕见，是中华人民共和国成立初期当代基层办公建筑样态完整并呈大规模群组的少有代表，具有重要的历史价值。

郑州第二砂轮厂旧址

编号：8-0646-5-130

年代：1964年

类型：近现代重要史迹及代表性建筑

地址：河南省郑州市中原区

郑州第二砂轮厂旧址位于河南省郑州市中原区华山路78号。

1953年，国家决定在武汉成立中南砂轮厂（第二砂轮厂前身）筹备处。同年9月，筹备处迁至郑州并改名郑州砂轮厂。砂轮厂由东德卡尔·马克思城工业设计院主持设计，1956年动工，1962年改名第二砂轮厂，1964年建成投产。2013年，第二砂轮厂停产。

郑州第二砂轮厂是新中国"一五"期间兴建的重点工业项目之一，其旧址文物本体包括陶瓷砂轮制造车间、橡胶砂轮制造车间、砂轮成品库及发送间、厂部办公大楼、耐火物原料及结合剂加工车间、金刚砂仓库及结合剂处理间、备用工具及润滑油仓库，总建筑面积约87800平方米。现存建筑均为钢筋混凝土结构，钢筋混凝土屋架或钢屋架，其中陶瓷砂轮制造车间使用装配式钢筋混凝土结构，弧形锯齿形屋顶，造型美观独特。

郑州第二砂轮厂是我国乃至亚洲最大的砂轮厂，作为全国磨料磨具工业的领航者，曾为我国的经济发展做出了巨大贡献，其旧址是新中国工业发展的历史见证，具有较高的历史和科学价值。

象庄村石象

编号：8-0000-4-003

年代：东汉

类型：石窟寺及石刻

地址：河南省洛阳市孟津县

象庄村石象位于河南省洛阳市孟津县平乐镇象庄村南门外东侧，是东汉时期的石雕。

石象头朝东，作行走状，通长3.8米，通宽1.3米，通高2.8米，体形硕大，系整块石灰岩雕刻而成。象头憨拙，四肢健壮有力，形态自然。其雕刻充分显示出汉代石刻艺术的粗犷、雄浑、大气，具有极强的写意性，为东汉少见的大型石雕。石象表面风化，头部和背部雕刻线条模糊不清，象鼻、象牙及象尾已残断缺失。

象庄村石象应是东汉帝陵神道石像生，是研究东汉及后世丧葬制度的重要资料，对研究东汉时期的石刻艺术也具有重要价值。

象庄村石象并入第五批全国重点文物保护单位邙山陵墓群。

湖北省

白龙洞遗址

编号：8-0095-1-095

年代：旧石器时代

类型：古遗址

地址：湖北省十堰市郧西县

白龙洞遗址位于湖北省十堰市郧西县安家乡神雾岭村徐家洼，是一处旧石器时代早期的石灰岩洞穴遗址。

洞内面积50多平方米。考古发现9枚古人类牙齿化石，数十件古人类制作使用的石制工具，大量动物化石，以及可能与古人类用火活动有关的遗存。白龙洞遗址人类化石特征与直立人相似。石制品有砍砸器、刮削器、砸击石核、石片等，兼具中国南、北方旧石器时代文化特点。动物化石属于大熊猫—剑齿象动物群，更新猎豹、短角丽牛等具有早更新世种类特征，较多骨骼表面留有人类打击、切割的痕迹。

白龙洞遗址古人类牙齿化石为研究人类起源与演化提供了新证据，进一步扩大了我国已知旧石器时代早期古人类分布范围，对研究早期远古人类演化、古人类生活方式和生存环境、环境变化与动物群迁徙等具有重要的意义。

凤凰咀遗址

编号：8-0096-1-096

年代：新石器时代

类型：古遗址

地址：湖北省襄阳市襄州区

凤凰咀遗址位于湖北省襄阳市襄州区龙王镇，是南阳盆地新石器时代晚期一处重要的城址。

遗址由城址、城壕和6处附属遗址点构成，总面积约40万平方米。城址位于遗址中心台地上，呈不规划方形，长、宽各近300米，面积约7.5万平方米，城墙系黏土堆筑，宽25～30米，现存最高达3.6米。城壕环绕城墙一周，宽20～50米，与外围河流连通。6处附属遗址点紧贴城壕外围一周，最大的遗址点面积达4万平方米，发现房址、灰坑、瓮棺墓葬。出土鼎、折沿罐、高领罐、斜腹杯、红顶钵等陶器，年代为屈家岭文化时期至石家河文化早期。

凤凰咀遗址规模大、等级高，是南阳盆地新石器时代晚期重要的中心聚落遗址，为完善长江中游地区史前考古学文化谱系、深入研究区域文明进程和聚落形态提供了重要资料。

庙台子遗址

编号：8-0097-1-097
年代：周
类型：古遗址
地址：湖北省随州市曾都区

庙台子遗址位于湖北省随州市曾都区淅河镇金屯乡蒋寨村，是一处周代曾国的大型遗址。

遗址总面积约 6 万平方米，由"8"字形环壕包围，分为北台子、南台子两处高地，台地间有一处人工遗迹相连。考古发现房址、灰坑、灰沟、窑址、烧土基址、墓葬等大量遗迹，其中一处西周早期夯土基址为大型排房建筑的局部。环壕内发现了圆形烧土墩子和圆柱形生土梗，可能是开沟时修建的连接南台子和北台子的大型建筑遗存。出土石、铜、陶质生产工具与生活用品 80 余件。

庙台子遗址周边有很多同时期的遗址群，遗址北约1000 米处为叶家山墓地，已确认是曾国国君及其家族的墓地。根据遗址建筑规模、等级和周边遗址分布情况推测，庙台子遗址是早期曾国都城的内城遗址。

青山遗址

编号：8-0098-1-098
年代：东周
类型：古遗址
地址：湖北省荆州市江陵县

青山遗址位于湖北省荆州市江陵县资市镇青山村，是一处以东周宫殿建筑遗存为主的大型楚文化遗址。

遗址总面积约 16 万平方米，分为南、北两部分，由 9 处以东周遗存为主的台地组成，依次为南无名台、朱家冢、小王台、北无名台、中王台、刘家台、邵王台、马脑壳台、马尾巴台。南无名台与朱家冢两处台地连成

一体，呈曲尺形，在 9 个台地中规格较高。在南无名台发现 1400 平方米的红烧土堆积，在朱家冢勘探发现面积约 5000 平方米的夯土层。出土泥质盆、豆、罐、盂、壶、筒瓦、板瓦等陶器和建筑材料，时代为战国中期至晚期。

青山遗址是一处东周时期的高等级建筑遗址，很可能为季节性的行宫，为研究东周时期楚国社会文化和建筑艺术提供了重要实物资料。

襄樊码头遗址

编号：8-0099-1-099
年代：清
类型：古遗址
地址：湖北省襄阳市襄城区、樊城区

襄樊码头遗址位于湖北省襄阳市襄城区、樊城区汉江两岸，现存码头均为清代修建。

遗址沿汉江两岸分布，绵延 6000 米，南岸襄城分布 9 处，北岸樊城分布 17 处，占地面积约 1.6 万平方米。面江十余里的条石驳岸分段垒砌出层层收分的三角形矶头，以坚固堤防、抵御并减缓水势。石矶间砌成内弧并层层收分的新月形挡土石墙，形成以矶头为节点的连弧状驳岸。码头和驳岸一体建设，用方形条石层层纵横咬合，以糯米石灰砂浆灌缝，不留伸缩缝，体现了高超的设计水平和建造工艺。码头、驳岸与古城墙、城门融为

一体，其建筑材料、结构布局、施工工艺记录和保存了重要的科学技术资料。

根据文献记载，清道光年间襄阳知府郑敦允完成了从火星观至邵家巷石砌驳岸和8座沿岸码头的改建工程，将原陡坡式土码头改为条石阶梯式码头，有效抵御了汉江洪水对樊城的侵害。

襄樊码头遗址是万里茶道上汉水水运中具有代表性的码头遗址，见证了万里茶道的兴衰，也展现了中国古代水利工程的高超技术，具有很高的历史、科学价值。

义地岗墓群

编号：8-0185-2-018
年代：东周
类型：古墓葬
地址：湖北省随州市曾都区

义地岗墓群位于湖北省随州市曾都区东城办事处蒋家岗社区与文峰塔社区，是一处春秋中期至战国早中期、以曾国贵族墓为主的大型墓群。

墓群总面积约92万平方米，包括春秋早期的八角楼墓地和春秋中期的汉东东路墓地、季氏梁墓地。已发掘春秋战国时期的古墓葬80余座和车马坑、马坑，首次发现了"亞"字形的墓葬。出土青铜器、陶器、玉器、骨器等大量珍贵文物，在一件青铜盘上发现了春秋中晚期失蜡铸造法的直接证据。青铜器上铭文主要有"曾公""曾""曾子""曾孙""曾叔孙""曾侯"等，以及一件带有"随"字铭文的铜戈，为研究汉水流域春秋时期曾国墓地提供了标准性器物群，大量带有曾侯铭文的青铜器为墓地时代和墓主身份判定提供了可靠证据。

义地岗墓群是春秋至战国时期曾国贵族墓地和平民墓地，为研究东周时期丧葬礼仪、曾国和随国关系以及我国青铜铸造工艺等提供了重要证据，也是研究曾国政治、经济、文化、历史的重要实物材料。

毕昇墓

编号：8-0186-2-019
年代：北宋
类型：古墓葬
地址：湖北省黄冈市英山县

毕昇墓位于湖北省黄冈市英山县北草盘地镇五桂墩村，是宋代活字印刷术发明者毕昇之墓。

墓冢经过后期修缮，面积约12平方米，为长方形砖室券顶墓。墓碑为圆首长方形，上刻忍冬、莲瓣、华盖、宝珠等图案，中间阳刻楷书"故先考毕昇神主、故先妣李氏妙音之墓"等文字，下有方形碑座。毕昇其人的活动时代与碑刻记载的墓主人姓名、年代可相互印证。

毕昇墓是纪念活字印刷术发明者毕昇的重要场所，对研究我国古代科学技术发展史具有重要价值。

黄梅高塔寺塔

编号：8-0379-3-182
年代：北宋
类型：古建筑
地址：湖北省黄冈市黄梅县

黄梅高塔寺塔又称百尺塔、乱石塔，位于湖北省黄冈市黄梅县黄梅镇城正街东南隅，北宋大中祥符八年（1015年）建造，清乾隆五十九年（1794年）曾有修葺。

黄梅高塔寺塔为十三级密檐塔。砖塔平面呈正八边形，底层边长约 3.8 米，通高 33.4 米。砖塔底层南面辟拱门，经甬道通向长方形塔室，室顶为叠涩圭首顶。二层以上实心垒砌，各面正中设佛龛，佛龛两侧设直棂窗或槅扇窗。每层设斗拱和菱角牙子，叠涩飞檐，转角倚柱。最上层为叠涩圆锥顶，上置黄铜宝珠塔刹。

黄梅高塔寺塔较好地保留了历史原貌，有明确纪年，塔壁层层内收，外观古朴庄严，其结构特征、工艺做法在科学性、艺术性等方面均有较高价值，也为研究北宋时期佛塔瘞埋制度提供了实物资料。

宜昌天然塔

编号：8-0380-3-183

年代：清

类型：古建筑

地址：湖北省宜昌市伍家岗区

宜昌天然塔位于湖北省宜昌市伍家岗区宝塔河街道长江北岸，始建于晋代，系著名文学家郭璞寓居夷陵时所建，历代均有修葺。清乾隆十年（1745年）建塔基两级，乾隆五十五年至五十七年（1790～1792年）重建。

宜昌天然塔坐东北朝西南，占地面积 144.24 平方米，建筑面积 472 平方米。八角七级楼阁式砖石塔，底

层西向设门，额书"天然塔"。壁内梯上式结构，整个塔身高度及边长逐层收分递减，全塔共有斗拱 256 攒。室内塔室为八边形，条砖"人"字形地墁，天花为用薄砖叠砌的八角攒顶，塔内砖壁及叠涩攒顶均抹白灰。每层砖砌塔檐，用条砖叠砌而出，以利排水，檐口做出用砖仿制的半圆椽头，椽头面做出仿彩画的纹饰。檐下每边设三踩如意斗拱，塔外壁每面置铁环。塔顶为砖砌覆钵形，上置铜宝珠塔刹。

宜昌天然塔属风水塔，也是长江边的灯塔，为过往宜昌行船指明方向，是研究地方历史文化、社会发展、建筑发展史的珍贵实例。

高家花屋

编号：8-0381-3-184

年代：清

类型：古建筑

地址：湖北省十堰市竹山县

高家花屋位于湖北省十堰市竹山县竹坪乡解家沟村白马山半坡上，建于清嘉庆二年至十六年（1797～1811年）。

高家花屋依山就势布局，坐北朝南，占地面积 1275.19 平方米，建筑面积 2070.46 平方米。砖土木结构，一进

三重两天井合院式布置，建筑沿中轴布置，左右对称，分别有前厅、中厅、正厅、厢房、边厢和院落。前厅坐落在中轴线前部，面阔七间，单檐二层硬山顶，小青瓦屋面。中厅处在中轴线的第二进位置，距前厅7.8米，单檐单层悬山顶，小青瓦屋面，抬穿混合式构架，前后檐各施单步轩廊。正厅在中轴线的最后，面阔五间，五柱十二檩穿斗结构，单檐二层悬山顶，小青瓦屋面。厢房位于一进天井和二进天井的左右两侧，穿斗结构小青瓦屋面。边厢院位于东侧，呈不规则形平面布局，亦为两井三进房屋，设右厢房，木基层及屋面瓦作、梁架形制与正屋基本相同，但结构和装修较为简单。

高家花屋选址、布局、建筑造型、梁架结构合理，代表了清代鄂西北民居的建造工艺水平，对研究清中后期鄂西北地区的社会人文历史、民俗民风有着重要的价值。石雕、木雕线刻技艺水平较高，内容选材广泛，有较高的艺术价值。

南边民居

编号：8-0382-3-185
年代：清
类型：古建筑
地址：湖北省宜昌市夷陵区

南边民居位于湖北省宜昌市夷陵区黄花镇张家口村，始建于清嘉庆六年（1801年）。

南边民居建筑占地面积1615.16平方米，建筑面积2315.16平方米，由"老号"和"宝和"两栋古民居及八字门楼构成。"老号"大门呈"八"字造型，正门上方挂"孝廉方正"匾额。两栋古民居相距约150余米，各自独立成院，有大小房屋60余间。"老号"共有天井13个，现保存完好7个；"宝和"共有天井12个，现保存完好5个。两处民居建筑风格大致相同，前檐为砖木结构，后檐为土木结构，青瓦屋面，封火山墙，屋檐、墙角多饰花鸟兽图案，云卷纹分布其中，几何纹甚多。室内木构架、门扇多饰有雕花，均以福禄寿禧为题材，用料讲究，工艺精细。八字门楼坐南朝北，两旁侧壁由内向外砌成外"八"字形，两角飞翘，青瓦屋面。

南边民居是三峡地区历史悠久、规模宏大、特色鲜明、保存较完整的建筑群落，对于研究三峡地区的民居建筑和人文历史有着重要价值。

丹江口饶氏庄园

编号：8-0383-3-186
年代：清至民国
类型：古建筑
地址：湖北省十堰市丹江口市

丹江口饶氏庄园位于湖北省十堰市丹江口市浪河镇黄龙村。饶氏庄园由一庄园、二庄园和三庄园组成，主体均为二层硬山顶抬梁式建筑，占地面积3134平方米，建筑面积2618平方米。

一庄园建于清嘉庆元年（1796年），坐东北朝西南，建筑面积720平方米。由三合院、四合院、围墙等组成。三合院主房三间、门厅三间、西南厢房四间；四合院前厅五间、正房五间、左右厢房各一间，中间为一天井。建筑雕刻丰富。

二庄园建于清嘉庆二十五年（1820年）至道光十年（1830年），建筑面积780平方米。二庄园主体为一两层的四合院，坐北朝南，西侧有一独立附属建筑，东侧紧邻建有带天井附院，东侧台地上建有炮楼。炮楼高 12 米，四周均设炮眼，易守难攻。

三庄园建于 1911～1921 年，坐西北朝东南，建筑面积 1118 平方米。由南北两院和炮楼组成。北院三进，有门楼、小天井、厅堂、大天井、左右厢房、正房；南院为偏院，有正房、厢房和庭院；炮楼四层攒尖顶，顶层四周设挑廊，每层均设瞭望窗和枪炮眼。建筑雕刻丰富。

丹江口饶氏庄园形制格局基本完整，防御系统功能齐全，布局合理，主要建筑的构造、雕饰等具有较强的晚清民国鄂西地区特点，艺术感染力强，是研究该地区清末经济、文化、民俗的重要物证，具有较高的历史和艺术价值。

麻城雷氏祠

编号：8-0384-3-187
年代：清至民国
类型：古建筑
地址：湖北省黄冈市麻城市

麻城雷氏祠位于湖北省黄冈市麻城市盐田河镇东界岭白亩堰村，建于清嘉庆八年（1803 年），清末至民国初年有修葺。

祠堂坐西北朝东南，背山面水，由东、中、西三路院落组成，入口均设在南面，占地面积 689.54 平方米。

中路院落是祠堂的主体，是宗族议事、祭祀的场所。三进两天井布局，从南向北依次分布有门楼、戏楼、天井和石拱桥、议事厅、天井、香火堂。多为穿斗式梁架，小青瓦屋面。门楼平面呈"凸"字形，面阔三间，高二层，前檐起贴墙四柱三间石牌楼，后檐接歇山琉璃瓦屋面戏楼，两侧乐楼环绕。一进天井中设石拱桥连接戏楼

和议事厅。议事厅三开间，与香火堂中间设连廊，二进天井被分为东、西两个小天井。香火堂三开间，重檐（前檐）硬山顶，布瓦屋面。

东路院落为四进三天井布局。天井较小，建筑多为砖木结构、硬山搁檩。西路院落平面布局、建筑形制与东路院落相似但略有不同，二进天井较大。东、西两路院落的入口大门石过梁上分别雕刻有狮子滚绣球和云龙图案。东、西院落南面墙体高起呈云状，墙上灰塑"哪吒闹海""水漫金山"，两侧墙脊瓦片堆叠呈"二龙戏珠"。檐口处有彩绘图案。

麻城雷氏祠规模较大、保存完好，是较为典型的清代祠堂类建筑，天井、乐楼等处设计较为独特，山墙起伏跌宕，装饰题材丰富，尤其石雕、彩绘较为精美，工艺精湛，具有较高的历史和艺术价值。

贺胜桥北伐阵亡将士陵园

编号：8-0647-5-131
年代：1929 年
类型：近现代重要史迹及代表性建筑
地址：湖北省武汉市江夏区

贺胜桥北伐阵亡将士陵园位于湖北省武汉市江夏区贺胜桥镇贺站社区居委会西南约 350 米处，建成于 1929 年，是为纪念北伐贺胜桥战役中阵亡的国民革命军第四军将士而建。

该陵园坐北朝南，占地面积约 6000 平方米。平面略呈不规则长方形，北宽南窄，北高南低。园内由南向北依次为纪念墓、纪念亭、纪念碑。纪念墓坐北向南，呈长方形，为砖混结构，外层装饰大理石。纪念亭为六角攒尖顶西式亭，钢筋混凝土材料，外饰仿石水刷石。纪念碑为大理石质，上刻"国民革命军第四军北伐阵亡

将士纪念碑"。

北伐战争是第一次国共合作条件下进行的一场反帝反封建的革命战争，贺胜桥战役是北伐战争三个最重要的战役之一，以共产党员为骨干的叶挺独立团在贺胜桥战役中做出了突出贡献，为在武汉建立国民政府及北伐胜利打下了坚实基础。

贺胜桥北伐阵亡将士陵园不仅是北伐战争与第一次国共合作的重要见证，也是纪念北伐革命烈士、进行爱国主义教育的重要基地。

汉口中华全国文艺界抗敌协会旧址

编号：8-0648-5-132
年代：1938 年
类型：近现代重要史迹及代表性建筑
地址：湖北省武汉市江汉区

汉口中华全国文艺界抗敌协会旧址位于湖北省武汉市江汉区中山大道 949 号。

1938 年 3 月 27 日，在周恩来和郭沫若的组织下，中华全国文艺界抗敌协会在此成立，通过了《中华全国文艺界抗敌协会宣言》。协会人员包括文艺界各方面代

表 97 人。中华全国文艺界抗敌协会于 1938 年 5 月 4 日创办会刊《抗战文艺》，至 1946 年 5 月共出版 71 期，在开展抗日宣传、培养青年作家等方面发挥了很大作用。1938 年 8 月 12 日，协会迁往重庆市渝中区张家花园 15 号。

旧址建筑建成于 1921 年，原为汉口总商会办公地，坐西朝东，砖木结构，建筑平面呈长方形，现为四层，占地面积约 980 平方米，总建筑面积 2726 平方米。建筑风格为简化的西式折中主义，外墙为仿石涂料，台基墙体为毛面青石，设有排气孔，室内以简约西式装饰为主。

汉口中华全国文艺界抗敌协会旧址是抗日战争初期中国抗日文艺活动中心，是当时中国重要的抗日公共会议中心，同时也是中国近代民间商会的重要历史见证之一。

新四军第五师司令部旧址

编号：8-0649-5-133
年代：1939 ～ 1945 年
类型：近现代重要史迹及代表性建筑
地址：湖北省随州市曾都区

新四军第五师司令部旧址原称九口堰革命旧址，位于湖北省随州市曾都区洛阳镇九口堰村，是新四军第五师的建军地，包括新四军第五师司令部和政治部旧址。

1939 年 12 月，李先念率新四军独立游击大队驻扎于随州洛阳九口堰，并租赁孙家大院作为游击队司令部。1941 年 4 月 5 日，新四军第五师师首长在九口堰孙家大院就职，五师司令部、政治部设于九口堰孙家大院，直至 1945 年 9 月撤离。

旧址建筑原为孙家大院，始建于清雍正十一年（1733年），坐西朝东，为三进两院四合院式布局，南北两院对称分布，共有房屋 40 间，占地面积 1352 平方米，建

筑面积 1280 平方米。前厅建筑主要用作警卫班宿舍、炮楼、政治部办公室、卫生室；中厅中部为机要科，南中厅为政治部会议厅；后堂建筑从北向南依次为李先念寝室、司令部办公室、刘少卿寝室、参谋处、房东住所、政治部办公室、任质斌寝室。

新四军第五师司令部旧址是抗战时期中国共产党在鄂豫边区的指挥枢纽之一，见证了新四军第五师革命斗争的历史，具有重要价值。

国民政府第六战区受降堂旧址

编号：8-0650-5-134
年代：1945 年
类型：近现代重要史迹及代表性建筑
地址：湖北省武汉市江汉区

国民政府第六战区受降堂旧址位于湖北省武汉市江汉区解放大道 569 号中山公园内西北角。

旧址原为汉口市"大众会堂"，1942 年由日伪武汉市市长张仁蠡改为"张公祠"。1945 年 8 月 15 日，日本政府宣布无条件投降，同年 9 月 18 日，中国战区第六战区司令长官孙蔚如上将在此举行受降仪式，日军第六方面军司令官冈部直三郎等代表华中 21 万日本侵略军向中国军队投降。

旧址建筑建于 1935 年，为一层砖木结构建筑，坐西朝东，平面呈矩形，横向七开间，占地面积 400 平方米。建筑白墙平坡歇山红瓦顶，东立面设三门，东、西立面其余各开间设窗。室内为通间，墙面施白色涂料，水磨石地面，木吊顶。民国时期的受降纪念碑原件尚存，放置于受降堂旧址室内展示。

国民政府第六战区受降堂旧址是日本侵略军向中国军队投降的历史见证，具有重要的历史价值和现实意义。

苏联空军志愿队烈士墓

编号：8-0651-5-135
年代：1956 年
类型：近现代重要史迹及代表性建筑
地址：湖北省武汉市江岸区

苏联空军志愿队烈士墓位于湖北省武汉市江岸区解放公园东北角。

二战期间苏联曾派遣 1091 名飞行员来到中国，以志愿队的形式同中国空军并肩抗敌，有力地支援了中国抗战。武汉会战期间，苏联空军战士共牺牲 100 余名，其中 15 位烈士遗骸安葬在汉口万国公墓。1956 年，15 位苏军烈士遗骸被迁葬到解放公园重新修建的墓地中，即现在的苏联空军烈士墓。2015 年，又将新发现在武汉空战中牺牲的 14 位苏联空军战士姓名增刻在纪念碑上。

烈士墓坐北朝南，由神道、纪念广场、纪念碑、纪念墓四部分组成，总占地面积 1790 平方米。纪念碑高 8 米，碑身为方尖碑形式，上刻字为"苏联空军志愿队烈士墓"；纪念墓墓穴内存放 15 位苏联烈士骨骸。整个墓园大量借鉴了苏联园林设计理念。

苏联空军志愿队烈士墓是苏联空军参加 1938 年武汉空战，与中国人民联合抗日的重要历史见证，也是中俄友好的象征之一。

三线航天 066 导弹基地旧址

编号：8-0652-5-136
年代：1970 年
类型：近现代重要史迹及代表性建筑
地址：湖北省宜昌市远安县

三线航天066导弹基地旧址位于湖北省宜昌市远安县。

1970年7月，066基地在远安万山厂破土动工，随后万里、万峰、红林、江河等厂也相继开工建设。自1992年起，066基地所属各单位陆续由远安迁出至武汉、孝感等地，仅有少数单位留在远安。2006年，066基地改名为"中国航天科工集团第九研究院"，2011年与原中国航天科工集团第四研究院合并，成立"中国航天三江集团公司"，2017年更名为"中国航天三江集团有限公司"。

三线航天066导弹基地旧址现存建筑均修建于20世纪七八十年代，旧址由机关办公楼、资料楼、通讯楼、万山202厂房、红峰426库房和露天电影院等组成，涵盖了基地的办公区域和生活区域，总建筑面积约10000平方米。

三线航天066导弹基地旧址作为三线建设时期兴建的大型国防基地，是我国第一个越野机动近程地对地战术战役导弹研制生产基地，是我国重要的特种越野车及底盘研发生产基地，开创了我国导弹机动发射的先河，是整个三线建设的重要历史见证和代表性纪念地，体现了三线特色文化，具有重要的历史价值、科学价值和艺术价值。

三线火箭炮总装厂旧址

编号：8-0653-5-137
年代：1970年
类型：近现代重要史迹及代表性建筑
地址：湖北省襄阳市老河口市

三线火箭炮总装厂旧址位于湖北省襄阳市老河口市洪山嘴镇苏家河村，始建于1969年，是三线建设时期的重要工业遗产之一。

三线火箭炮总装厂旧址于1969年4月2日确定选址，主体部分于1970年竣工投入使用，2000年前后厂区搬迁。

三线火箭炮总装厂占地4000余亩，建筑面积8万余平方米。现存旧址本体包括总装车间、总装车间办公室、机加工车间办公室，建筑面积共2550平方米。总装车间为单层厂房，清水砖墙，钢筋混凝土过梁，钢制桁架，新中国历史上第一门"107型"火箭炮就是在此组装；总装车间办公室为单层砖木结构，带前廊砖柱，清水砖墙；机加工车间办公室为两层砖混结构建筑，清水砖墙，水泥波形瓦双坡悬山屋面。

三线火箭炮总装厂是20世纪60年代末三线建设时期国家为战备需要在鄂西北地区兴建的大型火箭炮生产企业，建厂以来历经改造、扩建、发展、壮大，成长为我国重要的现代化火箭炮研发生产基地和国防科技工业科研、生产双保军单位，是我军列装火箭炮武器的重要供应商，并逐步成为我国军贸出口的重要输出企业。

三线火箭炮总装厂旧址保存了火箭炮发展历史的完整样本，极好地展现了火箭炮在各个阶段的发展状况，见证了我国火箭炮武器装备的诞生和发展，具有极高的历史、科学价值。

汉口新泰大楼旧址

编号：8-0000-5-013
年代：1924 年
类型：近现代重要史迹及代表性建筑
地址：湖北省武汉市江岸区

汉口新泰大楼旧址位于武汉市江岸区沿江大道 158 号。

汉口新泰大楼旧址现存建筑为新古典主义风格，共五层，高 31 米，钢混结构，占地面积 773 平方米，建筑面积约 3500 平方米。建筑平面为不规则方形，内设天井，四周设走廊或房间，正立面屋顶转角处建有一座塔楼。临街转角底层设主入口，顶层采用爱奥尼附柱，底层为麻石外墙，上部为仿石外墙。室内以现代装饰为主，结合简化的古典装饰。

1866 年俄国人创办新泰洋行，1874 年在汉口建新泰洋行大楼。1920 年俄国十月革命后，英国茶商接手新泰洋行，并于 1924 年原址翻建新泰大楼。大楼由景明洋行设计，永茂昌营造厂施工，建成后仍用于茶叶贸易。

汉口新泰大楼旧址为汉口近代建筑群的重要组成部分，是"万里茶道"茶叶贸易活动的重要见证，也是汉口近代商业代表性建筑，具有重要的历史和艺术价值。

汉口新泰大楼旧址并入第六批全国重点文物保护单位汉口近代建筑群。

汉口华俄道胜银行旧址

编号：8-0000-5-014
年代：1896 年
类型：近现代重要史迹及代表性建筑
地址：湖北省武汉市江岸区

汉口华俄道胜银行旧址位于湖北省武汉市江岸区汉口沿江大道 162 号。

旧址建筑建于 1896 年，坐西朝东，钢筋混凝土框

架结构，地上四层，局部地下一层，总占地面积 630 平方米，总建筑面积 2267 平方米。建筑风格兼有西方古典建筑结构和早期现代建筑特征。

汉口华俄道胜银行是万里茶道上中国境内唯一具有俄国背景的金融企业，其建筑是汉口近代建筑群的重要组成部分，以早期现代建筑风格为主，俄罗斯建筑风格为辅，造型优美，在中国南方较为罕见，具有较高的历史和艺术价值。

汉口华俄道胜银行旧址并入第六批全国重点文物保护单位汉口近代建筑群。

汉口英商电灯公司旧址

编号：8-0000-5-015
年代：1905 年
类型：近现代重要史迹及代表性建筑
地址：湖北省武汉市江岸区

汉口英商电灯公司旧址位于湖北省武汉市江岸区合作路 22 号鄱阳街 56 号交叉口（原英租界界限路 8 号），由英方集资，景明洋行设计，汉协盛营造厂施工。

旧址建筑建于 1905 年，钢筋混凝土结构，共三层，占地面积 1040 平方米，建筑面积 2983 平方米。建筑为折中主义建筑风格，平面呈"L"形，红瓦屋面，外墙饰水刷石，屋顶临街转角设有圆形塔楼，塔楼上部四面

嵌有大钟。

汉口英商电灯公司是1935年全国最大的直流发电厂。汉口英商电灯公司大楼为汉口近代建筑群的重要组成部分，展现了西方建筑风格，也是武汉近代城市工业发展的实物例证，具有重要的历史价值和较高的艺术价值。

汉口英商电灯公司旧址并入第六批全国重点文物保护单位汉口近代建筑群。

汉口花旗银行大楼旧址

编号：8-0000-5-016
年代：1921年
类型：近现代重要史迹及代表性建筑
地址：湖北省武汉市江岸区

汉口花旗银行大楼旧址位于湖北省武汉市江岸区沿江大道97号。

花旗银行大楼建成于1921年，原为美国花旗银行汉口分行营业部，由著名美国建筑师亨利·墨菲设计，钢筋混凝土框架结构，地上五层，地下一层，高29.5米，占地910平方米，建筑面积6153平方米。建筑主立面为浅色花岗岩饰面，背立面为水刷石饰面，一至四层设6根贯通的爱奥尼柱式大型圆柱，建筑整体带有横三段立面构图及古典细部特征的折中主义风格。

汉口花旗银行大楼旧址为汉口近代建筑群的重要组成部分，见证了中国近代沿江开埠重镇汉口的银行业发展历程，造型典雅、保存完整，具有较高的历史、艺术和科学价值。

汉口花旗银行大楼旧址并入第六批全国重点文物保护单位汉口近代建筑群。

汉口景明大楼旧址

编号：8-0000-5-017
年代：1921年
类型：近现代重要史迹及代表性建筑
地址：湖北省武汉市江岸区

汉口景明大楼旧址位于湖北省武汉市江岸区郡阳街青岛路43号。

汉口景明大楼建成于1921年，钢筋混凝土框架结构。地上六层，局部地下一层，高30.2米，平面呈不规则状，占地面积575平方米，建筑面积3611平方米。建筑外墙低层采用青石材料，上部采

用水刷石仿石材料，重点部位雕饰豪华细腻，立面具有古典三段式构图特征，整体为西方新古典主义建筑风格。

汉口景明大楼旧址为汉口近代建筑群的重要组成部分，是西方新古典主义风格建筑，造型雄伟端庄、繁华典雅，具有较高的艺术和科学价值。

汉口景明大楼旧址并入第六批全国重点文物保护单位汉口近代建筑群。

湖 南 省

杉龙岗遗址

编号：8-0100-1-100
年代：新石器时代
类型：古遗址
地址：湖南省常德市临澧县

杉龙岗遗址位于湖南省常德市临澧县新安镇杉龙岗村，主体堆积为新石器时代彭头山文化遗存。

遗址面积4万平方米。考古发现房址、灰坑及陶片堆积。陶器以圜底器为主，多为釜、罐、钵，均为手制，以泥片贴筑成形。陶色多为红褐色，纹饰以绳纹、戳印纹、斜划网格纹为主。出土水稻和一批植物遗存，水稻种子的外部形态与普通野生稻有了很大变化，与现代栽培稻接近，是人类驯化的结果。此外，出土的炭化水稻与人类有意识的加工和用火烹煮有关。根据陶器和水稻测年，遗址年代为距今9000～8000年。

杉龙岗遗址面积较大、保存较完整、文化内涵丰富，见证了距今约8000年前南方地区稻作农业的发展与聚落分化，为研究彭头山文化中晚期的社会形态、经济水平、文化交流提供了新资料。遗址发现大量水稻遗存，对探索稻作农业的起源与发展具有重要意义。

车辕山遗址

编号：8-0101-1-101
年代：新石器时代
类型：古遗址
地址：湖南省岳阳市华容县

车辕山遗址位于湖南省岳阳市华容县三封寺镇松木

桥村，是一处新石器时代的聚落遗址。

遗址呈平台状，四面有缓坡，面积约2.3万平方米。文化堆积较厚，发现房址、墓葬、灰坑、窑、灶等遗迹。墓葬多为瓮棺葬，少量为土坑墓。陶窑出窑床和火膛构成，窑床有长形和圆形，用红烧土烧制成形。首次发现两个并排窑床的陶窑，与后代龙窑的结构相似。遗物种类多样，包括矮领罐、高领罐、圈足盘、平底盘、缸、豆、碗、盂等，显示了澧阳平原、汉东地区、皖江流域等多种文化因素。其中石家河文化时期的遗存内涵丰富、特征鲜明，是洞庭湖沿岸史前聚落的典型代表。

车辕山遗址填补了洞庭湖东北岸距今5800～3800年的文化空白，对于探讨洞庭湖北岸古人类生活、迁徙演变、人群互动交流等具有重要意义，也为研究史前聚落和环境变迁，以及手工业生产和传播等提供了珍贵资料。

磨山遗址

编号：8-0102-1-102
年代：新石器时代
类型：古遗址
地址：湖南省株洲市渌口区

磨山遗址位于湖南省株洲市渌口区仙井乡黄霞垅村，是一处新石器时代中晚期的聚落遗址。

遗址面积约3万平方米，分为居住区和墓葬区，聚落外为农田。居住区位于遗址中心地带，文化层厚1米多，发现多处房址和灰坑，房址有墙基、夹骨泥墙、居住面、柱洞等遗存。墓葬区在遗址西南部，墓葬排列密

集。出土陶器、石器丰富,鼎足数量多。考古发现了文化特征明显、年代有明显衔接关系的筒形腹釜、鼎和印纹白陶组合关系。

磨山遗址以大量用鼎为主要特征,是距今7000～5300年洞庭湖以南保存最好、文化内涵最丰富的大溪文化遗址,对研究湘赣流域的文化交流、生业模式和社会组织形态具有重要价值。

优周岗遗址

编号:8-0103-1-103
年代:新石器时代
类型:古遗址
地址:湖南省常德市澧县

优周岗遗址位于湖南省常德市澧县澧澹街道办邓家滩村,是一处新石器时代遗址,距今7000～4500年。

遗址面积13万平方米,考古发现汤家岗文化、大溪文化、屈家岭文化和石家河文化遗存,时间跨度两千余年。在遗址西部揭示出了石家河文化时期的干栏式建筑群,以及屈家岭文化时期成组的灰坑等一批重要遗存。在遗址西北角发现人工筑造的土台,采用较纯净的灰白色淤泥建造,台面上可见一批兽骨坑,内有密集的烧土块、散碎陶片及大量兽骨。根据堆积情况,这些兽骨应是有意摆放,推测土台及兽骨坑与当时的宗教祭祀活动有关。此外还发现遗址的环壕以及疑似石家河、屈家岭文化时期的水田遗迹,出土大量陶器、石器。

优周岗遗址是澧阳平原一处重要的聚落遗址,遗址发现的祭祀遗迹、水田遗迹、干栏式建筑群等,为构建长江中游新石器时代中后期考古学文化序列,研究两湖地区文化互动,以及澧阳平原地区的聚落形态、社会组织形式、宗教信仰等提供了重要依据。

马栏嘴遗址

编号:8-0104-1-104
年代:新石器时代、商周
类型:古遗址
地址:湖南省常德市汉寿县

马栏嘴遗址位于湖南省常德市汉寿县百禄桥镇,是一处新石器时代和商周时期的大型湖滨遗址。

遗址面积13.1万平方米。新石器时代遗存主要分布于遗址中部,发现灰坑、房址,在灰坑中浮选出人

工栽培稻。出土鼎、豆、釜、杯、钵、罐、网坠等陶器，以及石器和一件玉块，代表了洞庭湖南岸地区距今5800～5500年前的文化面貌。商时期遗存主要分布于遗址中南部，发现墓葬、灰坑、灰沟、房址，出土大量陶器、石器和一件青铜矛。其中大高领平底折肩罐、平折沿篮纹盆和矮喇叭形圈足豆等陶器具有典型的资水下游地方文化特点。东周时期遗存遍布遗址，发现墓葬、灰坑、灰沟、房址，出土鬲、罐、豆、瓿、钵等陶器和两件铁削，具有典型的楚文化特征。

马栏嘴遗址文化面貌多元，体现了长江中游地区以雪峰山为界的东西两大文化区自新石器时代开始的交流与融合，也为研究楚人对湖湘地区的开发和湖湘地区华夏化进程提供了重要依据。

益阳故城遗址

编号：8－0105－1－105
年代：东周至宋
类型：古遗址
地址：湖南省益阳市赫山区

益阳故城遗址位于湖南省益阳市赫山区铁铺岭社区，是楚、秦、张楚、西汉、东汉、三国吴至宋朝的益阳县县治遗址。

遗址面积约4.2万平方米，周边地貌、水系等格局清晰，文化内涵丰富。考古发现各时期城墙、城壕、衙署、古井等遗迹100余处，出土建筑构件、陶瓷器、漆木器、铁器、铜器、动植物标本、木质生产工具等各类文物2000余件。尤为重要的是11口古井出土的15230余枚简牍，时代由战国楚、秦、张楚、两汉到三国孙吴时期，内容为益阳县政府档案和公私书信，这是首次在遗址中出土战国时期的行政文书档案。秦二世元年文告、"张楚之岁"觚等可与文献资料相印证，具有很高的学术研究价值。

益阳故城遗址延续时间之长，保存遗迹、遗物之丰富极为罕见，为战国至宋代的考古学研究提供了精确的标尺。遗址出土大量简牍，内容涵盖政治、经济、司法、户籍等诸方面，是研究由楚制到秦制、再到汉制的重要资料。

窑头古城遗址

编号：8－0106－1－106
年代：战国至汉
类型：古遗址
地址：湖南省怀化市沅陵县

窑头古城遗址位于湖南省怀化市沅陵县沅陵镇黔中郡村，始建于战国中期，沿用至西汉初年。

遗址主要包括窑头古城址及墓葬。城址坐南朝北，呈不规则长方形，面积约8万平方米。南城墙及城壕保存较好，东城墙和北城墙不存。城墙包括墙体和护坡，墙体夯筑。城内发现灰坑和灰沟、砾石路、排水管道、水井等遗迹。城内西南角有两座夯土台基，东西向并列，其上发现建筑遗存，应为大型衙署区。出土大量战国至汉代的陶器、铁器、建筑构件等，出土一枚"元陵"印章。墓葬主要分布在沅水河曲地带的台地上，面积约480万平方米，已发掘241座，其中战国时期墓葬的随葬品以楚文化因素为主体，同时融合了本地文化因素。

窑头古城可能为战国至汉初的沅陵县城。窑头古城遗址真实地反映了沅水中游地区经楚国开发、作为秦楚边陲直至秦汉时期成为帝国"内陆"的内化过程，对于

研究南北方文化交流、多民族文化融合的历史进程具有重要的学术价值。

渡头古城遗址

编号：8-0107-1-107
年代：汉至六朝
类型：古遗址
地址：湖南省郴州市临武县

渡头古城遗址位于湖南省郴州市临武县汾市镇渡头村，是一处汉至六朝时期的城址。

遗址面积 17 万平方米，平面近方形，四面城墙保存完好，北城中部有一城门，东南角有作为军事防御性质的椭圆形瞭望台。北墙城外发现两条汉代和两晋时期的护城壕。遗址出土汉至六朝时期的陶器、青瓷器、铜器和铁器，以陶器最多。根据出土文物分析，城址始建于西汉，沿用至六朝。城址周边有墓葬分布，集中在汾市镇渡头、南福、白石三个村周边的低矮山岗，保存完好。

渡头古城遗址应是汉至六朝时期的临武县治所在

地，是湘粤古道上仅有的一处保存完整的古城遗址，其年代明确，使用时间长，为研究古代南方边疆地区的人口迁徙、民族融合以及中华文明多元一体进程提供了珍贵资料。

岳州窑遗址

编号：8-0108-1-108
年代：汉至唐
类型：古遗址
地址：湖南省岳阳市湘阴县

岳州窑遗址分布于湖南省岳阳市湘阴县静河镇青竹寺、樟树镇白梅村马草坡、文星镇瓦窑湾和马王墈、岭北镇岳州窑村窑头山，面积 15.5 万平方米，是汉唐时期长江中游地区青瓷的代表性窑址。

岳州窑窑址包括青竹寺窑址、白梅窑址、于家咀窑址、马王墈窑址、窑头山窑址等。

青竹寺窑址发掘出土东汉"汉安二年"（143 年）青瓷片，早期窑炉均为半地穴式长斜坡龙窑，窑壁分为黏土和砖砌两部分，正处于由黏土龙窑向土坯砖砌龙窑过渡的阶段，为研究长江中游地区成熟青瓷的起源和龙窑的发展演变提供了重要资料。青竹寺窑使用玉璧形垫圈或圆形垫饼，通过叠烧方式提高产量，不见支烧具。器物口沿刮釉，施釉不及底，是发现较早的"芒口"瓷器。印纹硬陶和青瓷混烧是湘江下游由陶向瓷过渡的重要见证。

白梅窑址年代为东汉至三国，发现多处窑业堆积。早期窑业遗存以抬肩四系罐、敛口平底碗、硬陶釜为主，四系罐较多；晚期窑业遗存以芒口平底碗为主，罐、釜比例明显下降。早期罐口多刮釉，碗类多叠置在罐之上，装烧量有限；晚期碗口多刮釉成芒口，大量使用对口装

烧法，扩大了装烧量。

于家咀窑址年代为东晋。马王塝窑址年代为南朝至隋代，发现一座隋代砖砌龙窑，其下叠压一座南朝龙窑。出土一件内刻"官"字款的匣钵，在两晋、南北朝堆积层发现有"太官"二字的青瓷片，是目前发现最早印有"官"款的瓷器。岭北镇的岳州窑窑址是目前湘阴境内发现的唯一一处唐代岳州窑窑址。

岳州窑始烧于东汉，经三国、两晋、南北朝、隋，一直延续到唐代，是唐代六大青瓷名窑之一。到晚唐，可能受附近长沙窑兴起的影响，岳州窑开始衰落。岳州窑在东汉时已能烧制出青釉褐色点彩制品和目前我国最早的"缥瓷"——原始青白瓷，玉璧底圆口碗是唐代岳州窑的代表作之一，在中国陶瓷史上有着举足轻重的地位。

衡山窑遗址

编号：8-0109-1-109
年代：宋元
类型：古遗址
地址：湖南省衡阳市衡山县、衡东县

衡山窑遗址位于湖南省衡阳市衡山县萱洲镇湘江村、永和乡宝米洲村和衡东县甘溪镇大源村，是宋元时期重要的窑址群。

遗址面积约12万平方米，包括16座窑堆和1处大型采泥坑。考古发现窑址4座，其中两座龙窑均为斜坡式，窑室长30米左右，另有圆窑1座、葫芦形窑1座以及窑址堆积。出土瓷器器形主要有碗、杯、碟、壶、盏、罐、坛、瓶、炉、缸等。

衡州窑瓷器胎质坚硬，瓷土一般不带砂。胎色瓦灰、赭灰或呈猪肝色，少数呈褐红色。除青黄色透明薄釉外，彩釉以深浅不同的绿、蓝、褐三色为主。装饰手法有粉地彩釉绘花、釉下彩、釉上彩、印花、刻划与雕塑等。印花习见于碗、碟内壁，圆形满花图案，有莲花、牡丹、菊花、水草、鸳鸯、游鱼以及吉祥语"金玉满堂"等。有些花朵或文字作开窗式装饰。刻划花习见于莲花碗、莲花纹器盖、草叶纹香炉等，也有使用梳篦刻划装饰或刻划牡丹纹的。雕塑仅见于人物雕塑瓶。

衡山窑遗址是湘江流域继长沙窑之后又一独具特色的代表性彩瓷窑址，是"粉地彩釉绘花"用彩方式的创烧地，其独特的装饰手法是中国瓷器装饰技术史的重要创新，在中国陶瓷史上占有重要地位。

桐木岭矿冶遗址

编号：8-0110-1-110
年代：清
类型：古遗址
地址：湖南省郴州市桂阳县

桐木岭矿冶遗址位于湖南省郴州市桂阳县仁义镇大坊村炉沙坪组和浩塘镇桐木岭村火烧壶岭交界处，是一

处清代炼锌遗址。

遗址面积约 11 万平方米。考古发现一批以炼锌为主的多金属冶炼遗迹以及配套房址，包括焙烧台、槽形炉、搅拌坑、洗煤坑、沉淀坑、提炼灶、储料坑等；出土了一系列较完整的冶炼工具，包括坩埚、冷凝兜、冷凝收集器、铁盖、托垫、精炼锅等，此外还出土有清代铜钱、青花瓷器、陶器等生活用器，完整再现了前工业时代的冶炼工艺流程与生活场景。

桐木岭矿冶遗址出土了国内迄今发现保存最为完整的古代炼锌槽形炉及相关遗迹遗物，可全面复原当时的炼锌工艺流程。发现的硫化锌矿焙烧炉及焙烧工艺系中国古代炼锌史上的一大技术进步。遗址中还存在铅、银、铜等其他金属冶炼的活动，这样的多金属一体冶炼是中国矿冶考古的首次发现，说明对矿石的综合利用程度有了进一步提高，凸显了中国古代科学技术的先进水平。

汨罗山墓群

编号：8-0187-2-020
年代：战国
类型：古墓葬
地址：湖南省岳阳市汨罗市

汨罗山墓群位于湖南省岳阳市汨罗市屈子祠镇双楚村和永青村汨罗山上，是一处战国时期的古墓群。

墓群分布范围约 200 万平方米，已探明 11 座有封土堆的大型墓葬和大量中小型墓葬。出土文物特征与一江之隔的罗城遗址相同，应为罗城遗址的墓葬区。自唐宋以来，史籍、方志多认为该墓群是屈原墓，后世又传为屈原十二疑冢。冲里赵 4 号墓前刊有清同治六年（1867年）"故楚三闾大夫之墓"墓碑、清光绪二十八年（1902年）刊立"楚三闾大夫之墓"墓碑。

汨罗山墓群是南宋以来纪念和追忆伟大的爱国主义诗人屈原的重要场所，对研究楚国历史和战国时期湘江流域政治版图具有重要意义。

蒋家山墓葬

编号：8-0188-2-021
年代：汉
类型：古墓葬
地址：湖南省衡阳市珠晖区

蒋家山墓葬位于湖南省衡阳市珠晖区鄗湖乡胜利村蒋家山，是一座大型汉代墓葬。

蒋家山墓葬规模较大，周边有小型砖室墓，出土陶器、铜器、玉器、铁器、漆器、金器等88件随葬品及"五铢"铜钱。据《衡阳县志》载，刘望被杀于汝南，后归葬于封地。根据地望和年代分析，蒋家山墓葬或为西汉末年起兵讨王、后自称"天子"的钟武侯刘望墓。

蒋家山墓葬是两汉历史的重要见证，对探讨西汉末年政治格局、两汉之交的墓葬制度以及地方历史文化等具有重要的价值。

中田村古建筑群

编号：8-0385-3-188
年代：明至民国
类型：古建筑
地址：湖南省衡阳市常宁市

中田村古建筑群位于湖南省衡阳市常宁市南部的庙前镇中田村，始建于明永乐二年（1404 年），为明代茶陵卫军户李氏后裔世代聚居的屯垦村落，清代兴盛渐成规模。

中田村古建筑群坐南向北，围绕宗祠背靠小山行列排布，并逐渐沿山东侧向南延伸。李氏公祠和文、武书房等公共建筑散布在村西侧。村北条石砌筑的半月形月光塘，映衬着以村公所为中心一字展开的村落立面。建筑包括祠堂、民宅、商铺、作坊等多种类型，建筑形式以"窨子屋"为主，多人字山墙，院落之间较为独立，外墙高耸、较为封闭，体现了较强的防御性。建筑石材采用当地的大理石，石雕艺术较为突出。村落水系保存完整，功能组织科学合理，景观形态较为独特。

建筑群主体包括村公所、星拱所、魁房祠堂、凰房祠堂、李氏宗祠、明慧祠堂、宗白公祠堂、璋房祠堂一、璋房祠堂二、春四房祠堂、周房祠堂、文书房、武书房、中药铺、世金私宅、德磷私宅、德修、德齐私宅、昌厚私宅9号、39号、5号、3号、8号、29号、31号、30号、23号、38号民居等28处建筑，以及石板路和月光塘。

中田村古建筑群是明代卫所制度和清初绿营制度的历史见证，村落选址和布局与自然山水关系协调，随时代变化而不断演进，且石雕艺术较为突出，侧面反映了该地区明初至民国数百年间的经济、社会和文化发展情况，具有较高的历史和艺术价值。

许家桥将军府

编号：8-0386-3-189
年代：明
类型：古建筑
地址：湖南省永州市零陵区

许家桥将军府位于湖南省永州市零陵区梳子铺乡许家桥村，始建于元末明初，明代陆续扩建、改建，清道光年间曾进行维修。

许家桥将军府坐东朝西，平面为长方形，由半圆形月台、大门、水池、长方形月台、公厅屋、厢房、围墙、许氏宗祠、石桥等组成，建筑面积2533平方米。许家桥将军府布局较为独特，主体为长方形围合院内两列并排的四进建筑，院墙西侧中央设门楼，门楼外为半圆形月台，内为方形水池，池中无桥，须经两侧1.6米宽的青石板通往月台及公厅屋。门楼面阔三间，进深两间。两山墙为马头封火山墙，轴线与公厅屋轴线略有偏折。池塘以东每列公厅屋为三开间四进院落，依次设门楼、第一进天井、公厅、第二进天井、厅堂、第三进天井和后厅。公厅屋门楼、厅堂和后厅皆为悬山顶建筑，一明两暗布局，之间以厢房连接，穿斗式。围墙主要由卵石砌成，表面抹灰，顶部为石墙帽。

许氏宗祠为两进天井式建筑，无倒座。轴线上依次为门楼、中厅、后厅，两侧为厢房，仍保持了部分明代特征。中厅明间采用抬梁式梁架，两山为穿斗式排山梁柱，柱、梁、枋均用整体圆木做成；后厅为穿斗式。在此出土的3通石碑记载了许家桥将军府及许氏宗祠的建造历史。

许家桥将军府规模较大，布局较为独特，保存了较为的明代建筑特征，为研究湖南明代官式宅院建筑提供了重要实证，具有较高的历史价值。

板梁村古建筑群

编号：8-0387-3-190
年代：明清
类型：古建筑
地址：湖南省郴州市永兴县

板梁村古建筑群位于湖南省郴州市永兴县高亭司镇境内，初建于元至正十八年（1358年），盛于明清时期。

板梁村古建筑群是一处较为典型的湘南古村落，依托泉水及人工水系，背山面水，坐东朝西，各建筑组群围绕祠堂和祠前半月塘展开，其布局具有代表性。建筑群主体包括仙渡书院、龙泉庙、上村宗祠、下村宗祠、钱庄、瑜公厅、刘代榆故居、刘参故居、刘承羔故居、刘建勇宅、刘绍苏故居、刘宝光宅、刘振柳宅、刘辉宅、刘满云宅、刘昌悦宅、刘振朝宅、刘贱生宅、刘双年宅、刘洲平宅、刘志雄宅、刘正德宅、刘名喜宅、刘林芳宅、刘福军宅、刘绍连故居、刘晚田宅、刘宪云宅、刘秋华宅等29处古建筑，以及双龙泉水口、祠堂前的三口半月塘和村外的风水塔。其中上村宗祠建于明正统八年（1443年），下村宗祠现存建筑建于明早期，两建筑均保留了部分明代构件及特征。其他建筑均建于清代，多为三开间三合院或四合院式布局，搁檩式砖木结构，青砖马头山墙。

板梁村古建筑群构成要素丰富多样，较为完整地保存了古代村落的各类要素，是湖南延续较好的传统古村落代表之一，侧面反映了该地区数百年间的经济、社会和文化发展情况，具有较高的历史和艺术价值。

勾蓝瑶寨

编号：8-0388-3-191
年代：明至民国
类型：古建筑
地址：湖南省永州市江永县

勾蓝瑶寨位于湖南省永州市江永县城西南约30千米的兰溪瑶族乡，唐代已有部分瑶民在此地繁衍生息，宋、元时期又有瑶民从他处陆续迁至此。明洪武年间朝廷招安，封清溪、古调、扶灵（源口）、勾蓝为永邑四大民瑶，镇守湘粤隘口。勾蓝瑶寨现共有13个姓氏的瑶民聚居。勾蓝瑶寨由石寨墙结合山脊线完全围合，占地面积约6平方千米，包含有防御体系、祠堂、庙、书院、商铺、民居、风雨桥和凉亭、古道等30处建筑，多数建于明清时期。

勾蓝瑶寨防御体系包括石寨墙、守夜屋、门楼三个层次，最主要的是外圈的石寨墙，现存9段共800余米，明洪武到嘉靖年间建成，石墙高3.5米，厚3～4米，用料石干砌，高大坚固；守夜屋位于进入各自然村的总路口，现存石头街守夜屋和纪桥头守夜屋2处，清代建

筑，二层楼，楼上瞭望，楼下休息活动；门楼是防卫性建筑，现存何家门楼和黄将军门楼2处。寨内祠堂有曹家祠堂、黄家祠堂、欧阳家祠堂和三门街祠堂4处，庙宇有水龙祠和盘王庙2处，另有书院2处，商铺染坊等3处，民居9处，桥亭有三门街风雨桥、四方凉亭、黑凉亭、石鼓登亭4处，石板古道约2千米。建筑多采用红砖、青瓦，结构类型包括抬梁、穿斗、搁檩等，部分饰以木雕、石雕、灰塑、壁画等。建筑的功能、形制体现出瑶、汉文化相互融合的特征。勾蓝瑶寨的水龙祠内保留了一幅明末清初的大型行军壁画。

勾蓝瑶寨是防御体系完整的分散型传统村落，村寨景观格局层次丰富，功能结构完整，村寨的规划建设见证了朝廷招安瑶民扼守湘粤古道的历史，反映了多姓宗族世代聚居的生产生活方式，众多的碑刻和规模较大、内容丰富的古代壁画，为瑶、汉文化的融合提供了重要且真实的史料研究素材，是明清时期瑶、汉两族有机融合的生动见证，具有较高的历史价值。

湘昆古戏台

编号：8-0389-3-192
年代：清
类型：古建筑
地址：湖南省郴州市桂阳县

湘昆古戏台分布于湖南省郴州市桂阳县，包括大溪骆氏宗祠古戏台、下阳欧阳氏宗祠古戏台、昭金魏家公祠古戏台。

分别于清光绪四年、六年、十年及民国时期在此演出的剧目。

湘昆古戏台见证了湘昆这一昆曲流派在桂阳地区发祥、成熟、繁荣的过程，戏台与宗祠的结合形式和功能格局多样，建筑精巧，具有当地建筑特色，保留了大量当年戏班在桂阳演出昆戏的剧目，对建筑史以及戏曲文化研究均具有重要价值。

大溪骆氏宗祠古戏台位于黄沙坪街道沙坪村大溪组，于清顺治十年（1653年）由骆氏后裔发起兴建，清咸丰四年（1854年）重新修复。戏台单檐歇山顶，后台另起硬山顶，形成局部重檐。戏台雕梁画栋，制作精美，会意深刻，顶棚正中为八卦藻井。木屏风正面为保存完好的人物彩绘画，背面题记有清嘉庆年间"福庆园"戏班演出的56个昆剧曲目。

下阳欧阳氏宗祠古戏台位于流峰镇下阳村，于清康熙五十七年（1718年）兴建。祠堂中轴线上依次设有戏台、内院、祠堂正厅及后神堂。戏台做工精美，单檐歇山顶，顶下双龙戏珠木雕。藻井为覆斗式。祠堂正厅三开间，内壁有大量彩绘。

昭金魏家公祠古戏台位于龙潭街道昭金村溪里魏家组，始建于清同治二年（1863年）。戏台分前、后两台，台面边缘由三面木条围成，上顶四面分水，上檐封板雕刻精美，龙飞凤舞。前、后台相隔的木板屏风上有精美绘画，屏风背面保存的墨迹记载了文秀班等15个戏班

杉木桥胡家大院

编号：8-0390-3-193
年代：清
类型：古建筑
地址：湖南省永州市零陵区

杉木桥胡家大院位于湖南省永州市零陵区邮亭圩镇杉木桥村。建筑始建于清初，几经更迭，胡家子孙增多，大院也随之扩建，从而形成了规模庞大的建筑群落。

杉木桥胡家大院坐北朝南，由公厅屋与横屋两大部分组成，总建筑面积4782平方米。公厅屋建在大院的中心线上，依次由耳房、门楼、公厅、前一堂、前二堂、正堂等构成，宽13.2米，长109米，为当地罕见。横屋有40栋，依次排列在公厅房两侧，均能前后连通出入公厅屋，又与外部公共巷道相通。各建筑以砖木结构为主，硬山顶，有马头封火山墙，建筑雕饰精美，至今仍延续居住功能。

杉木桥胡家大院延续300余年，整组建筑规模大，规制完整，布局有序，建筑保存较好，为研究我国古代农耕社会经济、宗族文化传承、建筑营造技术提供了宝贵资料。

石门文庙

编号：8-0391-3-194
年代：清
类型：古建筑
地址：湖南省常德市石门县

石门文庙位于湖南省常德市石门县楚江街道文庙路6号，距澧水北岸500米。文庙始建于宋皇祐四年（1052年），明弘治十七年（1504年）迁建今址，清乾隆至光绪年间先后进行了多次重建或维修。现存建筑多为清代所建。

石门文庙建筑共三进两院，占地面积4493平方米，包括泮池与状元桥、棂星门、东西碑廊、大成门及东西偏殿、大成殿、钟楼、鼓楼、东庑、西庑。大成殿面阔五间，进深三间，四周设回廊，重檐歇山顶，黄琉璃瓦屋面，建筑为抬梁式木构架，不设斗拱，举折明显，翼角起翘平缓。钟、鼓楼在大成门后两侧，与东西庑相邻，六边形，单檐攒尖顶，建筑形体单瘦，飞檐翘角。东庑、西庑在大成殿前左右两侧，各面阔五间，单檐硬山顶，绿琉璃瓦屋面。泮池呈半圆形，直径15米，池壁块石垒砌，池上设桥宽2米。棂星门为四柱三门三楼木牌楼，高8.42米。大成门面阔三间，穿斗与抬梁混合构架，檐下置卷棚，硬山顶，黄琉璃瓦屋面，山墙顶泥塑山水人物、飞禽走兽。大成门两侧设偏殿，东偏殿为名宦祠、文官厅，西偏殿为乡贤祠、武官厅，均为穿斗与抬梁混合式构架，硬山顶，绿琉璃瓦屋面。

石门文庙承袭了官式建筑营造法式，布局、形制、材料基本保持原制，是湘西北具有代表性的文庙建筑之一。石门文庙还曾是"石门农民协会""政治讲习所"所在地，"苏维埃石门县政府""红二、六军团指挥部"曾在文庙内办公，具有较高的历史价值。

芷江文庙

编号：8-0392-3-195
年代：清
类型：古建筑
地址：湖南省怀化市芷江侗族自治县

芷江文庙位于湖南省怀化市芷江侗族自治县芷江镇小北街。文庙始建于宋熙宁七年（1074年），此后几经废兴，重建于清乾隆五年（1740年），同治二年（1863年）迁现址。

芷江文庙建筑坐北朝南，总占地面积2800平方米，建筑面积1200平方米，由东庑、西庑、钟楼、鼓楼、大成殿、崇圣祠组成。其中大成殿面阔五间，进深三间，建筑面积159平方米。抬梁式与穿斗式混合构架，重檐歇山顶，上下檐间置五层如意斗拱，黄色琉璃瓦顶。大殿石檐柱上为"凤上龙下"浮雕，门枋上为"海潮云龙"木浮雕。殿内藻井绘太极八卦图。殿前有月台，其前御道台阶为整块青石雕刻的二龙戏珠。大成殿两侧东庑、西庑为硬山顶，小青瓦屋面。殿前两侧为四角攒尖顶钟楼、鼓楼。大成殿后为崇圣祠，抬梁式木结构，歇山顶，小青瓦屋面。

芷江文庙保留了有明确纪年的砖木结构建筑遗存及彩绘、石雕、牌匾联对，是湘黔地区"儒风西渐"的重要佐证。

神下李氏宗祠

编号：8-0393-3-196
年代：清
类型：古建筑
地址：湖南省永州市宁远县

神下李氏宗祠位于湖南省永州市宁远县冷水镇神下村，始建于清乾隆十八年（1753年），次年落成。咸丰三年（1853年）维修宗祠，光绪三十三年（1907年）大修，1947年增设表门。

神下李氏宗祠坐北朝南，占地面积1250.4平方米，建筑面积1278.2平方米。整座宗祠由前坪、表门、戏楼、观戏台、内院、上厅和伙房组成。主体建筑为穿斗式与抬梁式混合木构架，青砖马头墙，小青瓦屋面。三开间西洋式表门明间设石圆，额书"李氏宗祠"，墙顶连绵起伏，配合欧式宝瓶柱顶；次间饰菱形西洋雕花泥塑。

神下李氏宗祠建筑风格中西合璧，用料考究，雕饰精美，是研究当地传统建筑营造技艺、建筑艺术及相关人文历史的重要实例。

澧县多安桥

编号：8-0394-3-197
年代：清
类型：古建筑
地址：湖南省常德市澧县

澧县多安桥又名"澧江桥""绣水桥"，位于湖南省常德市澧县澧阳街道澧州古城东门外，始建于清乾隆五十一年（1786年），嘉庆二十五年（1820年）重修，道光元年（1821年）仲夏竣工。

澧县多安桥呈西北—东南走向横跨澹水之上，为石质11孔联拱结构，九墩两台，桥身弧形，长211米，宽8.7米，高9.6米，桥体占地面积1835平方米，桥拱跨径10.5米，拱圈厚0.3米。桥墩为典型舟形桥墩，长18米，从下往上呈台阶状内收，桥墩基础为木桩地钉基础。桥面两侧立石栏，中有桥亭，桥头各立石坊1座，碑刻20余通，目前仍承担交通功能。

澧县多安桥规模宏伟，造型大方，桥体建造技术较

有特色，是研究我国古代桥梁建造技术的珍贵实物资料，具有较高的艺术和科学价值。

虎溪黄氏宗祠

编号：8-0395-3-198
年代：清
类型：古建筑
地址：湖南省永州市蓝山县

虎溪黄氏宗祠位于湖南省永州市蓝山县城西北20千米，始建于清乾隆十一年（1746年），道光二十二年（1842年）重建，1944年大修。

虎溪黄氏宗祠为传统院落式建筑，砖木结构，占地面积约为1028平方米。建筑中轴对称，由三进院落组成，从前至后依次为戏台、正堂、后堂，戏台以及正堂内屋架均有精美木雕。祠堂内保存有传统抬梁式和近代"人"字形屋架两种不同时期的结构形式。黄氏宗祠前坪有村口池塘一处。

虎溪黄氏宗祠基本保持了清代建筑格局，多种屋架形式共存，构架与雕刻的动物形态巧妙结合，体现了屋架结构的灵活变化，为南方传统穿斗、抬梁式屋架的多

样性提供了实例参考，具有鲜明的地方特色，是湘南地区民居建筑的代表。

溆浦崇实书院

编号：8-0396-3-199
年代：清
类型：古建筑
地址：湖南省怀化市溆浦县

溆浦崇实书院位于湖南省怀化市溆浦县龙潭镇岩板村一组，建于清道光十四年（1834年），曾名"延陵家塾"，咸丰五年（1855年）更名为"崇实书院"。

溆浦崇实书院总体平面呈方形，外围为两层楼房包围与大门连接，中轴线三进，分别为前厅、中厅、后厅。前厅外前坪以围墙环绕，两侧开东、西门楼，院前外中线上有荷塘泮池，整组建筑布局紧凑，造型典雅，属中西合璧式建筑风格。

溆浦崇实书院经历了从私塾到书院再到近代学堂的演变过程，是我国近代私学教育体制在乡村演变发展的历史见证。

桃树湾刘氏大屋

编号：8-0397-3-200
年代：清
类型：古建筑
地址：湖南省长沙市浏阳市

桃树湾刘氏大屋位于湖南省长沙市浏阳市金刚镇丹桂村清江片桃湾组，建于清道光二十九年（1849年）至咸丰三年（1853年）。

桃树湾刘氏大屋是我国清代典型的庄园式宅院。该组建筑面积约6600平方米，占地面积约11000平方米。大屋主次分明，多路多进天井式院落布局。主院与正护屋、畔护屋以封火山墙相隔，各厅之间以天井、过亭和廊道相连。房屋建筑汇集木雕、砖雕、石雕、灰塑、彩绘和卵石拼花等各类艺术表现形式。正宅为四进式院落，

面阔五间，由三进主院和一进门厅组成。沿中轴线依次分布有八角形院坪、槽门、晒谷坪、前厅、中厅、过亭和正厅，前厅和中厅之间的歇山顶为当地特有的"罩厅"。正宅厅堂建筑木构件以抬梁式为主。

桃树湾刘氏大屋整体布局规整，20余处天井檐廊连接，充分考虑了防火、防盗功能，建筑装饰精美，风格古朴，对研究地方宗族制度、民俗学以及建筑历史有较为重要的价值。

浦市镇古建筑群

编号：8-0398-3-201
年代：清
类型：古建筑
地址：湖南省湘西土家族苗族自治州泸溪县

浦市镇古建筑群位于湖南省湘西土家族苗族自治州泸溪县浦市镇，兴起于明清。

浦市古镇傍水而建，镇内主道皆直通河街，取"舟楫之便"的整体布局思路十分明显，其核心区域集中成

片，功能多样，充满多民族融合的印记。建筑多为前店后宅式的平面布局，几乎家家都有自己的码头，表现出很强的商业特征。浦市镇古建筑群主体包括万寿宫、李家祠堂、吉家祠堂、李家书院、杨茂源印书铺（杨家院子）、谢逢开号（张家院子）、荣顺商号（周家院子）、裕顺烟号（李仕付宅）、吉家大院、余字镖局（张先德宅）、姚家绣楼、鄱阳世第（吉家三重院子）、青莲世第13处。

浦市镇古建筑群地处汉和西南各民族地区的水陆交通枢纽，是华中地区经由水道往返云贵地区的重要停驻节点，是湘西较大的商业集散中心，现存寺庙、祠堂、书院、镖局、钱庄、古驿道以及诸多反映西南少数民族建筑风格的民居，具有较高的历史价值。

宝镜何家大院

编号：8-0399-3-202
年代：清至民国
类型：古建筑
地址：湖南省永州市江华瑶族自治县

宝镜何家大院位于湖南省永州市江华瑶族自治县大圩镇宝镜村。清初何氏先祖何应棋于此定居始建，清道光年间建新屋、走马吊楼，同治年间建八字门楼、大新屋、明远楼，民国初年建何氏宗祠。

宝镜何家大院东依笔架山，西有池塘，宅院主要由八字门楼、二进门楼、新屋、走马吊楼、老堂屋、下新屋、大新屋、明远楼、围姊地、北门楼组成。宅院建筑群以各建筑单元外围墙为边界，总建筑面积约11000平方米。何氏宗祠独立位于宅院北侧，面积约500平方米。

宝镜何家大院采用多重院落组成功能齐全的立体防御系统，并采用走马吊楼等创新形式，是研究清代湘西南民居发展、汉瑶文化交融、民俗以及宗族制度等方面的重要实物例证。

梅城文武庙古建筑群

编号：8-0400-3-203
年代：清至民国
类型：古建筑
地址：湖南省益阳市安化县

梅城文武庙古建筑群位于湖南省益阳市安化县梅城镇的安化一中校园内。

梅城文武庙古建筑群由文庙、武庙、培英堂和安化县立简易乡村师范学校旧址组成，建筑面积4778平方米。现存文庙建筑为清乾隆十四年（1749年）所建，武庙建筑为道光二十一年（1841年）所建，培英堂建于光绪十四年（1888年），安化县立简易乡村师范学校建于1939年。

文庙坐西朝东，中轴线对称布局，自东至西依次为万仞宫墙、泮池、棂星门遗址（仅余柱础）、大成门、左右厢房、月台、大成殿、崇圣祠。武庙坐西朝东，中轴线对称布局，自东至西为门厅、前厅、左右厢房、大殿。培英堂是安化县创建的第一所新学堂，由大门、左右厢房、大殿组成。安化县立简易乡村师范学校是两层砖木结构，小青瓦硬山顶，上下两层各设五间教室。

梅城的文庙、武庙主体建筑位于一处，且近代的培英堂、安化县立简易乡村师范学校旧址与文武庙并列，见证了我国从清代到民国再到现代教育的进化历程。毛泽东同志1917年和1925年两次到安化时都居住在文庙大成门南厢房，所以这里也是农民运动调查和开展革命活动的见证之一。

东安头翰林祠

编号：8-0401-3-204
年代：清至民国
类型：古建筑
地址：湖南省永州市宁远县

东安头翰林祠位于湖南省永州市宁远县湾井镇东安头村，始建于清乾隆元年（1736年）。清嘉庆十六年（1811年）重建祠房并建牌坊，道光七年（1827年）移牌坊于祠前，光绪五年（1879年）重建牌坊于祠前，1920年将祠房建筑修筑升高。

东安头翰林祠坐北朝南，平面呈"品"字形，占地面积7820平方米，由半月塘、牌坊、门厅、厢房、正厅、道厅和树德堂组成。建筑采用穿斗抬梁混合式木构架，青砖马头墙小青瓦式样。祠前为四柱三楼歇山木牌坊，主楼檐下饰七层如意斗拱，单排柱支撑斗拱和屋面。

东安头翰林祠建筑布局工整，各建筑单体之间连接巧妙，木雕、石雕、彩绘样式优美，为研究清至民国时期民居的构造技术以及建筑装饰风格、艺术手法、传统工艺提供了实物依据。

丹口苗文石刻群

编号：8-0499-4-022
年代：明清
类型：石窟寺及石刻
地址：湖南省邵阳市城步苗族自治县

丹口苗文石刻群位于湖南省邵阳市城步苗族自治县丹口镇仙鹅村七组，为明清时期苗文石刻。

石刻群集中分布于龙家河中下游、大水溪中上游及白竹山三个区域，发现苗文石刻20余处，内容包括古体苗文、近体苗文、变异体苗文和图形符号等四种类型，可分辨出存在模仿或者假借汉字的造字原理。古体苗文石刻记载了清代三大苗民起义中年代最早的"雍乾苗民起义"这一重大历史事件。

丹口苗文石刻群是目前所见唯一一处集中成群的性质明确、类型丰富的古代苗文实物，是研究明清时期苗族文化发展、风俗习惯和审美艺术的重要实物资料，也为研究清代苗民起义提供了重要线索。

辰州教案发生地

编号：8-0654-5-138
年代：1902年
类型：近现代重要史迹及代表性建筑
地址：湖南省怀化市沅陵县

辰州教案发生地位于湖南省怀化市沅陵县沅陵镇荷花池居委会。

1902年8月15日，在沅陵县发生了震惊中外的"辰州教案"（沅陵县旧称"辰州"），两名英国传教士激起民愤，被本地居民殴毙，教堂被捣毁。在西方列强的强迫下，腐朽的清王朝查办地方官员，抓捕300多人，极刑处死6名民众，赔款8万两白银。而后西方列强利用赔款于1904～1937年陆续修建了永生堂、天主教堂和诸多牧师楼，开展传教等文化入侵活动。

辰州教案发生地现存永生堂、为善最乐楼、海牧师楼、韦小姐楼、希来德牧师楼、天主堂、宝翰臣牧师楼、

傅华梅牧师楼等 8 栋近代欧式建筑，总占地面积 7763 平方米，总建筑面积 4981 平方米。

辰州教案发生地的欧式建筑见证了中国人民反抗西方文化入侵和中国沦为半殖民地半封建社会的屈辱史，体现了中国人民抵抗侵略、英勇不屈的斗争精神。

湘雅医院及医学院早期建筑

编号：8-0655-5-139
年代：1914 ~ 1947 年
类型：近现代重要史迹及代表性建筑
地址：湖南省长沙市开福区

湘雅医院及医学院早期建筑位于湖南省长沙市开福区湘雅路街道，包括湘雅医院病栋楼、办公大楼及湘雅医学院外籍教师楼、办公楼、小礼堂。

湘雅医院病栋楼建成于 1918 年，建筑面积 23136 平方米。建筑坐南朝北，呈马蹄形布局，主体为四层砖木结构，高 21 米，平面功能布局完整，建筑形态为中国传统建筑复兴样式的三段五部式立面风格。

湘雅医院办公大楼建成于 1951 年，建筑面积 2642 平方米，由蔺传新根据病栋楼建筑风格设计。建筑坐南朝北，为四层砖石木结构，建筑平面为典型的双面廊道式办公建筑布局，形态为中西合璧式风格。

湘雅医学院外籍教师楼建于 1914 年，建筑面积 300 平方米。建筑坐西朝东，为典型的中西合璧式独栋住宅，体现了亨利·墨菲设计"中国古典复兴式"住宅建筑的手法和理念。

湘雅医学院办公楼始建于 20 世纪 30 年代，抗战期间遭日军炸毁，1946 年修复，建筑面积 1096 平方米。建筑坐北朝南，两层砖木结构，为"凹"字形外廊式建筑，立面形态为简化的三段五部式风格。

湘雅医学院小礼堂始建于 20 世纪 30 年代，抗战期间遭日军炸毁，1950 年由蔺传新设计修复，建筑面积 779 平方米。建筑坐北朝南，砖木结构，平面为矩形，立面为清水红砖墙砌筑，以凸出的构造柱作为竖向装饰线条，屋顶为传统歇山顶，体现了我国 20 世纪 50 年代医教建筑"实用、坚固、美观"的设计宗旨。

湘雅医院病栋楼和医学院外籍教师楼由美国著名建筑师亨利·墨菲设计，是他在中国的第一批建筑作品，借鉴了欧美大学校园规划的设计理念与方式，对我国近代校园规划影响深远。

湘雅医院及医学院早期建筑是我国现代医学高等教育和现代医疗事业创立与发展的见证，具有较高的历史、艺术、科学价值。

毛泽东水口连队建党旧址

编号：8-0656-5-140
年代：1927 年
类型：近现代重要史迹及代表性建筑
地址：湖南省株洲市炎陵县

毛泽东水口连队建党旧址位于湖南省株洲市炎陵县水口镇，由叶家祠、朱家祠两组建筑组成。

1927 年 10 月 12 日，毛泽东率领中国工农革命军第一军第一师第一团来到炎陵水口，当晚在朱家祠主持召开了各连党代表会议，讨论通过了六名新党员名单。15 日晚，毛泽东在叶家祠阁楼上主持了陈士榘、赖毅、欧阳健、李恒、刘炎、鄢辉等六名工农出身士兵的入党宣誓仪式，并帮助二连成立了党支部，以实际行动落实了三湾改编提出的"党指挥枪"的原则。

叶家祠为晚清江南民居建筑,坐北朝南,土木结构,面阔三间,进深二间,建筑面积196.3平方米。

朱家祠为晚清江南祠堂式建筑,始建于光绪六年（1880年）,坐北朝南,砖木结构,山顶,三级马头式封火墙,占地面积1558平方米,建筑面积654.65平方米。

毛泽东水口连队建党旧址,是秋收起义后毛泽东率领中国工农革命军第一军第一师第一团到达炎陵水口一系列革命实践的活动场所,具有十分重要的历史价值。

湘赣革命根据地旧址

编号：8-0657-5-141
年代：1930~1933年
类型：近现代重要史迹及代表性建筑
地址：湖南省株洲市茶陵县、攸县

湘赣革命根据地旧址位于湖南省株洲市茶陵县、攸县,包括茶陵县列宁学校旧址、攸县苏维埃政府东冲兵工厂旧址和南岸列宁室。

1930年1月,中共赣西特委成立,江西红军改编为红六军,湘东、赣西根据地逐步连成一片。为教育革命战士,1931年秋成立了茶陵县列宁高级小学校,12月迁至雩江书院续办,至1933年10月停办,培养学生200多人,绝大多数成为革命骨干;为建立地方武装扩大苏区,1930年10月建立了攸县苏维埃政府东冲兵工

厂。1932年6月,为粉碎敌人的反革命围剿,中国工农红军湘赣独立一师三团团部奉命来到攸县峦山乡南岸地区,将旧址民房作为团指挥部和红军驻地,并辟一长屋为"列宁室"。

茶陵列宁学校旧址位于茶陵县秩堂镇毗塘村洲头,原为雩江书院,坐西北朝东南,由一进门厅、二进讲堂、过厅、东西书斋和天井组成,占地面积965平方米。攸县苏维埃政府东冲兵工厂旧址位于攸县鸾山镇新漕村东冲组,坐东北朝西南,面阔三间,前后两进,中有天井,占地面积192平方米。攸县南岸列宁室位于攸县峦山镇南岸村南冲组,为砖木结构的两层楼阁式湘东民居,占地面积780平方米,建筑面积580平方米。

湘赣革命根据地旧址是湘赣革命根据地存在和发展的见证,是"农村包围城市,武装夺取政权"革命新道路实践的见证,具有重要意义。

红四军前委扩大会议旧址

编号：8-0658-5-142
年代：1928年
类型：近现代重要史迹及代表性建筑
地址：湖南省郴州市桂东县

红四军前委扩大会议旧址位于湖南省郴州市桂东县沤江镇城西红军路,包括唐家大屋和城隍庙两部分。

1928年8月23日,毛泽东在唐家大屋主持召开了红四军前委扩大会议（营级以上干部参加）,总结了"八月失败"的教训,纠正了"左"倾盲动主义路线错误,议决集合部队重返井冈山。城隍庙是会议期间毛泽东的主要活动场所,他亲率部队来桂东迎接红军大队期间,曾在歌台上发表重要演说,宣传革命。

唐家大屋原为民房,始建于清末,坐西朝东,两层砖木结构,硬山顶,小青瓦面,正面呈倒"凹"形,外筑院墙,现存总建筑面积360平方米。

城隍庙始建于明正德年间,四周与居民住宅相连,

坐北朝南，平面呈长方形，现仅存庙门、歌台。

红四军前委扩大会议旧址是红四军前委扩大会议的历史见证，具有重大历史价值和纪念意义。

浏阳红一方面军活动旧址

编号：8-0659-5-143
年代：1930年
类型：近现代重要史迹及代表性建筑
地址：湖南省长沙市浏阳市

浏阳红一方面军活动旧址位于湖南省长沙市浏阳市永和镇、小河乡与文家市镇，由红一方面军成立旧址、红一方面军后方医院旧址和文家市大捷遗址三部分组成。

1930年7月27日，红三军团攻占长沙，8月5日主动撤离，向平江、浏阳方向转移。毛泽东、朱德率红一军团赶往湖南援助，全歼守在文家市的敌军，获得文家市大捷。8月23日，红一军团和红三军团在永和镇石江村李家大屋召开联席会议，成立红一方面军，毛泽东任前委书记、总政委和中国工农委员会主席，朱德任总司令，彭德怀任副总司令。

红一方面军成立旧址建筑原为李家大屋，位于浏阳市永和镇菊香社区大屋组，占地面积2400余平方米，建筑面积1500平方米。现存建筑包括主体建筑及两侧过亭、天井、横厅、厢房、耳房、后院等，主体建筑前方有旧址前坪。

红一方面军后方医院旧址建筑原为范家祠堂，位于浏阳市小河乡田心村花园组，坐北朝南，平面呈合院式布局，单层砖土木结构，分前后两栋，占地面积428平方米。

文家市大捷遗址位于文家市镇文华村与文家市村的交界处，共十余条战壕，最长达524米，深度1～2米。在九峰寺及其西面的炮台岭上各有一座砖石砌建的碉堡，兼作指挥部使用。

浏阳红一方面军活动旧址是毛泽东、朱德等在浏阳地区创建领导的红一方面军成立地及早期活动地，对研

究中国革命史、特别是中国工农革命军第一方面军军史具有重要的价值。

中央红军长征突破第三道封锁线指挥部旧址

编号：8-0660-5-144
年代：1934年
类型：近现代重要史迹及代表性建筑
地址：湖南省郴州市宜章县

中央红军长征突破第三道封锁线指挥部旧址位于湖南省郴州市宜章县白石渡镇白石渡村。

1934年10月，中共中央、中革军委率领中央红军从江西瑞金等地出发，实行战略转移。11月10日，毛泽东、周恩来、刘伯承等率部进驻宜章，指挥夺取了国民党粤汉铁路防线重镇白石渡，设指挥部于邝氏宗祠，并在白石渡广泛开展建党建政和扩红工作，执行党的工商政策。夺取宜章县城和白石渡是中央红军成功突破国民党军第三道封锁线的重要标志。11月7～18日，中国工农红军第一方面军共8.6万余人顺利通过宜章继续西进。

旧址建筑原为邝氏宗祠清白堂，建于清同治六年（1867年），以建筑外墙为边界，占地面积300平方米。建筑坐北朝南，系砖石木两层结构，面阔三间，分前厅、祭祀厅，中间设天井，祭祀厅顶棚置方形藻井，内外顶棚均有雕工细致的木刻图案。

中央红军长征突破第三道封锁线指挥部旧址是红军长征的重要历史纪念地。

平江惨案遗址

编号：8-0661-5-145
年代：1939年
类型：近现代重要史迹及代表性建筑
地址：湖南省岳阳市平江县

平江惨案遗址位于湖南省岳阳市平江县加义镇上街33号。

　　1938年2月，新四军第一支队第一团开赴皖南抗日前线，为处理遗留事宜在加义镇设立"新四军驻平江加义留守处"（后改为通讯处）。1939年6月12日，国民党驻湘鄂边第27集团军派兵包围并袭击新四军驻平江加义通讯处，将中共江西省委副书记兼湘鄂赣特委书记、新四军高级参议涂正坤，中共湘鄂赣组织部长罗梓铭，新四军驻赣办事处秘书兼江西省委组织部长曾金声，中共湘鄂赣特委秘书主任吴渊及通讯处工作人员吴贺泉、赵绿吟等杀害，制造了举世震惊的"平江惨案"。

　　遗址建筑是典型的南方地区前店后宅式民居，坐北朝南，为临街两间铺面。西铺面原为"天和号"杂货铺，三间一进；东间商铺原为"亿昌药号"，往里延伸至汨水边，为三开间四进加后杂房和后院落。占地面积536.3平方米。

　　平江惨案遗址作为新四军坚持抗战、反对国民党反动派消极抗战和"平江惨案"等一系列重大事件的见证，具有较高的历史价值。

湘西雪峰山抗战旧址

编号：8-0662-5-146
年代：1945年
类型：近现代重要史迹及代表性建筑
地址：湖南省怀化市溆浦县、辰溪县和邵阳
　　　市洞口县

　　湘西雪峰山抗战旧址位于湖南省怀化市溆浦县、辰溪县和邵阳市洞口县。

　　雪峰山会战也称湘西会战，是抗日战争正面战场上的一次重要战役，双方参战总兵力达30余万人。会战起于1945年4月9日，止于同年6月7日，以中国军队取得最终胜利而告终。

　　旧址由龙潭战役野战医院旧址、南庄坪兵工厂、碉堡群和陆军第七十四军湘西会战阵亡将士纪念塔等组成。

　　龙潭战役野战医院旧址位于湖南省怀化市溆浦县黄茅园镇湾潭村，主体建筑为王氏宗祠，始建于清雍正十一年（1733年）。宗祠建筑坐南朝北，由戏台、天井、正殿、后殿、厢房及藻井构成。附近山坡有医治无效亡故的将士公墓。

　　南庄坪兵工厂旧址位于湖南省怀化市辰溪县潭湾镇南庄坪村，现存兵工厂工会楼，始建于1938年。建筑坐南朝北，为一层砖木结构，小青瓦屋面，青砖墙体，建筑面积354.8平方米。

　　抗战碉堡群位于湖南省怀化市辰溪县辰阳镇，由胜利公园抗日碉堡、熊首山抗日碉堡、围子湾抗日碉堡、刘晓公园抗日碉堡组成。

　　陆军第七十四军湘西会战阵亡将士纪念塔位于湖南省邵阳市洞口县江口镇，建于1946年4月，1967年被毁，1985年修复，总占地面积370余平方米。塔为砖结构，基座为七级台阶，上为锥形四方体，塔碑上镌刻碑记。

　　湘西雪峰山抗战旧址是抗日战争的重要历史见证，是弘扬伟大抗战精神的重要遗迹。

程潜公馆

编号：8-0663-5-147
年代：1948年
类型：近现代重要史迹及代表性建筑
地址：湖南省长沙市芙蓉区

　　程潜公馆位于湖南省长沙市芙蓉区定王台街道丰泉古井社区白果园19号。

　　程潜（1882～1968年），字颂云，湖南醴陵人，同盟会会员，日本陆军士官学校第六期毕业，国民革命军陆军一级上将，历任国民革命军第六军军长、第一战区司令长官、湖南绥靖公署主任兼省政府主席等职。解放战争后期在长沙宣布和平起义。中华人民共和国成立后，历任民革中央副主席、全国政协常委、全国人大常委会副委员长、国防委员会副主席、中央人民政府委员、湖南省省长。

　　旧址为民国时期建造的中西合璧式公馆建筑，坐北

朝南，两层砖木结构，半回廊式院落布局，由门楼、主体建筑及天井组成。占地面积 214 平方米，建筑面积 340 平方米。

程潜公馆是湖南和平解放的直接推动者程潜于 1948 年担任长沙绥靖公署主任兼湖南省政府主席时的居所，是湖南和平起义这一重大历史事件的重要见证。

湘西剿匪旧址

编号：8-0664-5-148
年代：1949 ~ 1952 年
类型：近现代重要史迹及代表性建筑
地址：湖南省怀化市沅陵县、辰溪县

湘西剿匪旧址位于湖南省怀化市沅陵县、辰溪县。

民国末年，湘西地区匪患严重。1949 年秋，中国人民解放军第四十七军第 139 师、140 师先后进驻沅陵县，至 1951 年 2 月共剿灭土匪 10 万余众，湘西 22 县 350 余万人民得到彻底解放，对于人民解放军解放大西南战役和全国剿匪的顺利推进产生了巨大的影响。

旧址包括中国人民解放军第四十七军军部旧址、沅陵区剿匪胜利纪念堂。

中国人民解放军第四十七军军部旧址位于沅陵县沅陵镇胜利门居委会，包括 1 号楼、2 号楼，均坐北朝南，砖木结构，小青瓦盖面，为典型的湘西民居。1 号楼建于 1932 年，建筑面积 277 平方米；2 号楼建于 1948 年，建筑面积 265 平方米。

沅陵区剿匪胜利纪念堂位于辰溪县辰阳镇，建于 1952 年，仿欧式建筑，外观呈"T"字形，砖木结构，建筑面积 1025 平方米。

湘西剿匪是中国人民解放军军史上光辉的一页。湘西剿匪旧址作为中华人民共和国建国初期湖南境内最大规模剿匪战役的重要见证，极具历史价值。

醴陵群力瓷厂旧址

编号：8-0665-5-149
年代：1958 年
类型：近现代重要史迹及代表性建筑
地址：湖南省株洲市醴陵市

醴陵群力瓷厂旧址位于湖南省株洲市醴陵市来龙门街道八里庵社区玉瓷路新村 1 号，始建于 1958 年。

醴陵群力瓷厂前身是 1958 年周恩来按照毛泽东指示批复拨款创建的醴陵艺术瓷厂。1965 年艺术瓷厂改名为群力瓷厂。2003 年工厂改制后成立湖南醴陵红官窑瓷业有限公司，2011 年停产。

旧址包括原料仓库、制泥车间、成型车间、彩绘车间、花纸车间、窑炉车间、检验包装车间、成品仓库、五金仓库和办公楼 10 栋建筑，以及一处铁路运输专线遗址，总占地面积约 10 万平方米，总建筑面积为 5 万平方米。

醴陵群力瓷厂旧址是传承和发展釉下五彩艺术的典范，是湖南陶瓷工业珍贵的活化石。其反映了特定时期我国制瓷业的最高工艺和水平，见证了群力瓷厂繁荣及衰落的历史进程，也为研究群力瓷厂的工艺流程、多色釉下彩绘技术等提供了宝贵的资料，具有重要的历史价值、科学价值和艺术价值。

核工业 711 功勋铀矿旧址

编号：8-0666-5-150
年代：1960 ~ 1994 年
类型：近现代重要史迹及代表性建筑
地址：湖南省郴州市苏仙区

核工业 711 功勋铀矿旧址位于湖南省郴州市苏仙区许家洞镇，是 20 世纪 50 年代党中央、国务院规划决定由苏联帮助设计和援建的四个铀矿冶项目之一。

1958 年，时任中共中央总书记邓小平同志批准在湖南郴县许家洞镇建设 411 矿（1964 年 1 月 1 日更名为国营 711 矿）。1960 年 4 月，711 矿试采出第一批铀矿石。1963 年 8 月，矿山全面投产，至 1994 年中止井下开采。

旧址建筑主要包括一号主井巷道、铁路矿仓、办公楼、专家楼，占地面积 261.6 万平方米。一号主井巷道平面呈"S"形，占地面积 304.5 平方米。铁路矿仓为钢筋混凝土框架结构，共有三个装卸铀矿的料斗，占地面积 449.44 平方米。办公楼为两层砖木结构，建筑面积 1258 平方米。专家楼分 1 号专家楼和 2 号专家楼。1 号专家楼为砖木结构，北侧凸出门廊，南侧凸出多边形厅，形制独特，建筑面积 157 平方米。2 号专家楼为砖木结构，平面方整，南北向有门廊，建筑面积 175.75 平方米。

711 矿为我国成功爆炸的第一颗原子弹提供了合格的原料，奠定了新中国"两弹一艇"辉煌的历史基业。其向核工业系统输送技术人员、管理干部和技术工人 3285 名，为我国核工业的创立和发展做出了重要贡献。旧址作为我国核工业发展的见证与纪念地，具有重要的历史价值和科学价值。

渠江茶园

编号：8-0759-6-009
年代：明清至今
类型：其他
地址：湖南省益阳市安化县

渠江茶园位于湖南省益阳市安化县渠江镇大安村，分布在大安片区和黄茶片区，占地 500 多亩，是万里茶道上三大茶叶主产区之一的湘西梅山茶产区的重要组成部分。

渠江茶园包括古茶园 3 处（干田界茶园、大坪茶园、连坳坡茶园）、碑刻 4 通（祈龄桥复修碑、复刊祈龄桥碑、祈龄桥碑、大坪古茶园茶山禁碑）、古道 2 段（新安溆青石古道约 1000 米，干田界茶山青石古道约 800 米）、古桥 2 座（祈龄桥、黄茶溪石拱桥）、古茶亭遗址 1 处（祈龄茶亭兼碾房）、古井 3 口，以及大安片区传统民居建筑群民居建筑 25 栋。

据记载，夏姓族人于宋代迁居于此，一直以种茶制茶为生，继承传统黑茶制作技艺。渠江大安村及茶园是安化黑茶始祖"渠江薄片"原产地，至今也是安化核心茶产区。村民几乎家家保存有大量传统采茶制茶工具，如独脚采茶凳、揉茶机等。

渠江茶园传承安化悠久产茶传统，是梅山茶产区和万里茶道连通的重要枢纽，见证了明清时安化黑茶的兴盛和茶道贸易在古梅山地区繁荣发展的历史进程，也为研究梅山地区古代经济商贸、文化交流和民族交融提供了宝贵的资料，具有重要的历史价值、科学价值和艺术价值。

九嶷山舜帝陵

编号：8-0000-2-003

年代：明清

类型：古墓葬

地址：湖南省永州市宁远县

九嶷山舜帝陵位于湖南省永州市宁远县九嶷山乡九嶷山村舜源峰，是自明代以后公祭舜帝的重要场所。

九嶷山舜帝陵由舜陵和舜庙遗址组成。舜陵以陵山舜源峰为主体。舜庙于明洪武四年（1371年）迁建于此，历代不断修复和扩建，逐渐形成以陵山为主祭祀对象。1935年舜庙后殿被焚毁，20世纪90年代在明代遗址上整体复建。现存明万历四年（1576年）"扶瑶颂碑"1通和清代祭祀碑30余通。

九嶷山舜帝陵是陵庙一体、完整、宏大的舜帝祭祀区，与玉琯岩舜帝庙遗址一脉相承，是国家祭祀体系的重要体现。明清以来的碑刻、题记等为研究九嶷山舜帝古史传说提供了珍贵资料。

九嶷山舜帝陵并入第六批全国重点文物保护单位舜帝庙遗址。

罗荣桓故居增补点

编号：8-0000-5-018

年代：1902年

类型：近现代重要史迹及代表性建筑

地址：湖南省衡阳市衡东县

罗荣桓故居增补点位于湖南省衡阳市衡东县荣桓镇南湾村，主要包括黑田罗氏新大屋和岳英小学旧址。

黑田罗氏新大屋位于罗荣桓故居东北部3000米处，为清代早期建筑，坐东北朝西南，砖木结构，三进四横布局，占地面积约4500平方米。1902年11月26日，罗荣桓出生于第一进门厅右侧次间前正房，此后在此居住和生活了13年。

岳英小学旧址建筑原为壶山公祠和令德公祠，位于罗荣桓故居对面30米处。壶山公祠初建年代不详，清嘉庆十年（1805年）改建，同治四年（1865年）重修；令德公祠始建于清嘉庆七年（1802年）。两栋祠堂共垛并排而立，各面阔三间，砖木结构。罗荣桓少年时期曾在岳英小学就读。

黑田罗氏新大屋和岳英小学旧址是罗荣桓元帅少年时期的活动场所，见证了罗荣桓元帅少年时期学习和成长的经历，具有非常重要的历史价值和开展爱国主义教育的社会价值。

上述两处旧址并入第七批全国重点文物保护单位罗荣桓故居。

秋收起义文家市会师旧址增补点

编号：8-0000-5-019
年代：1927 年
类型：近现代重要史迹及代表性建筑
地址：湖南省长沙市浏阳市

秋收起义文家市会师旧址增补点位于湖南省长沙市浏阳市大围山镇，包括秋收起义部队驻扎旧址和上坪会议旧址。

秋收起义部队驻扎旧址原为刘家祠堂，现存建筑为清光绪二十二年（1896 年）重修，占地面积 1600 平方米，建筑面积 1044.26 平方米，为典型的清代祠宇式建筑。1927 年 9 月，毛泽东率秋收起义部队与国民党军的一个加强连激战，获胜后驻扎在刘家祠堂。

上坪会议旧址原为张家大屋，始建于清光绪年间，重修于 1928 年，现存建筑有门厅、横厅、厢房、耳房、杂屋，占地面积 360 平方米，建筑面积约 260 平方米。1927 年 9 月 14 日，秋收起义部队转移至上坪，在张家大屋召开了营、连级以上干部军事会议，决定放弃攻打长沙，急信通知中共湖南省委中止 16 日长沙暴动工作，并命令各路起义部队迅速到文家市集合。同年，张家大屋被国民党反动派烧毁，次年经张氏宗族筹款修复。

秋收起义文家市会师旧址增补点是由毛泽东领导的湘赣边界秋收起义部队留下的重要历史遗存，是秋收起义文家市会师旧址的重要关联构成，是人民军队从弱小走向强大的光辉起点以及党和军队坚持群众路线的历史见证。

秋收起义文家市会师旧址增补点并入第一批全国重点文物保护单位秋收起义文家市会师旧址。

湘鄂赣革命根据地旧址增补点

编号：8-0000-5-020
年代：1929 ～ 1937 年
类型：近现代重要史迹及代表性建筑
地址：湖南省岳阳市平江县

湘鄂赣革命根据地旧址增补点位于湖南省岳阳市平江县长寿镇西南街、石堰村。主要包括红五军军委扩大会议旧址、湘鄂赣省第一次工农兵代表大会旧址以及湘鄂赣省委、省苏维埃政府、省军区驻地旧址。

红五军军委扩大会议旧址原为福音堂，为临街建筑，占地面积 1550 平方米，建筑面积 1480 平方米。1929 年 10 月 1 日，在当地群众武装配合下，红五军一举攻占平江长寿街。休整期间，合编后的红五军在福音堂召开了军委扩大会议。

湘鄂赣省第一次工农兵代表大会旧址原为天主堂，建于 1925 年，坐东南朝西北，由天主教堂、圣堂、神甫房组成，两层共 20 间，建筑面积 580 平方米。1931 年 9 月，湘鄂赣边区在这里召开第一次工农兵代表大会，会议通过了扩大红军、执行土地法为中心内容的十二条决议，并决定成立湘鄂赣省苏维埃政府，办公地点就在教堂内。

湘鄂赣省委、省苏维埃政府、省军区驻地旧址原为曾家大屋，始建于清嘉庆十六年（1811 年），坐东南朝西北，为两层楼房，呈四方四合院形式，带有耳房。1934 年 7 月 ～ 1937 年 8 月，中共湘鄂赣省委、省苏维埃政府及省军区机关均设于此，这里成为湘鄂赣三省革命斗争的指挥中心。

湘鄂赣革命根据地是土地革命时期我党建立的重要红色革命根据地，平江是湘鄂赣革命根据地的重要组成部分，根据地旧址是平江人民在党的领导下坚持斗争的实物证明，是实践"农村包围城市，武装夺取政权"革命道路的实物见证，具有重要的历史和社会价值。

湘鄂赣革命根据地旧址增补点并入第六批全国重点文物保护单位湘鄂赣革命根据地旧址。

湘鄂川黔革命根据地旧址增补点

编号：8-0000-5-021

年代：1934～1935年

类型：近现代重要史迹及代表性建筑

地址：湖南省湘西土家族苗族自治州永顺
县、常德市津市市

湘鄂川黔革命根据地旧址增补点位于湖南省湘西土家族苗族自治州，主要包括红二、六军团永顺会议旧址和红二军团指挥部旧址。

红二、六军团永顺会议旧址位于永顺县灵溪镇城南社区，原为天主堂，坐南朝北，占地面积约316平方米，建筑面积约1000平方米。1934年11月7日，红二、六军团攻占永顺县城后，在天主堂召开了团级以上干部会议，批判了夏曦"左"倾教条主义，为开辟湘鄂川黔革命根据地奠定了基础。

红二军团指挥部旧址位于津市市人民路921号，原为怡和洋行，坐东朝西，占地面积889.5平方米，建筑面积1379平方米。1935年8月24日，红军第三次攻占津市，贺龙及红二军团指挥部驻扎于此，挂出了"苏维埃政府"的招牌，着手建立苏维埃政权。

红二、六军团永顺会议旧址和红二军团指挥部旧址见证了红二、六军团在湘鄂川黔根据地艰苦卓绝的斗争历史，具有重要的历史价值和社会价值。

湘鄂川黔革命根据地旧址增补点并入第六批全国重点文物保护单位湘鄂川黔革命根据地旧址。

黄埔军校第二分校十四军官总队旧址

编号：8-0000-5-022

年代：1938～1945年

类型：近现代重要史迹及代表性建筑

地址：湖南省邵阳市洞口县

黄埔军校第二分校十四军官总队旧址位于湖南省邵阳市洞口县山门镇岩门村。

1938年秋，国民党中央陆军军官学校（黄埔军校）第二分校自武汉迁至武冈，其第十四军官总队队部设于尹氏宗祠祠堂内。办学历时七年（1938～1945年），为抗战培养了一大批初、中级军事指挥人才，在抗日战争中发挥了重要作用。

旧址建筑原为尹氏宗祠，包括牌楼、戏楼、厢房、中堂和祖先堂，总占地面积2880平方米，建筑面积2018平方米。建筑坐南朝北，沿中轴线布置，由封火山墙围成一个长方形的三进砖木结构四合院。整组建筑规模宏大，布局规制完整，工艺精细。

黄埔军校第二分校十四军官总队旧址是黄埔军校第二分校的重要组成部分，见证了黄埔军校第二分校在抗战时期参与的许多重大历史事件，是研究黄埔军校不可多得的重要实物见证。

黄埔军校第二分校十四军官总队旧址并入第七批全国重点文物保护单位黄埔军校第二分校旧址。

广东省

磨刀山遗址

编号：8-0111-1-111
年代：旧石器时代
类型：古遗址
地址：广东省云浮市郁南县

磨刀山遗址位于广东省云浮市郁南县河口镇和都村南江西岸四级阶地上，是一处旧石器时代早期的旷野类型遗址。

遗址第1地点核心区面积约2万平方米。考古发现上、下两个包含石制品的旧石器时代早期文化层，揭露出较大面积的古人类活动区域。出土近400件石制品，以砂岩、石英与石英岩为主要原料，类别包括石料、石核、石片、石锤、石器、残石器及使用砾石等，其中又以石料、石核与使用砾石的数量为多。石制品类别涵盖从搬运石料、加工石器、使用石器到废弃石器的整个过程，反映出发掘区存在完整的石器生产操作链。石器加工技术以单面硬锤修理为主，仅少量手斧等见两面加工技术。石器的修理较为简单粗糙，刃部普遍不规整，遗址文化面貌总体与中国南方广泛分布的砾石石器工业比较接近，表现出与广西及东南亚地区同时期旧石器文化相似的特征。

以磨刀山遗址为代表的南江旧石器地点群，填补了广东旧石器时代早期文化的空白，是岭南史前考古的重大突破。磨刀山及南江盆地旧石器地点的新发现，揭示出岭南亚热带—热带气候环境下远古祖先的栖居形态与旧石器文化发展序列，进一步展现了亚洲东南部低纬度地区早期人类独特的石器生产与生存活动，为中国旧石器时代考古研究提供了非常重要的新材料，对于深入研究中国南方与东南亚地区旧石器文化的关系、区域人类演化历史、古人类技术行为与环境的关系等课题具有重大意义。

青塘遗址

编号：8-0112-1-112
年代：旧石器时代
类型：古遗址
地址：广东省清远市英德市

青塘遗址位于广东省清远市英德市青塘镇，是华南地区旧石器时代向新石器时代过渡阶段的典型洞穴遗址。

遗址由黄门岩1～4号洞和狮头岩等洞穴组成，面积近1000平方米，发现晚更新世晚期至全新世早期连续的地层堆积。1号洞发现一处距今1.35万年的墓葬及3处火塘遗迹。2号洞文化层堆积丰富，出土石器、骨角器、蚌器、陶器及动物骨骼等各类标本1万余件，其中包括华南地区年代最早的穿孔蚌器、广东年代最早的陶器、距今2万年的人类肢骨及头骨片化石等重要遗物。3号与4号洞出土少量石器、动物骨骼遗物。

青塘遗址连续的地层与文化序列，揭示出环境变迁与文化演进的耦合关系，为华南地区乃至东南亚旧新石器过渡阶段的学术研究提供了重要的标尺。墓葬与人骨的发现，对旧石器时代晚期原始宗教信仰、社会复杂程度、区域现代人群体质演化及扩散等方面的研究具有重大价值，为研究华南旧新石器过渡阶段的聚落形态、早期陶器的出现与传播、现代人行为复杂化、区域史前文化间的关系等提供了珍贵的材料。

东莞村头遗址

编号：8-0113-1-113
年代：夏商
类型：古遗址
地址：广东省东莞市

东莞村头遗址位于广东省东莞市虎门镇村头村大山园岗丘，是一处距今约4000年的先秦贝丘聚落遗址。

遗址分布面积约1.7万平方米，核心区6500余平方米，考古发掘房基、灶、灰坑、壕沟、墓葬等夏商时期遗存。居住区在遗址东北部，发现大量圆形、圆角方形、方形房址，均为地面建筑，木骨泥墙，有的屋内可见灶坑，屋外密布柱洞。非成年人墓葬分布在遗址东北部，墓葬东西向，多仰身直肢葬和侧身屈肢葬。公共活动区在遗址中部，垃圾区在遗址南部，功能划分明确。出土大量陶器、石器、骨角蚌器及猪、狗的骨骼遗物，陶器群具有珠江流域文化特征。

东莞村头遗址是广东已发现同期遗存中发掘面积最大，遗存最丰富，出土文物种类最多、数量最大的先秦贝丘遗址，对构建珠江三角洲地区先秦文化序列具有重要意义，为研究中国南方沿海地区古人类生产生活、聚落规划布局、岭南文明进程等提供了重要资料。

狮雄山遗址

编号：8-0114-1-114
年代：秦汉
类型：古遗址
地址：广东省梅州市五华县

狮雄山遗址位于广东省梅州市五华县华城镇东南3000米的塔岗村狮雄山，是秦汉南越国时期的一处大型建筑基址。

遗址总面积约22万平方米，可分为衙署区、作坊区和一般居住区，城外有墓葬区。秦汉时期遗迹主要分布于狮雄山南岗经人工修整的四级台地上，被环绕壕沟划分为南、北两个区域。壕沟将人工壕沟与天然河道有机联系起来，构成了一个规模宏大的防御系统。考古发现建筑基址、排水沟、陶窑、水井、灰坑、灰沟等大量遗迹。出土大量建筑材料、陶器、石器、铁器，特别是68枚钤印封泥，有"定楬之印""定楬丞印""蕃"等字样。

狮雄山遗址是秦汉南越国时期所设"定楬道"之治所和赵佗筑"长乐台"（行宫）之地，是研究南越国历史的重要资料，对揭示秦汉王朝与南越国社会的政治、经济、文化、军事关系以及岭南地区多元文化的碰撞融合均有重要价值。

石望铸钱遗址

编号：8-0115-1-115
年代：五代南汉
类型：古遗址
地址：广东省阳江市阳春市

石望铸钱遗址位于广东省阳江市阳春市石望镇建设村，是五代南汉时期的一处铸钱遗址。

遗址地处低山丘陵地带，核心区面积约9000平方米，冶炼炉渣堆积面积达6万平方米，厚度0.6～2米，发现红烧土块、炭块、炉渣和炉壁碎片等。出土有"乾

亨重宝"石钱范和铅钱、铅锭、铅矿石及青瓷碗、罐、瓜形执壶等遗物。

石望铸钱遗址出土"乾亨重宝"钱范及铅钱与《十国春秋》中南汉主刘䶮"铸造乾亨重宝钱"的记载契合,证明此处是五代南汉政权的铸钱之所,对研究中国钱币史、南汉币制和南汉刘䶮王朝经济状况、社会面貌提供了重要的实物资料。

乳源西京古道

编号:8-0116-1-116
年代:唐至清
类型:古遗址
地址:广东省韶关市乳源瑶族自治县

乳源西京古道位于广东省韶关市乳源瑶族自治县大桥镇与东坪镇,由梯云岭段与猴子岭段组成,是沟通长江流域与珠江流域交通系统的重要通道。

乳源西京古道使用年代据资料可推定为唐至清代。其中,梯云岭段石质路面现存约1900米,个别地段凿崖而成,有清乾隆二十一年(1756年)修建的梯云岭亭,亭内有修路碑与建亭碑各一通,拱券门形制,北门两边行书阴刻碑联。此外还有无祀石碑、芦竹石桥等遗存。猴子岭段石质路面现存约1300米,有清乾隆十八年(1753年)修建的心韩亭,亭内存留石碑3通,以及清同治十一年(1872年)修建的红云仰止亭。

乳源西京古道自古以来就是岭南与岭北地区经济、文化和人员往来的通融之道,为研究中国古代对岭南地区的开发、营略和古代交通史等提供了珍贵实物资料。

西樵山采石场遗址

编号:8-0117-1-117
年代:明清
类型:古遗址
地址:广东省佛山市南海区

西樵山采石场遗址位于广东省佛山市南海区西樵山

狮脑峰东南,开采时代主要为明清时期。

采石场初期为露天开采,后斜井掘进为洞穴采石,现存有开采石料留下的支撑柱,横如列屏,将洞截分成内、外两进,形成"石祠堂""石屏风""天窗格"等景观。外洞洞口宽阔,成穹隆状,面积250平方米。内洞贮水成湖,面积1570平方米,可见采石痕迹以及大量已经开采、尚未运走的石材。石祠堂洞口狭长,底部起伏不平,低处贮水成湖。洞内有陡墙、顶柱,洞顶西北部有一已风化残破的斜井通至山腰。石屏风是洞口附近明代采石遗下的石壁。采石者将采石场分为上、下两个矿区,各从坡面往下开凿,中间留宽约1米的隔断作为区场分界,形成一堵高墙,即石屏风。天窗格是明代采石留下的透光口。

西樵山采石场遗址规模宏大,保存完好,对于研究明清时期珠江三角洲地区建筑石材的开采、生产、流通、使用,以及研究古代采矿技术等具有重要价值。

大颠祖师塔

编号:8-0402-3-205
年代:唐
类型:古建筑
地址:广东省汕头市潮阳区

大颠祖师塔俗称"舌镜塔",位于广东省汕头市潮阳区灵山护国禅寺后园正中,为该寺开山祖大颠禅师(732～824年)圆寂归葬的墓塔。

大颠祖师是中国佛教南派禅宗六祖嫡系三传弟子,列为中原禅宗第九世祖师,其法脉繁衍海内外,影响深远。墓园占地面积1592.16平方米。墓塔由钟形塔身与正八棱柱体塔座组成,建筑面积7.84平方米,塔高2.8米,塔身最大直径1.8米,由78块花岗岩石板嵌砌而成,宛如一个覆地巨钟。墓塔正面嵌佛龛,内镌"唐大颠祖师塔"六字,塔基八面侧壁刻有龙、麟、狮、罴和花卉等8幅浮雕。

大颠祖师塔建造年代久远,形制为较罕见的钟形古墓塔,是研究中国禅宗佛教及唐代石雕艺术的珍贵实物。

高州宝光塔

编号: 8-0403-3-206
年代: 明
类型: 古建筑
地址: 广东省茂名市高州市

高州宝光塔位于广东省茂名市高州市宝光街道沿江西路,鉴江西岸。明万历四年(1576年)由高州知府张邦伊倡建。

高州宝光塔塔体平面呈八边形,底径13.6米,总高65.8米,高九层,塔身层高逐层递减,整体轮廓较为平直而略带弧线。塔基为须弥座,保存有明代浮雕图案23幅,塔基座每角镶嵌一尊形态各异的托塔力士浮雕。底层入口采用青砖砌筑的仿木结构四柱三间三楼牌楼式塔门。塔身结构为壁内折上式,内有螺旋式梯步,

直通塔顶。塔体每层各面设砖券拱门,四面真门四面假门,塔心室顶砖砌叠涩。塔顶为八角攒尖,上置须弥座式刹座、铸铁覆盆、倒莲、宝珠和铜铸宝葫芦组成的葫芦式塔刹。

高州宝光塔是广东省内现存最高的古塔,其造型优美,浮雕内容丰富,别具特色,在建造技艺、艺术方面均有较高价值。

联丰花萼楼

编号: 8-0404-3-207
年代: 明
类型: 古建筑
地址: 广东省梅州市大埔县

联丰花萼楼位于广东省梅州市大埔县大东镇联丰村大坵田自然村,明万历三十六年(1608年)由联丰村林氏开基祖始建。

联丰花萼楼为夯土版筑客家圆形围楼,坐西北向东南,由外侧一层不规则圆形建筑和内侧三层围楼构

成，共有房间210间，占地面积2300平方米，建筑面积3556平方米。围楼大门上置"花萼楼"楷书石匾，一楼中厅设观音殿，楼内天井中央有一口饮水井，相连的排水沟呈"9"字形。平面划分为30个单元，除大门外，每单元设楼梯可至三层，楼高11.9米。三楼设圆形回廊，户户可连通。为加强防御，外墙基用大块石垒砌而成，底部厚1.5米，上部夯土墙厚1.3米，一、二层不设窗，三层开窗，二、三层开设枪眼用于防卫。

联丰花萼楼为聚式群居建筑，是客家地区规模较大、保存较完整的土围楼，系统地体现了客家人建造房屋的选址特色及聚族而居的民俗，是研究客家人社会文化发展与聚落形态演变的真实历史遗存。

揭阳城隍庙

编号：8-0405-3-208
年代：明清
类型：古建筑
地址：广东省揭阳市榕城区

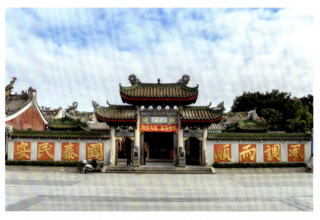

揭阳城隍庙位于广东省揭阳市榕城区，始建于明洪武二年（1369年）。明代两次维修，清雍正九年（1731年）和乾隆四十三年（1778年）再次维修。

揭阳城隍庙坐北朝南，三进院布局，占地面积2000多平方米，中轴线上的三山门、拜亭、大殿、养生池与石拱桥、夫人厅等保留了明清时期建筑格局、形制特征和材料工艺特点。各建筑较多使用了石柱，木构架采用抬梁与穿斗结合的形式。三山门、拜亭、大殿、夫人厅的木质梁枋上多有花式复杂的高浮雕，并绘有地方特色的彩画。屋脊多嵌瓷或装饰有动植物灰塑，花卉动物形象生动、色彩绚丽。其中三山门金柱间的扶壁连拱和夫人厅明间檐下楠木透雕的葡萄缠枝花罩均较有特色。

揭阳城隍庙保存有大量地方传统工艺，如金漆木雕、彩雕、嵌瓷、灰塑等，具有浓郁的潮汕地区建筑艺术特色，具有较高的艺术价值。

陈白沙祠

编号：8-0406-3-209
年代：明清
类型：古建筑
地址：广东省江门市蓬江区

陈白沙祠位于广东省江门市蓬江区白沙大道西37号陈白沙纪念馆内，建成于明万历年间，明崇祯、清康熙、清嘉庆、民国年间有重修。

陈献章（1428～1500年）是明朝中期著名的理学家、教育家、诗人和书法家，因世居白沙村而被称为"白沙先生"。他继承孔孟的儒家思想，开明儒心学之先河，创"江门学派"。陈白沙祠坐西北向东南，总宽16.5米，总长67.5米，占地面积870平方米。祠前有木石牌楼，四柱三楼三间，进深两间。祠堂四进，依次为春阳堂、贞节堂、崇正堂和碧玉楼。建筑在同一轴线上，每进均面阔三间，进深三间，硬山顶，穿斗构架、山墙搁檩，布瓦绿琉璃剪边。祠堂各进屋脊两端有陶塑鳌鱼、鸱吻，中间有陶瓷质"宝珠"。梁架为抬梁式结构，均保存完好。每进建筑之间有左右对称的庑廊连接，中间为天井，是明代四合院式结构建筑，用材讲究，布局严谨。

陈白沙祠主体建筑有明显的明代风格，保存较好；木石牌楼结构严谨，是岭南地区保存不多的明代牌楼；祠内保留了大量的明清碑刻及陈白沙墨宝木刻，具有较高的历史价值。

国恩寺

编号：8-0407-3-210
年代：明至民国
类型：古建筑
地址：广东省云浮市新兴县

国恩寺位于广东省云浮市新兴县六祖镇塔脚村旁龙山脚，唐弘道元年（683年）佛教禅宗六祖惠能为报父母之恩开建，后在此弘法、圆寂。唐开元年间建六祖殿，唐太极元年（712年）六月建塔，明、清、民国时期多

有兴修。

国恩寺坐东朝西，建筑面积约9200平方米，由牌坊、天王殿、大雄宝殿、六祖殿、客堂、鼓楼、大势至殿、文殊普贤殿、斋堂、钟楼、达摩殿、报恩塔遗址组成。牌坊建于明万历年间，上嵌明末石湾陶塑"龙虎汇"；天王殿重檐歇山顶，门前两根明代石柱承托梁架，斗拱及屋檐雕刻各式图案；大雄宝殿面阔三间，前设月台，檐廊有两处明代须弥座式石柱础，殿内有唐代莲花覆盘石柱础8处，斗拱及雀替雕刻各式图案，檐廊与内殿之间设屏风间隔；六祖殿亦前设月台，檐廊有两处明代八角须弥坐式柱础，殿内有宋、清柱础各4处，建筑结构及雕刻装饰与大雄宝殿相似；国恩寺左侧报恩塔塔体已坍塌，尚留塔基、塔砖和地宫，塔基面积约30平方米。

国恩寺有丰富的历史内涵，与中国佛教禅宗发展历史息息相关，承载着禅宗杰出大师惠能的重要事迹。寺院总体布局完整，以主体三大殿天王殿、大雄宝殿、六祖殿为中轴对称布置，层次清楚，建筑具有典型清代岭南风格。各大殿雕饰精美，具有较高的历史和艺术价值。

沙湾留耕堂

编号：8-0408-3-0211
年代：清
类型：古建筑
地址：广东省广州市番禺区

沙湾留耕堂位于广东省广州市番禺区沙湾镇北村，为番禺沙湾大族何氏宗祠。始建于元代，后屡毁屡建，现有建筑格局形成于清康熙三十九年（1700年）。

沙湾留耕堂占地面积3334.25平方米，总宽34.1米，总长82.08米。主体建筑由头门、仪门（牌坊）、拜厅、象贤堂、后寝留耕堂组成。头门面阔五间、进深二间，门前设砺石大鼓一对，门上彩绘门神；仪门建于砺石须弥座上，面阔三间、进深两间，为八柱三门三楼庑殿顶牌坊，脊塑"回龙"；拜厅与象贤堂屋顶为前后双坡硬山顶，梁架勾连搭结构。祠堂东西山墙多以蚝壳建造，南北山墙多为青砖。主体两侧分别建有钟鼓楼、祠仆居室、庑廊、衬祠等，与祠等深。

沙湾留耕堂展现了元明以来岭南地区的宗教观念、宗族制度、伦理道德观念，以及人们在社会生活和审美趣味方面的特点与个性，祠堂布局完整，砖、石、木雕刻具有地方特色，体现了珠三角地区多元文化的相互交织，是广东地方民间乡村祠堂建筑风格的典型代表，具有较高的历史和艺术价值。

大埔泰安楼

编号：8-0409-3-212
年代：清
类型：古建筑
地址：广东省梅州市大埔县

大埔泰安楼位于广东省梅州市大埔县湖寮镇龙岗村大兴路石楼村民小组，由蓝氏二十四祖蓝少垣建于清乾隆二十八年（1763年）。

大埔泰安楼坐东北向西南，总占地面积7235平方米，包括围楼、东西两侧附属建筑、门坪及月池。围楼平面近似四方形，砖石木结构，总面宽52.9米，总进深53.2米，占地面积2577平方米，建筑面积4913平方米。布局以建筑为外围楼，内双堂双横屋布局，形成屋外有楼、楼中有屋的格局。外围楼三层，高 11 米。一层主要是会客室、餐厅，二层用于居住，三层用于居住和堆放生活用品。楼内四角设有楼梯，一至三层对内有连廊，三层还专设有外环形防卫走廊。中部双堂是祭祀、议事场所，两侧横屋为厨房。围楼一、二层外墙全部用大鹅卵石砌筑，三层用青砖砌筑，具有较强的防御性特征，也被称为"石方楼"。大门外有宽敞的门坪及花台，门坪前设石砌围墙，外有月池。围楼外左右两侧是书斋，又称"杠楼"，布局较为灵活，也是石砌外墙。

大埔泰安楼建筑布局合理，功能齐全，风格独特，是梅州客家地区保存完好的石方楼实例，文化内涵丰富，对研究当地人文历史和营建技术具有较高的价值。

冲虚古观

编号：8-0410-3-213
年代：清
类型：古建筑
地址：广东省惠州市博罗县

冲虚古观位于广东省惠州市博罗县罗浮山风景名胜区朱明洞景区，宋元祐二年（1087 年），宋哲宗赐额名冲虚观。历经清嘉庆、同治、光绪等年间的多次重修。

冲虚古观坐西北向东南，由王灵宫殿（头门）、斋堂和三清宝殿组成。主体建筑三清宝殿通面阔 22.36 米，通进深 18.95 米，占地面积 423.72 平方米。斋堂在王灵宫殿的两侧。建筑均为砖木结构，屋面为博古脊、硬山顶、琉璃瓦、穿斗抬梁混合式梁架，正脊有大型彩色陶塑建筑为脊饰。

冲虚古观是道教南传和创立岭南道教之地，对道教发展和对岭南文化的影响重大而深远，为研究葛洪生平和道教历史提供了实物载体，具有较高的历史价值。

1945 年，中共广东区党委、广东军政委员会和广

东人民抗日游击队东江纵队司令部均设在冲虚古观，故此地也具有一定的爱国主义教育意义。

龙门鹤湖围

编号：8-0411-3-214
年代：清
类型：古建筑
地址：广东省惠州市龙门县

龙门鹤湖围位于广东省惠州市龙门县永汉镇鹤湖村，建于清同治二年（1863 年）。

龙门鹤湖围坐西北朝东南，占地面积 9700 平方米，主体建筑由门厅、中堂、祖堂、附院组成，外围为横屋、后围，筑有三层高碉楼。围前有池塘，两侧有壕沟，三面环水，围后依山，东北角的斗门前架有石板桥作为通往楼外唯一通道。鹤湖围建筑前低后高，外围左右两横屋顶为硬山顶，碟式瓦面共有五层，层层错落；斗门和

碉楼硬山顶，船形屋脊两头高，封火山墙作镬耳状；碉楼和外墙设有内圆外方的花岗岩石枪眼用于防御。

龙门鹤湖围以祠堂为中心、以民居和辅助性建筑围建的格局，体现了客家城堡式围楼的特点。鹤湖围四周高墙、壕沟组成了立体防御系统，防匪、防盗作用突出，对研究客家族群的生产生活方式、社会风俗习惯具有较高价值。

大埔光禄第

编号：8—0412—3—215
年代：清
类型：古建筑
地址：广东省梅州市大埔县

大埔光禄第位于广东省梅州市大埔县西河镇车龙村，为清光禄大夫张弼士（1841～1916年）在光绪三十四年（1908年）所建。

大埔光禄第坐南向北，背依漳溪河，面朝车龙岗。建筑采用三进四横一后围一斗方一外门楼的布局，共有18个厅、13个天井、99个房间。总面宽62.6米，进

深54.6米，占地面积4336平方米，建筑面积4459平方米。正面有围墙，偏西处建门屋。大门正中书"光禄第"三字，为清代直隶总督李鸿章的翰墨。三路院落，东西两路院落与中路院落之间设天井。中路为两进院落，设祖堂，两侧院落建有内外横屋，内横屋为平房，外横屋为二层楼房并与后围楼相连。建筑主体为砖木结构，前檐多用石柱，木构架保留完整，除斗拱外，雀替、屏风、槅扇均用樟木，木架雕凿有鎏金麒麟凤凰、金狮滚球等飞鸟走兽及花卉，且施彩绘。建筑保留有雕刻精美的屏风、槅扇门。屋面瓦面做工精细，中厅、后厅砌镂空正脊，两头翘起作雀尾。

大埔光禄第建筑构思巧妙，具有较强的防御功能，体现了客家人建宅选址方式及建造技术特点，砖、木、石雕工艺精湛，是客家围龙屋建筑艺术的典型代表。

司徒美堂故居

编号：8—0667—5—151
年代：1868年
类型：近现代重要史迹及代表性建筑
地址：广东省江门市开平市

司徒美堂故居位于广东省江门市开平市赤坎镇中股村委会牛路里第四巷。

故居建筑建成于清末，坐东北向西南，砖木结构，是一座三廊两房一厅的民居建筑，总建筑面积111.5平方米。司徒美堂在此出生，并生活到14岁。

司徒美堂（1868～1955年）是著名的华侨领袖，中国致公党创始人之一，曾追随孙中山参加辛亥革命，并长期担任致公党全美总部主席。司徒美堂在抗日战争时期积极发动华侨筹资捐款，支持祖国抗战；1948年

公开声明拥护中国共产党及召开新政治协商会议、组建人民政府的主张，1949年1月应邀回国参加中国人民政治协商会议。曾任中央人民政府委员会、第一届全国人大常务委员会委员，第一、二届全国政协委员，中央华侨事务委员会委员等职。毛泽东曾评价他是"爱国旗帜，华侨楷模"。

司徒美堂故居作为司徒美堂先生出生地以及童年、少年时期生活居处和眷属居处，具有重要的历史价值和纪念意义。

万木草堂

编号：8-0668-5-152
年代：1891年
类型：近现代重要史迹及代表性建筑
地址：广东省广州市越秀区

万木草堂位于广东省广州市越秀区中山四路长兴里3号。现存建筑建于清嘉庆九年（1804年），坐西朝东，砖木结构，为三间三进、两天井、硬山顶的祠堂式建筑。

万木草堂原为邱氏书室，是广东省邱氏子弟到省城应试的居住处。1891年康有为在长兴里邱氏书室创办万木草堂，并在万木草堂撰写了《新学伪经考》《孔子改制考》等著作。

万木草堂是康有为进行维新变法思想宣传传播的重

要场所，在中国的政治史、思想文化史、教育史上具有重要价值，同时作为一座典型的清代广府地区祠堂书院建筑，也具有一定的科学和艺术价值。

潮海关旧址

编号：8-0669-5-153
年代：1898～1922年
类型：近现代重要史迹及代表性建筑
地址：广东省汕头市金平区、濠江区

潮海关旧址位于广东省汕头市金平区和濠江区，包括钟楼、礐石副税务司公馆、外马路副税务司公馆、高级帮办宿舍、华员低级帮办宿舍。

钟楼、外马路副税务司公馆、高级帮办宿舍和华员低级帮办宿舍位于汕头市金平区，建成于1921～1922年。礐石副税务司公馆则位于与金平区隔海相望的濠江区，始建于1889年，重建于1898年。五处旧址均为西洋新古典建筑风格，两层，钢筋混凝土清水红砖洋楼，保存完好，形成一定规模的潮海关旧址建筑群。

第二次鸦片战争期间，清政府被迫签订《天津条约》，并于1860年1月1日成立由洋人把持的潮海关（亦称"洋关"），是汕头海关的前身。潮海关旧址较完整、真实地反映了中国近代海关的制度、运转形态，是了解近代中国社会转变的重要物证。

中英街界碑

编号：8-0670-5-154
年代：1905年
类型：近现代重要史迹及代表性建筑
地址：广东省深圳市盐田区

中英街界碑位于广东省深圳市盐田区沙头角镇中英街上。

1898 年 3 月，英帝国主义以法国租借广州湾为借口，向清政府提出展拓香港界址问题。同年 6 月 9 日，李鸿章、窦纳乐分别代表中、英政府在北京签订了《展拓香港界址专条》，英国强租新界，租期 99 年。1899 年 3 月 18 日，中英双方勘定新界北部陆界，划沙头角（原名"桐芜墟"）内干涸河底的中线为界线，并于 1902 年树立海域界碑，于 1905 年改为陆域界碑。1941 年，日本侵略者占领香港后以"妨碍交通"为名，把 3 号至 7 号界碑拆除。1948 年经中英双方踏勘后，重新将界碑竖立原处。

文物本体为中英街 8 块界碑中属于深圳管理的 5 块，分别为 1 号、2 号、3 号、4 号和 7 号界碑，分布于中英街街心，均用青灰色花岗石凿制，外观上小下大，纵剖面呈梯形。露出地面的碑身高度 30 ～ 70 厘米不等。各碑面向中方一侧的碑身一律从右到左横刻"光绪二十四年中英地界第 X 号"字样，面向香港一侧横刻英文"ANGLO—CHINESE BOUNDARY 1898 NO. X"，其中 1948 年重新竖立的界碑上刻有"中华民国三十七年四月十五日重竖"。

中英街界碑既是 19 世纪末英帝国主义侵略、瓜分中国领土的历史见证，又是香港回归祖国并实施"一国两制"和中国走向繁荣的历史见证，同时也是深港两地经济发展、文化交流的历史见证，具有特殊的历史和社会文化价值。

开平风采堂

编号：8-0671-5-155
年代：1914 年
类型：近现代重要史迹及代表性建筑
地址：广东省江门市开平市

开平风采堂位于广东省江门市开平市三埠街道荻海东堤路风采中学内，建成于 1906 ～ 1915 年，包括名贤余忠襄公祠、风采楼、门楼、环形祠墙和长堤，总占地面积 10007 平方米。

名贤余忠襄公祠始建于清光绪三十二年（1906 年），1914 年建成，总建筑面积 3765 平方米。平面为三进三路格局，规模宏大，砖、石、木、钢、砼混合结构，建筑形制和装饰以岭南宗祠特色为主，糅合西洋建筑元素。

风采楼建于 1915 年，三层，砖混结构，建筑面积 635 平方米，楼名为集明朝大儒陈献章墨迹。建筑采用三段式构图，四坡屋顶，四角设盔式穹顶塔楼，在岭南现存西洋建筑中独具特色。

门楼建于 1914 年，建筑面积 11 平方米。

围墙和长堤始建成于清咸丰五年（1855 年），1914 年向外迁建 55 米，现长 125 米，建筑面积 1257 平方米。

开平风采堂为余氏族人为纪念北宋名臣余靖（1000 ～ 1064 年）集资而建，建筑风格中西合璧、祠校合一，是广东侨乡中西建筑文化交融的杰作，也是岭南地区祠堂建筑的杰出代表。

大埔肇庆堂

编号：8-0672-5-156
年代：1917 年
类型：近现代重要史迹及代表性建筑
地址：广东省梅州市大埔县

大埔肇庆堂位于广东省梅州市大埔县百侯镇侯南村，为杨氏族人建于 1917 年。

大埔肇庆堂坐东向西，占地面积 3280 平方米，建筑面积 1951 平方米。建筑为殿堂式布局，二进院落，硬山顶，砖木结构。整座建筑中西合璧，由门屋、主体、欧式洋楼组成。上堂中间悬挂"肇庆堂"匾额，斗门门楣书"敬修衍庆"。屋内抬梁、斗拱、屏风布局严谨、构造精密，并彩绘有山水、花鸟、人物，雕刻有龙、狮、

虎等；大门屋脊及正堂屋脊雕塑有花鸟、瑞兽、鱼虾等图案。欧式洋楼为两层，坐北向南，总面宽17.4米，总进深9.7米，建筑外墙灰塑等浮雕丰富，动物、花鸟等图案精致。

大埔肇庆堂为客家民居建筑精品，既传承了客家民居建筑风格，又融入西方建筑装饰元素，其石雕、泥雕、木雕和瓷雕工艺精湛，具有重要的历史、艺术和科学价值。

中国共产党广东区执行委员会旧址

编号：8-0673-5-157
年代：1922～1927年
类型：近现代重要史迹及代表性建筑
地址：广东省广州市越秀区

中国共产党广东区执行委员会旧址位于广东省广州市越秀区文明路194～200号。

1922年6月，根据中共中央局指示，中共广东支部扩大为广东区执行委员会（简称"广东区委"），办公地址由杨家祠搬至文明路194～200号。1924年2月，广东区委改为广州地方执行委员会（简称"广州地委"）。1924年10月，广州地委恢复为广东区委，周恩来接任区委委员长，1925年2月由陈延年担任书记。区委机关设组织部、宣传部、工人部、农民部、军事部、妇女部、监察委员会和秘书处等机构。1927年4月15日，

国民党"清党"，广东区委所在地被包围搜查，遭到破坏，4月底广东区委机关迁往香港。

旧址由四幢相连的三层骑楼式建筑组成，坐南朝北，占地面积为278平方米。旧址建筑为砖木结构，红砖墙、木楼板，内部有门相通，屋顶设天台及女儿墙，中部设有山花。一楼曾开有4个店铺作为掩护，二楼、三楼为广东区委办公场所。

中共广东区执行委员会是中国共产党成立后最早建立的地方区委之一，也是大革命时期管辖区域最大、党员人数最多的区委。中共广东区执行委员会旧址是广东区委光辉历程的重要实物见证，真实地记录了老一辈无产阶级革命家工作、战斗的人生轨迹和历史环境，具有重要的历史价值。

叶挺独立团团部旧址

编号：8-0674-5-158
年代：1925年
类型：近现代重要史迹及代表性建筑
地址：广东省肇庆市端州区

叶挺独立团团部旧址位于广东省肇庆市端州区城东街道。

旧址建筑原为阅江楼，始建于明宣德六年至十年（1431～1435年），崇祯十四年（1641年）命名为阅江楼。该楼坐北向南，南临西江，为四合院式古建筑，占地面积约2000平方米，其中院庭面积248平方米。楼高两层，分南、北、东、西4座。南北两楼为歇山顶，东西两侧楼为卷篷顶。北楼地下大厅现存5块清康熙两广总督郭世隆所建立的康熙御题碑。南楼檐下悬挂两广总督劳崇光书的"阅江楼"木匾和朱德题写的"叶挺独立团团部旧址"牌匾。

叶挺独立团于1925年11月25日在此成立，1926年奉命北伐，在北伐战争中取得辉煌战绩，为国民革命第四军赢得"铁军"称号。大革命失败以后，叶挺独立团的主要骨干先后参加了八一南昌起义、秋收起义、广州起义。

叶挺独立团团部旧址是叶挺独立团成立这一重要历史事件的见证，是研究北伐战争史以及中国共产党创建人民军队历史的重要物质载体。

广东省农民协会旧址

编号：8-0675-5-159
年代：1925～1927年
类型：近现代重要史迹及代表性建筑
地址：广东省广州市越秀区

广东省农民协会旧址位于广东省广州市越秀区大塘街道北横社区东皋大道礼兴街6号。

1924年10月，以孙中山为首的革命政府镇压了"商团叛乱"后，农民运动讲习所由越秀南路惠州会馆迁到礼兴街6号，续办了第三至第五届。1925年5月1日，在中国共产党领导下，广东省第一次农民代表大会在广州召开，成立了广东省农民协会。广东省农民协会设干事局（后改为常委）作为常设机构，下设秘书、宣传、组织、经济、军事等5个部，以阮啸仙、彭湃、罗绮园、周其鉴、蔡如平等5人为常务委员。1927年4月15日，省农会及所辖多数农会组织停止活动。

旧址主体建筑为一座砖木结构的连体楼房，坐北朝南，占地面积为753平方米。前楼两层，后楼三层，彼此相通。前楼平面为"凸"字形建筑，外廊式样式，一楼、二楼前有走廊式阳台。

广东省农民协会是中国共产党领导的、有组织的第一个农民运动组织，也是大革命时期中国共产党领导的最大的农会组织，为革命培养了大批农运骨干，在国共合作的国民革命期间发挥了重大作用。

三河中山纪念堂

编号：8-0676-5-160
年代：1929年
类型：近现代重要史迹及代表性建筑
地址：广东省梅州市大埔县

三河中山纪念堂位于广东省梅州市大埔县三河镇汇

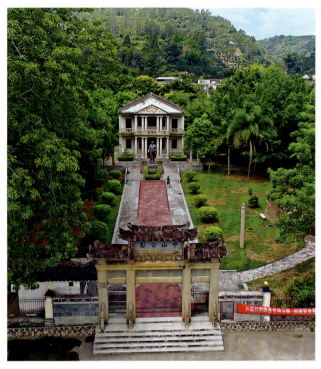

城村，建成于1929年。

纪念堂坐西向东，背依凤翔山麓，面朝韩江，主体建筑为两层钢筋混凝土结构，占地面积7900多平方米，建筑面积610平方米。建筑平面呈长方形，正面为悬挑走廊与阳台，一、二层分别由10根水泥圆柱支撑，柱头装饰采用爱奥尼柱式。纪念堂内安放孙中山铜像，并保留有孙中山先生真迹"博爱"等匾额。大门石牌坊原为明兵部尚书翁万达墓道（明嘉靖年间）的石牌坊，1929年改为中山公园入口。

三河中山纪念堂是全国最早建成的中山纪念堂，是研究早期中山纪念堂形制与布局的重要实物材料，其建筑结构、材料及工艺是中国较早期钢筋混凝土建筑的实例。

蒋光鼐故居

编号：8-0677-5-161
年代：1930年
类型：近现代重要史迹及代表性建筑
地址：广东省东莞市

蒋光鼐故居位于广东省东莞市虎门镇南栅社区三蒋村新基二巷1号，包括红荔山房、荔荫园围墙及古井一口。

蒋光鼐（1888～1967年），字憬然，广东东莞虎门人，参加过辛亥革命，曾任国民革命军师长、第十一军副军长，参加中原大战。1930年任第十九路军总指挥兼淞沪警备司令。1932年1月28日率领十九路军抗击日军侵略。淞沪抗战后，蒋光鼐调福建任省主席兼绥

靖公署主任，主张共同抗日、反对内战。1933年与李济深、陈铭枢、蔡廷锴等发动反蒋政变。1935年联合十九路军将领通电反蒋，主张联共抗日。1949年开始担任全国政协委员，后又历任中国纺织工业部部长、全国政协常委等职务。

红荔山房由蒋光鼐建于1930年，占地面积223平方米，主体结构为砖混结构，由主楼和两边的侧楼组成，前廊后室布局，内进一厅两厢。1932年淞沪抗战后，蒋光鼐曾在此居住。

荔荫园围墙为红砖砌筑，四面全长140米，高2.2～3.2米不等。东南角设园门，绿琉璃庑殿顶门楼，麻石门框，匾额阴刻"荔荫园"。

古井位于故居西南角7米处，混凝土圆形井沿、井圈。

蒋光鼐故居见证了抗日名将蒋光鼐及其家族爱国、爱乡的历史，并保存多位国民党军政要员的题记，具有历史价值。故居主体建筑红荔山房是西方建筑文化与岭南气候自然条件结合而形成的具有地域性特色的现代建筑，体现了中西融合的时代特征，造型典雅、构造精良，具有独特的科学和艺术价值。

香港文化名人大营救指挥部旧址

编号：8-0678-5-162
年代：1942年
类型：近现代重要史迹及代表性建筑
地址：广东省河源市龙川县

香港文化名人大营救指挥部旧址位于广东省河源市龙川县老隆镇华新路39号。

1941年年底日军攻陷香港，周恩来指示八路军驻香港办事处负责人廖承志、连贯等组织营救滞留香港的大批民主和文化界进步人士。1942年1月大营救行动正式拉开序幕，撤离路线主要分水路和陆路，陆路以老隆镇为中转站，指挥部设在福建会馆。到9月底，被困在香港的300余人安全撤离到后方，其中包括何香凝、茅盾、邹韬奋、夏衍、柳亚子、胡绳、廖沫沙、蔡楚生等。

香港文化名人大营救指挥部旧址建筑原为福建会

馆，始建于清同治年间，坐东南向西北，土木石结构，为三进五开间院落式布局，主要由头门、前天井、中堂、后天井、后堂组成，占地面积约700平方米，建筑面积570平方米。

香港文化名人大营救保护了我国一大批文化界精英，进一步密切了中国共产党同知识分子和爱国民主人士的关系，促进了抗日民族统一战线的发展和巩固。旧址见证了这一光辉历程，具有重要历史价值。

土洋村东江纵队司令部旧址

编号：8-0679-5-163
年代：1943～1945年
类型：近现代重要史迹及代表性建筑
地址：广东省深圳市龙岗区

土洋村东江纵队司令部旧址位于广东省深圳市龙岗区葵涌街道土洋村。

1943年12月，遵照党中央的指示，广东人民抗日游击队东江纵队正式成立。该旧址建筑成为东江纵队司令部所在地，主楼为领导人工作和居住的场所，礼拜堂则作为会议室和作战室，附属用房改为工作人员的工作用房。1944年8月，中共广东省临时委员会和东江军

政委员会在该旧址建筑内召开联席会议，即"土洋会议"，讨论中央关于东江纵队开展敌后游击战争的指示，加强广东党组织的建设和军队建设，全面发展广东的抗日武装斗争。

现存建筑原为天主教堂，包括在清代民居门前加建骑楼改建而成的旧堂，以及1912年兴建的新堂。旧堂建筑有一厅一厢房，楼上有阳台，东侧有一座平房，为礼拜堂。新堂主楼为两层的土木建筑，又叫神父楼，为神父的寝室，高9.8米，宽11.4米，进深7.75米，外观与装饰颇具西洋建筑的色彩。

土洋村东江纵队司令部旧址作为见证广东人民英勇抗日的重要物质载体，对于研究东江纵队及华南抗战的历史具有重要的价值。

长岗坡渡槽

编号：8-0680-5-164
年代：1981年
类型：近现代重要史迹及代表性建筑
地址：广东省云浮市罗定市

长岗坡渡槽位于广东省云浮市罗定市罗平镇的平垌、箭阳、竹围、山田、双莲五个自然村及整个罗平盆地，是"引太灌金"水利工程的关键性建筑物。

渡槽于1976年始建，1981年建成通水。文物本体包括长岗坡渡槽、牛路迳至平垌引渠和花鹿坑渠段三部分。渡槽南北走向，引泷江上游罗镜、太平两条河河水入金银河水库，全长5200米，包括平垌砌石拱渡槽3450米、砌石渠渡槽1750米。渡槽为连拱结构，有槽墩133个、跨拱132个，跨拱最高37米，最大跨度51米。渡槽宽6米，深2.2米，流量可达25立方米/秒。

渡槽工程采用肋拱形式和实心重力墩，除几个大跨度的跨拱以外，有2700米长的跨拱为无筋拱或少筋拱。长岗坡渡槽至今仍通水运行，未发生过漏水现象。

长岗坡渡槽是中华人民共和国成立后南方最大的引水渡槽工程，也是当时世界上最长的引水渡槽之一。它是我国社会主义集体化时期农业水利工程的杰出范例，以及见证我国水利工程发展历程的重要实例。

赤山约农会旧址

编号：8-0000-5-023
年代：1922年
类型：近现代重要史迹及代表性建筑
地址：广东省汕尾市海丰县

赤山约农会旧址位于广东省汕尾市海丰县龙津东路。

1922年夏，海丰"六人农会"成立后，彭湃等继续发动赤山约各村农民参加农会，随后印发《农会利益传单》，在灵雨庵庵前大榕树下向农民宣传革命道理，开展农民运动。1922年10月，农会会员发展至28村3390人，彭湃在灵雨庵主持成立了"赤山约农会"。

赤山约农会旧址原为龙山灵雨庵，始建于明嘉靖年间。现存主体建筑为清中晚期潮汕传统建筑样式，墙搁檩抬梁式结构，夯土墙体，硬山式双坡屋顶，五行金式山墙，庭院有围墙圈护，占地面积约72平方米。

赤山约农会是广东省最早成立的农会，其旧址是海陆丰农民运动的重要实物见证，也是研究彭湃生平及革命思想的珍贵史料，与彭湃故居及得趣书室、红宫、红场等共同构成了一处完整反映海陆丰农民运动和彭湃早期革命经历的历史纪念地，具有突出的历史和社会价值。

赤山约农会旧址并入第一批全国重点文物保护单位海丰红宫、红场旧址。

黄埔军校燕塘分校旧址

编号：8-0000-5-024
年代：1925～1929年
类型：近现代重要史迹及代表性建筑
地址：广东省广州市天河区

黄埔军校燕塘分校旧址位于广州市天河区禺东西路38号。

清宣统三年（1911年），广东新军驻守此处。后广东飞行器公司在此修建机场。1924年，黄埔军校成立，利用原新军燕塘营地设分校。1925～1929年，黄埔第四、五、六期部分学生在四方楼临时集中训练，第七期全部600多名学生在此上学。1926年6月29日，蒋介石在此检阅入伍新生并发表讲话；9月3日，时任国民党代理宣传部长毛泽东在此给军校学生作报告。

旧址建筑始建于1924年，钢筋混凝土结构，坐北朝南，二层方形楼房，外观呈黄色，建筑面积3921平方米。

黄埔军校燕塘分校旧址见证了广州起义、两广事变和抗日战争等中国现代史上的许多重要历史事件，具有较高历史价值。

黄埔军校燕塘分校旧址并入第三批全国重点文物保护单位黄埔军校旧址。

广 西 壮 族 自 治 区

娅怀洞遗址

编号：8—0118—1—118
年代：旧石器时代
类型：古遗址
地址：广西壮族自治区南宁市隆安县

娅怀洞遗址位于广西壮族自治区南宁市隆安县乔建镇博浪村的石灰岩孤山上，遗址主体年代为旧石器时代，距今4.5万～1.6万年。

娅怀洞遗址由前洞厅、内洞和洞外三部分组成，总面积约230平方米，文化堆积厚度约5米。考古揭露一座旧石器时代晚期墓葬，是在我国发现的第二处旧石器时代墓葬；墓内发现有完整头骨的人类遗骸，是岭南地区迄今为止所发现的唯一一具有确切地层层位和可靠测年的完整人类头骨及体骨化石。遗址出土大量石制品和少量蚌器、骨器。石制品种类包括石锤、石核、石片、断块、碎片、工具等，其中石片数量最多，且部分石片有使用痕迹，为研究华南及东南亚地区旧石器文化提供了重要标尺。遗址发现两处用火遗迹、大量水陆动物遗骸和植物遗存，确认了距今1.6万年前的稻属植物植硅体，为研究古代人类利用野生稻的历史提供了珍贵的实物资料，同时也为探索栽培稻的驯化过程提供了新的线索和思路。

娅怀洞遗址出土的人骨标本、具有北方石片石器技术特征的小型石片工具、稻属植硅体等，对研究岭南及东南亚地区史前人类迁徙、南北方旧石器文化交流、史前人类对野生稻资源的利用具有重要意义。

大岩遗址

编号：8—0119—1—119
年代：旧石器时代至新石器时代
类型：古遗址
地址：广西壮族自治区桂林市临桂区

大岩遗址位于广西壮族自治区桂林市临桂区二塘村和委小太平村，是旧石器时代晚期至新石器时代晚期的一处洞穴遗址。

大岩遗址由 A、B 两洞组成，两洞洞口相邻，均朝向正北。文化堆积主要分布在 A 洞，洞内及洞口比较完整地保留了原生堆积，现存总面积约 300 平方米。遗址堆积最厚处达 2.3 米。出土陶片、石器、骨器、蚌器及水生陆生动物遗骸等大量文化和自然遗物，发现墓葬 10 座、用火遗迹 10 余处、灰坑 1 处。其中旧石器时代晚期向新石器时代过渡阶段的两件烧制的陶土块以及距今 1.2 万年的新石器时代陶容器，对探究制陶工艺的起源与发展具有十分重要的价值。

大岩遗址文化内涵丰富，时代跨度大，发展脉络清晰，据此首次确立了桂林地区史前文化的发展演化序列。遗址旧石器时代向新石器时代过渡的地层关系及文化遗物，为研究制陶工艺的起源与发展、华南地区旧新石器时代过渡以及岭南地区原始农业起源等问题提供了重要资料。

父子岩遗址

编号：8-0120-1-120
年代：新石器时代至商周
类型：古遗址
地址：广西壮族自治区桂林市雁山区

父子岩遗址位于广西壮族自治区桂林市雁山区柘木镇禄坊上村漓江和相思江交汇处，是一处距今 5000 ～ 3000 年的遗址。

遗址包括洞穴、台地、坡地和岩山等四类文化堆积，

可分三期。第一期为洞穴类堆积，面积约 500 平方米，出土石器、陶器、兽骨等遗物，距今约 5000 年。第二期为台地型堆积，面积约 7000 平方米，发现灰坑、房址、墓葬、用火地点等遗迹，出土石器、陶器等遗物，距今约 4000 年。第三期主要分布在南洞口两侧的坡地堆积及岩山堆积，出土玉器、石器、陶器、骨器、兽骨等遗物，距今 4000 ～ 3000 年。各类型陶器、凹刃石锛、石钺等器物形态、制作方法、纹饰等与湖南湘江流域同时代遗物具有较大的相似性。等级较高的玉管、玉镯、穿孔石钺等器物及其切割、钻孔、打磨、抛光等技术在桂北地区属首次发现。

父子岩遗址是目前广西发现的一处面积大、堆积厚、遗物多、内涵丰富、保存较好的新石器时代晚期至商周时期遗址，填补了桂北地区新石器时代中期及之后史前文化遗存的历史缺环。父子岩遗址是华南地区发现的首个洞穴、台地、坡地和岩山堆积并存的遗址，为系统研究古代人地关系、生业模式，以及南岭南北史前文化的交流、融合、发展提供了最新证据。

桂林静江府城墙

编号：8-0413-3-216
年代：南宋至明
类型：古建筑
地址：广西壮族自治区桂林市叠彩区、秀峰区

桂林静江府城墙位于广西壮族自治区桂林市叠彩区和秀峰区，起自叠彩山、连铁封山，接鹦鹉山，沿今翊武路北段，过宝积山，至翊武路南端，折而往东至漓江边。现存城墙始建于宋宝祐六年（1258 年）至咸淳八年（1272

年），元至正十六年（1356 年）及之后皆有修葺。

桂林静江府城墙现存两个完整城门以及 1300 余米长的墙体。宋代修筑了以条石为基础、城砖覆面的城墙。元代在宋静江府城墙的基础上进行了重新修葺，将城砖全部换成料石，并在黏结材料中加入糯米汁，此后城墙基本形制未作改变。

桂林静江府城墙是宋元时期城墙，古城池格局基本未变，是研究我国古代城池的重要范例，体现了"以水为固、因地制宜、用险制塞"的筑城原则；其立体纵深、虚实结合、以防御为主的设计布局，代表了当时军事营垒的技术水平，具有较高的历史和科学价值。

来宾文辉塔

编号：8-0414-3-217
年代：明
类型：古建筑
地址：广西壮族自治区来宾市兴宾区

来宾文辉塔位于广西壮族自治区来宾市兴宾区迁江镇扶济村南，红水河北岸。该塔为明万历年间迁江县武举、八所指挥、守备、三里营参将黄文辉建造，故得名。

来宾文辉塔为八边形楼阁式砖塔，总高 35 米，占地面积 83 平方米，建筑面积 320.77 平方米，叠涩出檐，塔壁内置垂直塔心的阶梯，塔内各层为木楼板。文辉塔为风水塔，修建初衷是作祈福和镇河之用，建成后成为红水河船运的航标，被附近村民称为"宝塔"。

来宾文辉塔是一座由壮族土官建造的塔，融合了佛教建筑和壮族地区建筑风格，是红水河上的航标，见证了当地水运行业的发展，有较高的历史价值。

左江归龙斜塔

编号：8-0415-3-218
年代：明清
类型：古建筑
地址：广西壮族自治区崇左市江州区

左江归龙斜塔又名归龙塔，位于广西壮族自治区崇左市江州区左江中的鳌头岛上，始建于明天启元年（1621 年）。初建三层，清康熙三十五年（1696 年）加建两层。

左江归龙斜塔是楼阁式砖塔，八面五层，占地面积 65.73 平方米。塔高 17.6 米，平面呈八角形，底宽 6.2 米。因兼具导航作用，其一层内壁设计为东面 45 皮砖、西面 43 皮砖，使整个塔有意向西南方倾斜，倾角

4°24′64″。

左江归龙斜塔是左江航运线上一处重要的地标建筑，寄托了人民祈求洪水不再肆虐、航行平安的美好愿望，是研究左江地区民族风俗传统的珍贵实物资料，同时也反映了当地的建造水平，具有较高的科学、艺术价值。

贺州江氏客家围屋

编号：8-0416-3-219
年代：清
类型：古建筑
地址：广西壮族自治区贺州市八步区

贺州江氏客家围屋俗称"大江屋"，位于广西壮族自治区贺州市八步区莲塘镇仁冲村，为莲塘江氏三房族人江海清所建。江海清在中法战争镇南关大捷中立下战功，晋升为一品朝官，受巨额奖赏，清光绪十一年（1885年）返乡造屋，历时8年建成。

贺州江氏客家围屋坐东北朝西南，占地面积5761平方米，建筑面积6038.12平方米。围屋以正堂为中轴对称布置，呈四堂六厢四横二列一围布局，规整清晰、错落有致。其中"四堂"为前堂屋、中堂屋、上堂屋、后堂屋，建筑均为砖木结构，总宽22.41米，总长47.94米，逐进递升，表达"步步高升"之意；"六厢"指连通堂屋的左右厢房，厢房槛墙上设置木雕槛窗，堂屋和厢房中间设置天井；"四横"是中轴堂屋两侧各两列纵向的横屋，南北对称，南北一横屋进深三间、面阔十五间，南北二横屋进深三间、面阔十三间，均设置前

后檐廊，砖木结构，悬山屋顶，横屋与横屋之间通过四个腋房相连，腋房之间设置天井；"二列"是横屋南北外侧各一列低矮的牲畜房，即北牲畜房和南牲畜房，砖木结构，悬山屋顶，设置前檐廊；"一围"是主体建筑外侧一圈围墙，前院作为禾坪与晒场之用，南侧设置二层南门楼，是主入口。后院设一口八角形水井，水井至今未干涸过，村民称之为"寿星井"。

贺州江氏客家围屋的建筑选址布局以及迂回曲折的防御系统是广西客家民居围屋特色的典型代表，其屋檐、回廊、屏风、梁、柱等雕龙画凤，富丽堂皇，具有较高的艺术价值。

乐湾村古建筑群

编号：8-0417-3-220
年代：清至民国
类型：古建筑
地址：广西壮族自治区桂林市恭城瑶族自治县

乐湾村古建筑群位于广西壮族自治区桂林市恭城瑶族自治县恭城镇乐湾村，始建于清嘉庆四年（1799年）。清道光初年始建乐湾大屋，历时19年建成。清道光十二年（1832年）、光绪二十二年（1896年）、光绪二十八年（1902年）先后修建陈氏宗祠、陈四庆宗祠及陈五福宗祠。

乐湾村古建筑群包括乐湾大屋、陈氏宗祠、陈四庆宗祠、陈五福宗祠、乐湾炮楼、安乐堂、陈昆明宅、陈恭喜宅、陈恭新宅，占地面积约100万平方米。乐湾大屋又名"大夫第"，长51米，宽89.85米，占地面积

4442.55 平方米，为典型的客家围屋式建筑，由门楼、前座、中座、天井、后座组成，砖木结构，硬山顶；陈氏宗祠俗称"老祠堂"，为乐湾陈氏总祠，三进两天井，抬梁式结构，硬山顶；陈四庆宗祠俗称"四庆堂"，三进两天井，硬山顶；陈五福宗祠俗称"五福堂"，三进两天井，硬山顶。民居为硬山搁檩砖木结构。乐湾炮楼共 2 座，是民国时期较大型的炮楼，占地面积 138 平方米，高五层。

乐湾村古建筑群是桂北地区规模较大、保存完整的围屋建筑，具有明显的岭南建筑特点，其空间主次分明，内外有别，进出有序，是研究民居建筑文化和民俗文化的宝贵资源；建筑彩绘、壁画、灰塑、木雕构件保存较好，工艺精细，具有重要的历史和艺术价值。

西林教案发生地

编号：8-0681-5-165
年代：1856 年
类型：近现代重要史迹及代表性建筑
地址：广西壮族自治区百色市田林县

西林教案发生地坐落于广西壮族自治区百色市田林县定安镇东新街 34 号，是中国近代历史上震惊中外的"西林教案"（也称"马神甫事件"）的发生地。

清咸丰三年（1853 年），法国天主教马赖神父到西林县传教，其违反教规，暗中欺压百姓、奸淫妇女、聚众密谋反抗政府，行为激起民愤。西林县令张鸣凤顺应民情、伸张正义，在 1856 年 2 月 29 日将马赖依律处决，是为"西林教案"。法国以"西林教案"为借口，联合英军向中国发动"第二次鸦片战争"，迫使清政府签订了丧权辱国的《天津条约》和《北京条约》，进一步破坏了中国的主权，加深了中国社会的半殖民地化。

西林教案发生地现有使用清政府赔款所建教堂，坐西南朝东北，由念经堂台基、神父居室、修女房、通讯房及两座门楼等组成，总占地面积 2040 平方米。

西林教案发生地是近代西方侵略中国的铁证，也是我国各族人民反抗侵略、不屈不挠斗争精神的实物见证。

法国驻龙州领事馆旧址

编号：8-0682-5-166
年代：1898 ~ 1949 年
类型：近现代重要史迹及代表性建筑
地址：广西壮族自治区崇左市龙州县

法国驻龙州领事馆旧址位于广西壮族自治区龙州县龙州镇利民街。

1885 年中法战争后，清政府与法国政府签订了《中法会订越南条约》，准许法国政府在龙州设立领事馆，辟龙州为商埠。1889 年法国政府在篓园角初建领事馆，1898 年搬至现址（原为龙州火车站，建成后一直闲置）。1930 年因龙州起义，法国政府领事遭驱逐，1933 年在现址恢复开馆，1949 年 8 月关闭。

旧址建筑建于1896年，为东西两幢长方形法式建筑，总占地面积8150平方米，每幢建筑面积800.57平方米。整幢建筑主体为青砖砌体，一、二层设有宽敞的券拱回廊，屋顶采用四坡顶，山墙搁工字钢檩，覆以铁质波楞瓦（该瓦是目前广西近现代建筑中孤例）。建筑所采用的旋转楼梯与现代建筑渊源颇深，具有极强的研究价值。

法国驻龙州领事馆旧址是近代列强侵略中国的历史证据，也是以邓小平为代表的老一辈无产阶级革命家组织和领导龙州起义、创建中国红军第八军和左江革命根据地的历史见证，具有重要的历史价值。法国驻龙州领事馆旧址所采用的铁质波楞瓦对于研究近代建筑屋面材料、做法与工艺有重要实物价值。

武宣刘氏庄园

编号：8-0683-5-167
年代：1911年
类型：近现代重要史迹及代表性建筑
地址：广西壮族自治区来宾市武宣县

武宣刘氏庄园位于广西壮族自治区来宾市武宣县东乡镇，建于1908～1911年。

庄园坐北朝南，南北中轴对称，由南向北依次为四方池塘、练兵场和戏台遗址、门楼、东西厢房、主楼、东西厨房、后座、柴房、厕所、后花园，四周有院墙围合，占地面积6715平方米，建筑面积3014平方米。主楼建筑较为独特，为带有拱券外廊的西洋装饰特色建筑。

武宣刘氏庄园为广西讨龙军总司令、广西自治军第十路军总司令刘炳宇私宅，是清末民初时期内陆少数民族聚居地区中西合璧的建筑案例，显示出独特的客家建筑与西洋建筑混合风格，具有较高的历史、艺术、科学价值。

武宣郭氏庄园

编号：8-0684-5-168
年代：1924年
类型：近现代重要史迹及代表性建筑
地址：广西壮族自治区来宾市武宣县

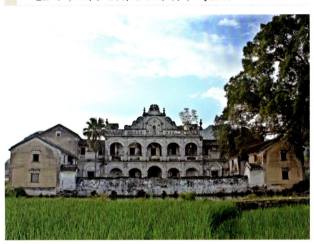

武宣郭氏庄园位于广西壮族自治区来宾市武宣县桐岭镇石岗村民委雅岗村东南部，始建于1920年，1924年建成。

庄园坐西北向东南，砖木结构，传统合院式布局，左右对称，由门楼、前座、中座、后横屋、连廊、炮楼、天井、庭院、池塘及围墙组成。其中前座、中座为二至三层外廊式西洋建筑。前座有巴洛克山花装饰，中西合璧建筑特色显著。四周为四方围屋式客家建筑形式，设有四座炮楼构成的防御体系。庄园共有房屋99间，占地面积2905平方米，建筑面积2916平方米，另有半月塘面积661平方米。

武宣郭氏庄园为广东督军少将参谋长、民国国会参议员郭松年的私宅，是客家民居在武宣地区形成的特殊乡土建筑，其独特的客家建筑与西洋建筑的混合风格以及多样的建筑功能在其他地区鲜有实例。

梧州市中共广西早期革命活动旧址

编号：8-0685-5-169
年代：1926～1928年
类型：近现代重要史迹及代表性建筑
地址：广西壮族自治区梧州市万秀区

梧州市中共广西早期革命活动旧址位于广西壮族自治区梧州市万秀区，包括中共梧州地委旧址和中共广西特委旧址。

1926年1月，中共梧州地委建立，这是中国共产党在广西建立的第一个地区性组织，广西革命运动迅速走向高潮，星星之火扩大为燎原之势。1928年1月，中共广西地委改组为中共广西特别委员会（简称"广西特委"），特委机关设在桂平白兰村。1928年6月，广西特委机关迁回梧州。

中共梧州地委旧址位于梧州市万秀区建设路兴仁巷4号，建筑建于20世纪10～20年代，坐西向东，三层，砖木结构，单坡小青布瓦屋面。占地面积54.6平方米，建筑面积141.96平方米。

中共广西特委旧址位于梧州市万秀区民主路维新里东一巷4号，建筑建于1925年，坐东向西，面阔三间，进深二间，四层，砖木结构，占地面积109平方米，建筑面积277平方米。

梧州市中共广西早期革命活动旧址是将革命火种洒向八桂大地的重要历史见证，具有突出的历史价值和纪念意义。

中共广西省第一次代表大会旧址

编号：8-0686-5-170
年代：1928年
类型：近现代重要史迹及代表性建筑
地址：广西壮族自治区贵港市港北区

中共广西省第一次代表大会旧址位于广西壮族自治区贵港市港北区贵城街道办古榕路46号。

旧址原为中共地下党员张国才的祖宅，是当时广西党组织的秘密联络站。1928年6月16日，中共广西省第一次代表大会在二楼秘密召开。广西特委书记邓拔奇主持会议，中共中央委员恽代英到会指导。会议决定成立中共广西省委，并通过了《政治任务决议案》《党务问题决议案》《军事问题决议案》，选出了朱锡昂等15名委员，朱锡昂任书记，决定由胡福田代表广西出席中共第六次代表大会。会议总结了广西建党以来的成绩、经验，制定了今后的斗争方针和任务，对广西革命高潮的到来起到了极大的促进作用。

旧址主体建筑为清末民初时期典型沿街铺屋式民居，坐东朝西，为三进二天井一开间二层沿街铺屋形式，硬山式砖木结构，小青瓦屋面，青砖清水外墙，占地面积151.9平方米。

广西省立艺术馆旧址

编号：8-0687-5-171
年代：1944年
类型：近现代重要史迹及代表性建筑
地址：广西壮族自治区桂林市秀峰区

广西省立艺术馆旧址位于广西壮族自治区桂林市秀峰区解放西路15号，建成于1944年2月，同年10月毁于战火，1946年2月原址重建。

1944年2月15日～5月19日，西南第一届戏剧展览会在广西省立艺术馆举办，参展单位33个，举办了"戏剧演出展览""戏剧工作者大会""戏剧资料展

览"三大活动。西南八省近千名戏剧工作者聚集桂林，演出剧目60多个共170多场，观众达15万人次，成为中国戏剧史上的空前创举，充分体现了中国戏剧人抗日救亡的文化担当，在中国抗战史上写下了光辉的一页。

旧址建筑占地面积1100平方米，建筑面积1658平方米。砖木结构，红墙青瓦，建筑风格中西合璧，正立面饰有姿态各异的浮雕图案。

广西省立艺术馆旧址是抗战时期桂林"抗战文化城"的标志性建筑，也是我国现存民国时期大型公共剧场建筑之一，在我国近代戏剧史也有着特殊的地位。

花山岩画增补点

编号：8-0000-4-004
年代：战国至东汉
类型：石窟寺及石刻
地址：广西壮族自治区崇左市江州区、宁明县、龙
　　　州县、扶绥县

花山岩画增补点位于广西壮族自治区崇左市，共包括37个点，其中江州区12个、宁明县3个、龙州县16个、扶绥县6个。

花山岩画的绘制时间约在公元前5世纪至公元2世纪，由骆越人在左江及其支流明江转弯处陡峭崖壁的高处绘制，沿明江、左江自上游而下游依次分布，整体呈现出"一带多点"的基本格局，是我国西南地区分布区域最广、规模最大的岩画群之一。岩画画面内容丰富，图案以人像为主，所表达的主题具有原始宗教意义，为群体性祭祀场景的真实记录。

本次增补的37处岩画点是左江花山岩画的重要组成部分，与山崖、河流和台地共同构成了神秘而震撼的文化景观。

花山岩画增补点并入第三批全国重点文物保护单位花山岩画。

湘江战役旧址增补点

编号：8-0000-5-025
年代：1934年
类型：近现代重要史迹及代表性建筑
地址：广西壮族自治区桂林市全州县、龙胜
　　　各族自治县、资源县

湘江战役旧址增补点主要包括全州红三军团红五师第十八团古岭头战斗旧址、龙胜红军楼和审敌堂、资源中革军委临时会议旧址。

全州红三军团红五师第十八团古岭头战斗旧址主要包括烧天岭突围战战场遗址、红军烈士墓。战场遗址位

于全州县古岭头村烧天岭，现存两条战壕，长度分别为850米和165米，宽度约0.8米，深0.2～0.45米。红军烈士墓位于全州县隔壁山村，共发现散葬点23处，包括埋葬点17处、红军墓6座。1934年12月1日，红三军团红五师第十八团一部为掩护主力渡过湘江，被桂军包围于全州古岭头—隔壁山一带，经过殊死战斗，终因寡不敌众，大部分壮烈牺牲，为湘江战役谱写了悲壮一页。

龙胜红军楼原名龙坪杨氏鼓楼，位于龙胜各族自治县平等镇龙坪村龙坪寨，始建于清嘉庆四年（1799年），是一座五重檐四角攒尖顶鼓楼，占地面积42.6平方米，建筑面积85.3平方米。审敌堂原名飞山庙，位于龙胜各族自治县平等镇龙坪村龙坪寨，始建于清代，占地面积326平方米，建筑面积404.13平方米。1934年12月，中国工农红军长征途经平等侗族地区，红军中央军委驻扎于龙坪寨。国民党特务曾半夜暗中纵火，红军中央首长周恩来、邓发等指挥军民奋力灭火，抢救出杨氏鼓楼和鼓楼以南大片民房，抓获并当众处决了纵火特务，还向受灾侗民发放了救济，赢得侗族群众支持。解放后，侗族群众将杨氏鼓楼称为"红军楼"，将飞山庙称为"审敌堂"。

资源中革军委临时会议旧址——油榨坪公堂位于资源县中峰镇油榨坪街，原名渡船铺，始建于清末，坐东向西，一进院落，由门楼、主座和院墙围合组成，占地面积306平方米。1934年12月1～3日，中央红军长征突破湘江第四道封锁线，翻越越城岭中段三千界进入

西延山区，中革军委领导进驻广西资源县油榨坪。进驻当天，我军获知国民党湘军已于湘西一带构筑碉堡群、布好"口袋阵"，以策应桂军从全州、兴安追击的联合追剿计划。中革军委随即在油榨坪公堂召开紧急会议，作出迅速折回广西兴安县华江一带翻越老山界的决定，随后及时改变了前往湘西北的行军路线。

全州红三军团红五师第十八团古岭头战斗旧址、龙胜红军楼和审敌堂、资源中革军委驻地旧址对湘江战役旧址形成了有效的补充，使之可以更为完整地记录、展现湘江战役的全过程，具有重要的历史价值。

湘江战役旧址增补点上述旧址并入第六批全国重点文物保护单位湘江战役旧址。

海南省

桥山遗址

编号：8-0121-1-121
年代：新石器时代
类型：古遗址
地址：海南省陵水黎族自治县

桥山遗址位于海南省陵水黎族自治县新村镇桐海村北约 2000 米的沙丘台地上，是海南地区目前发现规模最大的史前遗址。

桥山遗址中心区域面积约 2 万平方米。遗址主体遗存分布在台地的东部边缘，堆积可分 4 层，其中第 3 层为活动面。活动面上大范围密集分布着陶器、石器等遗物，还发现了海南首座史前墓葬，形制为土坑墓。出土有磨制石斧、磨制石环、罐、钵、盖等陶器及夹砂红褐陶片等。

桥山遗址规模较大，遗存丰富，填补了海南考古的诸多空白，对认识南海海域史前人类行为模式、生计模式以及海岸线变迁和"南岛语族"研究具有重要意义。

金银岛沉船遗址

编号：8-0122-1-122
年代：南宋、明清
类型：古遗址
地址：海南省三沙市

金银岛沉船遗址位于海南省三沙市西沙群岛西部海域，是一处包括南宋、明清不同时期多个沉船和相关遗

迹的遗址。

遗址西侧海域为古代南海丝绸之路重要航线，历年考古发现石雕建筑构件、明清时期青花瓷残片和古代沉船遗址等。1 号清代沉船遗址分布面积约 2 万平方米，遗物以石建筑构件为主，包括石板、石屋脊、石柱础、石方柱、石狮等，多用于建造宗庙或祠堂等，另有少量磨盘、砚台、擂钵、石杵及青花瓷、白瓷残件等。推测是从福建闽南地区出发为东南亚地区运输石作和陶瓷器的船舶，在金银岛附近触礁沉没。其中 2 号南宋沉船遗址分布面积约 2500 平方米，遗址表面散布瓷器残件，包括青白瓷和白瓷碗、罐、盒、小瓶以及酱釉瓶等。3 号明代沉船遗址分布面积约 6 万平方米，主要发现青花瓷、青瓷及白瓷残片。

金银岛沉船遗址为探讨古代南海海域的陶瓷贸易、清代侨居南洋华人的信仰等提供了重要资料，对古代海上丝绸之路研究具有重要意义。

定安故城遗址

编号：8-0123-1-123
年代：明
类型：古遗址
地址：海南省定安县

定安故城遗址位于海南省定安县定城镇南渡江畔，是明代定安县县治遗址。

根据文献记载，定安故城于明成化二年（1466 年）开始筹建，正德八年（1513 年）开工，正德十四年（1519 年）建成。城址平面呈不规则方形，周长约 1975 米。

现残存西北、西南二段城垣及西门、北门，其中城垣残段长约1320米，由玄武岩大青石条叠砌筑成，残高2～3米；西门、北门均为拱形，砖石结构。遗址西北为南渡江，有北门码头与西门码头，西门码头为定城水上交通枢纽。城内"丁"字形布局，衙署处于城市核心地域，居民建筑彼此相连，明清时期的城市格局尚存。

定安故城遗址是海南岛现存唯一保存相对完整的县治城垣，对研究海南岛建置沿革具有较高的价值。

珊瑚岛沉船遗址

编号：8-0124-1-124

年代：清

类型：古遗址

地址：海南省三沙市

珊瑚岛沉船遗址位于海南省三沙市珊瑚岛东北约1000米的海域，是我国西沙海域的一处清代沉船遗址。

遗址位于珊瑚岛东北角礁盘的边缘地带，考古发现大量石质建筑构件散落在礁盘内的多条海沟中，分布面积近3000平方米。出水遗物可分为石建筑构件、石雕人像、生活用具三类，近300件。其中石质遗物主要有石柱、石板、石柱础、石斗拱、石条等建筑构件，以及石像、擂钵、石杵等。另有少量清代青花碗、盘和白釉

盘、碟等，有一件青花瓷盘印有"金兴祠堂"文字款，瓷器窑口为福建闽南地区德化、华安、安溪、南靖等地窑址。虽未发现船体，但从出水遗物看应为一艘专门运输石质建筑构件的远洋运输船，货物的使用人群可能为东南亚地区的华人移民。

珊瑚岛西部海域是古代南海丝绸之路的西线航道，是海上贸易往来交通要冲。珊瑚岛沉船遗址对研究南海丝绸之路的发展具有重要意义，也为探讨清代石雕制品的流通、清代侨居南洋华人的信仰提供了重要资料。

石矍村冯氏祠堂

编号：8-0418-3-221

年代：明清

类型：古建筑

地址：海南省澄迈县

石矍村冯氏祠堂位于海南省澄迈县老城镇石矍村，包括文林冯公祠和冯氏大宗祠两组建筑。其中文林冯公祠始建于明弘治十三年（1500年），冯氏大宗祠又名"将军第"，清光绪年间重修。

文林冯公祠坐北向南，三进院落、合院式布局，占地面积547平方米，建筑面积350平方米。正堂为二进三开间，面阔13.8米，进深10.5米，硬山顶，青板筒瓦屋面，抬梁穿斗混合结构。二进院后墙嵌青石碑2通，记叙冯氏重大事件及正七品文林郎知县冯来英家祠堂的来由。冯氏大宗祠建筑面积450平方米，三进房屋均为三开间，抬梁式木构架，硬山顶，青板筒瓦屋面，山墙及檩梁的彩绘和镂空木花雕精致，二进院门前两侧有抱鼓石。

石矍村是南梁冯宝、冼夫人渡琼置州登岸之地，是海南冯氏的发祥地，一直延续着纪念冼夫人的风俗与传统，是海南冼夫人文化的核心之一。文林冯公祠建筑梁架结构具有明显的明代建筑风格，是海南祠堂建筑的典范，文林冯公祠和将军第内部木雕、彩画、灰塑等工艺纯熟、内容丰富，具有较高的历史和艺术价值。

琼山侯家大院

编号：8-0419-3-222

年代：清

类型：古建筑

地址：海南省海口市琼山区

琼山侯家大院又名"宣德第"，位于海南省海口市琼山区旧州镇包道村，始建于清同治十三年（1875年），至清光绪十八年（1892年）基本完成。

琼山侯家大院坐北朝南，并列五路院落式建筑，占地面积4927平方米，建筑面积2866平方米。包括路门、正屋、横屋以及院墙等众多的单体建筑。各路主要建筑大多面阔三开间，进深二至三间，抬梁式木构架，硬山顶，板筒瓦屋面。其木雕有镂空雕、浮雕等，种类繁多，雕工细致，用材讲究，多为原木镂空雕刻。门、窗、柱、屏风、斗拱等原木雕刻的飞鸟、走兽、虫鱼、花草栩栩如生，窗棂还有螃蟹、贝壳等具有浓郁海洋文化特色的雕刻。

琼山侯家大院布局严谨科学，建筑用材讲究，体现了海南地方特有建造技艺，建筑装饰具有地方特色，木雕、彩画、灰塑等工艺纯熟、内容丰富，具有较高的历史价值和艺术价值。

溪北书院

编号：8-0420-3-223

年代：清

类型：古建筑

地址：海南省文昌市

溪北书院位于海南省文昌市铺前镇东北文北中学校园内，建于清光绪十九年（1893年）该书院由清末著名书法家潘存返回故里文昌后发起和筹办，在两广总督张之洞和雷琼道朱采等人支持下筹资建设。1921年部分建筑遭台风破坏，后由潘氏族人及新加坡华侨捐款进行维修，部分建筑改建为中西合璧样式。

溪北书院坐北向南，平面近长方形，面积近3600平方米。建筑三进，布局规整，中线上分别为泮池、头门、讲堂、经正楼，两侧对称建有东西两庑和东西两回廊。头门面阔三间，抬梁式构架，硬山顶，石匾上刻有清末著名书法家杨守敬题"溪北书院"。讲堂面阔五间，进深五间，穿斗抬梁结合木构架，硬山顶。改建后的经正楼为中西合璧的二层楼建筑，穿斗抬梁式木结构，面阔五间25米。门额上挂有题写"经正楼"的木匾，楼内一、二层回廊改为砼结构。

溪北书院是清末琼崖地区著名的书院之一，建筑规制体现了清代琼北地区传统建筑及中西合璧建筑风格，其装饰木雕别具一格，具有浓郁的地方特色，是研究清晚期海南书院的宝贵资料。

文昌符家宅

编号：8-0688-5-172

年代：1917年

类型：近现代重要史迹及代表性建筑

地址：海南省文昌市

文昌符家宅位于海南省文昌市文城镇玉山村委会松树村，建成于1917年，是融合了中西方建筑文化的华侨民宅。

文昌符家宅坐西南向东北，依中轴线排布，为四进院落，由路门三栋正屋、九间横屋、一间纳凉楼（已坍塌）以及天井和围墙组成，占地面积约 1800 平方米，建筑面积 820 平方米。三栋正屋为二层硬山顶砖木结构建筑，部分木门、窗棂上雕刻有精美图案。旁侧为 12 间横屋，硬山顶带前廊，其中一间内墙彩绘山水、花草、飞禽等图案。正屋之间有天井，设三座西式拱券门，天井两侧建硬山顶砖砌拱形门楼，建筑四周修建有围墙。

文昌符家宅是下南洋的侨民所建的华侨住宅，以琼北地区传统民居特征为主，融入西方建筑元素，是海南华侨民居的代表性实例，具有较高的历史、艺术和科学价值。

琼崖工农红军云龙改编旧址

编号：8-0689-5-173
年代：1938 年
类型：近现代重要史迹及代表性建筑
地址：海南省海口市琼山区

琼崖工农红军云龙改编旧址位于海南省海口市琼山区云龙镇云龙墟海榆南路 9-1 号。

旧址建筑原为六月婆庙，建于清代，为绿琉璃硬山式建筑，抬梁式结构，共两间，每间面积 110.9 平方米。

1937 年 7 月全民族抗战爆发后，中共琼崖特委贯彻中共中央关于建立抗日民族统一战线的方针政策，改编琼崖工农红军。1938 年 12 月 5 日，琼崖工农红军改编暨誓师抗日大会在六月婆庙隆重举行，部队番号定为"广东民众抗日自卫团第十四区独立队"，队长为冯白驹。

云龙改编是中国共产党领导下的琼崖革命武装斗争史上的重大事件，标志着抗日民族统一战线政策在琼崖的建立。琼崖工农红军云龙改编旧址对于研究琼崖纵队史及华南抗战史具有重要意义，具有较高的历史价值。旧址保存的清代建筑形制体现了中国传统建筑、海南文化与建筑工艺相结合的地域特色，具有较高的科学和艺术价值。

侵华日军侵琼八所死难劳工纪念地

编号：8-0690-5-174
年代：1939 ~ 1942 年
类型：近现代重要史迹及代表性建筑
地址：海南省东方市

侵华日军侵琼八所死难劳工纪念地位于海南省东方市八所港西南面滨海处。

侵华日军侵占海南岛后，为掠夺海南矿产及木材资源，从 1939 年秋至 1942 年底，诱骗和强掳中国劳工与盟军战俘修建八所港、石八铁路和各种军事设施。期间逾 2 万名劳工被日军虐杀致死，至 1942 年各项工程结束时，劳工和盟军战俘仅 6000 余人幸存。

侵华日军侵琼八所死难劳工纪念地包括万人坑和劳工监狱旧址，两者相距 370 米。其中万人坑原占地面积 62.4 亩，埋有死难劳工和战俘遗骨。劳工监狱旧址原占地面积 20.4 亩，仅存两座红色砖石建筑，面积分别为 30 平方米和 35 平方米。2012 年，两座劳工监狱被整体平移至万人坑遗址旁，现侵华日军侵琼八所死难劳工纪念地总占地面积 50.16 亩。

侵华日军侵琼八所死难劳工纪念地是侵华日军当年

侵占海南岛、疯狂掠夺海南矿产及木材资源、残忍虐杀中国劳工和盟国战俘的历史罪证，对研究日本侵琼历史以及二战太平洋战场盟军战俘历史具有重要的历史价值。日军侵琼八所死难劳工遗址对于警示后人牢记历史、勿忘国耻具有重要意义，也对推动中澳、中加友好交往意义重大，具有重要的社会文化价值。

岈塘陂、亭塘陂水利工程

编号：8-0760-6-010

年代：宋明至今

类型：其他

地址：海南省海口市琼山区

岈塘陂、亭塘陂水利工程位于海南省海口市琼山区，主要由水渠和堤岸组成。

岈塘陂建成于宋代，亭塘陂建成于明代。岈塘陂主要用岩石垒砌，高5.33米，宽12.67米，长约667米，分别修建南北走向的两条渠道，引岩塘水灌溉数百余顷。亭塘陂位于岈塘陂西侧约1000米，主要用岩石垒砌，高约6米，宽6.67米，引亭塘的水灌溉农田，使当地水利网在岈塘陂灌溉的基础上进一步扩大。

岈塘陂、亭塘陂集防洪、灌溉、蓄水等功能为一体，均由韦执谊后裔修筑，历代均有修缮。该水利工程是海南省水利史上较早的陂塘灌溉工程之一，具有一定的历史价值和实用价值。

重庆市

玉米洞遗址

编号：8—0125—1—125

年代：旧石器时代、新石器时代

类型：古遗址

地址：重庆市巫山县

玉米洞遗址位于重庆市巫山县庙宇镇小营村，是一处以旧石器文化为主的洞穴遗址，洞内面积超过1000平方米，年代距今约40万年～8000年。

洞内已发掘的地层深度超过6米，时代跨越旧石器时代早、中、晚期，堆积厚且地层连续，各层均出土文化遗物和动物化石。发现旧石器时代晚期、新石器时代早期的两处用火遗迹。石器独具特点，以石灰岩为主要原料，就地取材，直接选取自然岩块进行加工，类型多样，主要有刮削器、尖状器和砍砸器等，从早期到晚期变化很小，一脉相承。

玉米洞遗址是古人类在三峡地区独特的环境中灵活适应和长期生存的有力证据，为探讨古人类演化的区域性多样化提供了重要的线索。

白帝城遗址

编号：8—0126—1—126

年代：南宋

类型：古遗址

地址：重庆市奉节县

白帝城遗址位于重庆市奉节县瞿塘峡西口的长江北岸，是南宋夔州治所遗址。

遗址分布于鸡公山、马岭、白帝山之间，由子阳城遗址、下关城遗址、瞿塘关遗址、白帝城遗址及周边协

玉米洞洞口

防城址、警戒设施组成，总面积约 200 万平方米，攻防系统保存完整，是山城防御体系城址的重要代表。考古发现城墙、城门、房址、墩台、兵器埋藏坑、排水沟、道路、护坡墙体等遗迹，出土汉至清代的陶、瓷、铜、铁、石、骨器等各类遗物，尤以南宋时期的各类兵器最为丰富，还出土有火药武器。考古确认子阳城遗址始建于东汉，南宋晚期历经夔州守将韩宣、徐宗武两次筑城逐步拓展，至元至元十五年（1278 年）迫于形势降元后废弃，明清时期沿用。

白帝城遗址是峡江地区典型山城遗址，展现了"城连城、城中城、城外城"的城防体系，对研究三峡地区城市建设历史具有重要意义。

大宁盐场遗址

编号：8-0127-1-127
年代：宋至民国
类型：古遗址
地址：重庆市巫溪县

大宁盐场遗址位于重庆市巫溪县宝源山麓，因宋代属大宁监管辖，故称大宁盐场，简称"宁厂"。

遗址地处大宁河支流后溪河下游的狭长山谷中，分布总面积约 300 万平方米，包括龙君庙遗址、秦家老屋遗址、盐大使署遗址、吴王庙遗址、桥头溪码头遗址、一车间制盐遗址、二车间制盐遗址、三车间制盐遗址、古盐道等。出土制盐工具、钱币等。遗址全面展现了盐卤输送、盐品生产、盐业管理、水陆交通等盐业生产贸易流程，以及与之相关的盐民生活设施、周边自然和人文景观。

大宁盐场遗址完好地保存了我国西南地区自宋代至民国时期完整的盐业生产体系，遗址历史悠久，规模宏大，体系完整，为全面了解我国盐业生产史、南北方商贸和交通史，以及清代至民国时期工业化进程提供了重要资料。

湾底谭氏民居

编号：8-0421-3-224
年代：清
类型：古建筑
地址：重庆市石柱土家族自治县

湾底谭氏民居位于重庆市石柱土家族自治县河嘴乡富民村，始建于清代，历经多年陆续建设完成。

湾底谭氏民居是纵向两进、横向三列的院落组群，总占地面积 2622 平方米。民居三面环山、一面临溪，总体格局顺应山地坡势建造，横向延展而进深不大，宽 73 米，长 36 米。二进四合院，横向三重院落，前后两院分台布置，高差衬托出院落屋宇层叠的气势。房屋为砖木结构，穿斗式梁架，悬山式屋顶。箭楼、石碉楼等已毁，石雕、木雕、灰塑、彩绘等保存较好。

湾底谭氏民居充分利用地势，布局设计巧妙，院落天际线高低起伏，富于韵律变化，细部装饰精美，具有比较鲜明的地域特色，反映了该地区民间营造技艺水平，具有历史和艺术价值。

西山钟楼

编号：8-0691-5-175
年代：1931 年
类型：近现代重要史迹及代表性建筑
地址：重庆市万州区

西山钟楼位于重庆市万州区西山公园内,南临长江,始建于1930年,1931年8月竣工。

钟楼建筑平面呈正方形,砖石及钢架混合结构,高51.71米,共11层,占地面积166.15平方米,建筑面积1184.98平方米。钟楼为折中主义建筑风格,三段式立面,楼顶为八角双层盎顶,底层为石砌拱门,中段为砖墙,四周嵌有大型机械钟,上部置大铜钟一口。现存盎顶部分为1968年复建,其余建筑结构基本保持原状。

西山钟楼作为当地开埠后的典型建筑代表,修建之后即成为长江沿岸重要的建筑景观,与上海海关大楼、武汉江汉关大楼齐名,是长江沿岸三大钟楼之一。

重庆大学早期建筑

编号:8-0692-5-176
年代:1933～1935年
类型:近现代重要史迹及代表性建筑
地址:重庆市沙坪坝区

重庆大学早期建筑位于重庆市沙坪坝区重庆大学A区校园内,包括理学院、工学院和文字斋,沿嘉陵江畔分布,相对集中。

理学院为重庆大学最早的教学楼,建于1933年,由重庆大学创始人之一沈懋德设计。建筑平面呈"山"字形,采用中国传统建筑复兴样式,重檐歇山顶,屋面有老虎窗,钢混结构,二层,建筑面积3322平方米。1952年理学院加建礼堂。

工学院建于1935年,由留法学者刁泰乾设计。中西合璧建筑风格,单檐歇山顶,平面呈"L"形,石木建筑,杉木桁架,建筑面积3729平方米。墙体全部由条石砌筑,入口处为六边形塔楼。抗战期间,工学院遭日军三次轰炸,大半被毁,后由重庆大学师生合力抢救修复。

文字斋建于1933年,中国传统建筑样式,平面呈"工"字形,砖木结构,红柱黛瓦,建筑面积1146平方米。

1938年2月,重庆沙坪文化区自治委员会在此举行成立大会,此后这里成为沙磁区和重庆许多重要事件的活动场所。邓颖超、郭沫若、黄炎培、邹韬奋、于右任等著名人士都曾到此演讲。

重庆大学早期建筑是我国西南地区高等教育史的重要历史遗存,建筑大量采用中式屋顶等传统手法与西方欧式要素装饰形式相融合的方法,并充分结合巴渝地方建筑元素与特色,是一组反映特定地域与近代时代特色的校园建筑,也是近代中西多元文化接触、碰撞并积极融合的重要物质见证,为研究中国近代建筑风格发展与营造技术提供了典型实例,同时也见证了抗日战争、解放战争期间许多重要历史事件和历史名人的活动,具有较高的历史、科学和社会文化价值。

瀼渡电厂

编号:8-0693-5-177
年代:1944年
类型:近现代重要史迹及代表性建筑
地址:重庆市万州区

瀼渡电厂位于重庆市万州区瀼渡镇碑牌村和甘宁镇烟坡村。

1937年全面抗战爆发,工厂内迁,供电紧张,国民政府经济部资源委员会与四川省政府洽商共同筹资发展水力发电。瀼渡电厂于1939年开始工程勘察、设计,1940～1944年完成工程建设,1944年第一台机组开始正式发电。

瀼渡电厂分为仙女洞厂区、鲸鱼口厂区、办公楼三大部分,分别由仙女洞发电厂房、鲸鱼口发电厂房及二者相对应的拦河坝及附属设施、引水设施、机组尾水设施和挡水墙组成,总占地面积约8000平方米。

瀼渡电厂是三峡地区最早的水电站,是国内较早利用河流自然落差实现梯级发电的工程实例。厂房内的设施设备对研究早期水力发电技术有重要参考意义,为长

江流域水电开发积累了宝贵的建设经验和丰富的水文资料。瀼渡电厂为解决抗战时期内迁兵工厂的生产用电，进而夺取抗战全面胜利做出了重要贡献，具有重要的历史、科学价值。

张自忠将军墓

编号：8-0694-5-178
年代：1940 年
类型：近现代重要史迹及代表性建筑
地址：重庆市北碚区

张自忠将军墓位于重庆市北碚区碚青公路张自忠烈士陵园内，建于 1940 年。

张自忠（1891 ～ 1940 年），著名抗日将领、民族英雄，国民革命军第三十三集团军总司令，陆军中将，追授二级上将衔，1982 年中华人民共和国追认为革命烈士。张自忠将军于 1937 ～ 1940 年先后参与临沂保卫战、徐州会战、武汉会战、随枣会战与枣宜会战等，1940 年 5 月在湖北宜城南瓜店前线指挥对日作战时阵亡。

张自忠将军墓位于烈士陵园最高处，墓冢为圆形，青条石砌成。墓前为冯玉祥将军书写"张上将自忠之墓"碑，墓冢左石碑刻有其弟张自明撰文的《先兄荩忱上将墓表》一通。

张自忠将军墓是中华民族抗日英烈纪念地，具有珍贵的文化教育价值和政治意义。

罗斯福图书馆旧址

编号：8-0695-5-179
年代：1947 年
类型：近现代重要史迹及代表性建筑
地址：重庆市渝中区

罗斯福图书馆旧址位于重庆市渝中区长江一路 11 号。

罗斯福图书馆旧址占地面积约 2200 平方米，建筑面积 3408 平方米。现存建筑物包括主楼（1941 年）、辅楼（1947 年）和防空洞（1941 年），建筑面积分别为 2563 平方米、645 平方米和 200 平方米。主楼和辅楼均为两层，砖石木混合结构，建筑风格融合了西方现

代建筑样式与中国传统建筑元素，造型简洁庄重又富于韵律。建筑内部功能分区合理，书库设置科学、巧妙，结构牢固、兼顾功能，管理便捷，不失为研究近代图书馆建筑的珍贵案例。

罗斯福图书馆 1947 年 5 月 1 日对外开放阅览，1949 年 11 月 30 日重庆解放后更名为"国立西南人民图书馆"。罗斯福图书馆旧址是民国时期重要的国立图书馆之一，保存有联合国成立初期的资料，见证了我国近代文化事业的发展，也是第二次世界大战中美并肩作战、共同反抗法西斯侵略的历史见证，具有重要的历史价值。

妙高山摩崖造像

编号：8-0000-4-005
年代：南宋
类型：石窟寺及石刻
地址：重庆市大足区

妙高山摩崖造像位于重庆市大足区季家镇曙光村二组妙高山山崖上，主体开凿于南宋绍兴年间。

造像崖面长 35 米，高 13 米，现存 9 处龛窟，题材包括阿弥陀佛、释迦孔子老子三圣、西方三圣、十圣观音，造像技法纯熟，雕刻精美。其中 2 号窟刻有"天元甲子记"题刻，为判断造像年代提供了依据。

妙高山摩崖造像是罕见的儒释道三教合一造像群，反映了南宋时期四川艺术造像等方面的重要成就，是巴蜀地区中小型石窟的优秀代表，具有较高的历史和艺术价值。

妙高山摩崖造像并入第一批全国重点文物保护单位北山摩崖造像。

舒成岩摩崖造像

编号：8-0000-4-006
年代：南宋
类型：石窟寺及石刻
地址：重庆市大足区

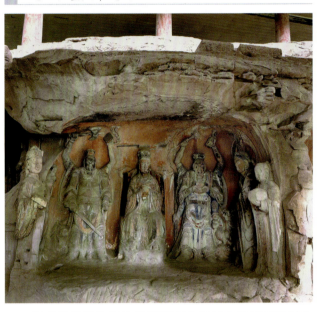

舒成岩摩崖造像位于重庆市大足区中敖镇三桥村六组，开凿于南宋绍兴十三年至二十三年（1143～1153年）。

舒成岩是大足石刻的道教造像区，现存造像 70 余尊，主要题材为三清、玉皇、东岳大帝、紫微大帝等，完整体现了以三清、四御为最高尊神的道教神灵体系，突显了玉皇、东岳大帝信仰特征。其中 1 号龛"大宋昌州大足县""癸酉绍兴二十三年"、2 号龛"绍兴二十二年"、5 号龛"癸亥绍兴十三年"等题刻为判断造像年代提供了依据。

舒成岩摩崖造像是自成体系的道教摩崖造像群，对研究宋代道教神灵体系的形成和中国道教发展史具有重要价值。

舒成岩摩崖造像并入第一批全国重点文物保护单位北山摩崖造像。

四川省

中子铺遗址

编号：8-0128-1-128
年代：新石器时代
类型：古遗址
地址：四川省广元市朝天区

中子铺遗址位于四川省广元市朝天区中子镇高车村，是一处距今 7000～6000 年的新石器时代遗址。

遗址范围约 1.3 万平方米，出土和采集遗物标本 1 万余件。早期遗存以细石器为主，使用间接压制、打片技术，石料以黑色燧石为主，器类包括细石核、细石叶、尖状器、钝刃圆刮器、刮削器、石片等，还发现少量带附加堆纹的夹砂红褐陶片。晚期遗存以磨制石器和夹砂灰褐陶为主，包括石斧、石锛、穿孔石刀、陶罐等。

中子铺遗址是目前四川盆地已知年代最早的新石器时代细石器制作场，其文化特征突出、遗存内涵丰富，为研究长江中上游乃至中国南方地区的细石器文化提供了重要材料。

高山古城遗址

编号：8-0129-1-129
年代：新石器时代至商周
类型：古遗址
地址：四川省成都市大邑县

高山古城遗址位于四川省成都市大邑县三岔镇赵庵村古城埂，修筑于新石器时代宝墩文化时期，经商周时期，至汉代被废弃，是成都平原一处重要的古城遗址。

城址总面积约 34.4 万平方米，城垣夯筑，外侧有壕沟。考古发现一处目前所见成都平原年代最早、保存最为完整的史前墓地，以及水井、灰沟、灰坑、建筑等遗存。人骨中发现了长江上游地区最早的拔牙现象。墓葬中出土象牙镯、核桃等随葬品，反映了仅见于成都平原的使用核桃随葬的习俗。城址中部和西南城墙转角处

发现人祭坑，说明当时在修建大型工事或祭祀活动中已
经有人祭习俗。出土遗物包括陶器、石器、动物骨骼等，
其中陶器最多，带有西北甘青地区、长江流域陶器风格。

高山古城遗址分布范围大、延续时间长，展现了一
幅新石器时代至商周时期成都平原史前先民生产、生活
的丰富画卷，为研究中国西南地区史前文化发展、勾勒
古蜀先民的迁移轨迹提供了重要资料。

绵竹故城遗址

编号：8-0130-1-130
年代：汉晋
类型：古遗址
地址：四川省德阳市旌阳区

绵竹故城遗址位于四川省德阳市旌阳区黄许镇的江
林村和新龙村之间，为汉晋时期绵竹县城遗址。

遗址现存形状呈不规则三角形，面积约 60 万平方
米，主要为汉代至三国时期的遗存。遗址北部和南部边
缘分别发现一道宽约 30 米的夯筑城墙遗迹，北城墙外
缘发现包砖残迹。城内发现房址、灶、灰坑等遗迹，出
土大量建筑砖瓦和生活用器残件，采集到石狮础、石蛙
础、石虎、石提钱鱼俑、石武士俑、铜朱雀等汉代遗物。
其中"绵竹城"戳印城砖的发现，证实了文献关于汉晋
绵竹县治的记载。

绵竹城是汉至三国蜀汉时期一处重要的军事重镇，
其防御设施完备，与汉晋时期诸多历史事件有关。绵竹
故城遗址的发现对研究汉晋时期成都地区的政治、军事
格局，县一级建置沿革、布局、规模，以及四川地区与
中原地区的关系等具有重要价值。

花林寺大殿

编号：8-0422-3-225
年代：元
类型：古建筑
地址：四川省绵阳市盐亭县

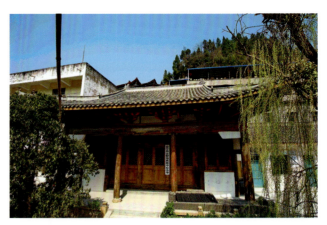

花林寺大殿位于四川省绵阳市盐亭县富驿镇火星村
三社。花林寺始建于唐朝，仅存大殿，为元至大四年（1311
年）修建，明清两代多次修缮。

花林寺大殿平面呈正方形，厅堂式结构，单檐歇山
顶，面阔三间，六架椽屋前后劄牵用四柱，带前廊，五
铺作斗拱八朵。建筑构件上发现共计 23 条约 1500 余字
的墨书题记，记录了明洪武、嘉靖、万历以及清雍正时
期的五次修缮活动。

花林寺大殿建筑主体结构具有明确的元代纪年，且
基本保持了元代梁架和斗拱，同时保存了明清时代的构
件和多处维修题记，见证了当地木作技术的发展演变，
是研究元代建筑形制演变的珍贵实物资料，具有重要的
历史价值。

蓬溪金仙寺大殿

编号：8-0423-3-226
年代：元
类型：古建筑
地址：四川省遂宁市蓬溪县

蓬溪金仙寺大殿又名"星辰车殿"，位于四川省遂
宁市蓬溪县赤城镇金仙村，为元代建筑。

蓬溪金仙寺大殿为抬梁式单檐歇山建筑，高 10.27
米，建筑面积 198 平方米。大殿面阔三间，六架椽屋前
乳栿后劄牵用四柱，檐下施斗拱 18 朵。殿内存有多处

题记，内容丰富，其中包括明确的"大元泰定四年"（1327年）纪年。殿前原施拜台，经后人改修为三间单坡建筑，与正殿前檐柱相连。

蓬溪金仙寺大殿主体结构是有明确纪年的典型元代木构，是研究元代建筑的重要实物资料，同时题记中有反映元代纸币使用情况的信息，具有重要的史证价值。

南部永安庙大殿

编号：8-0424-3-227
年代：元至清
类型：古建筑
地址：四川省南充市南部县

南部永安庙大殿位于四川省南充市南部县城西北100千米的桐坪镇卫星村簸箕山麓，始建于唐。现存大殿保留有元代特征，清雍正二年（1724年）、乾隆二十四年（1759年）、同治三年（1864年）有过维修。

南部永安庙大殿坐西北向东南，建筑平面呈方形，面阔三间，进深三间，建筑面积106平方米。单檐歇山顶，小青瓦屋面，脊高6.8米。抬梁式结构，有元代建筑特征。前廊开敞，前檐施转角斗拱二朵、柱头斗拱二朵及补间铺作一朵，斗拱做法严谨规整。

南部永安庙大殿主体结构具有元代建筑特征，梁架构造独特，用料较大，制作较为精细，斗拱制作考究，手法规范，砖雕精美，具有一定的历史价值和艺术价值。

盐亭文星庙

编号：8-0425-3-228
年代：明
类型：古建筑
地址：四川省绵阳市盐亭县

盐亭文星庙位于四川省绵阳市盐亭县安家镇鹅溪村鹅溪河畔的山腰上。文星庙建于明正统十二年（1447年），其中主殿建于明晚期，经清康熙五十五年（1716年）、咸丰二年（1852年）两次重修，是一座主要供

奉文昌帝君的乡间庙宇。

盐亭文星庙坐东北朝西南，占地面积约2340平方米，由庙前上山的垂带踏道两段及主殿桂香殿组成，另保存有石碑、石牌位等附属文物。桂香殿为面阔三间、进深十一檩的木结构单檐歇山顶小青瓦屋面建筑。殿宇采用抬梁式与抬担式混合结构，梁柱用料粗大，前檐带七踩斗拱7朵。殿内雀替、驼峰、梁头、槅扇等雕刻精美，梁栿绘有彩画，装饰风格与四川当地传统不同，带有明显的长江中下游地域特点。殿内存壁画一铺，梁架上存墨书题记25条，是了解建筑营建信息和当地文化风俗的重要资料。

盐亭文星庙体现了江南地区建筑文化与技术对四川的影响，反映了明清之际抬担式建筑逐渐取代抬梁式建筑的发展趋势，具有重要的历史和艺术价值。

泸县圆通寺

编号：8-0426-3-229
年代：明
类型：古建筑
地址：四川省泸州市泸县

泸县圆通寺又名"圆通禅林"和"元通寺"，位于四川省泸州市泸县喻寺镇雷坝村。该寺建于明正德元年（1506年），后历次维修。

泸县圆通寺坐南朝北略偏西，占地面积2464平方

米，现存有山门、前殿、大殿及两侧厢房等建筑，以及后殿遗址和明清时期石刻造像。山门为双重檐庑殿牌坊式建筑，横额有"圆通禅林"题记。第一进院两侧厢房为五檩悬山、穿斗抬梁混合式结构，面阔二间，进深三间，中间为天井；前殿为七檩歇山加前后廊披檐、穿斗抬梁混合式结构厅堂式建筑，面阔三间，进深四间。第二进院东西厢房现存遗址；大殿为九檩歇山、殿身檐柱不落地加副阶周匝的重檐、抬梁式结构殿阁式建筑，面阔、进深均三间。大殿施转角斗拱、柱间斗拱、补间斗拱等12种，保存有明代题记。

泸县圆通寺历史沿革脉络清晰，其建筑题记是川南地区数百年历史变迁的实物见证，建筑的开间尺度、梁架结构以及斗拱形式是四川建筑从元代到明代演变的典型代表，具有较高历史和艺术价值。

龙藏寺

编号：8-0427-3-230
年代：明清
类型：古建筑
地址：四川省成都市新都区

龙藏寺位于四川省成都市新都区新繁镇西郊。唐贞观三年（629年）建，初名"慈惠庵"。北宋大中祥符元年（1008年）扩建，更名为"龙藏寺"。元末毁于兵火，明洪武四年（1371年）和清康熙六年（1667年）先后重建，形成龙藏寺现有规模。

龙藏寺坐北向南，占地面积约5万平方米，由六角亭、碑亭、山门、弥勒殿、大雄殿、毗卢殿、东厢房、西厢房、西侧院、潜西精舍、妙音阁组成。其中弥勒殿始建年代不详，其前檐石柱楹联题记时间为清光绪二十三年（1897年），单檐悬山顶，木抬梁结构，与两侧厢房相连；大雄殿始建于明成化元年（1465年），是有明确纪年的明代木结构建筑，殿内天花及木构梁架均施有明代彩绘，殿内有明代壁画9铺；毗卢殿建于清咸丰二年（1852年），面阔五间，进深六间，重檐歇山顶，木抬梁结构，楼下供奉佛像，楼上藏佛教经书。寺院内还保留有石碑、石刻及印书雕版等附属文物。

龙藏寺是四川地区为数不多保留完整且有明确纪年的古建筑群，规模宏大，布局严整，形制独特，纪年清楚，基本保持了明清时期格局。建筑造型优美，尤其保存了大量珍贵壁画，是四川地区重要的佛教寺院之一。龙藏寺见证了当地历史上的佛教兴衰、文人活动、书籍制作出版等社会生活变迁，具有较高的历史和艺术价值。

蓝池庙

编号：8-0428-3-231
年代：明清
类型：古建筑
地址：四川省绵阳市三台县

蓝池庙位于四川省绵阳市三台县塔山镇南池村玉池湾玉龙山下，始建年代可以上溯至盛唐以前，现存建筑为明清时重修。

蓝池庙为合院式布局，整体坐北向南，占地面积6000多平方米，建筑面积1800多平方米。现存拜殿、岱岳殿和东西两厢等建筑。其中岱岳殿为明代建筑，建

筑平面呈方形，面阔三间，进深三间，重檐歇山顶，灰筒瓦屋面，抬梁式木结构。斗拱及木构架做法规整，具有元代特征。脊檩底皮有"大明弘治二年岁次己酉秋八月吉日"等墨书题记。拜殿坐北向南，面阔五间，进深三间，单檐悬山顶，穿斗与抬梁混用木构架建筑，八架梁三穿用四柱，后檐造卷棚，脊中饰一尊弥勒，两脊头饰兽吻。脊檩底皮有"皇清道光七年岁次丁亥月建癸卯二十九日"墨记。

蓝池庙基本保持了明清时期建筑格局，形制特征、材料和工艺等具有鲜明的地方特色，其见证了当地社会生活和风俗历史，具有较高的历史价值。

七宝寺

编号：8-0429-3-232
年代：明清
类型：古建筑
地址：四川省南充市嘉陵区

七宝寺位于四川省南充市嘉陵区七宝寺镇西溪河西岸藏珠山顶上，始建于明正德十三年（1518年），当时称"龙台院"，经过清康熙、乾隆年间扩建，形成现在的规模。

七宝寺东、南、西三面环西溪河，坐北朝南，占地面积14260平方米。七宝寺由三部分组成，前部为两进四合院组成的佛教寺院，中部为两进四合院建筑文昌楼、

奎星楼，后部院落为南池书院，三部分建筑为不同时期修建而成。建筑主要为穿斗式结构，小青瓦屋面，上有灰塑脊饰，檐口转通。

七宝寺集佛教、儒学、文人活动以及文昌民间信仰等多元文化与社会风俗于一体，体现了不同时代、地域多元的设计元素，具有较高的历史价值。

福宝古建筑群

编号：8-0430-3-233
年代：明清
类型：古建筑
地址：四川省泸州市合江县

福宝古建筑群位于四川省泸州市合江县福宝镇回龙桥社区。此地元末明初成集，明末清初屡遭兵燹，人口锐减。清康熙末年"湖广填四川"移民运动中，楚、粤、闽、赣之民相继迁入，并置家庙以怀故土，渐形成建筑群落，至今已有600多年历史。

福宝古建筑群分布于"三水相汇"之地，规模三街八巷，全长2480米，依山傍水，高低起伏，占地面积40万平方米，建筑面积38320平方米。建筑多为木穿斗房架、悬山式屋顶、小青瓦屋面形式，濒河多吊脚木楼和挑廊。主要文物包括清源宫、万寿宫、五祖庙、张爷庙、禹王庙、火神庙、文坛、汪公祠、何公馆、九如客栈、惜字塔、回龙桥、西河渡码头等。其中清源宫建于明代，清嘉庆十六年（1811年）重建，四合庭院式布局，由大殿、戏楼和男、女宾楼组成。大殿面阔三间，抬梁穿斗混合构架，梁架浮雕彩绘驼峰，脊檩施描金旋子彩绘。五祖庙建于明代，清道光十二年（1832年）修复，平面布局为三合院，由大殿和厢楼组成。大殿抬梁穿斗混用构架，单檐悬山顶。

福宝古建筑群位于古代川盐入黔驿道，布局依山傍水，随形就势，符合中国传统"天人合一"的理念。福宝古建筑群建筑类型丰富，单体建筑形式多样，雕刻精美，彩绘精细，对研究中国南方明清山地场镇乡土建筑具有较高的历史价值。

南部观音庵大殿

编号：8-0431-3-234
年代：明清
类型：古建筑
地址：四川省南充市南部县

南部观音庵大殿位于四川省南充市南部县平桥乡谢家楼村，始建于明代。原建筑规模较大，由前殿、大殿、后殿及万年台组成，现仅存大殿。

南部观音庵大殿坐西南向东北，平面呈方形，面阔三间，建筑面积 197 平方米。单檐歇山顶，厅堂式结构，九架椽屋三椽栿对乳栿用四柱，外檐施斗拱 20 朵，外转出三跳，其中前檐斗拱出 45° 斜拱。建筑造型优美，整体保存较好，营造手法具有典型的明代特征。

南部观音庵大殿保留了明清不同时期的结构构件，斗拱及整个木构架造型独特，制作精美；殿内存清代观音碑一方，人物造型饱满生动，线条流畅，具有较高的历史和艺术价值。

井研雷氏民居

编号：8-0432-3-235
年代：清
类型：古建筑
地址：四川省乐山市井研县

井研雷氏民居位于四川省乐山市井研县千佛镇民建村，建于清乾隆三十八年（1773 年），为清乾隆内阁侍读学士雷畅（1702～1777 年）及其家族的故宅。

井研雷氏民居坐东向西，背山面水，以大门—花厅—堂屋为中轴线组成四进四合院，共有大、小天井 12 个，房舍 127 间，占地面积 13664 平方米，建筑面积 6733 平方米。民居为穿斗式木构建筑，小青瓦屋面，建筑构件雕刻精美，周围有石砌围垣环绕。主体建筑屋顶全部铺设木质天花板，所有房屋地面均设有一米高的架空层，铺设木质地板，并设置通风、透气孔，以防潮防湿。

井研雷氏民居选址合理、布局严谨，排水、防潮系统独具特色，充分体现了当地民居的气候适应性和防护措施科学性，具有较高的艺术和科学价值。

屏山龙氏山庄

编号：8-0433-3-236
年代：清
类型：古建筑
地址：四川省宜宾市屏山县

屏山龙氏山庄位于四川省宜宾市屏山县大乘镇岩门村。山庄建于清同治二年（1863 年），竣工于清光绪年间。

屏山龙氏山庄坐落在一面坡半山，整体朝东，采用多进、并列混合四合院平面布局，占地面积近 1 万平方米，建筑面积约 3000 平方米。现存建筑包括围墙及大门和戏楼、内朝门及一进四合院、二进并列四合院、三进四合院。围墙东面开门，门内为抬梁式单檐歇山顶、小青瓦屋面、两层木结构建筑，底层为门厅，楼上为戏楼；戏楼西为内三堂一进"八"字形朝门，朝门左右耳房、一进正房及左右厢房组成一进四合院；一进正房明间与二进正房明间之间有抬梁式通道，该通道与一进正房、二进正房和左右厢房组成并列四合院；二进正房、三进正房和左右厢房组成三进四合院。建筑门窗、撑弓、驼峰等主要木构件均作雕刻，做工细致，造型端庄。

屏山龙氏山庄是典型的清代晚期官宦士族庭院建筑，建筑保存基本完好，木雕形象生动，工艺精湛，是研究清代晚期社会生活的实物例证，具有较高的历史和艺术价值。

自贡玉川公祠

编号：8-0434-3-237
年代：清
类型：古建筑
地址：四川省自贡市自流井区

自贡玉川公祠位于四川省自贡市自流井区尖山社区。自贡盐商王朗云为纪念其祖父王玉川，于清同治十二年（1873年）建王三畏堂家族祠堂，名曰"玉川公祠"。王朗云去世后，王惠堂接管王三畏堂（1885～1896年），期间在玉川公祠旁边修建了承德堂。

自贡玉川公祠坐西北向东南，四合院布局，二进院落，占地面积6383平方米，由门厅、二门、正殿、左右厢房、后院、柴房、偏房等组成。房屋为木结构，穿斗式梁架，小青瓦屋面，硬山、悬山式屋顶，四周以山墙、封火墙环绕与衔接。建筑梁架、衬枋上的木雕、石刻精美且保存完好。承德堂紧邻玉川公祠左侧，四合院布局，二进院，占地面积约2133平方米，由门厅、二门、正殿、左右厢房、侧院、前花厅、柴房、偏房等组成。

自贡玉川公祠是盐商生活场所及家族祠堂，是典型的川南民居，建筑为穿斗、抬梁结构，建构工整，用材考究，雕刻精美，是研究四川盐业史、盐商家族史以及盐文化与宗祠文化的实例，具有较高的历史价值。

甘孜惠远寺

编号：8-0435-3-238
年代：清
类型：古建筑
地址：四川省甘孜藏族自治州道孚县

甘孜惠远寺又名"噶达向巴岭"，属格鲁教派寺庙，位于四川省甘孜藏族自治州道孚县八美镇协德乡先锋村。惠远寺始建于清雍正六年（1728年），是清廷为七世达赖喇嘛专建之驻锡场地，雍正帝钦赐"惠远寺"匾额。清乾隆十三年（1748年）、五十八年（1793年）和光绪十九年（1893年）寺院三次毁于地震，后原址复建，规模有所缩小。

甘孜惠远寺共三进，占地面积296380平方米，建筑面积2647平方米，主要由集会大殿、都岗楼、护法殿及碑庭门、扎空、厨房、客堂、转经房、僧舍、照壁等附属建筑组成。集会大殿建于清代，占地面积1026平方米，三楼一底，系汉藏结合式土木建筑，单檐歇山

顶。大殿后为弥勒殿，内供奉铜塑鎏金弥勒佛、文殊、金刚手大势等佛像，另有一尊纯金弥勒佛像。都岗楼占地面积254平方米，为七世达赖喇嘛行宫。

甘孜惠远寺是康区唯一一座由清政府拨库银为七世达赖喇嘛噶桑嘉措避蒙古准噶尔之乱而建锢寺庙，是清初平定内乱、治理西藏、加强民族团结、维护祖国统一的历史见证。人殿系汉藏结合式土木建筑，具有较高的历史价值。

石门寺摩崖造像

编号：8-0500-4-023
年代：唐
类型：石窟寺及石刻
地址：四川省巴中市巴州区

石门寺摩崖造像位于四川省巴中市巴州区玉堂街道，为唐代造像。

造像分布在长48.1米、高4.8米的石门山和尚梁崖面上，现存造像19龛（窟）135尊、碑碣6块。龛的形制、造像风格与巴中石窟南龛、水宁寺等相同，造

像有释迦、弥勒佛、二佛二菩萨并立、观音立像、二天尊并坐、弥勒菩提瑞像等题材，还有部分道教题材。

石门寺摩崖造像反映了唐代佛教发展和民众信仰状况，体现了佛教艺术的世俗化趋势。其造像、佛帐龛雕刻精美，具有较高的历史和艺术价值。

重龙山摩崖造像

编号：8-0501-4-024
年代：唐至民国
类型：石窟寺及石刻
地址：四川省内江市资中县

重龙山摩崖造像位于四川省内江市资中县资中城东北隅山麓，始凿于唐建中四年（783年）。

摩崖造像分古北岩、君子泉两部分，共172龛1713尊。造像类型多样，品式丰富，千姿百态。铭刻甚多，自五代、两宋、明清至民国的题记、铭文、诗赋、游记遍布崖壁，其中可见黄庭坚、苏东坡、胡学文、高培谷等文人题刻。根据《重修北岩院记》载，摩崖造像始凿于唐建中四年。第113龛可见"唐大中八年"（854

年）题记，为判断石刻年代提供了依据。

重龙山摩崖造像开凿于唐武宗灭佛后，填补了晚唐至五代时期四川石窟艺术的空白。重龙山摩崖造像题材丰富，延续时间长，在中国宗教和石窟艺术发展史上占有重要地位，也是研究四川地区社会生活和风俗等问题的宝贵资料。

宜宾流杯池石刻

编号：8-0502-4-025
年代：宋至民国
类型：石窟寺及石刻
地址：四川省宜宾市翠屏区

宜宾流杯池石刻位于四川省宜宾市翠屏区流杯池公园内，始凿于北宋。

流杯池石刻由北宋黄庭坚所凿流杯池，以及北宋至民国时期历代石刻题记、石牌坊等组成。该流杯池为全国现存最大的流杯池，九曲形，历代名人书法家在此留下题记多达140处。牌坊共四座，均用石条垒砌而成，包括仿木构亭台式和牌匾式，东面三座，西面一座。

宜宾流杯池石刻内容丰富，书法风格多样，具有重要的史料价值和艺术价值。

荣县军政府旧址

编号：8-0696-5-180
年代：1911年
类型：近现代重要史迹及代表性建筑
地址：四川省自贡市荣县

荣县军政府旧址位于四川省自贡市荣县旭阳镇荣州广场南侧。现存建筑建于清康熙六年（1667年），宣统年间为清四川嘉定府荣县县衙。

1911年四川保路风潮高涨，各地纷纷组织保路同志军。荣县在同盟会的组织下举起反清义旗，于1911年8月发动武装起义，9月25日在吴玉章、王天杰等人的领导下建立了全国第一个县级资产阶级民主革命政

权——荣县军政府。

旧址建筑坐北向南，由正厅（清代县衙的三堂）、后堂、大门及两侧厢房组成。整体建筑按三合院布局，为砖木结构，穿斗梁架，单檐悬山式屋顶，占地面积约907平方米，总建筑面积528平方米。

荣县军政府旧址是辛亥革命中川南一带树起武装反清旗帜、建立革命政权的历史见证，具有重要的历史价值。

雅安明德中学旧址

编号：8-0697-5-181
年代：1922年
类型：近现代重要史迹及代表性建筑
地址：四川省雅安市雨城区

雅安明德中学旧址位于四川省雅安市雨城区张家山，建成于1922年。

现存主体建筑为坐南向北，平面呈"T"字形，地上三层，地下一层，砖木结构，传统青砖墙体，小青瓦屋面，欧式门窗的中西合璧建筑，占地面积980平方米，建筑面积2008平方米。正立面砖墙上保留有蓝底白字的"雅安私立明德初级中学校"牌匾。

雅安明德中学是西南地区较早实施现代教育的学校，见证了川西地区现代文化与教育的发展，同时也是研究中西建筑文化交流史的实物资料，具有较高的历史、艺术和科学价值。

国民政府23兵工厂的自备电源，为兵工生产提供了稳定的能源，为抗日战争的胜利做出了重要贡献，是反抗侵略、争取民族独立的实物见证，具有重要的历史、科学价值。

洞窝水电站

编号：8-0698-5-182
年代：1925年
类型：近现代重要史迹及代表性建筑
地址：四川省泸州市龙马潭区

洞窝水电站原名济和水电站，位于四川省泸州市龙马潭区长江一级支流龙溪河末端。

洞窝水电站原名济和水电站，由九三学社创始人之一、留德工程师税西恒主持设计建造，于1922年开工兴建，1925年正式建成发电。抗日战争期间，济和水电站被国民政府23兵工厂收购，改名洞窝水电站。

水电站主体位于罗汉镇高坝社区一处落差44米的河谷中，包括拦水坝、引水渠、第一代进水工程设施遗存、第二代发电站厂房、第三代发电机组、梯级调蓄水库——谷西滩坝和特陵桥坝。总占地面积约2900平方米。

洞窝水电站是近代中国最早建设的水电站之一，是中国早期水电站的代表，反映了当时我国水电站设计的典型风格与技术水平；抗日战争期间，洞窝水电站作为

木门会议旧址

编号：8-0699-5-183
年代：1933年
类型：近现代重要史迹及代表性建筑
地址：四川省广元市旺苍县

木门会议旧址位于四川省广元市旺苍县木门镇青龙山山腰。

1933年6月底，红四方面军在木门寺召开"木门会议"。会议总结了反"三路围攻"取得胜利的经验，同时作出重要决议，将原来的四个师扩编为四个军，加强军队的战略战术学习，恢复彭杨军政学校，停止绝对肃反，扩大红军等。"木门会议"推动了红四方面军的发展和川陕革命根据地的壮大。

木门会议旧址建筑原为寺院，始建于清朝，依山而建，坐南朝北，占地面积12000平方米。现存建筑包括木门寺大殿、东西厢房、山门、石牌坊。牌坊各处刻有"共产党万岁""猛烈扩大红军""拥护红军""消灭刘湘"等十多条标语口号。

木门会议旧址见证了木门会议召开的历史过程，具有十分重要的历史价值和纪念意义。

通江红四方面军总医院旧址

编号：8-0700-5-184
年代：1934～1935年
类型：近现代重要史迹及代表性建筑
地址：四川省巴中市通江县

通江红四方面军总医院旧址位于四川省巴中市通江县沙溪镇王坪村五、六、八组。

红四方面军总医院是1932年12月以原红10师医院为基础组建的，1934年2月，总医院迁于靠近主战场万源附近的今通江县沙溪镇王坪村，1935年春撤离川陕苏区。

旧址由院部（政治部）、俱乐部、医务部（西医部）、中医部、手术室、护士学校、轻伤连、重伤连（2处）、干部连、总务处、贩卖部、被服厂、总工厂（木工、铁工和篾工）、担架队等15栋院落组成，占地面积12621平方米，建筑面积9575平方米。

通江红四方面军总医院旧址是研究红军医疗卫生事业的宝贵材料，具有重要的历史价值。

红军长征过石厢子旧址

编号：8-0701-5-185
年代：1935年
类型：近现代重要史迹及代表性建筑
地址：四川省泸州市叙永县

红军长征过石厢子旧址位于四川省泸州市叙永县石厢子彝族乡石厢子社区石厢子街。

1935年2月3日，中央红军纵队在毛泽东、周恩来、朱德、张闻天等率领下抵达叙永石厢子，在此度过了春节并召开了会议。会议决定由张闻天接替博古负党内总责、毛泽东为周恩来在军事上的帮助者，确定了苏区中央分局今后的行动方针和成立中革委中央苏区分会，调整了中央红军新的进军方向。

红军长征过石厢子旧址包括石厢子会议旧址、中央红军电台旧址和毛泽东宿营地旧址。石厢子会议旧址建筑原为万寿宫，坐北朝南，为一进四合院，现仅存正殿、东西厢房、天井及后花园，建筑面积121.1平方米。中央红军电台旧址现存建筑坐西北朝东南，为原三合院的东厢房，建筑面积25平方米。毛泽东宿营地旧址坐北朝南，建筑面积139平方米。

红军长征过石厢子旧址是中央红军长征途经四川的重要历史遗存和历史见证。

川藏公路大渡河悬索桥

编号：8—0702—5—186
年代：1951 年
类型：近现代重要史迹及代表性建筑
地址：四川省甘孜藏族自治州泸定县

川藏公路大渡河悬索桥位于四川省甘孜藏族自治州泸定县泸桥镇新桥村。

川藏公路大渡河悬索桥是为彻底解放西藏、巩固西南边防，由中国人民解放军第十八军在川藏公路上修建的第一座钢索桥，1951 年 5 月底建成使用。1972 年以前一直由部队守护，后交由地方养桥所（现公路局）看护至今。

川藏公路大渡河悬索桥横跨大渡河东西两岸，由桥塔、桥缆、桥身、桥头岗亭和西桥头碑刻组成，面积 600 平方米。东西桥头塔高 16 米，27 根直径约 30 毫米的钢缆绳分布于左右两侧，中间由 45 根同样大小的钢缆吊杆将桥身悬吊在大渡河上，桥身钢架铆接而成，孔径 132 米，桥面宽 4.5 米，钢架之上铺有断面约 0.5 米的枕木，上铺"人"字形拼木。东西桥头建有岗亭。

川藏公路大渡河悬索桥自 1951 年建成通车后一直作为进出川藏之要津，确保了西南边陲交通，巩固了国防建设，对建设西藏、增进民族团结做出了较大的贡献。

蓬基井

编号：8—0703—5—187
年代：1958 年
类型：近现代重要史迹及代表性建筑
地址：四川省遂宁市大英县

蓬基井位于四川省遂宁市大英县蓬莱镇城工委基井湾社区。井场占地面积 7000 平方米，东西长 100 米，南北宽 70 米。

蓬基井于 1955 年 10 月 2 日开始试钻，1958 年 1 月 18 日完钻。该井井深 3201.16 米，获得具有极高工

业价值的天然卤水黄卤和天然气，其生产至今从未中断，仍在发挥着重要的作用。

蓬基井是中国第一口基准井，翻开了中国钻井技术崭新的一页，为后来的"石油大会战"奠定了基础，是中国人民为了摆脱西方国家的经济封锁，摆脱贫困，发展壮大，建设强大新中国的重要见证。

三线核武器研制基地旧址

编号：8—0704—5—188
年代：1969 年
类型：近现代重要史迹及代表性建筑
地址：四川省绵阳市梓潼县

三线核武器研制基地旧址位于四川省绵阳市梓潼县中国工程物理研究院内。

1965 年，中央专委会批准建设代号"九〇二工程"的核武器研究基地，1969 年中国工程物理研究院陆续搬迁至此，1974 年基地基本建成。1990～1992 年中国工程物理研究院陆续迁往绵阳科学城。1969～1992 年，邓稼先、陈能宽、于敏、王淦昌等多名专家和两弹一星功勋奖章获得者在这里工作和生活。

旧址由七栋一层的专家宿舍组成，于 1969 年建成建筑面积共计 1200 平方米。七栋宿舍共分为两种户型，其中"凸"字形住宅五栋，矩形住宅两栋，整体呈南五

北二分布于院部内。"凸"字形住宅一栋两户，砖木结构，建筑面积175平方米。矩形住宅一栋两户，砖木结构，建筑面积160平方米。七栋宿舍均为双坡屋顶，屋架采用硬山搁檩的形式，上铺红色机制瓦屋面。

三线核武器研制基地旧址是我国新一代核武器研究取得重要突破的见证，专家宿舍是众多专家、院士、两弹一星功勋奖章获得者在梓潼工作和生活的历史见证。

首座受控核聚变实验装置旧址

编号：8-0705-5-189
年代：1971年
类型：近现代重要史迹及代表性建筑
地址：四川省乐山市市中区

首座受控核聚变实验装置旧址位于四川省乐山市市中区。

旧址建筑包括主机大厅、中央控制室和辅助大厅，均建成于1971年，占地面积2560平方米，建筑面积2900平方米。主机大厅一层，钢筋混凝土框架结构，双坡屋顶，屋架采用钢质三角形桁架形式建筑面积1300平方米；中央控制室共两层，钢筋混凝土框架结构，单坡屋顶，建筑面积670平方米；辅助大厅一层，钢筋混凝土框架结构，双坡屋顶，屋架采用钢质三角形桁架的形式，建筑面积720平方米。

首座受控核聚变实验装置旧址是中国最早、也是当时亚洲最大的开展受控核聚变研究的实验基地，作为我国受控核聚变研究的发源地，是我国参与国际核聚变研究与交流的重要见证。

奇峰渡槽

编号：8-0706-5-190
年代：1975～1978年
类型：近现代重要史迹及代表性建筑
地址：四川省泸州市泸县

奇峰渡槽包括胜利渡槽和华丰渡槽，分别位于四川省泸州市泸县奇峰镇阳高村7组和宝丰村8组。

胜利渡槽建于1975年7月，为三层券拱两层桥体（上层引水，下层行人）的石质建筑。主桥体南北走向，长172米；引桥体东西走向，长118米。整个桥体共施大小桥墩57个，大小券拱83个，墩基以上最高33米，桥下龙溪河穿流而过。华丰渡槽建于1978年，为双层券拱单层桥体的石质建筑。桥体东西走向，长943米，共施大小桥墩88个，大小券拱123个，大桥墩中部设有间距均匀的小券拱1～7个不等，墩基以上最高达39米。

奇峰渡槽总长3100千米，灌溉受益面积占全县耕

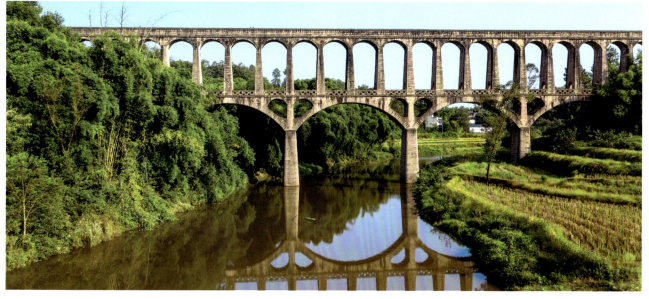

地面积 60% 以上。其中胜利渡槽和华丰渡槽的建设最为艰苦，投资投劳最多，建设规模最为宏伟，设计施工技术难度最大，是西南地区典型的跨溪河高架桥梁式渡槽。

奇峰渡槽是中华人民共和国成立后社会主义特定建设时期重要的代表性建（构）筑物，也是西南地区乃至中国丘陵地区最典型的桥梁式渡槽，是研究西南地区政治、经济以及桥梁建筑不可多得的实物资料。

先市酱油酿造作坊群

编号：8-0761-6-011
年代：清至今
类型：其他
地址：四川省泸州市合江县

先市酱油酿造作坊群位于四川省泸州市合江县先市镇，其前身是先市"江汉源"酱园作坊，为清光绪十九年（1893 年）袁海中所建的家居式酱园酿造作坊。

建筑群由老作坊、晒露场（现存 240 多口百年老缸）、三官庙和老码头遗址等组成，总建筑面积 2410 平方米。

老作坊坐西北向东南，面迎赤水河，为多院落组合式布局，由前厅、后厅、左右厢房、天井、左厢房外连侧院、右厢房带施厢组成，建筑面积 1011 平方米。晒露场依坡傍水，因地就形，斜坡适度。三官庙为酱油作坊祭祀天、地、水"三官"神祇的庙宇，结构严整、造型生动，屋脊、宝顶为锤灰泥塑，面贴青花瓷片，具有鲜明特色。老码头遗址位于赤水河边，为酿造厂专用运输码头。

先市酱油酿造作坊群是同时代兴起的酱园作坊中极少数在原址从未搬迁、从未间断，保存完好并持续使用至今的酿造作坊，体现了酱油酿造传统文化内涵和当地群众的杰出创造力。其建筑集中体现了川南古民居随坡递升、筑台、吊足楼、施厢以及多院落、多功能组合等典型的建造特征，是川南古民居的经典之作。

贵州省

正安尹道真务本堂

编号：8-0436-3-239
年代：明清
类型：古建筑
地址：贵州省遵义市正安县

正安尹道真务本堂又名"尹珍务本堂""乐源书院""乐道书馆"，位于贵州省遵义市正安县新州镇新州村大桥组，为东汉名儒、贵州文化教育鼻祖尹道真先生讲学之所。明清两代多次修葺。

尹珍（79—162年），字道真，东汉牂牁郡毋敛人，曾任尚书丞郎、荆州刺史等职。正安尹道真务本堂占地面积8900余平方米，包括务本堂、魁星楼、字库塔、看守人住所、通道牌坊，另有尹珍墓和"尹先生务本堂"碑、"重建务本堂小序"碑、"汉儒尹公道真先生神位"碑、"学者必由是"镌刻石柱等附属文物。务本堂建筑坐南朝北，占地面积5140平方米，由门厅、两厢、讲堂（正堂）和天井组成轴对称合院式布局，砖木混合结构。魁星楼位于务本堂前，占地面积470平方米，木结构四角三层飞檐小青瓦攒尖葫芦宝顶，饰瓦花脊。字库塔是焚化字纸之炉，位于新州河岸，占地面积136平方米，塔通高9.64米，砖石混合结构，塔基为正方形，塔身为六角三层攒尖顶。

正安尹道真务本堂建筑格局基本完整，院落关系明晰，保留了明清时期建筑原构以及附属文物，体现了朴素的审美趣味和精神追求。正安尹道真务本堂是尹珍北学归来创建的"三楹草堂"的延续，是尹珍办学、传道、授业、解惑、启蒙教化的场所，是南域文教的策源地，具有较高的历史价值。

镇远天后宫

编号：8-0437-3-240
年代：清
类型：古建筑
地址：贵州省黔东南苗族侗族自治州镇远县

镇远天后宫位于贵州省黔东南苗族侗族自治州镇远县潕阳镇镇远府城西门。建筑始建于清代，咸丰、同治年间被毁，清同治十二年（1873年）至光绪二年（1876年）间重建。镇远天后宫主要是为纪念海神"妈祖"，同时兼为福建同乡会馆。

镇远天后宫占地面积2372平方米，建筑面积1200平方米，由山门、正殿、戏楼、西厢、东厢、西院、东院等建筑组成，各单体建筑均为小青瓦顶、穿斗式木结构。山门坐北向南，为四柱三间三楼牌坊式，龙门枋竖向阴刻楷书"天后宫"石匾。正殿内设神龛，面阔三间，进深四间，东西两侧各带耳房一间，穿斗式木结构，封火山墙式硬山顶，小青瓦屋面，殿背饰镂空灰塑二龙戏

珠，具有典型闽南风格；抱厦屋面舒展，线条流畅，木雕精美。戏楼面阔五间，进深四间，穿斗式木结构，歇山顶，后檐金柱和檐柱为吊脚楼形式。西厢为中国传统穿斗式木结构古建筑和欧式门窗墙体形式相结合的产物，是中国传统建筑向现代建筑转型时期的代表。

镇远天后宫是天后信仰的物化形象和祭祀场所，其建筑因山就势，反映了传统建筑环境理念。建筑本体在传统木结构建筑的基本形态中融合了当地丰富的装饰手法，同时吸收了西洋建筑的做法，反映了与海上贸易的联系，对研究清代贵州与沿海地区的商贸活动及闽粤移民入川等有较高的历史价值。

玛瑙山营盘遗址

编号：8-0707-5-191
年代：1857 年
类型：近现代重要史迹及代表性建筑
地址：贵州省遵义市凤冈县

玛瑙山营盘遗址位于贵州省遵义市凤冈县绥阳镇玛瑙山村玛瑙村民组。

玛瑙山营盘遗址是武生钱青云于咸丰七年（1857年）为抵御杨龙（隆）喜之乱，在清政府倡议下修建的一个山地军事城堡。遗址东靠打水河，西临同江河，南接官田古寨，北连生基塘，海拔 835 ～ 880 米，建筑面积 82909 平方米。

核心堡寨群采用石构城墙围合 7 个石灰岩的小山包，同时利用山形水势构筑外围防御圈，形成 7 个彼此相连的堡寨。其中中营堡寨由内部的方形城堡和外围的城寨构成，其外分别围绕子营盘、南营盘、东营盘、西营盘、北营盘、丁家营盘、杨家营盘和安家营盘，连同更外围利用河流和陡坎营建的外墙，形成四重城垣的防御体系。

在堡寨群中营和南营地下有利用地下溶洞构成的地下通道，其中地下溶洞的水井和水池担负着为整个防御体系供水的作用。在玛瑙山核心堡寨群西侧和外围防御圈的东侧分布着明清两代钱氏家族的墓地和钱氏家族聚居的官寨。

玛瑙山营盘遗址是清代西南地区民间山地防御工程的典型代表，也是研究晚清时期西南地区相关历史和乡村治理的实物例证。

贵阳达德学校旧址

编号：8-0708-5-192
年代：1901 ～ 1950 年
类型：近现代重要史迹及代表性建筑
地址：贵州省贵阳市南明区

贵阳达德学校旧址位于贵州省贵阳市南明区中华南路 18 号。

旧址建筑原为忠烈宫，现存建筑主要为清代以后所建三进院落，包括门楼前平台、门楼、忠烈宫大殿、前院南北厢房、教学楼、礼堂、后院南北厢房及院落、院墙，占地面积约 3500 平方米，总建筑面积约 1900 平方米。

贵阳达德学校是贵州省内较早的基础教育学校，是贵州现代教育的发源地之一，培养出了王若飞等中国革命的先驱及推动社会进步的先进分子，是这一时期贵州及西南地区现代教育探索与近现代化进程相关活动的历史见证。学校建筑群反映了清至民国时期贵州地区传统建筑的典型特点，具有一定的艺术价值。

猴场会议旧址

编号：8-0709-5-193
年代：1934 年
类型：近现代重要史迹及代表性建筑
地址：贵州省黔南布依族苗族自治州瓮安县

猴场会议旧址位于贵州省黔南布依族苗族自治州瓮安县猴场镇下司社区。

1934 年 12 月 31 日，长征中的中央红军总部抵达猴场，中央政治局在此召开了会议。会议重申了黎平会议精神，再次否定了"左"倾冒险主义领导者提出回兵湘西的错误意见，肯定了毛泽东渡江北上创建新苏区的

正确主张，作出《中央政治局关于渡江后新的行动方针的决定》，为遵义会议的召开奠定了坚实基础，被周恩来誉为"伟大转折的前夜"。

旧址建筑原为宋泽生住宅，建于1912年，坐西朝东，是一座砖木结构的四合院，院中间为石嵌天井，占地面积约6700平方米，建筑面积约800平方米。四周有砖砌桶墙，俗称"一颗印"，桶墙高6米。内有正厅5间，左右厢房、下厅各3间，两层楼房大小房间共计25间。

苟坝会议旧址

编号：8-0710-5-194
年代：1935年
类型：近现代重要史迹及代表性建筑
地址：贵州省遵义市播州区

苟坝会议旧址位于贵州省遵义市播州区枫香镇苟坝村。

1935年3月10日，中央红军二渡赤水后，中央政治局在此开会讨论进攻打鼓新场（今金沙县城）问题，与会者一致同意，只有毛泽东反对。当夜，毛泽东前往周恩来和朱德住所继续商议，终于达成共识，并在第二天会议中说服众人改变作战计划。12日，中央政治局举行扩大会议，决定成立由毛泽东、周恩来、王稼祥组成的"新三人团"，毛泽东成为军事指挥上的实际决策者，进一步巩固了在红军中的领导地位。

旧址建筑由苟坝会议会址、毛泽东驻地旧址、周恩来与朱德旧居等部分组成，均为黔北地区典型的合院式传统民居，穿斗式木结构、小青瓦悬山顶。

苟坝会议是长征中的重要历史事件，完成了遵义会议改变最高军事领导机构的任务，巩固和加强了毛泽东在红军中的领导地位，是党中央领导集体的一次民主集中制实践的典范。苟坝会议旧址见证了苟坝会议的曲折过程，是学习了解我党民主集中制的组织制度，缅怀革命伟人的重要场所，具有突出的历史价值和现实意义。

天门河水电厂旧址

编号：8-0711-5-195
年代：1943年
类型：近现代重要史迹及代表性建筑
地址：贵州省遵义市桐梓县

天门河水电厂旧址位于贵州省遵义市桐梓县娄山关镇独石村上天门洞西侧。

天门河水电厂由陈祖东任总工程师，组织清华大学、东北大学、西北大学、浙江大学、工业大学五所大学参与联合设计。1941年动工，1943年"中正坝"——混凝土重力溢流坝等坝渠、机房先后建成。1945年4月

15 日开机发电。

天门河水电厂旧址占地面积约 13000 平方米，包括中正坝、引水渠、压力管道、发电机房、电气控制机房、尾水渠、石工纪念塔。

天门河水电厂是有压引水式水电站，是中国第一个地下水电站。旧址体现了工程建设等方面的重要成就，反映了特定时代的技术水平，是中国水利电力开发利用史上的里程碑。

邓萍墓

编号：8—0712—5—196
年代：1958 年
类型：近现代重要史迹及代表性建筑
地址：贵州省遵义市红花岗区

邓萍墓位于贵州省遵义市红花岗区凤凰山烈士陵园纪念碑北侧山坡，建成于 1958 年。

邓萍（1908 ～ 1935 年）1928 年 7 月参与组织领导平江起义，先后任中国工农红军第 5 军参谋长、红 5 军军委书记、红 5 军军长、红 3 军团参谋长，参与指挥红3 军团长沙战役，参加中央苏区历次反"围剿"。1935年 2 月 27 日在遵义战役前线指挥作战时不幸中弹牺牲。邓萍同志牺牲后初葬于遵义城北郊干田坝罗家坟山。中华人民共和国成立后，遵义市人民政府在凤凰山上修建了烈士陵园，将邓萍烈士的遗骸迁葬于陵园，并修建墓冢。1979 年，张爱萍为其撰写墓志铭。

邓萍墓坐北朝南，由正墓室、左右侧室及延伸段和花圈组成。墓身用西南特有的红砂石料扣砌，占地面积113 平方米。正墓室高于侧室，呈"凸"字形，墓顶正中竖一枚红色五角星。

三线贵州航空发动机厂旧址

编号：8—0713—5—197
年代：1965 年
类型：近现代重要史迹及代表性建筑
地址：贵州省安顺市平坝区

三线贵州航空发动机厂旧址位于贵州省安顺市平坝区白云镇。

1965 年，三线贵州航空发动机厂旧址前身（460 厂、170 厂、100 厂、二所、601 库）陆续建成，1970 年 5月试制成功贵州第一台航空发动机——涡喷 -7。1981年，以产品为纽带，3 厂 1 所 1 库组建为贵州黎阳航空发动机公司。三线贵州航空发动机厂建厂至今，共研制生产了涡喷 -7、涡喷 -13 两大系列 20 多个型号的发动机数千台。

旧址占地面积 46535 平方米，由菜花洞、齿轮车间、总装车间和 1 号试车台组成。菜花洞为天然山洞，总长近 20 千米，分两层，洞内根据生产需求用砖分隔出若干区域，砖墙上留有大量具有时代特征和文化特色的标语。齿轮车间洞内用钢筋混凝土浇筑成拱券，占地面积163 平方米。总装车间为一层钢筋混凝土结构，建筑面积 2146 平方米。1 号试车台为一层砖混结构，建筑面积约 850 平方米。

三线贵州航空发动机厂是三线建设时期中国航空发动机基地，为国防建设做出了突出贡献。旧址完整展示了我国军用航空发动机研发、生产、修理、服务等全流程，作为三线建设的工业遗产和三线文化的直接见证者，是老一辈三线建设者在战天斗地、克难奉献的辉煌历程中留下的宝贵财富，具有重要的历史、科学和社会价值。

三线贵州歼击机总装厂旧址

编号：8—0714—5—198
年代：1966 年
类型：近现代重要史迹及代表性建筑
地址：贵州省安顺市西秀区

三线贵州歼击机总装厂旧址位于贵州省安顺市西秀区幺铺镇。

三线贵州歼击机总装厂于 1965 年创建，建成于1966 年。50 余年来，先后研制生产了歼6、歼7、歼教7 三大系列和"山鹰"新型高级教练机等 10 多个型号的飞机部件千余架（份）。其中，1970 年完成组装的

歼 6 III 型机是贵州生产的第一架歼击机，结束了贵州高原不能生产飞机的历史；2003 年承担全机部件制造和部分设计性试验任务的"山鹰"教练机，创造了航空史上新机研制的奇迹。

旧址包括 180 号装配厂房和 141 号零件厂房。180 号装配厂房于 1970 年建成，主体为钢筋混凝土结构，建筑面积约 24248 平方米。141 号零件厂房于 1966 年建成，厂房是在山洞内用钢筋混凝土浇筑而成，平面呈"T"字形，占地面积约 5700 平方米。

三线贵州歼击机总装厂是三线航空工业的典型代表，旧址见证了三线时期国防航空工业军民结合的发展历程，以及改革开放 40 年来中航工业阔步迈向国际航空界的历史进程，也见证了西部地区的工业化、城市化进程，记录了巨大变革时期的社会生活，孕育了"航空报国、追求第一"的精神财富，具有重要的历史、科学和社会价值。

杨辉墓

编号：8-0000-2-004
年代：明
类型：古墓葬
地址：贵州省遵义市播州区

杨辉墓位于贵州省遵义市播州区团溪镇白果村大湾组。

杨辉（1432～1483 年）为播州杨氏二十五世，明正统十四年（1449 年）袭任播州宣慰使。墓葬及相关遗存包括 10 号单室墓、11 号三室墓、墓祠（雷音寺）、碑记和雷水堰，构成相对完整的墓园。墓园自南向北逐级抬升，平面大致呈"凹"字形，总面积约 5 万平方米。雷水堰面积约 3.2 万平方米，既是灌溉水利设施，也为杨辉墓营造风水。

杨辉墓格局完整、遗存丰富，对研究明代土司制度、埋葬习俗及西南地区历史具有重要价值。

杨辉墓并入第二批全国重点文物保护单位杨粲墓，整体定名为杨氏土司墓群。

云 南 省

甘棠箐遗址

编号：8-0131-1-131

年代：旧石器时代

类型：古遗址

地址：云南省玉溪市江川区

甘棠箐遗址位于云南省玉溪市江川区路居镇上坝村委会龙潭村西南，是一处旧石器时代早期的旷野遗址。

遗址保存完整，分布面积约 3.1 万平方米。地层堆积为湖滨沼泽相沉积，是古人类生产、生活的原地埋藏遗址。在遗址文化层顶部发现了用火遗迹，应是一处临时用火遗迹。遗址出土大量石制品和骨制品、木制品，以及动物化石、植物种子、果核等。动物组合与元谋动物群极为相似，初步判断其地质时代应为早更新世。石器工业面貌原始而独特，石制品剥片以砸击法为主，且存在两种砸击技法，形成了独树一帜的砸击技术文化体系。

甘棠箐遗址是一处古人类生产、生活的原地埋藏遗址，是云南省继元谋人遗址后发现的又一个旧石器早期旷野遗址。遗址出土了目前全世界发现的时代最早的木制品，填补了国内研究空白。遗址的发现、发掘和研究为东亚地区古人类本地起源学说提供了新的实物证据。

河泊所遗址

编号：8-0132-1-132

年代：战国至汉

类型：古遗址

地址：云南省昆明市晋宁区

河泊所遗址位于云南省昆明市晋宁区上蒜镇河泊所

和金砂村，是一处滇文化和汉文化遗存丰富的大型遗址。

遗址总面积约 400 万平方米，核心区面积约 100 万平方米，遗址居住区、祭祀区、玛瑙等工艺品加工区、金属铸造区功能区划井然。考古发现房屋基址、水井、灰坑、瓮棺等遗迹。房屋类型多样，包括半地穴式、地面起建和干栏式房屋等。出土陶器、石器、金属器、木器等遗物，以及水稻、粟等植物遗存和动物骨骼。遗址出土"滇国相印"封泥与石寨山墓地出土的"滇王之印"相印证，显示该遗址所在区域可能为滇国的王都所在地。

河泊所遗址保存了滇池盆地人类生活和滇池变迁的历史信息，跨度时间长，遗址保存完整，是云南地区面积最大、最为重要的聚落遗址，为研究滇国历史和滇文化提供了重要资料。

大甸山遗址

编号：8-0133-1-133

年代：春秋至汉

类型：古遗址

地址：云南省保山市昌宁县

大甸山遗址位于云南省保山市昌宁县田园镇龙泉社区，是一处春秋时期至汉代的遗址。

遗址总面积约 59 万平方米，包括营盘山遗址、大横山遗址，以及大甸山和东甸山两处墓地。营盘山遗址

发现房屋居住面、柱洞、道路等遗迹，出土青铜器、陶器等，应为居住区。大横山遗址发现人工围沟环绕的硬土平台，面积1200平方米，距其不远处出土3面铜鼓，其中一面铜鼓内装有6件铜钟，推断为一处祭祀遗址。大甸山墓地已发掘各类墓葬198座，其中春秋晚期至战国晚期的竖穴土坑墓174座，战国中晚期至东汉的土洞墓23座，另有1座瓮棺墓。出土石器、陶器、青铜器、铜铁合制器、铁器、琥珀、海贝、麻织品、竹藤等。青铜器数量较大，类型多样，其中铜鼓、铜钟、铜柄铜钺权杖、人面纹铜弯刀、仿竹器铜盒、铜象牙很有特色。血色琥珀、藤编腿护、铁嵌金丝器为首次发现。东甸山墓地发现火葬墓和土洞墓。

大甸山遗址文化内涵与滇文化不同，可能是哀牢国中心邑聚。出土大量遗物和遗迹现象为研究哀牢国历史、西南地区华夏化进程、滇西南青铜文化与东南亚青铜文化的关系等提供了重要资料。

大波那遗址

编号：8-0134-1-134
年代：春秋至汉
类型：古遗址
地址：云南省大理白族自治州祥云县

大波那遗址位于云南省大理白族自治州祥云县刘厂镇大波那村龙山和象山以南区域，是春秋时期至汉代云南苍洱地区的聚落遗址。

遗址总面积约4.6万平方米，包括东部墓葬区、西部遗址墓葬区和中部遗址墓葬区，已发现墓葬111座。贵族大型墓葬均为长方形土坑竖穴墓，土坑周围立长条木板合为椁室，椁内放置长方形木棺。此外还见有葬具为屋形铜棺的墓葬，铜棺是目前云南地区出土体量最大的青铜器。墓葬出土铜器、陶器、石器和木器，器类多样，包括乐器、兵器、工具、生活用具和装饰品等。西区普遍分布有早期文化堆积，并且发现房址、柱洞、灰

坑、灰沟等遗迹。部分柱洞排列整齐，没有活动面，推测原房屋应为干栏式建筑。

大波那遗址发现了战国至西汉时期滇西地区规模和分布范围最大、规格最高的一处墓地，葬具、葬式特殊，证明大波那遗址是这一时期洱海区域的重要文化中心，填补了这一区域距今2500～2000年的考古学文化空白，为研究战国到西汉时期云南高原西部地方族群和古国"昆明"提供了重要资料。

牡宜遗址

编号：8-0135-1-135
年代：汉
类型：古遗址
地址：云南省文山壮族苗族自治州广南县

牡宜遗址位于云南省文山壮族苗族自治州广南县黑支果乡牡宜和阿章村，是一处兼具中原文化和西南地方文化因素的汉代聚落遗址。

遗址总面积约24万平方米，包括墓葬区、居住区和冶炼区。居住区发现房屋建筑、火塘以及与手工业相关的灰坑遗迹；墓葬区发现高等级墓葬，出土嵌宝石龙

虎纹金腰扣、铜提梁壶、铜博山炉、铜镜、漆木耳杯、木马、漆木盘及陶器、青釉瓷等汉式器具，以及铜鼓、羊角编钟、鎏金牛角形铜饰、鎏金铜瓠壶等本地特色遗物。结合文献记载，该遗址高等级墓葬的墓主应为与汉王朝关系密切的当地贵族。

牡宜遗址可能是西汉中期至东汉"毋波"封王后句町国的政治中心，也是汉设句町县治所在地，反映了汉文化与西南地方文化的交流与融合，是汉王朝经略西南夷地区的物质证据。

朱提故城遗址

编号：8-0136-1-136
年代：汉晋
类型：古遗址
地址：云南省昭通市昭阳区

朱提故城遗址位于云南省昭通市昭阳区太平办事处永乐社区，是汉晋时期朱提县（郡）治所遗址。

遗址呈长方形，面积约50万平方米，城墙内面积约3.3万平方米。城墙外绕以城壕，东南城壕距离城墙较远，城外为聚落遗址区，其间发现一座平面呈"凸"字形的炼铜炉。城内发现灰坑、瓦片堆积、炼炉等遗迹，出土大量绳纹瓦、云纹瓦当、几何纹花砖、陶器和炼渣等遗物。周边发现较多汉晋时期的高规格墓葬，曾采集到"建初元年朱提造"铜洗、"永建五年朱提造"铜洗以及汉代铜镜、摇钱树等。

朱提故城遗址是云南地区已发现面积最大的汉晋时期城址，根据文献和考古发现推断为汉晋时期朱提县（郡）治所在地。该遗址的发现对研究汉代经略西南夷的历史，以及秦汉以来"夜郎道"、丝绸之路南亚廊道、汉晋时期西南地区郡县城市布局等问题具有重要意义。

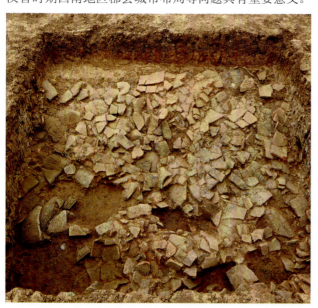

德源古城遗址

编号：8-0137-1-137
年代：唐
类型：古遗址
地址：云南省大理白族自治州洱源县

德源古城遗址位于云南省大理白族自治州洱源县邓川镇新州村德源山，是浪穹诏和南诏所筑的城邑遗址。

遗址依山势营建，平面呈不规则椭圆形，面积约5.3万平方米。夯筑城墙，厚约7米，周长约1300米，现可辨北门、西南门和西门。城墙内侧发现铺地砖、铺地瓦、石墙基及柱洞、火堆、磉石等大量建筑遗迹。城内北部发现两条深3～7米、宽约10米、长约百米的东西向壕沟。城内南部有一面积约3400平方米的土台，可能为建筑基址。城内地表散布大量南诏时期的砖瓦、陶片。

德源古城遗址始建于唐开元年间，地理位置极为重要，经南诏阁逻凤、异牟寻增修加固，是南诏国洱海坝子的北方屏障、重要城镇。德源古城遗址是目前所知保存最为完好的南诏时期城邑遗址，是研究南诏国历史以及多民族融合、丝绸之路南亚廊道文化交流等方面的重要实物证据。

赛典赤·赡思丁墓

编号：8—0189—2—022
年代：元、清至民国
类型：古墓葬
地址：云南省昆明市盘龙区、官渡区

赛典赤·赡思丁墓位于云南省昆明市内，是元代著名政治家赛典赤·赡思丁的真身墓和衣冠墓。

真身墓位于盘龙区，坐北朝南，墓园面积约1900平方米。墓室下部石砌，上有封土，旁有一墓，传为赡思丁之子墓。衣冠墓位于官渡区，又称咸阳王·赡思丁墓，修建于清康熙年间，民国时期重新修葺，面积约160平方米。墓冢坐北朝南，砌筑在一方形高台上，平面呈长方形，长3.09米，宽2.45米，墓室下为台状基座，上有中国传统瓦顶。赛典赤·赡思丁原籍中亚不花剌（今乌兹别克斯坦布哈拉一带），元初建立云南行中书省后，其为首任平章政事，在任六年间兴利除弊，大胆改革，对云南的社会、经济和文化建设做出了重要贡献。

赛典赤·赡思丁墓是元代中外文化交流的实物载体，对研究元代云南政治、经济、文化具有重要的历史价值。

泸西万寿寺三佛殿

编号：8—0438—3—241
年代：明
类型：古建筑
地址：云南省红河哈尼族彝族自治州泸西县

泸西万寿寺三佛殿位于云南省红河哈尼族彝族自治州泸西县中枢镇李家村铁笼山脚。万寿寺建于明嘉靖年间，现仅存万寿寺主殿——三佛殿。

泸西万寿寺三佛殿坐北朝南，占地面积3311.1平方米，建筑面积329.5平方米。三佛殿为重檐歇山顶抬梁式前出廊大木结构单体建筑，五开间五进间，一层通透至二层，不设楼板；前檐设廊，前檐金柱之间均施槅

扇门，其余三面均为墙体围护；柱子计有两围，即外檐柱和金柱，金柱支托着上檐屋面；一层前檐及两山面檐下、二层檐下均用斗拱，外檐斗拱雄健庞大，形制古朴，具有元明时代风格，建筑原结构保存完好。

泸西万寿寺三佛殿重檐歇山顶，梁架严谨，斗拱规范，用材较大，体现了明代的木构法式特征，其设计、营造和木作工艺较为考究。徐霞客在其著述的《滇游日记》中对万寿寺有详细记载，文献与实物可互相印证，具有较高的历史价值。

建水土主庙

编号：8—0439—3—242
年代：明清
类型：古建筑
地址：云南省红河哈尼族彝族自治州建水县

建水土主庙位于云南省红河哈尼族彝族自治州建水县临安镇永宁社区关帝庙街。建筑建于明正统七年（1442年），清康熙、道光、咸丰年间多次修缮。

建水土主庙坐北朝南，二进院落，占地面积3200平方米，建筑面积1000余平方米。现存建筑包括山门及前殿、正殿、后殿、厢房、耳房。正殿为明代建筑，

单檐歇山顶，覆拱抬梁式结构，三开间两进间，前后出檐。内外檐施斗拱，外檐斗拱为重翘单昂五踩斗拱，内檐斗拱为重翘五踩斗拱，内檐斗拱之上设井口天花并施彩绘。井口天花、内外檐斗拱、梁枋柱上较好地保留了明代彩画，彩画在设色、图案布置、题材、纹饰、颜料、工艺手法等方面考究精湛，属独特的滇南地方彩画。后殿为单檐硬山顶抬梁式结构，为三开间两进间，前后出檐，檐檩、檐枋上保存有完整的清代早期彩绘图案。

建水土主庙正殿保留了明代的建筑结构，斗拱样式规范，梁架用材考究，建筑构件上的明代彩画考究精湛，具有较高的历史和艺术价值。

蒙自玉皇阁

编号：8-0440-3-243
年代：明清
类型：古建筑
地址：云南省红河哈尼族彝族自治州蒙自市

蒙自玉皇阁位于云南省红河哈尼族彝族自治州蒙自市文澜镇。建筑群始建于明万历六年（1578年），清雍正十二年（1734年）建东西两阁和山门。

蒙自玉皇阁及东西两阁坐南朝北，整体建筑按中轴线排列。玉皇阁平面五开间三进间，占地面积327.24平方米，通高8.547米。三重檐歇山顶通廊式木结构方形建筑，盖灰瓦，正脊、垂脊、戗脊（九条脊）装饰仙人骑鸡和十二生肖吻兽，正脊上置葫芦宝顶。穿斗与抬梁式构架，彻上明造，当心4根金柱由底层直通顶楼。东西两阁并列于玉皇阁两侧，各占地面积135.79平方米，通高10.88米。两阁造型一致，均为三开间三进间正方形楼阁，二重檐歇山顶穿斗与抬梁式构架，彻上明造。另有碑刻5通。

蒙自玉皇阁大殿平面柱网布置灵活，阁身金柱间梁

跨度达12米，建筑造型比例得当，庄严高大；檐下采用特殊的斜拱样式，斗拱用材大，保留明代建筑风格，具有较高的历史和科学价值。

建水玉皇阁及崇文塔

编号：8-0441-3-244
年代：明清
类型：古建筑
地址：云南省红河哈尼族彝族自治州建水县

建水玉皇阁及崇文塔位于云南省红河哈尼族彝族自治州建水县城桂林街。

建水玉皇阁始建于明万历年间,清顺治十一年(1654年)重建,雍正八年(1730年)重修正殿。建水玉皇阁坐西朝东,三进院落,中轴对称布局,占地面积约4600平方米。正殿为明代建筑,山门、厢房、后殿等为清代建筑。正殿为五开间带前檐抱厦,重檐歇山顶,抬梁式木构架,下檐斗拱为双昂五踩斗拱,构架采用"移柱"造做法以扩大使用空间。大殿的梁架、斗拱和枋板上彩绘有祥云纹、火焰纹及花草纹,图案俏丽,富于装饰。

崇文塔始建于元代,清代重建,塔高16.8米,底边长4.2米,占地面积17.64平方米,为方形十七级密檐实心砖塔。其原属佛教寺院白马寺(又称观音寺)的建筑,与玉皇阁后殿有一墙之隔,后因白马寺倒塌,崇文塔并入玉皇阁。

建水玉皇阁采用了较为特殊的斜拱做法,斗拱用材较大,明代建筑形制特征突出;木构上保留滇南地方独特的彩绘,是中国古代苏式彩画技艺在边疆传播影响的实例,具有较高的历史和艺术价值。

新安所古建筑群

编号:8-0442-3-245
年代:明清
类型:古建筑
地址:云南省红河哈尼族彝族自治州蒙自市

新安所古建筑群位于云南省红河哈尼族彝族自治州蒙自市新安所镇新安村。明正德三年(1508年)设新安守御所,分调临安卫中左所官军屯守,隶临安卫。自明代设所以来,明清两代在新安所陆续兴建多处寺庙。

新安所古建筑群由诸天寺、城隍庙、观音寺、文昌宫、武庙、玉皇阁六处明清时期建筑以及附属建筑组成,总占地面积6048平方米,总建筑面积2527平方米。诸天寺在清嘉庆、道光年间重修,由山门、中殿、两厢及后殿、两厢、西跨院等建筑组成;城隍庙始建于明正德十二年

(1517年),由山门、戏楼、两厢、大殿等建筑组成,大殿斗拱用材粗大,朴拙大方,具有明代建筑风格;观音寺在清乾隆年间重建,由前殿、中殿、重因阁等建筑组成;文昌宫在清康熙年间重建,由魁星阁、文昌殿、两厢建筑组成;武庙坐西朝东,现存正殿及两厢、中殿及右厢房;玉皇阁在清乾隆二十八年(1763年)重修,现存中殿和前殿。

新安所古建筑群见证了新安所地区军事活动特别是卫所制度发展变化的轨迹,是明清时期新安所军屯文化的重要载体。建筑群格局基本保存完整,中轴线院落关系清晰,主体建筑在形制特征、材料和工艺特点等方面保留了历史原状,具有鲜明的地方特色,是研究明清古代建筑的重要实物资料,具有较高的历史和艺术价值。

期纳古建筑群

编号:8-0443-3-246
年代:明清
类型:古建筑
地址:云南省丽江市永胜县

期纳古建筑群位于云南省丽江市永胜县期纳镇,分布于清水、街西、文凤三个村,其中以清水最多。期纳古建筑群形成于明初期,时"洪武调卫",屯戍与经济效益及军事意义并重,在澜沧地区兴建了大量建筑,现存部分建筑即是此大背景下的产物。

期纳古建筑群由清水瑞光寺、宝月寺、黄家宗祠、阮家大院、阮家宗祠、阮家佛堂、袁家宗祠、东岳庙、果园何家大院等9处建筑组成。清水瑞光寺、宝月寺、黄家宗祠、阮家大院、阮家宗祠、阮家佛堂、袁家宗祠较完整地保留了明代建筑原始构架,明间为抬梁式(五架梁),前后出单步梁,五架梁和三架梁之间用雕花柁墩支承,三架梁上用雕花柁墩支托脊檩。梁架用材粗大,雕花精美,技术精湛。清水瑞光寺、宝月寺大殿木结构还保存有大面积完整的明清时期彩绘。瑞光寺明间板壁上绘有五幅佛教人物造像,线条流畅,造型优美。东岳

庙是保存较完整的一处道教场所。何家大院完整地保留了一进两院的传统"三坊一照壁"的民居院落形式，院内建筑木雕、石雕、砖雕、灰塑、彩绘等工艺保存完整。

期纳古建筑群是云南地区现存有确切纪年的明代木结构建筑，较完整地保留了明代建筑原始构架，梁架用材粗大规范，雕饰精美，技术精湛，具有较高的历史和艺术价值。

天峰山古建筑群

编号：8-0444-3-247
年代：明至民国
类型：古建筑
地址：云南省大理白族自治州祥云县

天峰山古建筑群位于云南省大理白族自治州祥云县普淜镇天峰山，始建于明万历年间，历代曾多次修建。

天峰山古建筑群占地面积约 4000 平方米，建筑面积约 800 平方米，由玉皇阁、老君殿、灵宫殿、土主庙、观音殿、药王殿、功德坊、三天门及附属建筑组成。玉皇阁为三开间重檐琉璃瓦八角攒尖顶三层木结构楼阁式建筑，一层为三开间，殿前设天字台，后山墙及山墙用红砂岩石垒砌；二层方形，木质楼面，设神龛供奉地母；三层为八面体，八角出檐起脊，无斗拱，顶为陶质葫芦顶。老君殿、灵官殿、药王殿、观音阁、土主庙均为三开间抬梁式青瓦顶木结构建筑，三天门、功德坊为石结构牌坊式建筑。

天峰山古建筑群是滇西道教正一派的重要道场，其建筑规模大，布局完整，整个建筑群位于天峰山顶，依山就势，布局合理，高大石墙环绕成院，山地建筑空间层次丰富，建筑砂石构件镶嵌大理石装饰的建筑工艺独到，彝族地方建筑工艺特色突出，具有较高的历史和艺术价值。

弥渡五台大寺

编号：8-0445-3-248
年代：明至民国
类型：古建筑
地址：云南省大理白族自治州弥渡县

弥渡五台大寺位于云南省大理白族自治州弥渡县苴力镇五台村，始建于明代，清雍正、道光、光绪年间进行扩建修缮，民国初年复修成现今规模。

弥渡五台大寺建筑群中轴对称布局，坐东朝西，占地面积 4364.72 平方米，建筑面积 1915 平方米。现有观音阁及两耳房、大雄宝殿、王母阁及两耳房、老君殿、孔圣殿、南北跨院。大雄宝殿为单檐歇山顶，青瓦白墙，两山梁架为穿斗式结构，中间梁架为抬梁式结构。王母阁和观音阁是西南地区少有的殿阁式组合建筑，均为八角盔式攒尖顶重檐殿阁式建筑，一层为殿宇式建筑，屋顶为单檐歇山顶，青瓦白墙，梁架为抬梁式结构；二层为八角攒尖顶阁式建筑。

弥渡五台大寺内孔圣殿、大雄宝殿、老君殿并存，集中体现了当地儒、释、道三教和谐圆融的多元文化信仰。整个建筑群布局合理、格局规整，主体建筑基本保留历史原构，造型新颖，建筑构架技术独特，装饰中木雕、砖雕及彩绘等工艺精美，带有显著地方和少数民族特色，具有较高的历史、艺术和科学价值。

云南提督府旧址

编号：8-0446-3-249
年代：清
类型：古建筑
地址：云南省大理白族自治州大理市

云南提督府旧址位于云南省大理白族自治州大理市大理镇复兴路 111 号。清顺治十八年（1661 年）清政府始设云南提督，康熙三年（1664 年）云南提督府迁至大理府城。云南提督府作为云南的军事中心有 250 多

年，先后50多任云南提督在此办公。咸丰六年（1856年）杜文秀领导的农民起义军攻占大理府城后，在此设"元帅府"作为军事指挥中心，并对原有的建筑进行改扩建，形成现今规模。

云南提督府旧址为纵向的中轴线延伸布局，坐东朝西，占地面积16133平方米，建筑面积2119平方米。从东向西依次为大门、牌坊二门、大堂（议事大厅）、白虎堂、南北花厅的建筑布局，四周砌筑坚固的围墙。除中轴线上的建筑外，两侧还有住房、书房、仓库等，共同形成规模宏大的建筑群。大门东向，单檐悬山顶，三开间，前砌有二层台阶，两旁立有雄狮一对。进帅府大门后建有三孔石券洞式仪门，仪门前左右砌有石屋各一间。仪门后为白虎堂，堂两侧为南北花厅。堂后为议事厅，四合院式建筑。明间为门道，门为单孔石砌券洞式，以大理石三跳偷心造斗拱挑檐。帅府四周筑有高墙，现仅南侧保存有近100米的石砌墙。

云南提督府旧址作为云南最高军事指挥官云南提督的府衙，是清政府对云南边疆少数民族地区进行统治的主要标志。提督府旧址基本保存原有建筑格局，整体简洁厚重，府衙建筑特征明显，具有较高的历史价值。

叶枝土司衙署

编号：8-0447-3-250
年代：清
类型：古建筑
地址：云南省迪庆藏族自治州维西傈僳族自治县

叶枝土司衙署位于云南省迪庆藏族自治州维西傈僳族自治县叶枝镇，为历代纳西族世袭土司王氏官邸，始建于清康熙年间，后经不断扩建，至清光绪年间形成现今规模。

叶枝土司衙署是三个四合院相串联的布局，主次分明，自成院落又相互连通，建筑面积约1910平方米。建筑主要包括衙署四合院、大门门楼、门碉、土司寝室、

卫队室、商铺、马店、两侧碉楼、黑神殿等。衙署四合院由正堂、北厢房、西殿和南厢房组成。正堂建筑结构为五檩抬梁式与穿斗式结合，每排由厦柱、前檐柱、中柱、后檐柱构成。

叶枝土司的管辖区包括澜沧江、怒江、独龙江三江流域，其势力曾远达缅甸、西藏一带。1938年，叶枝土司派人铸造一批铁质界碑到其辖区与缅甸的边界埋设，这些界碑成为1960年中缅边界勘定的主要实物依据，为边疆安宁和国家领土完整做出了重要贡献。

叶枝土司衙署为纳西族土司衙署，是研究云南土司文化难得的实物资料。叶枝土司衙署建筑群格局完整，建筑形制齐备，融汉、藏、白等民族风格为一体，简洁而精致，具有较高的历史价值。

涵澜桥阁

编号：8-0448-3-251
年代：清
类型：古建筑
地址：云南省红河哈尼族彝族自治州石屏县

涵澜桥阁位于云南省红河哈尼族彝族自治州石屏县坝心镇新街村，在异龙湖东出水口处。桥始建于清乾隆

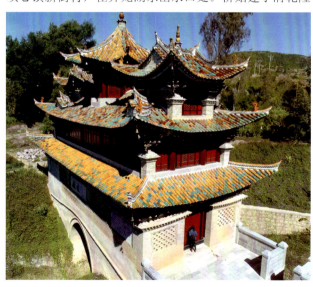

初年,建造者为知州管学宜。乾隆三十八年(1773年)夏,署知州蒋振阁重修,逾年在桥上建亭,又修筑长堤,绕堤栽柳。清光绪三十年(1904年)冬,邑人王镇东重修桥阁。

洄澜桥阁为重檐攒尖顶与重檐歇山顶组合式建筑,占地面积167.8平方米,建筑面积327.15平方米,长19米,宽6.2米,高19.05米。整座建筑三阁并列,有廊上下连通,为三重檐攒尖歇山阁。中阁高19.05米,为六面形八角亭;旁二阁高13米,四面形。两楼一底,阁顶以彩色琉璃瓦配陶制的飞禽走兽镶嵌而成。

洄澜桥阁是滇南地区保存较为完整的具有古代水利功能的古建筑,桥阁部分结构严谨,三重檐多种屋顶形式层次分明,形体紧凑,造型优美,柱梁用材粗大,斗拱密置,装饰雕刻精美,具有较高的历史和艺术价值。

江川文庙

编号: 8-0449-3-252
年代: 清
类型: 古建筑
地址: 云南省玉溪市江川区

江川文庙坐落于云南省玉溪市江川区江城镇卯政府村西约500米的江川二中校园内。江川文庙始建于明嘉靖四十五年(1566年),位置在江川老县城(今江川龙街),清乾隆四十四年(1779年)迁至现址重建,至道光四年(1824年)落成。

江川文庙采用中轴线贯穿、左右对称的建筑格局,占地面积16039.92平方米,建筑面积2367.31平方米。文庙由大成殿、大成门、棂星门、东庑和西庑、乡贤祠、名宦祠、节孝祠、孝义祠、泮池组成,后配崇圣祠、钟秀书院,形成"庙学合一"的建筑格局。

大成殿面阔五间,进深三间,抬梁式屋构架,单檐歇山顶,屋檐、门窗构件多为镂空雕,精雕细刻。月台石围栏、石狮、石龙抱柱、栏板石浮雕、御路石浮雕,雕琢细腻。棂星门面阔三间,进深二间,采用架梁与斗拱相结合的建筑形式,重檐歇山顶,屋脊中央置宝顶,九踩斗拱林立,四角翘起。钟秀书院由魁星楼、文昌宫、西厢房、躲间房构成,其中魁星楼为抬梁构架,重檐卷棚顶;文昌宫为单檐歇山顶。

江川文庙"庙学合一",规模宏大,采用中国古代传统中轴线贯穿、左右对称、多进院落的建筑布局,整体结构严谨规范,装饰雕刻工艺精湛,具有较高的历史和艺术价值。

流浪河磨房群

编号: 8-0450-3-253
年代: 清
类型: 古建筑
地址: 云南省临沧市凤庆县

流浪河磨房群位于云南省临沧市凤庆县诗礼乡古墨村流浪河沿岸,最早建于清嘉庆年间。

流浪河磨房群现有建筑27间,其中有9间仍在使用,另有水磨房遗址7间、碾子房遗址1间、榨油坊1间、石桥9座。水磨房面积约15~30平方米,以石条为基,垒石为墙,青石板覆顶。磨房内安置石磨盘,共有上下两扇,直径1.6米左右,以坚硬耐磨不易发烫的石料凿成。上下磨扇吻合面錾凿放射状的沟棱,便于磨碎原料。上扇中间凿一圆孔,供注斗里的磨料流入两扇之间磨碎。磨斗取竹子破篾编织而成。磨面时提起水槽闸板,激流下泄冲转磨轮,牵动磨盘上扇旋转。磨毕放下槽闸,提起泄水闸,水即外流,磨亦停转。

流浪河磨房群集建筑技术、生产生活与山形水系等要素于一体,是西南少数民族地区人民利用水资源的典型代表;建筑形式上就地取材,采用石墙和石板瓦,富有地域建筑特色,具有较高的历史和科学价值。

墨江文庙

编号：8-0451-3-254
年代：清
类型：古建筑
地址：云南省普洱市墨江哈尼族自治县

墨江文庙位于云南省普洱市墨江哈尼族自治县联珠镇东正街 37 号，始建于清道光元年（1821 年），于道光十年（1830 年）建成，后经多次修葺。

墨江文庙坐北朝南，依山而建，占地面积约 7600 平方米，建筑面积 2959.09 平方米。从前至后、从外至内共分六层台地，主要建筑贯穿南北中轴线，其余建筑对称分布于中轴线两侧，依次有大门、照壁、泮池、东西泮宫、民居房、经馆、蒙馆、棂星门、崇文阁、奎星阁、星宿门、东西亭、乡贤祠、名宦祠、东西庑、偏殿、大成殿和崇圣祠，共 20 处单体建筑。大成殿位于文庙最高的第六层台地上，五开间，通面阔 20.66 米，通进深 12.2 米，重檐双坡歇山顶式建筑，抬梁式梁架结构，青灰色瓦屋面。一层明次间各开个槅扇门 6 扇，两梢间门面下部为砖槛墙、上部为木雕梅花圆窗；二层周围装木格板。大成殿踏步石正中有御路云龙雕刻。

墨江文庙布局严谨精巧，建筑沿中轴线对称分布于六层台地上，共有 198 级台阶层层相连，形成台地式布局。建筑造型优雅，用料考究，工艺精湛，局部具有地域性典型风格特点，同时又保持了文庙基本建筑的建设规制，具有较高的历史和艺术价值。

海口川字闸

编号：8-0452-3-255
年代：清
类型：古建筑
地址：云南省昆明市西山区

海口川字闸位于云南省昆明市西山区中滩街滇池出水口处，原名"屡丰闸"，建于清道光十六年（1836 年）。

海口河是滇池唯一出水河道，明弘治十四年（1501

年）疏浚海口河后，河床降低，河中的两个石滩露出水面，形成"川"字形河道。海口川字闸由北闸、中闸、南闸组成，分跨于被大、中、小滩分隔形成的海口河三股河道之上，故称"川字闸"。

海口川字闸全长 149 米，共 20 孔。闸面宽 3 米，两旁设拦马石，可以供人马通行。每孔两侧桥墩设沟槽，可启落木板。大规模疏浚海口河时用双层木板夹土阻断水流，疏浚后除土起板，水即畅流，既省筑坝之繁劳，也对保持滇池的水位发挥了关键作用。南闸保存状况较好，长 77 米，10 孔，每孔高 3 米，跨度 6 米，拱券为纵联砌置法。中闸长 50 米，7 孔。北闸长 22 米，3 孔。

海口川字闸皆为石砌，是昆明地区体量较大、使用时间较长、发挥作用较大的古代大型水利工程设施，具有储水、泄洪、灌溉、通行的功能，是古代人民治理昆明城与滇池水患最重要的实物见证，具有较高的历史和科学价值。

建水学政考棚

编号：8-0453-3-256
年代：清
类型：古建筑
地址：云南省红河哈尼族彝族自治州建水县

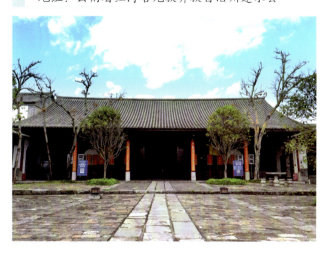

建水学政考棚位于云南省红河哈尼族彝族自治州建水县城临安镇崇正社区临安路中段 377 号，始建于明洪武二十二年（1389 年），清康熙二十三年（1684 年）移至今址，清光绪年间重建。云南提督学政定期集中临安、元江、开化（今文山州）、普洱（今思茅地区）四个州的学子在此举行院试。

建水学政考棚坐北朝南，是以甬道为中轴线的六进院落，总占地面积 7650 平方米，建筑面积 3651 平方米。沿主轴线自南至北依次为仪门、龙门、座堂、过厅、学政署大门及耳房、学政署正房及耳房，中轴线两侧为南北厢房。一进院落鼓厅居东，号门居西，有 10 间房舍，供考生居住和圈马之用。二进院两厢对称，各有住房 3 间，为学政考官阅卷和随侍人员值班的场所。三进院正中有座堂，东西两面各设文场 9 间，内有长条青石板搭成的号桌。四进院为书房。五进院为厨房和校士馆。六进院为学政署。

建水学政考棚历史悠久，形制完整，规模较大，主体建筑保存较好，是研究封建科举制度的有力物证，具有较高的历史价值。

同乐傈僳族民居建筑群

编号：8-0454-3-257
年代：清至民国
类型：古建筑
地址：云南省迪庆藏族自治州维西傈僳族自治县

同乐傈僳族民居建筑群位于云南省迪庆藏族自治州维西傈僳族自治县叶枝镇同乐村。其中最早的民居建筑建成有 200 余年，其余大多数建成有 80～90 年。村落由 137 栋民居、47 栋庄房、7 栋水磨房、火房和活动广场组成，生活、生产要素构成齐备，规模宏大，以河流、消防水池等为界，占地面积约 4.6 公顷，总建筑面积约 17500 平方米。

同乐傈僳族民居建筑群建于一片南向山坡上，各家在远离村寨的田边和牧点建有 2～3 处庄房，山上建有火房。村民春秋收种季节下到河谷住庄房，上山采集、打猎时住"火房"。村寨下方同乐河上建有 7 座水磨房。同乐傈僳族民居建筑为井干式木楞房，用天然成龄的圆木去皮、留槽，木材两端作榫，以榫口咬合，呈"井"字形层层摞叠构成房屋四壁；"人"字形梁架屋顶，覆盖木板，压以石块；"人"字屋顶所承压的两边下方为"赛木"（傈语，意为"骑马木"，起到中柱的作用）。木楞房的整个建造过程不用一颗铁钉，屋顶及各类部件间的稳定用木藤或竹条栓制。木楞房建筑完毕后涂上赤铁矿制成的红色矿石颜料，除装饰外主要起到防虫的作用。

同乐傈僳族民居建筑群是云南傈僳族古民居建筑群中保存最完好的，其单体建筑是井干式建筑样式和技术的研究样本。建筑群完整地保留了傈僳族居住、生产生活、社会活动设施的传统风貌，具有较高的历史价值。

保山光尊寺

编号：8-0455-3-258
年代：清至民国
类型：古建筑
地址：云南省保山市隆阳区

保山光尊寺位于云南省保山市隆阳区板桥镇世科村。最早为唐天宝二年（743 年）南诏王皮罗阁所建，以光大西方尊圣佛法之意取名"光尊寺"。此后各朝屡有修缮，现存建筑为清末至民国初年重建。

保山光尊寺依山势坐西朝东，四周有围墙环护，占地面积 9000 余平方米，建筑面积 5000 余平方米。寺院布局由低向高纵向布设为吕祖殿、玉皇阁、瑶池楼、药王宫、文昌宫（含翠微楼）、天王殿、大雄宝殿、华严殿、五瘟殿、子孙殿、戏楼等建筑。其中玉皇阁为方形重檐歇山顶阁楼，屋架由 22 根通柱与大梁组合支撑，举架之上内为覆斗式藻井，外以多层斗拱承接屋面；屋面四角以角梁相叠，形成飞檐；整体构架结构缜密，雕琢精细，气势恢宏。大雄宝殿为六檩五开间大重檐歇山顶殿宇，穿斗抬梁混合式结构，由 28 根通柱支撑，气势宏伟。

保山光尊寺是三教合一的宗教场所，现存建筑依山就势，布局合理，空间层次丰富，建筑造型优美，工艺精湛，是滇西地区古代宗教发展演变的实例，具有较高的历史和艺术价值。

温泉摩崖石刻群

编号：8-0503-4-026
年代：明至民国
类型：石窟寺及石刻
地址：云南省昆明市安宁市

温泉摩崖石刻群位于云南省昆明市安宁市温泉街道螳螂川东岸。明代以来，众多文人名士在此留下大量石刻题记。

石刻群随山就势呈线性块状分布在凤山环云崖的石壁上，由 171 方石刻组成，包括明代题刻 7 方，清代题刻 91 方，民国时期题刻 44 方，另有 29 方年代不详，

分布面积约 6960 平方米，平均高约 20 米。题刻内容大部分为咏景抒怀，部分与中国近现代重大历史事件相关联，涉及抗日及社会底层困苦忧患等题材。

温泉摩崖石刻群题刻数量多，时间跨度长，内容丰富，形式多样，石刻群与山体岩洞浑然一体，是自然景观与人文景观完美结合的典范，具有较高的历史、艺术、科学和社会文化价值。

云南大学会泽院

编号：8-0715-5-199
年代：1924 年
类型：近现代重要史迹及代表性建筑
地址：云南省昆明市五华区

云南大学会泽院位于云南省昆明市五华区翠湖北路 2 号云南大学东陆校区，建成于 1924 年，是云南大学前身——私立东陆大学的重要组成部分。

会泽院建筑为砖混结构，主体为二层，局部三层，建筑面积 3953 平方米；块石墙基，外墙转角及门窗四周均以细凿青石宽窄交替镶砌；九十五步大型青石台阶顺坡而筑，气势宏伟；大门前廊的四根巨型希腊罗马混合柱式圆柱使主体建筑更显高大。

云南大学会泽院见证了云南现代高等教育的肇始与发展，作为昆明第一座大型西式建筑，是近代中西方建筑艺术在云南融合发展的重要见证。

大理天主教堂

编号：8-0716-5-200
年代：1931 年
类型：近现代重要史迹及代表性建筑
地址：云南省大理白族自治州大理市

大理天主教堂位于云南省大理白族自治州大理市大理镇新民路 6 号，包括大门和礼拜堂。

教堂建于 1931 年，为中西合璧建筑，坐东向西，总占地面积 566.41 平方米，建筑面积 486.41 平方米。礼拜堂为重檐歇山顶，抬梁式石木结构三层建筑，建筑面积 470.21 平方米，"三滴水"门楼的斗拱挑檐雕刻精致，攒尖顶钟楼是其突出标志。

大理天主教堂是近代大理地区天主教活动的重要场所，是天主教在云南传播、发展的重要见证之一，也是西方教堂建筑与大理白族建筑形式融合的一处经典之作，具有较高的历史、艺术和科学价值。

昆明卢氏公馆

编号：8-0717-5-201
年代：1933 年
类型：近现代重要史迹及代表性建筑
地址：云南省昆明市五华区

昆明卢氏公馆位于云南省昆明市五华区翠湖南路 4 号。

卢氏公馆是时任云南省主席卢汉的私宅。1949 年 12 月 9 日晚，卢汉以召开重要军事会议为名，在公馆内扣押了国民党军政要员，宣布起义，为云南和平解放发挥了关键作用。

卢氏公馆由老公馆和新公馆（包括原院落），以及附属水塔、围墙组成，占地面积约 5600 平方米，建筑面积约 1800 平方米。老公馆建成于 1933 年，平面呈八角形，两层，砖石结构，是带有典型西方古典建筑特征的别墅建筑，占地面积 500 平方米，使用面积 1000 平方米。新公馆建于 20 世纪 40 年代，紧邻老公馆，为现代建筑风格，两层，占地面积 400 平方米，建筑面积 800 平方米。

昆明卢氏公馆是云南政治经济军事风云动荡变幻的焦点，见证了云南起义、云南和平解放等重大历史事件，是研究和展示云南近代政治、军事史的重要实物例证。两栋卢氏公馆建筑风格各异，建造工艺精湛，是云南近代具有代表性的别墅式宅邸，具有历史和艺术价值。

滇缅公路惠通桥

编号：8-0718-5-202
年代：1935 年
类型：近现代重要史迹及代表性建筑
地址：云南省保山市龙陵县

滇缅公路惠通桥位于云南省保山市龙陵县腊勐乡，包括主体桥梁和守桥岗亭。

滇缅公路惠通桥建成于 1935 年，1938 年为抢筑滇缅公路，利用原有桥墩另制索鞍，扩建至现规模。1942 年为阻止日军入侵而炸毁，1944 年中国远征军反攻滇西时抢修恢复。1945 年抗战胜利后屡经修复加固，1974 年停用。

主体桥梁为西式钢缆吊桥，桥体南北走向，总长 154 米，净跨 88 米，北岸引桥长 32 米，南岸引桥长 34

米，桥面宽5.6米，墩高30米。守桥岗亭系解放后守桥部队所建，共2座，分别位于南北桥头一侧。岗亭均以钢筋混凝土浇筑成圆柱形，高3.03米，直径2.02米，亭前设门洞和射孔，基本保存完好。

滇缅公路惠通桥是抗战期间中国西南后方的交通命脉——滇缅公路跨越怒江的唯一通道，曾为保障中国抗日战场作战和物资需求做出过重大贡献，也是我国近代桥梁的代表作之一，具有重要的历史、艺术和科学价值。

凤凰山天文台近代建筑

编号：8-0719-5-203
年代：1939 年
类型：近现代重要史迹及代表性建筑
地址：云南省昆明市官渡区

凤凰山天文台近代建筑位于云南省昆明市官渡区凤凰山上。1938 年 8 月始建，1939 年 2 月建成，1959 年添建太阳黑子观测室。

1937 年抗日战争爆发后，中央研究院天文研究所由南京紫金山天文台迁至昆明东郊凤凰山，并新建了天文台，"国立中央研究院天文研究所"改名为"凤凰山天文台"，即今中国科学院云南天文台的前身。

凤凰山天文台近代建筑包括 A、B、C 三栋，呈三角状分布，其中 A 栋（办公用房、变星仪圆顶室、太阳分光仪观测暗室）、B 栋（办公用房）为抗战时期建筑遗存，C 栋（太阳黑子观测室）为社会主义建设时期所建。建筑群总占地面积约 3500 平方米，建筑面积 456 平方米。其中 A 栋建筑占地面积 597.32 平方米，建筑面积 223.86 平方米；B 栋建筑占地面积 159.21 平方米，建筑面积 142 平方米；C 栋建筑占地面积 83.26 平方米，建筑面积 89.9 平方米。A 栋和 B 栋建筑均为砖木结构，青砖墙体，屋面为板筒青瓦；C 栋建筑为砖混结构，红砖墙体，金属开启式观测穹顶。

凤凰山天文台作为紫金山天文台的延续，是当时西

南地区唯一的综合性天文设施，也是我国罕有的在抗日战争时期仍能坚持开展天文观测的研究机构。凤凰山天文台近代建筑记录了天文台在特殊时期发挥的历史作用，见证了我国天文观测技术的发展历程，具有重要的历史和科学价值。

畹町桥

编号：8-0720-5-204
年代：1938 年
类型：近现代重要史迹及代表性建筑
地址：云南省德宏傣族景颇族自治州瑞丽市

畹町桥位于云南省德宏傣族景颇族自治州瑞丽市畹町开发区，包括畹町桥主体桥梁和中缅边民联欢大会楼。

1937 年抗日战争全面爆发后，为了打通国际交通线，滇西 20 万民众日夜奋战，历经 9 个月，于 1938 年 8 月筑成被称为"造路史上奇迹"的滇缅公路，畹町铁桥（原为单孔石拱桥）亦同期建成。1945 年 1 月日军败退时原桥被炸毁，同月中美联军重建现存贝雷式钢桁桥。1956 年 12 月 15 日，周恩来总理陪同缅甸总理吴巴瑞从缅甸九谷经畹町桥步行入境，边疆各族人民在畹町桥头举行了盛大的欢迎仪式，两国总理在畹町桥头发表了重要讲话。其间两国总理还在专为欢迎活动修建的中缅边民联欢大会楼举行会谈和休息。1993 年，中缅双方联合新建钢混结构畹町桥，原桥保留在界河上供游人参观。

畹町桥现存桥体建于 1938 年，东北—西南走向，长 21 米，宽 5 米，桥面距水面 9 米。中缅边民联欢大会楼位于畹町开发区正阳路 11 号，为两层砖木混合结构建筑，占地面积 1470 平方米，建筑面积 736 平方米。

畹町桥见证了中国西南抗战历史，是中缅和平的国家记忆，体现了时代及地域风格，具有重要的历史、艺术、科学及社会价值。

中央电工器材厂一厂旧址

编号：8-0721-5-205
年代：1939 年
类型：近现代重要史迹及代表性建筑
地址：云南省昆明市西山区

中央电工器材厂一厂旧址位于云南省昆明市西山区春雨路615号（厂区内）。

中央电工器材厂一厂由英国绝缘电缆有限公司的工程师布莱克设计，1936 年 3 月筹建，1938 年迁到抗战大后方昆明马街，1939 年 7 月建成投产并生产出第一根裸铜导线（电缆雏形），从此开创了我国独立生产电线电缆的历史。

旧址包括厂房车间、堆料间和材料间，总占地面积14274 平方米，建筑面积为 7065 平方米。厂房车间建筑面积 4866 平方米，是当时国内最大的装配式钢排架、现浇钢筋混凝土三角形和梯形房架结构的单层厂房。堆料间、材料间均为砖木结构，建筑面积分别为 1833.5平方米、160.9 平方米。

中央电工器材厂一厂是我国最早的电线电缆生产企业，被誉为"中国电线电缆工业的摇篮"。该厂是抗日战争时期我国的重要军工厂，厂房车间内还完整保留有两次日机轰炸时留下的痕迹。

滇缅铁路禄丰炼象关桥隧群

编号：8-0722-5-206
年代：1942 年
类型：近现代重要史迹及代表性建筑
地址：云南省楚雄彝族自治州禄丰县

滇缅铁路禄丰炼象关桥隧群位于云南省楚雄彝族自治州禄丰县金山镇炼象关村委会东部大山之中。

滇缅铁路以昆明为起点，缅甸腊戍为终点，是抗日战争时期国民政府应战争需要紧急修建的一条米轨国际铁路。1938 年动工，1942 年炼象关桥隧群建设完工。日本攻入滇西后滇缅铁路西段被迫炸毁，仅东段得以保

存。1958 年，包括炼象关桥隧群在内的铁路东段在原有基础上进行了续建，昆明至一平浪段铁路投入运营，至 1970 年停运。

滇缅铁路禄丰炼象关桥隧群，包括一段铁路路基、五座桥梁和四个隧道，总面积 28000 平方米。在长约6300 米的铁路路段上，从南到北依次为夕阳庵隧道、龙潭隧道、下箐隧道、下箐大桥、下箐 2 号大桥、迎光寺隧道、迎光寺大桥、赵村大桥、谷架桥。规模最大者为下箐大桥，总跨径约 99 米，最高的桥墩高约 24.7 米。

滇缅铁路禄丰炼象关桥隧群保留下来的设计精巧、质量精良、工艺精湛的桥梁和隧道，代表了当时中国铁路建设的成就，也是二战时期国际正义力量为遏制日本法西斯势力对中国的侵略而进行国际援助的实物例证。

凤庆茶厂老厂区旧址

编号：8-0723-5-207
年代：1950 年
类型：近现代重要史迹及代表性建筑
地址：云南省临沧市凤庆县

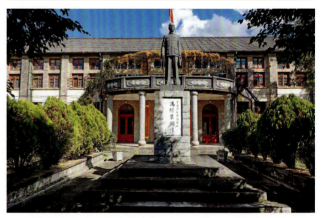

凤庆茶厂老厂区旧址位于云南省临沧市凤庆县凤山镇小北门街 27 号。

凤庆茶厂始于滇红创始人冯绍裘于 1939 年 3 月创建的"顺宁实验茶厂"，1954 年随县名改为"云南省凤庆茶厂"。2013 年年底老厂停产，改作凤庆茶厂历

史陈列、办公和贮藏之用。

老厂区旧址现存各类建筑10处，总占地面积4476平方米，包括办公楼、陈列室（档案室）、包装料场、包装场、烘干车间、成品车间、仓库等。厂房建筑均为20世纪50年代初期所建，苏联工业建筑风格，车间之间有小型铁轨相连。

凤庆茶厂老厂区旧址见证了云南制茶业半个多世纪的发展历程，是研究我国制茶工业史和茶文化发展史的重要实物例证，具有较高的历史和科学价值。

开远发电厂旧址

编号：8-0724-5-208
年代：1956年
类型：近现代重要史迹及代表性建筑
地址：云南省红河哈尼族彝族自治州开远市

开远发电厂旧址位于云南省红河哈尼族彝族自治州开远市市西南路南端。

开远发电厂是苏联援建的156项重点工业建设项目之一，也是云南第一座现代化火力发电厂。1955年5月5日一期工程动工，1956年投产，1966年全部建成，1998年停产。

发电厂旧址占地面积17万平方米，建筑面积16816平方米，现存建筑包括主厂房、办公楼、空压机房、机修车间、化学车间、检修车间、龙门吊、烟囱（3座）、输煤系统。

开远发电厂旧址是我国民族电力工业发展的实物见证，也是中国社会主义从农业经济向工业经济迈进的历史缩影，具有较高的历史价值、科学价值和社会价值。

开远长虹桥

编号：8-0725-5-209
年代：1961年
类型：近现代重要史迹及代表性建筑
地址：云南省红河哈尼族彝族自治州开远市

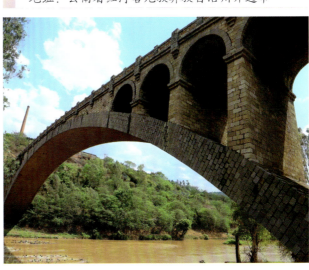

开远长虹桥位于云南省红河哈尼族彝族自治州开远市昆河铁路线。

开远长虹桥建成于1961年，为单孔大跨径空腹式石拱桥，东西向跃跨于南盘江上。全长171.2米，高30米，桥体包括净跨112.5米的主孔以及净跨分别为8米和15米的两岸引桥桥洞。该桥继承、弘扬了我国传统的石拱桥形式和建造技术，全桥除基础、桥面及人行道为混凝土外，其余均为石构。我国著名的桥梁专家茅以升称其为"世界最长的独拱石桥"。

开远长虹桥是红河地区南北交通的大动脉，也是研究我国现代桥梁史的重要实物资料。

筇竹寺墓塔

编号：8-0000-3-003
年代：元至民国
类型：古建筑
地址：云南省昆明市五华区

筇竹寺墓塔位于云南省昆明市五华区黑林铺街道西郊玉案山筇竹寺内，是自元代沿袭至民国时期筇竹寺部分圆寂僧侣的墓塔群。

筇竹寺墓塔由20座墓塔组成，散点分布在筇竹寺院西面山坡上，占地面积2000平方米。墓塔单体占地面积约5平方米，有元代砖塔、明代砂石塔、清代及民国青石塔等。元代砖塔在一个方形平台上砌叠呈多角对称几何形的底座，上部为钵体形墓体，最上面为锥形塔刹。明代砂石塔没有明确的纪年，方形台基上为莲瓣纹六方形须弥座，须弥座上是覆钵形塔体，塔体上是束腰莲盘及半球体的塔刹。最具代表性的是元代著名的雄辩法师玄坚法师的墓塔和清代住持僧梦佛法师的墓塔。

筇竹寺墓塔建筑类型多样，具有各个时代的典型风格，清晰反映了云南地区墓塔发展的历史脉络，具有较高的历史价值。

筇竹寺墓塔并入第五批全国重点文物保护单位筇竹寺。

西藏自治区

尼阿底遗址

编号：8-0138-1-138

年代：旧石器时代

类型：古遗址

地址：西藏自治区那曲市申扎县

尼阿底遗址位于西藏自治区那曲市申扎县雄梅镇多饶村西北的尼阿底山西北麓，是一处旧石器时代旷野类型遗址，距今4.5万～3万年。

遗址海拔4583米，分布面积约100万平方米，遗物分布密集、地层堆积连续，地表散布大量打制石器。发掘出土遗物4000余件，全部为石制品，包括石核、石叶、石片和刮削器、尖状器、雕刻器、凹缺器等。尼阿底遗址的石器工业以石叶技术为主要特征，棱柱状石叶、石核和长薄、规范的石叶数量较多。

尼阿底遗址是青藏高原腹地首次发现的具有确切地层和年代的旧石器时代遗址，是迄今为止人类生活于青藏高原的最早记录，同时也是目前史前人类在高海拔地区生活的最高纪录。该遗址的发现与研究填补了西藏地区史前考古空白，为探讨人类对高海拔极端环境的适应提供了重要证据。

杰顿珠宗遗址

编号：8-0139-1-139

年代：元明

类型：古遗址

地址：西藏自治区山南市洛扎县

杰顿珠宗遗址位于西藏自治区山南市洛扎县边巴乡

美秀村西南，是一处具有14～16世纪风格的宗堡建筑遗址。

遗址坐落在宗山上，三面悬崖，仅东面有狭长通道。遗址平面略呈椭圆形，包括宗府主体建筑、碉楼、城墙、房址、暗道等遗存，带有浓厚的军事防御色彩。遗址外有两道人为挖凿的壕沟，壕沟间有一高台，用于搭建木桥通行。紧邻壕沟设置一座小碉堡，作为进入遗址的第一道关口。小碉楼连接城墙，其后部为圆形碉楼、房址和宗府主体建筑，城墙、碉楼都布有射孔，具有很好的防御功能。宗山周围依山建有碉堡20座，与宗堡建筑相互衔接，构成完整的防御体系。

杰顿珠宗是元明时期建造的一座典型宗堡建筑，地方特色鲜明，防御功能突出，是研究雅鲁藏布江流域元明时期政治格局、族群关系和藏族建造技艺的重要资料。

故如甲木墓地

编号：8-0190-2-023
年代：汉晋
类型：古墓葬
地址：西藏自治区阿里地区噶尔县

故如甲木墓地位于西藏自治区阿里地区噶尔县门士乡门士村象泉河北岸的一级台地上，是一处汉晋时期象雄王国的古墓群。

墓地面积约15万平方米，已发掘8座墓葬为竖穴土坑石室墓，多为二次葬，有完整的侧身屈肢葬式。大型墓葬深达5米，多人合葬，结构复杂，存在二次或多次开挖迹象。填土内有人和动物殉葬层。高等级墓葬有横木搭建的墓顶和长方形箱式木棺。出土丝织物、黄金面具、铁剑、鎏金铜器、银器、铁器、陶器、料珠等，年代为距今1800～1700年。墓主人骨骼或木棺统一放置在墓室西部，中部和东部多放置殉葬动物和随葬品，下葬前可能进行尸体停厝或处理。根据文献记载，这一时期是西藏西部象雄王国强盛时期。从墓葬形制、规模及出土遗物等判断，故如甲木墓地很可能是一处象雄部族贵族墓地。

故如甲木墓地是目前阿里地区所见最大规模的墓葬群，对于西藏西部"前吐蕃时期"文化、族群和宗教等方面研究具有重要价值。

曲西碉楼群

编号：8-0456-3-259
年代：北宋至明
类型：古建筑
地址：西藏自治区山南市洛扎县

曲西碉楼群位于西藏山南市洛扎县色乡曲西村周边山坡上，具体分布在曲西夏、曲许努、程等三个自然村，建于11～14世纪。

曲西碉楼群自西向东共有碉楼80座。其中曲西夏、曲许努为上片区，共有碉楼60座；程自然村为下片区，共有碉楼20座。曲西碉楼群均用块石或片石砌筑，不

少碉楼带有附属建筑，附属建筑紧靠碉楼，高一至三层不等。碉楼群的外形和构造相似，均为四层以上，立面呈梯形。大部分碉楼正面建有投石槽，与门宽相等；四面墙设有小窗口，呈三角形，内宽外窄。碉楼外墙大多保存较好，残墙高 9～26 米。其中上片区 D25 碉楼高七层，无投石槽，平面呈方形，一至三层屋面仍保留，顶层有用片石建造的歇山式屋面，一至五层各置一门朝南；上片区 D53 碉楼坐东朝西，现有建筑通高五层，用片石砌筑，建有投石槽，一至三层建有门且屋面保存完整，建筑用一堵东西向石墙分成两个部分，无柱子，用七根圆木并排充梁。

曲西碉楼群分布集中，碉堡种类较为齐全，保存较好，结构独特，是研究藏族地区不同时期碉楼建筑工艺和设计水平的重要实例，具有较高的历史和艺术价值。

乃宁曲德寺

编号：8-0457-3-260
年代：北宋至清
类型：古建筑
地址：西藏自治区日喀则市康马县

乃宁曲德寺位于西藏自治区日喀则市康马县南尼乡南尼村西约 120 米，始建于吐蕃时期。乃宁曲德寺初奉宁玛派，11 世纪改宗为藏传佛教噶当派，15 世纪又改宗为藏传佛教格鲁派，建筑历代均有修建。

乃宁曲德寺占地面积 75715.8 平方米，由乃宁大殿、乌孜大殿、佛塔、围墙及部分拉康遗迹等组成。乃宁大殿坐北朝南，为二楼一底藏式平顶土石木结构。一层前部为门廊，面阔三间，进深三间；后部经堂面阔七间，进深六间，中间四长柱上承天窗；经堂北壁辟门，内为佛殿，主供释迦牟尼坐像；三层为僧舍。乌孜大殿位于乃宁大殿的北面，为一楼一底藏式平顶土石木结构。一层由廊庑、经堂、后殿构成，墙面壁画的内容和风格与日喀则夏鲁寺壁画有相似之处。佛塔位于乃宁大殿西南

约 150 米处，为尊胜佛塔。寺庙围墙现仅存内围墙，平面呈曲尺形，东墙长 328 米，南墙长 185 米，西墙长 352 米，北墙长 167 米，墙体为夯筑，主墙高 6.24 米。

乃宁曲德寺是佛教后宏期三种风格齐聚一处的重要寺庙，对于研究西藏寺庙建筑的风格、布局、用材等具有较高的历史和艺术价值。

20 世纪初英军入侵西藏，藏族军民在乃宁曲德寺英勇抗击英军，史称"乃宁大血战"。为表彰乃宁曲德寺做出的巨大牺牲，后在乌孜大殿东面建乃宁大殿。乃宁曲德寺是近代西藏人民抗英斗争的发生地，具有较为重要的纪念意义。

艾旺寺

编号：8-0458-3-261
年代：北宋至清
类型：古建筑
地址：西藏自治区日喀则市康马县

艾旺寺位于西藏自治区日喀则市康马县萨马达乡萨鲁村东南约 300 米的冲巴涌曲河东岸，为 11 世纪时克什米尔高僧拉杰曲强所建。

艾旺寺寺庙外环长方形围墙，由主殿、东西配殿组成。主殿坐南朝北，平面呈长方形，面阔 11 米，进深 5.5 米，殿墙四壁有块石砌建的台座一周，南面台座上供有释迦牟尼佛像 7 尊。东配殿门向西，平面呈长方形，面阔 7 米，进深 5 米，殿内供有菩萨立像 11 尊、力士金刚立像 2 尊。西配殿门向东，平面呈长方形，面阔 6 米，进深 5 米。寺内有多尊泥塑造像。

艾旺寺殿内造像具有内地中原、中亚于阗、西藏本土三种风格，是佛教后宏期三种风格齐聚一处的重要寺庙，特别是正殿泥塑佛像具有典型的内地中原风格，在西藏比较少见。艾旺寺是研究西藏佛教艺术发展史、探讨西藏寺庙建筑艺术等不可多得的实例，具有较高的历史和艺术价值。

达律王府

编号：8-0459-3-262
年代：元
类型：古建筑
地址：西藏自治区昌都市贡觉县

达律王府位于西藏自治区昌都市贡觉县莫洛镇登卡村内。达律王府藏语为"宗嘎"（白色宫殿），而相传宗嘎是当时康区一带第一座宫殿。达律王府建于吐蕃时期（约9世纪），后在八思巴前往元大都时进行了重建，系当时贡觉首领达律·阿尼森培的城堡。

达律王府平面呈长方形，占地面积400平方米，建筑面积800平方米。主体结构为三层，屋顶为典型藏式平屋顶。经堂位于建筑物后部。经堂内排列着整齐的十六根柱子，在正对门的那面墙正中靠墙处设置法坐，在其正前方房屋正中四柱之间设置圆形木质雕花祭祀台。经堂内的壁画面积较大，描绘了丰富多彩的宗教活动和宗教人物。佛堂内还绘有五方佛壁画，根据《贡觉通志》记载，壁画系元代所绘。屋顶佛堂望板上绘有大面积彩绘，距今已有800多年的历史。

达律王府是在西藏康巴地区乃至整个西藏都具有重要影响的王府，是较为典型的藏东建筑，是研究西藏古建筑的实例；经堂和佛堂彩绘色彩艳丽，内容生动，保存完好，具有极高的历史和艺术价值。

查拉路甫石窟

编号：8-0504-4-027
年代：唐宋
类型：石窟寺及石刻
地址：西藏自治区拉萨市城关区

查拉路甫石窟位于西藏自治区拉萨市城关区布达拉宫西南500米的药王山东麓，开凿于唐代，宋代有补刻。

石窟由松赞干布的藏妃茹雍主持开凿，坐西向东，依山而凿，为平面略呈方形的塔庙窟，围绕中心柱为转经廊。窟内共有造像69尊、泥塑像2尊，中心柱四面均雕刻佛像，东面为释迦佛及二弟子二菩萨像，南北面雕一佛二菩萨，西壁雕一佛二弟子。转经廊南北西三面分上下雕刻造像，题材有释迦、阿弥陀佛、弥勒菩萨、藏传佛教宁玛派祖师喜饶扎巴像、金刚力士、莲花生等佛教人物，以及松赞干布、文成公主、尼泊尔尺尊公主、禄东赞和吞米桑布扎等。石窟造像具有印度和尼泊尔佛教艺术特点，可能与文献记载的"尼婆罗匠师"参与雕刻有关。

查拉路甫石窟是西藏最早开凿的石窟寺，对研究西藏早期佛教传入、西藏与中原地区石窟的关系，以及西藏与印度、尼泊尔佛教艺术的关系具有重要价值。

仁达摩崖造像

编号：8-0505-4-028
年代：唐
类型：石窟寺及石刻
地址：西藏自治区昌都市察雅县

仁达摩崖造像位于西藏自治区昌都市察雅县香堆镇仁达村仁达拉康内的断崖上,雕凿于唐贞元二十年(804年)。

摩崖造像依山雕凿,坐西朝东,为一纵向长方形龛,长4.16米,宽3.56米。龛内雕毗卢遮那佛,两侧各一蹲狮。龛外两侧自上而下浮雕一尊飞天及四尊菩萨像,在崖面上还刻有三组古藏文题记、一组汉文题记和一处浮雕的龙王。第一组和第三组古藏文题记与《普贤行愿品》有关。第二组古藏文题记明确记载了"猴年夏"巴郭益西央等造佛像事,汉文题记有"甲申岁"(唐贞元二十年)、"都料僧马"和工匠名等。

仁达摩崖造像是藏东地区唯一有明确纪年的唐代摩崖造像,为同时期摩崖石刻提供了断代依据。古藏文和汉文题记为研究汉藏文化交流提供了实物证据。

囊巴朗则石雕

编号: 8-0506-4-029
年代: 唐
类型: 石窟寺及石刻
地址: 西藏自治区昌都市芒康县

囊巴朗则石雕位于西藏自治区昌都市芒康县帮达乡然堆村囊巴朗则拉康佛堂内,是9世纪吐蕃为兴佛以及纪念唐蕃和盟而制作。

囊巴郎则石雕由9座大型石雕像组成,为大日如来

佛和八大菩萨像。大日如来佛高4.05米,头戴高桶冠,身着三角翻领袍服,双手施禅定印,结跏趺坐于仰莲座上。两侧菩萨像高2.4米左右,左边为普贤、虚空藏、弥勒、除盖障菩萨,右边为文殊、金刚萨埵、观世音、地藏菩萨。石雕由高僧益西央雕造,体现了高超的艺术水平。

囊巴朗则石雕是汉藏友谊的历史见证,与藏东地区吐蕃佛教遗存有密切联系,对于探讨唐与吐蕃关系、唐代西藏地区佛教文化传播路线等具有重要意义。

乃甲切木石窟

编号: 8-0507-4-030
年代: 宋
类型: 石窟寺及石刻
地址: 西藏自治区日喀则市岗巴县

乃甲切木石窟位于西藏自治区日喀则市岗巴县昌龙乡乃加村东南的夏嘎葛琼山山腰,开凿于11～12世纪。

洞窟5座,洞口皆向南,距地面高约15米。其中1号窟、2号窟、5号窟为修行窟或居住窟。3号窟为横长方形礼佛窟,窟顶有壁画残迹,窟外西侧有3个相连的佛龛,龛内雕佛坐像。4号窟平面近方形的礼佛窟。窟内四壁皆为高浮雕塑像,主尊像及其胁侍组成金刚界曼荼罗五佛,主尊像下的坐骑分别为狮、象、马、孔雀和金翅鸟。窟顶原绘有壁画,现已模糊不清。

乃甲切木石窟是研究西藏后宏期石窟造像艺术以及藏传佛教发展史的重要实物资料。

林恩摩崖石刻

编号: 8-0508-4-031
年代: 明
类型: 石窟寺及石刻
地址: 西藏自治区日喀则市昂仁县

林恩摩崖石刻位于西藏自治区日喀则市昂仁县达居

乡林恩村，开凿于 15 世纪初期。

石刻坐北朝南，包括一佛二菩萨造像、单尊释迦牟尼造像和乌金体六字真言石刻。其中一佛二菩萨造像主尊通高 10.22 米，佛座宽 9 米，菩萨通高 4 米。单尊释迦造像通高 9 米，佛座宽 8.7 米，佛结跏趺坐于仰莲座上，莲座底部为须弥座，须弥座下为藏文题刻。乌金体六字真言摩崖石刻字符平均高 3 米，宽 2.35 米。

林恩摩崖石刻的两尊大佛是目前发现西藏体量最大的摩崖石刻造像，题刻书法艺术水平上乘，为研究 15 世纪拉堆地区历史文化和宗教艺术提供了重要实物资料。

亚东海关遗址

编号：8-0726-5-210
年代：1894 ~ 1903 年
类型：近现代重要史迹及代表性建筑
地址：西藏自治区日喀则市亚东县

亚东海关遗址位于西藏自治区日喀则市亚东县下亚东乡仁青岗村西。

英政府通过 1890 年、1893 年签订的《中英会议藏印条约》《中英会议藏印续约》，迫使清政府开放亚东（即仁青岗村老亚东）为商埠。为此，清政府在亚东设置了海关。1903 年英军第二次侵藏战争后，亚东被英军非法占据，亚东海关的功能基本消失，原建筑亦渐荒废。

遗址由亚东海关遗址、南北岸海关关墙遗址、南北岸马厩遗址和英商代理处遗址等 6 处建筑遗址组成，均仅残存石砌结构残墙，占地面积约 3600 平方米。建筑平面多呈长方形，规模、布局有所不同，石墙均用自然石材砌筑，驿道地面铺石块。遗址内出土遗物有陶器、瓷器、铁器、玻璃、钱币等。瓷器多为青花，另见有粉彩、釉里红等。

亚东海关遗址是清朝末年中央政府在西藏建立的第一处海关，体现了中央政府对西藏的管辖权，是研究清末时期西藏尤其是亚东一带政治、经济、军事、文化的实物例证，具有重要的历史价值。亚东海关是清政府在不平等条约下被迫设置，体现了英帝国主义的殖民野心，有深刻的教育意义，具有较高的社会价值。

昌都地区人民解放委员会办公旧址

编号：8-0727-5-211
年代：1955 ~ 1959 年
类型：近现代重要史迹及代表性建筑
地址：西藏自治区昌都市卡若区

昌都地区人民解放委员会办公旧址位于西藏自治区昌都市卡若区昌都市委市政府大院内。

昌都地区解放后，依据《共同纲领》和党的民族区域政策精神，昌都各界人民代表大会于 1950 年 12 月 27 日至 1951 年 1 月 1 日召开，选举产生了昌都地区人

民解放委员会，王其梅为委员会主任。昌都地区人民解放委员会在民族区域自治机关和人民民主政权尚未正式建立之前代行了部分政府职能，1959 年 4 月 20 日西藏和平解放，昌都地区人民解放委员会撤销。

旧址于 1955～1956 年由王其梅将军亲自参与设计并主持修建，包括解放委员会办公楼和小礼堂，均为灰瓦屋面砖木结构建筑。其中，解放委员会办公楼高两层，平面布局呈"王"字形；小礼堂为典型的二层框架结构，中心为会议室，一、二层东西两侧各设有一间房。中国人民解放军十八军进藏将领曾在此处办公，处理军政事务。

昌都地区人民解放委员会办公旧址是党领导人民开展和平解放西藏事业、在昌都实行民主改革的重要实物见证，具有重要的历史价值和社会、文化价值。

川藏、青藏公路纪念碑

编号：8-0728-5-212
年代：1984 年
类型：近现代重要史迹及代表性建筑
地址：西藏自治区拉萨市城关区

川藏、青藏公路纪念碑位于西藏自治区拉萨市城关区功德林办事处金珠路与民族路交叉处，拉萨河北岸。

川藏公路东自成都，1950 年 4 月开始修建；青藏公路北起西宁，1950 年 6 月动工。1954 年 12 月 25 日，川藏、青藏公路同时通车拉萨，被藏族人民誉为"彩虹""金桥"。川藏、青藏公路的建成通车是在党的领导下新中国取得的重大成就，对推动西藏实现社会制度历史性跨越、经济社会快速发展，以及巩固西南边疆、促进民族团结进步发挥了十分重要的作用。

纪念碑系为纪念川藏、青藏公路通车 30 周年，于 1984 年 12 月 25 日设立。碑身共 3 面，正面刻有胡耀邦题写的"青藏川藏公路纪念碑"九个大字，下部基座雕饰铁锹、镐、锤等图案；左侧面上部竖刻草体藏文，下部基座横刻楷体藏文；右侧面上部竖刻楷体藏文，下部基座竖刻汉文。碑文使用藏汉两体文字，详细记述了西藏和平解放后，11 万藏汉军民筑路员工挖填土石 3000 多万立方米、造桥 400 余座和 3000 志士英勇捐躯的事迹。

川藏、青藏公路纪念碑作为对川藏公路和青藏公路建设的纪念，具有重要的历史和社会价值。

陕西省

芦山峁遗址

编号：8-0140-1-140

年代：新石器时代

类型：古遗址

地址：陕西省延安市宝塔区

芦山峁遗址位于陕西省延安市宝塔区李渠镇双田村芦山峁组，是陕北地区一处大型史前聚落遗址。

遗址主要分布在营盘梁、马家洼、寨子峁、脑畔山、芦山峁等梁峁上，面积超过200万平方米。已发现有房址、灶址、夯土城墙、灰坑、瓮棺葬、灰沟等大量遗迹，出土庙底沟二期至龙山时代末期的陶器、石器、骨器、玉器等遗物。大营盘梁发现三座院落，由北部一座大型院落和南部两座小型院落构成"品"字形布局。一号院落为规整的四合院式布局，坐北朝南，院落中部偏北分布着三处主建筑，单体面积均超200平方米，东、西两侧各置一排厢房，还发现道路、池塘等遗迹。一号院落南围墙外的巷道对称分布着二号、三号两座小型院落，院落外围有环形道路遗迹，与外部山坡相连。山坡地带分布着大量小型窑洞式居址和墓葬。建筑基址的夯土中多次发现猪下颌骨、玉器奠基的现象。在门廊处发现脱落的白灰墙皮残块，墙皮上绘制有黑红色彩相间的壁画。

颇具规制的建筑布局及高规格器物突显出芦山峁遗址大型中心聚落址的地位。芦山峁遗址为认识龙山时代晋陕高原人群流动、社会变迁以及中原与北方区域间互动交流，乃至探索中国社会复杂化和文明起源提供了重要资料。

刘家洼遗址

编号：8-0141-1-141

年代：东周

类型：古遗址

地址：陕西省渭南市澄城县

刘家洼遗址位于陕西省渭南市澄城县王庄镇刘家洼村西的鲁家河东西两岸台塬边，是一处东周时期的大型聚落遗址。

遗址总面积约 300 万平方米，西、南、北三面为自然冲沟，东面修建人工壕沟。鲁家河将遗址分为东、西两区，城址位于遗址东区中部，面积约 10 万平方米。城址内采集到鬲、盆、罐、豆、三足瓮等春秋时期陶器残片，发现大量灰坑和板瓦等建材堆积。遗址东、西两区均发现一般居址密集区和墓地，确认墓葬 210 余座，其中两座为带两条墓道的"中"字形大墓。遗址出土大量青铜器、金器、玉器、铁器、陶器和漆木器等珍贵文物，其中两座大墓中出土的石磬为我国古代乐器发展史和音乐考古的研究提供了重要资料；出土的三栏木床将我国使用床榻的历史提前到春秋早期。

刘家洼遗址是芮国后期的都城遗址及墓地，对全面构建芮国历史具有重要价值，也提供了周王室大臣采邑向东周诸侯国发展演变的典型案例。不同文化传统、族系背景的居民共用同一墓地的现象，揭示了芮国后期民族、文化融合的真实图景，呈现出地缘国家的基本特征，是研究周代社会组织、人群结构的重要材料。

东马坊遗址

编号：8-0142-1-142
年代：战国至西汉
类型：古遗址
地址：陕西省西安市长安区

东马坊遗址位于陕西省西安市长安区高桥街道东马坊村西，是一处战国至西汉时期的高等级建筑遗址。

遗址面积约 57 万平方米，遗址内分布大量夯土建筑遗存，四周为水面遗迹。考古发现夯土建筑基址、水井、灶、灰坑、墓葬等遗迹，出土大量筒瓦、板瓦、瓦当、空心砖等建筑材料，见有"左宫""右宫""大匠"等戳印陶文。"宫司空""大匠"均为秦汉时期负责大型宫殿建筑营建的主要职官，以往仅在阿房宫遗址、徐家湾遗址同时发现这三类陶文，说明该建筑始建时等级很高，是已知秦人在渭河以南修建最早的高等级建筑群。

出土陶罐上有"灋（法）丘公"三字，"灋丘"即"废丘"。

东马坊遗址规模大、级别高，应是秦末项羽所封雍王章邯的都城废丘，为寻找秦非子所居、西周懿王之都"犬丘"提供了重要线索，也为研究关中地区秦人发展、秦汉政治格局变化和古代城市规划史等增添了重要证据。

中渭桥遗址

编号：8-0143-1-143
年代：秦至唐
类型：古遗址
地址：陕西省西安市未央区

中渭桥遗址位于陕西省西安市未央区，是秦至唐代持续修建的桥梁遗址。

汉长安城遗址北侧及东北调查发现有2组4座渭河桥，主要包括厨城门一号桥、三号桥、四号桥和位于洛城门外的洛城门桥，分布密集。厨城门一号桥的建造年代为西汉至魏晋时期，三号桥为唐代，四号桥为战国至汉初，洛城门桥为西汉晚期至东汉早期，均为南北向木梁柱桥。厨城门一号桥南北长880米以上，两侧桥桩之间宽约15.6米。厨城门外诸桥及洛城门桥应是不同时期的"中渭桥"，见证了诸如张骞出使西域、南匈奴单于归化汉朝等重要的历史事件。

中渭桥遗址的发现，对研究古代桥梁史、渭河变迁史，以及位于其南北的秦咸阳和汉长安的相关问题均具有重要价值。

血池遗址

编号：8—0144—1—144
年代：秦汉
类型：古遗址
地址：陕西省宝鸡市凤翔县

血池遗址位于陕西省宝鸡市凤翔县柳林镇，是秦汉时期皇家祭天的"畤"。

遗址总面积约470万平方米，主要包括夯土台、道路、建筑基址和大量祭祀坑，分布于相邻的三道山梁上。夯土台建于山梁上，为圆丘状，其外环绕一圈围沟。山梁周边发现夯土基址和战国至西汉时期的板瓦、筒瓦、瓦当等建筑材料，夯土基址规模不等，为探索文献所记皇帝主祭的"斋宫"以及祠官常驻与存放祭具的建筑群落提供了线索。祭祀坑内出土玉器、青铜车马器以及小型木车马等遗物2200余件（套）。

春秋战国时期，秦先后在雍地建立了包括鄜畤、密畤、吴阳上畤、吴阳下畤在内的雍四畤祭祀系统，雍地成为国家最高等级的祭祀场所之一。汉承秦制，汉高祖刘邦增设北畤，以郊祀雍畤作为王朝最高祭礼。

血池遗址完整呈现了秦汉时期"畤"的结构和功能，展现了秦汉时期国家祭天活动场景，对研究秦汉祭祀制度和中国古代礼制文化等具有重要价值。

孙家南头仓储遗址

编号：8—0145—1—145
年代：西汉
类型：古遗址
地址：陕西省宝鸡市凤翔县

孙家南头仓储遗址位于陕西省宝鸡市凤翔县孙家南头村西的千河东岸二级阶地，是西汉时期的漕运仓储遗址。

遗址整体呈南北向长方形，地势东高西低，总面积达2万平方米，基址上散落一层较厚的瓦片堆积。建筑

被等分为三个单元，南北依次排列，北侧单元不存。发现墙垣、通风道、门洞、柱础石等遗迹。墙基为平板夯筑，内壁经过防潮烧烤处理，四周墙基中发现18条通风道。墙基内为夯筑地面，其上整齐排列着大量柱础石，具有干栏式建筑特征。遗址出土板瓦、筒瓦、几何纹方砖及瓦当等大量遗物。根据考古发现推测，整体建筑可能为三座南北相连的大型干栏式建筑。

孙家南头仓储遗址是目前国内发现时代较早、结构完整、规模宏大的一处国家漕运仓储设施，有可能是西汉时期的"百万石仓"，与长安以东的"华仓"功能相同，用于将关中西部的粮食通过千河和渭河运抵长安。孙家南头仓储遗址结构保存完整，为研究当时关中西部的政治、经济、军事环境，以及千河乃至全国漕运与码头仓库存储情况等提供了重要资料。

柳巷城遗址

编号：8-0146-1-146
年代：汉魏
类型：古遗址
地址：陕西省宝鸡市眉县

柳巷城遗址位于陕西省宝鸡市眉县常兴镇尧柳村，为一处重要的汉魏时期城址。

遗址呈方形，城内面积约2.56万平方米，城墙外有壕沟环绕。城址仅有南门，其余三面墙体中间为马面，四角有角垛。考古发掘南城墙、道路和北部建筑遗址。北部建筑基址应为城址的主体建筑，有上下两层夯土台基，上层台基位于下层台基的北部，东、南、西三面分布有密集的柱洞。下层夯土台基始建于东汉，后经多次修整，上层台基为不晚于北魏时期增筑。城址南门有一条南北向砖铺道路，可能为城址的中轴道路。城内道路路面以残砖铺就，卧砖铺设道沿。遗址出土大量砖、瓦等类建筑材料，少见石质夯头、铜权、陶权、剪轮"五铢"以及罐、瓶等遗物。

柳巷城遗址是一处罕见的东汉坞堡类建筑遗址，根

据《水经注》《元和郡县图志》《后汉书·董卓传》等文献记载，应为史书记载的"眉坞城"。柳巷城遗址的发现对探讨东汉晚期至曹魏时期的建筑形态、社会运行机制、政治结构等均具有重要价值。

石鼓山墓地

编号：8-0191-2-024
年代：西周
类型：古墓葬
地址：陕西省宝鸡市渭滨区

石鼓山墓地位于陕西省宝鸡市渭滨区石鼓镇石嘴头村四组，为一处西周时期贵族家族墓地。

墓地面积24万平方米，可划分为北区和西南区，墓葬分布呈"大稀疏、小聚集"状态，发掘清理墓葬、灰坑和房址等遗迹近200处。墓葬均为长方形竖穴土圹，可分为中型墓和小型墓两类，使用木质葬具。出土多达92件青铜礼器，禁、簋、四耳簋、圆腹簋、方座簋、牺尊等都极具特色。在青铜器上还发现了包括"户""亚羌""父丁""史母庚"等26组铭文及族徽符号。出土青铜器具有商器因素，但少酒器而食器突出，体现出一种重食轻酒的文化特色。

石鼓山墓地是西周时期的高等级贵族墓地，可能为姜戎族户氏家族墓地，为深入研究商周之际姜戎和周人的关系，认识西周时期多族群、多文化交融与变迁等提供了极为珍贵的实物资料。

太公庙秦公墓

编号：8-0192-2-025
年代：春秋
类型：古墓葬
地址：陕西省宝鸡市陈仓区

太公庙秦公墓位于陕西省宝鸡市陈仓区虢镇太公庙村，为春秋时期秦公墓园。

墓园面积约600万平方米，发现包括"中"字形秦

公墓以及车马坑、祭祀坑、陪葬坑和疑似陵园兆沟等遗迹。曾出土秦公钟和秦公镈8件，是春秋早期秦国的标准器，钟上有颂扬秦先祖功德业绩之铭文。

太公庙秦公墓为探索早期秦文化、中国古代帝陵制度发展演变、春秋时期秦人与周人的关系等提供了重要资料。

咸阳秦王陵

编号：8-0193-2-026
年代：战国
类型：古墓葬
地址：陕西省咸阳市渭城区

咸阳秦王陵位于陕西省咸阳市渭城区，由司家庄秦陵、周陵街道秦陵、严家沟秦陵3处战国晚期秦陵组成。

司家庄秦陵由三重围沟陵园、1座王陵、5处祭祀坑、5处建筑遗址、344座陪葬墓组成。王陵位于陵园中部，是一座东西向四条墓道的"亞"字形大墓，上部封土破坏严重。陪葬坑位于王陵周围，陪葬墓分布在三重围沟之间，多为竖穴土坑墓和竖穴偏洞室墓。

周陵街道秦陵由南北向的两重陵园、2座墓葬、6处建筑遗址、27处陪葬坑以及168座陪葬墓（祔葬墓）组成。外陵园包括墙垣和外围沟，内陵园包括墙垣和围沟。内外陵园在两陵墓道正对处分别设有门阙。内陵园中有两座陵墓，间距145.8米。南、北两陵封土均为覆斗状，墓葬形制均为东西向"亞"字形。小型墓葬分为

三区，各区墓葬成行、成列分布。内外陵园均有陪葬坑和建筑遗址。

严家沟秦陵由内外两重陵园、2座陵墓、3处建筑遗址、12处外藏坑以及大批中小型墓葬、道路等构成。外陵园包括外围沟、园墙、门址等，内陵园包括园墙与门址。陵园内有南、北二陵，覆斗形封土，墓葬形制均为东西向"亞"字形。内外陵园均有外藏坑和建筑遗址。

咸阳秦王陵是秦人由"方国"到"王国"的历史见证，是中国古代陵墓由"方国陵园"到"帝国陵园"的过渡环节——"王国陵园"的实证资料，对研究中国古代帝陵制度具有重要价值。

弘农杨氏家族墓地

编号：8-0194-2-027
年代：汉至北魏
类型：古墓葬
地址：陕西省渭南市华阴市

弘农杨氏家族墓地位于陕西省渭南市华阴市大城村北，是一处汉至北魏时期的大型家族墓地。

杨氏家族为北魏望族，在《魏书》中有载。墓地俗称"杨氏十八家"，考古发现各类规格形制的墓葬30余座，出土汉代陶器以及北魏"杨氏"墓志、陶俑等近500件。现地表仅存墓冢一座，为汉赤泉侯杨喜之墓。出土北魏杨舒墓志中记载了北魏王朝后期与南朝萧梁王朝作战的历史事件，为研究北魏政治格局、南北方关系等提供了重要资料。

弘农杨氏家族墓地是现存史志记载明确、时代最早的杨氏祖茔，对研究汉至北魏时期墓葬制度、门阀制度等具有重要价值。

杨震家族墓地

编号：8-0195-2-028
年代：东汉
类型：古墓葬
地址：陕西省渭南市潼关县

杨震家族墓位于陕西省渭南市潼关县秦东镇四知村，是东汉太尉杨震及其子孙的家族墓地。

墓园总面积约 2.3 万平方米。墓园内现存墓葬 7 座，墓主分别为杨震及其长子杨牧、次子杨让，孙子杨统、杨著、杨馥及重孙杨彪等。杨震墓前立有墓碑，一面为清康熙年间所立"汉关西夫子杨公墓"，另一面题"汉关西夫子杨公墓"，落款字迹模糊不清。杨震为东汉时期名臣，为官正直，不屈权贵，屡次上疏直言时政之弊，东汉延光三年（124 年）被罢免，遣返回乡途中饮鸩而卒。汉顺帝继位后，下诏为其平反。

杨震家族墓地为东汉时期重要的家族墓地之一，对研究东汉门阀制度和丧葬制度等具有重要价值。

西安二龙塔

编号：8-0460-3-263
年代：唐
类型：古建筑
地址：陕西省西安市长安区

西安二龙塔位于陕西省西安市长安区王莽街办土门峪村西南，建于唐代。

西安二龙塔为方形密檐式砖塔，塔体边长 7 米，现残存六层半，高 18.65 米，塔壁厚 2.2～2.3 米。塔身底层较高，约 7.5 米。一层有券洞，铺有唐初典型的莲花纹方砖。二层高约 2.16 米，以上几层与二层同，每层南北两面辟券门，南面各层正中有券洞，北面各层正中设有券洞式盲窗的券门洞。层间叠涩出檐较短，直檐无檐角，檐下砌两排菱角牙子，旋用反叠涩收檐。面阔由下至上略有收分。顶部有上人孔，塔内原木楼梯已毁。

2005 年维修塔基时发现地宫。

西安二龙塔为唐都城长安地区一座重要的砖塔，具有典型唐塔特征，为研究砖塔历史演变过程及唐代砖塔建造技术、工艺水平提供了实物例证，具有较高的历史、艺术价值。

富平万斛寺塔

编号：8-0461-3-264
年代：唐
类型：古建筑
地址：陕西省渭南市富平县

富平万斛寺塔位于陕西省渭南市富平县老庙镇麻峪村，始建于唐代，为原万斛寺（寺已毁）的组成部分之一。明嘉靖三十四年（1555 年）因地震造成较大破坏，万历年间修葺。

富平万斛寺塔为七层楼阁式仿木结构实心砖塔，底层呈正方形，通高 26.7 米，每边长 4 米。塔身底层较高，内设塔心室，南面辟券门。二层以上壁面作仿木结构三间，以砖隐出倚柱、阑额、斗栱，设置假门、窗。层间

叠涩出檐较长，施菱角牙子。塔顶平砖攒尖，置宝瓶式塔刹。

富平万斛寺塔塔身从下至上有比较明显的收分，整个塔营建工艺较精致，砖雕逼真细致，塔体高耸挺拔，比例协调，具备唐代砖塔的典型特征，具有较高的历史、艺术和科学价值。

蒲城海源寺塔

编号：8-0462-3-265
年代：金
类型：古建筑
地址：陕西省渭南市蒲城县

蒲城海源寺塔又称"温汤宝塔"，位于陕西省渭南

市蒲城县永丰镇温汤村洛河东岸。海源寺早年已废，沿革不详。塔传建于金代。民国时期塔基曾遭破坏，杨虎城将军捐资予以修复加固。

蒲城海源寺塔为宋金时期六角九级密楼阁式砖塔，第九层已残毁，残存八层，高26米，底层每边长2.89～2.93米。塔身单壁中空，底层较高，南面辟券门，门宽0.96米，高1.95米。二层以上每面作仿木结构三间，以砖隐出倚柱、阑额、平座勾栏。各层当心间辟券门或假券门、板门，逐层上下位置交错。层间叠涩出檐，檐口出双排椽头，施五铺作双杪斗拱，当心间置补间铺作一朵。

蒲城海源寺塔营造工艺较考究，砖雕精湛，塔身高耸挺拔，收分柔和，保存较为完好，体现了宋金时期砖塔的典型特征，具有较高的历史和艺术价值。

户县化羊庙东岳献殿

编号：8-0463-3-266
年代：元至清
类型：古建筑
地址：陕西省西安市鄠邑区

户县化羊庙东岳献殿位于陕西省西安市鄠邑区庞光街办化羊村东南。化羊庙原名东岳行祠，始建于宋代，元代扩建，盛于明清和民国时期。现存东岳献殿建于元代，明清两代多次修葺。

户县化羊庙东岳献殿面阔五间，进深四椽，单檐庑殿顶，建筑面积为107.73平方米。殿内梁架为明栿做法，通檐施四椽栿，梁栿多使用自然弯曲圆木，梁栿两端支点使用驼峰（栌墩）及捧节令拱，平梁中间立蜀柱，其上安置丁华抹颏拱以承托脊槫，两侧则施叉手固定，槫枋之间施以襻间斗拱。

户县化羊庙东岳献殿建筑体量宏大，古朴大方，保留了元代建筑特征，屋顶采用庑殿式，内外檐梁架保留有部分彩画，在陕西关中地区庙宇中非常少见，具有较高的历史价值。

合阳千金塔

编号：8-0464-3-267
年代：明
类型：古建筑
地址：陕西省渭南市合阳县

合阳千金塔位于陕西省渭南市合阳县城关街道办天合园内，系明万历三十七年（1609 年）县城槐里人康守己为赓续合阳文脉捐银千两而建，故名"千金塔"。

合阳千金塔为八面十三级密檐砖塔，通高 27 米，底边长 3.3 米。塔身底层高，北面正中辟券门，额题"千金塔"。二、六、十层辟有券窗。层间叠涩出檐，砌菱角牙子，底层檐下施砖斗拱、额枋及垂花柱。攒尖顶，塔刹无存。

合阳千金塔属风水塔，其造型秀美，继承了中国古塔建造传统形制，体现了明代砖塔古朴大气的特点，为研究明代关中地区砖塔建筑形制做法、民间文昌信仰等提供了实例，具有较高历史价值。

柳枝关帝庙

编号：8-0465-3-268
年代：明清
类型：古建筑
地址：陕西省渭南市韩城市

柳枝关帝庙位于陕西省渭南市韩城市西庄镇柳枝

村。建筑始建于明嘉靖十四年（1535 年），明清时期多次维修。

柳枝关帝庙坐北朝南，原山门、牌坊无存，现存献殿、寝殿。献殿面阔三间，进深四椽，悬山顶，仰瓦屋面，两侧各施布筒瓦 9 垄。屋面施琉璃脊饰，建筑面积 139 平方米。献殿做减柱造，前、后檐柱各四根，柱头施额枋、绰幕枋。寝殿面阔三间，进深四椽，悬山顶，仰瓦屋面，两侧各布筒瓦 7 垄。屋面饰灰陶花脊，建筑面积 84 平方米。两座殿内保留有明清时期彩画及木雕。

柳枝关帝庙现存献殿和寝殿是有明确纪年的明代木构建筑，真实保留了始建初期的结构形制和特点。尤其献殿大木梁架结构，延续了宋元时期古建筑木构作法，同时在细部融入地方建筑作法，是研究明代早期古建筑的珍贵实例，具有较高的历史和艺术价值。

马庄华严寺

编号：8-0466-3-269
年代：明至民国
类型：古建筑
地址：陕西省渭南市韩城市

马庄华严寺位于陕西省渭南市韩城市龙门镇马庄村。建筑始建年代不详，明、清及民国时期多次重修。

马庄华严寺坐北朝南，占地面积534平方米，建筑面积208平方米，沿寺院中轴线自南向北由献殿、正殿及东西两侧厢房组成。献殿面阔三间，进深四椽，单檐悬山顶，灰陶筒瓦屋面，为明代建筑。正殿面阔三间，进深四椽，通面阔10.8米，通进深7.03米，单檐悬山式屋顶，灰陶筒瓦屋面，为明代建筑。东、西厢房面阔三间，进深一间，通面阔11.25米，通进深2.9米，单檐硬山式屋顶，灰布筒板瓦屋面，为清至民国建筑。两座殿内保存有明清时期彩画和木雕。

马庄华严寺建筑格局保存较为完整，现存正殿和献殿大木梁架结构具有明显的明代建筑特征，为研究早期建筑形制和构造特征提供了依据，具有较高的历史和艺术价值。

蒲城考院

编号：8-0467-3-270
年代：清
类型：古建筑
地址：陕西省渭南市蒲城县

蒲城考院位于陕西省渭南市蒲城县城关镇东槐院巷17号。考院建于清光绪十七年（1891年），是为解决每年搭建临时考棚的不便，平时作为接待省巡抚视察蒲城时歇息下榻的行辕。

蒲城考院为典型关中建筑，占地面积6200平方米，建筑面积1294平方米。以院子为中心，四周布置建筑，建筑均面向院子，在这一面设门窗。有显著的中轴线，线上布置主要建筑，两侧的次要建筑多对称布置。现存主体建筑有门厅、考舍、伦秀堂、浴室院、官厅、厢房等70余间。门厅位于考院的南正门，共三间，门房檐下有镂空木刻，龙飞凤舞，并饰以彩绘，华丽美观；考舍位于二门厅两侧，左右各12间对称布置，共24间；伦秀堂门朝南，是五间宽的高大建筑。

蒲城考院是保存完整的清代童生考试场所，具有典型关中建筑风格，建筑布局合理，风格古朴典雅，建筑木刻、石刻、砖雕精美，具有较高的历史和艺术价值。

米脂常氏庄园

编号：8-0468-3-271
年代：清至民国
类型：古建筑
地址：陕西省榆林市米脂县

米脂常氏庄园位于陕西省榆林市米脂县城东北12千米处的银州镇高庙山村柳沟北侧，始建于清光绪三十一年（1905年），1913年建成。

米脂常氏庄园占地面积5002平方米，由东院、中心宅院、北院三个大型窑洞院落组成。中心宅院坐西北朝东南，由上下两套四合院组成，主体建筑以上院垂花门和下院大门为中轴线对称分布。上院为陕北典型的"明五暗四六厢窑"，二门为卷棚式砖木结构。下院中为通道，东西正窑各两孔，院内西侧月门内为碾磨院，东侧月门内为驴棚马圈及厕所，大门两侧建有对称倒座厅房及耳房，梁柱枋檩起架，青瓦覆顶，勾头滴水。东院、北院坐西北朝东南，为典型的"明五暗四六厢窑"窑洞院落，自成体系，相对封闭。

米脂常氏庄园是陕北最高等级"明五暗四六厢窑"式窑洞建筑，其布局严谨、错落有致、工艺精湛，将陕北窑洞院落与北方四合院巧妙和谐结合，形成黄土高原独特的民居形式，对研究陕北民居、民俗、民间艺术等具有较为重要的历史价值。

金川湾石窟

编号：8-0509-4-032
年代：唐
类型：石窟寺及石刻
地址：陕西省咸阳市淳化县

金川湾石窟位于陕西省咸阳市淳化县石桥镇金川湾村西侧，是初唐时期开凿的三阶教刻经石窟。

石窟为单窟，窟口北向，洞窟平面略呈长方形，宽9米，深5米，高7.5米。龛外两侧原雕有二胁侍菩萨，现已残毁。窟内正壁圆拱形龛内雕坐佛像一尊，高4.66

米。东西两壁均镌刻佛经，原刻经 8 部，约 16 万字，有《七阶佛名经》《明诸经中对根时深发菩提心法》《大集经月藏分经略》《佛说大方广十轮经序品》等，其中有三部经明确为"信行禅师撰"。

金川湾石窟内三阶教经文大多为世存孤本，对研究已湮灭的三阶教，以及中国佛教史和唐代书法艺术具有重要的学术价值。

城台石窟

编号：8-0510-4-033
年代：宋金
类型：石窟寺及石刻
地址：陕西省延安市志丹县

城台石窟位于陕西省延安市志丹县旦八镇附近洛河北岸崖壁上，始凿于北宋嘉祐二年（1057 年），成窟于金天德二年（1150 年）。

石窟共有窟龛 6 个，现存造像 134 尊，各类碑碣、题记 67 方。造像内容有三世佛、胁持菩萨、大势至菩萨、自在观音、文殊菩萨、普贤菩萨、七方佛、十方佛、十一菩萨、日月菩萨、十六罗汉、弥勒佛、四天王、男女供养人、药王孙思邈等。其中 2 号窟是陕北地区发现单窟面积最大的石窟，主体造像均为北宋鄜州介子用家族所做，风格统一，雕造精致。

城台石窟题记准确记录了造像年代、造像出资人，以及乡里制度、行政建制、军事建制等多方面信息，是研究陕北地区宋金石窟艺术、社会状况、宗教信仰，以及宋夏、宋金战争的重要实物资料。

革命公园

编号：8-0729-5-213
年代：1927 年
类型：近现代重要史迹及代表性建筑
地址：陕西省西安市新城区

革命公园位于陕西省西安市新城区西五路 53 号。

1926 年 4 月，北洋军阀刘镇华率领 10 万北洋军进军汉中围困西安。李虎臣、杨虎城等将军领导的国民革命军在中共西安地委的支持帮助下，团结西安人民，坚守城池达八个月之久，守城军民死难者近 5 万人。为纪念在此次反围城斗争中死难的军民，国民革命军联军总司令冯玉祥于 1927 年亲率军民数万人修建革命亭，并将周围 150 余亩地辟为革命公园。1951 年 7 月，为表彰王泰吉、王泰诚烈士的功绩，于公园内西南角修建了烈士纪念碑和纪念亭。

革命公园占地总面积 10.40 公顷，现有革命亭、东大墓、西大墓、忠烈祠，以及于右任、冯玉祥等人书写的祭文碑、纪念碑近 10 通。

革命公园是西安反围城斗争等陕西革命史上重要历史事件的见证，且作为公园一直使用，具有重要的历史价值和社会文化价值。

葛牌镇红二十五军军部旧址

编号：8-0730-5-214
年代：1935 年
类型：近现代重要史迹及代表性建筑
地址：陕西省西安市蓝田县

葛牌镇红二十五军军部旧址位于陕西省西安市蓝田县葛牌镇葛牌街、东沟村，包括红二十五军军部旧址、葛牌镇区苏维埃政府旧址。

1935 年 2 月，中国工农红军第二十五军长征入陕，消灭葛牌民团，建立葛牌镇区苏维埃政府，并设军部于此。4 月中旬，中共鄂豫陕省委扩大会议在此召开。红二十五军在葛牌活动期间颁布法令，保护工商业发展，发展壮大了队伍，取得了战略的主动权。1935 年 7 月 13 日，红二十五军北出终南山，到达陕北永坪，成为长征中第一个到达陕北的红军队伍。

红二十五军军部旧址原为"逢源和"商号，现存近现代民俗风格建筑 8 间，两层，油漆彩绘，占地面积约

720 平方米。葛牌镇区苏维埃政府旧址原为"全新智"中药铺，四合院形式，砖木结构，硬山顶，占地面积约 800 平方米。

葛牌镇区苏维埃政府是中国共产党在关中地区建立的早期红色政权，对整个鄂豫陕革命根据地的建立和巩固，以及红二十五军的发展壮大起到了极其重要的支撑与保障作用。葛牌镇红二十五军军部旧址是红二十五军长征的重要史迹，具有重要的历史价值和纪念意义。

国立西北联合大学旧址

编号：8-0731-5-215
年代：1938 ~ 1946 年
类型：近现代重要史迹及代表性建筑
地址：陕西省汉中市城固县

国立西北联合大学旧址位于陕西省汉中市城固县。

1937 年 9 月，国民政府教育部发布命令："以北平大学、北平师范大学、北洋工学院和北平研究院等院校为基干，设立西安临时大学。"1938 年 3 月，西安临时大学迁至汉中，全校分置在汉中城固县、南郑县、勉县三县，分六处办学。其中在城固县的为校本部及文理学院、教育学院、法商学院、工学院。1938 年 4 月 3 日，国民政府教育部令国立西安临时大学改称国立西北联合大学。至 1946 年抗日战争胜利后，学校主体于 11 月迁抵西安。

国立西北联合大学旧址包括西北联大工学院旧址和西北联大法商学院旧址。西北联大工学院旧址位于城固县董家营镇古路坝村，原为天主教堂，现仅存主教公馆、修女院，坐北朝南，砖木结构，占地面积 22438 平方米，

建筑面积 6718 平方米。西北联大法商学院旧址位于城固县第一中校园内，原为乙种实业学校，坐北朝南，为砖木结构的两层楼阁式建筑，占地面积约 2100 平方米，建筑面积约 2300 平方米。

国立西北联合大学是我国抗战时期最大的两个大学联合体之一，其工学院、法商学院旧址作为抗战期间中国教育西迁的实物见证，具有重要的历史价值。旧址建筑融合西方元素与中国传统建筑元素，具备较高的艺术和科学价值。

马栏革命旧址

编号：8-0732-5-216
年代：1939 ～ 1949 年
类型：近现代重要史迹及代表性建筑
地址：陕西省咸阳市旬邑县

马栏革命旧址位于陕西省咸阳市旬邑县马栏镇马栏村。

土地革命战争时期，马栏是陕甘边革命根据地的重要组成部分，是中国工农红军陕甘游击队重要活动地。1932 年 12 月，中国工农红军第二十六军在这里成立。抗日战争和解放战争时期，马栏是陕甘宁边区的南大门，是陕甘宁边区关中分区的政治、军事、经济中心，是通往延安的重要驿站和红色通道。1939 年 10 月～1949 年 4 月，中共陕西省委、关中分区机关驻此，习仲勋、汪锋、赵伯平等老一辈无产阶级革命家在这里长期生活和战斗过。

马栏革命旧址包括中共陕西省委旧址、关中地委旧址、关中分区旧址以及"工"字房。中共陕西省委旧址、关中地委旧址、关中分区旧址院落围墙完整，现存 103 孔窑洞，最大的窑洞深 7 米、高 6 米、宽 5 米，建筑面积总计约 33000 平方米。"工"字房于 1942 年修建，砖木结构，面阔 31 米，进深 13 米，建筑面积 400 平方米，40 根檐柱形成外廊，当年曾作为军民大生产展览室。

马栏革命旧址是关中地区规模最大的革命旧址，具有重要的历史价值。

宝鸡申新纱厂旧址

编号：8-0733-5-217
年代：1941 ～ 1943 年
类型：近现代重要史迹及代表性建筑
地址：陕西省宝鸡市金台区

宝鸡申新纱厂旧址位于陕西省宝鸡市金台区宏文路新风巷 7 号。

宝鸡申新纱厂前身为汉口申新第四纺织厂，1938 年 8 月内迁至陕西宝鸡建厂，1939 年 8 月正式开始纺纱生产。宝鸡申新纱厂旧址包括窑洞车间、薄壳车间、申福新办公楼、乐农别墅。

窑洞车间建成于 1941 年，由著名建筑设计师王秉忱主持设计。车间坐北朝南，共有窑洞 24 孔，洞内设有交通道、储水窖、棉条洞、吸尘塔、避让拐洞等，占地面积约 15570 平方米，总建筑面积 4850 平方米。

薄壳车间建于 1943 年。车间坐北朝南，由三组车间共计 6 间厂房组成，车间顶部为双曲拱形结构，占地面积 2045 平方米，总建筑面积 1800 平方米。

申福新办公楼建于 1943 年，由著名建筑设计师王秉忱主持设计。办公楼坐北朝南，平面呈"一"字形内廊式双面布置，砖木结构，地上两层，有地下室，占地面积约 750 平方米，总建筑面积 1470 平方米。

乐农别墅建于 1943 年，由著名建筑设计师王秉忱主持设计。别墅坐东朝西，平面呈"十"字形，砖木结构，地上两层，占地面积约 492 平方米，总建筑面积约 573 平方米。旧址建筑南面设有青砖砌筑月台，北面建有双坡屋面裙房，平面呈"L"形。

宝鸡申新纱厂旧址是国内现存保留较为完整的抗战工业旧址，见证了民族企业家实业救国的历史，为研究民族工业史、抗战经济史、近代纺织工业发展史等提供了重要的实物资料，具有重要的历史价值。宝鸡申新纱厂旧址的窑洞车间充分利用地形地貌，形式独特，具有较高的科学和艺术价值。

金盆湾八路军三五九旅旅部旧址

编号：8-0734-5-218
年代：1941 ～ 1944 年
类型：近现代重要史迹及代表性建筑
地址：陕西省延安市宝塔区

金盆湾八路军三五九旅旅部旧址位于陕西省延安市宝塔区麻洞川乡金盆湾村。

1941 年 3 月，根据中共中央指示，旅长王震率领三五九旅进驻延安南泥湾，并将旅部驻设在金盆湾村。1944 年 10 月，中共中央决定将三五九旅主力组成八路军独立军第一游击支队，挺进华南创建根据地；11 月，三五九旅旅部结束了在南泥湾的驻扎。

旧址建筑依山开凿，包括王震旧居（窑洞 3 孔）、王恩茂旧居（窑洞 1 孔）、苏进旧居（窑洞 1 孔），总建筑面积约 290 平方米。

三五九旅既是八路军的一支劲旅，也是延安大生产运动的一面旗帜。金盆湾三五九旅旅部旧址是延安大生产运动和南泥湾精神的实物例证，具有重要的历史价值。

陕甘宁边区高等法院旧址

编号：8-0735-5-219
年代：1941 ～ 1949 年
类型：近现代重要史迹及代表性建筑
地址：陕西省延安市宝塔区

陕甘宁边区高等法院旧址位于陕西省延安宝塔区龙湾山中段。

陕甘宁边区高等法院于 1937 年 7 月成立，1938 年春迁清凉山办公，同年 11 月迁安塞县真武洞李家沟，1941 年 11 月迁回延安龙湾山。1943 年 1 月，高等法院办公迁白家坪，监所仍设南寨砭。1947 年 3 月，高等法院撤离延安，1948 年 4 月迁回龙湾山原址。1949 年 3 月，边区高等法院更名为陕甘宁边区人民法院，同年 6 月迁驻西安。1950 年 1 月，陕甘宁边区高等法院随边

区政府一起撤销。

陕甘宁边区高等法院旧址由 10 孔监狱长办公区窑洞，14 孔高等法院旧址办公区、检查处、仲裁室和生产科窑洞，6 孔院长办公区窑洞，12 孔监狱窑洞，1 座礼堂构成。总平面大体呈长方形，东西向依山势而建，分办公区、监狱区、警备区三部分，占地面积 9906.67 平方米，建筑面积 4713.98 平方米。

陕甘宁边区高等法院始终坚持党的领导，践行为人民服务的根本宗旨，接受边区政府领导和边区参议会监督，独立行使司法权，首创了以群众路线为核心内容的"马锡五审判方式"。陕甘宁边区高等法院旧址是中国共产党领导和实践"司法为民"理念的一面旗帜，是人民司法事业的发源地，具有非常重要的历史、科学和社会文化价值。

延安陕甘宁晋绥联防军司令部旧址

编号：8-0736-5-220
年代：1942 ～ 1947 年
类型：近现代重要史迹及代表性建筑
地址：陕西省延安市宝塔区

延安陕甘宁晋绥联防军司令部旧址位于陕西省延安市宝塔区北关街延安中学院内。

为突破国民党对边区的经济封锁和军事包围，加强边区的军事和经济力量，对陕甘宁、晋绥两个区域实行

统一指挥和领导，1942年6月10日，根据中共中央政治局和中央军委的决定，陕甘宁晋绥边区联防军司令部正式成立，驻延安北关，贺龙为司令员，徐向前为副司令员兼参谋长，关向应为政治委员，林枫为副政委。1947年8月，国民党23万大军围困陕北、进犯延安，贺龙、习仲勋率陕甘宁晋绥联防军东渡黄河进驻山西临县。

延安陕甘宁晋绥边区联防军司令部旧址建筑修建于1940年前后，现存建筑为带前廊硬山顶砖木结构，南北两排，坐北朝南，每排6间，共12间，占地面积约1720平方米。

陕甘宁晋绥边区联防军有效地保卫了党中央，保卫了陕甘宁边区和晋绥边区，为先后夺取抗日战争的胜利、粉碎国民党军队的进攻，建立了不朽的历史功勋。延安陕甘宁晋绥联防军司令部旧址作为这一历史时期的实物例证，具有重要的历史和社会教育价值。

美军驻延安观察组驻地旧址

编号：8-0737-5-221
年代：1944～1947年
类型：近现代重要史迹及代表性建筑
地址：陕西省延安市宝塔区

美军驻延安观察组驻地旧址位于陕西省延安市宝塔区北关街延安中学院内。

美军观察组是抗日战争期间美国政府派赴延安的一个军事小组，旨在实地考察共产党军民抗战情况和物资匮乏情况，收集人民军队已获取的日军情报，并协调营救被日军击落的美军飞行员等。1944年7月22日和8月7日，美军观察组分两批到达延安，广泛参加了各种社会活动，加深了对中国共产党领导的解放区的认识和了解。1947年3月11日，美军观察组最后一批人员离开延安。

旧址现存8孔石窑洞，占地面积800平方米，为一排坐西朝东的带前廊的石砌拱形窑洞，木质方格窗，单扇木门。

美军观察组进驻延安，开启了中国共产党与美国政府正式接触和合作的历史，扩大了中国共产党及其领导的人民军队在国际反法西斯战争中的影响。美军驻延安观察组驻地旧址是第一个与中国共产党正式建立官方外交关系的机构所在地，是中美官方交往的重要历史见证，具有极大的历史价值。

张思德牺牲纪念地

编号：8-0738-5-222
年代：1944年
类型：近现代重要史迹及代表性建筑
地址：陕西省延安市安塞区

张思德牺牲纪念地位于陕西省延安市安塞区高桥镇洛平川村南5000米处的庙梁山。

张思德（1915～1944年），四川仪陇人，1933年参加红军，1937年加入中国共产党，曾是中央警备团战士，1944年牺牲时年仅29岁。毛泽东出席了张思德的追悼会，亲笔题写了"向为人民利益而牺牲的张思德同志致敬"的挽词，并发表了题为《为人民服务》的著名演讲。

张思德牺牲纪念地四周皆山，坐东朝西，包括木炭窑1孔、纪念碑1通、土窑洞1孔。木炭窑依山而建，券顶。纪念碑位于木炭窑前，青石，圆首，方座，通高1.96米。土窑洞位于木炭窑东北处半山，券顶，面阔2.9米，进深6米，高2.8米。

张思德同志是中国共产党全心全意为人民服务的典型代表，张思德牺牲纪念地具有重要的历史价值和社会文化教育意义。

小河会议旧址

编号：8-0739-5-223
年代：1947年
类型：近现代重要史迹及代表性建筑
地址：陕西省榆林市靖边县

小河会议旧址位于陕西省榆林市靖边县小河乡小河村。

1947年3月18日，毛泽东率中共中央机关和人民解放军总部撤离延安，开始历时一年的陕北转战。6月9日、6月16日～8月1日，毛泽东、周恩来率中央机关在小河村先后两次共居住了48天。7月1日，周恩来在此主持召开了纪念中国共产党创建二十六周年会议。7月7日，中共中央在此举行了纪念"七七"抗战十周年活动。7月21～23日，毛泽东在此召开了中共中央前委扩大会议，针对国民党实行的重点进攻战略，中共中央制定了外线作战，把战争引向国民党区域的方针。

小河会议旧址包括毛泽东同志旧居、"七一"纪念大会旧址和司令部旧址（小河会议旧址）。毛泽东同志旧居坐北朝南，为一排三孔窑洞，一进两开，院落总占地面积243平方米。司令部旧址院落总占地面积784平方米。

小河会议是解放战争处于转折关头的一次重要会议，揭开了解放战争战略反攻的序幕，小河会议旧址作为其实物见证，具有突出的历史价值。

凤堰梯田

编　号：8-0762-6-012
年　代：清至今
类　型：其他
地　址：陕西省安康市汉阴县

凤堰梯田位于陕西省安康市汉阴县漩涡镇堰坪村、田凤村、中银村、东河村和茨沟村。

凤堰梯田始垦建于清代早中期，由古梯田、传统村落、村寨遗址、灌溉堰渠构成。古梯田目前保留有堰坪、东河、凤江三大片，面积分别为6720亩、2300亩和4500亩。梯田灌溉系统依靠黄龙沟、茨沟、东沟河、龙王沟4条沟溪自流灌溉，延续使用。现存一段长约2000米的清代堰渠。凤堰梯田村落是由移民定居发展形成的农业聚落，包括吴家花园、竹园堡子、老学坊、吴氏总祠堂、杨家湾吴家大院、冯家堡子、敞口屋、中庄子、黄龙庙9处建筑和太平堡遗址，以及太平寨石碑1通。

凤堰梯田是目前中国南北方分界线秦岭一带面积最大的清代梯田，体现了清初"湖广填四川"带来的人口迁徙以及农耕技术的交流融合，对研究秦巴山地开发历史、当地的民居和军事防御设施、清代湖广移民的地域分布和生产生活等提供了实物资料；凤堰梯田与凤凰山、溪流、村落、建筑等共同构成遗产体系丰富、完整的山地农业文化景观，具有较高的历史、艺术和科学价值。

战国魏长城黄龙段

编　号：8-0000-1-009
年　代：战国
类　型：古遗址
地　址：陕西省延安市黄龙县

战国魏长城黄龙段分布于陕西省延安市黄龙县与渭南市澄城县交界处，是战国时期的魏国长城。

遗址全长8100米，总体呈东西走向，两端接澄城县北线魏长城。遗址由墙体本体和烽燧构成，残高1～3米，残宽2～6米。其中黄土夯筑墙体5段，分布于前河、石曲、红罗驿3个村；烽燧遗址2处，分别位于范家桌子乡驮原村、界头庙乡石月村。

战国魏长城黄龙段是战国时期魏国军事防御体系遗存的重要组成部分，在中国早期长城建筑史上占有重要地位，对研究战国时期建筑、科技、军事以及魏、秦疆界变迁具有重要价值。

战国魏长城黄龙段并入第四批全国重点文物保护单位魏长城遗址。

战国魏长城合阳段

编号：8-0000-1-010
年代：战国
类型：古遗址
地址：陕西省渭南市合阳县

战国魏长城合阳段位于陕西省渭南市合阳县，是战国时期的魏国长城。

遗址全长约20000米，呈东西走向，分南、北两段。其中北段分布于金峪镇、甘井镇、同家庄镇，南段分布于和家庄镇、新池镇。地上遗存最长2500米，残高1~8米，夯层厚5~12厘米。

战国魏长城合阳段是战国时期魏国军事防御体系遗存的重要组成部分，在中国早期长城建筑史上占有重要地位，对研究魏、秦疆界及其相互关系具有重要价值。

战国魏长城合阳段并入第四批全国重点文物保护单位魏长城遗址。

江村大墓

编号：8-0000-2-005
年代：西汉
类型：古墓葬
地址：陕西省西安市灞桥区

江村大墓位于陕西省西安市灞桥区江村东侧白鹿原，是一处西汉时期大型墓葬。

墓葬坐西朝东，为大型竖穴土圹木椁墓，四斜坡墓道，无封土。墓圹平面呈方形，边长70~75米，深27~30米。墓道平面呈梯形，最长的东墓道长130米。墓圹周围发现115座外藏坑。陵园四面均有门阙，周围有多处建筑遗迹，应与寝殿、便殿等礼制建筑有关。

江村大墓或为西汉文帝刘恒霸陵，对确认霸陵陵园布局、研究西汉帝陵规制具有重要意义。

江村大墓并入第五批全国重点文物保护单位西汉帝陵。

甘 肃 省

西灰山遗址

编号：8-0147-1-147

年代：夏商

类型：古遗址

地址：甘肃省张掖市民乐县

西灰山遗址位于甘肃省张掖市民乐县新天镇菊花地村北，是西城驿—四坝文化的代表性遗址，年代相当于中原地区夏商时期。

遗址所在土丘平面略呈椭圆形，东南—西北走向，地形南高北低，面积约 5.3 万平方米。遗址文化堆积厚约 4 米，地表遍布夹砂红陶片、彩陶片，以及石斧、石

锄等各类打制、磨制石器残块。

西灰山遗址是河西走廊为数不多保存较好、遗存丰富的遗址，为全面认识我国西北地区西城驿—四坝文化及其与周边文化的关系提供了丰富的实物资料，对河西走廊青铜时代文化谱系、区域民族构成与迁徙等问题的研究也具有重要意义。

石家及遇村遗址

编号：8-0148-1-148

年代：周

类型：古遗址

地址：甘肃省庆阳市宁县

石家及遇村遗址位于甘肃省庆阳市宁县早胜镇西头村至遇村早胜塬上，是周代泾河上游一个区域性中心聚落遗址。

遗址由石家墓地和遇村遗址两部分组成，总面积约 37.8 万平方米。石家墓地发现有春秋早中期不同等级的墓葬 257 座、车马坑 19 座，已发掘大中小型墓葬 26 座、车马坑 3 座，见有七鼎墓和五鼎墓。铜器器类主要有青铜礼器如鼎、簋、壶、盉、盘、盆等，青铜兵器如戈、矛、剑、刀、镞等，车马器如马衔（镳）、节约、马甲

片、衡末饰、辖軎等。墓葬内陶器发现较少，以鼎、罐为主。遇村遗址位于石家墓地东侧，面积约18万平方米，从西周早期延续到春秋中期，清理出房址、窑址、墓葬、灰坑、灰沟等遗迹，见有陶、石、玉、骨器等遗物。

泾河上游是先秦时期西北戎狄入侵中原的重要通道，也是中原王朝军事防御的前沿阵地。石家及遇村遗址表明高等级贵族墓地及相应的居住址出现在周王室东迁之后、秦人势力进入之初，文化因素复杂，对研究当地政治文化格局的演变及周、秦、戎三者的关系有重要意义。

毛家坪遗址

编号：8-0149-1-149
年代：周
类型：古遗址
地址：甘肃省天水市甘谷县

毛家坪遗址位于甘肃省天水市甘谷县磐安镇毛家坪村渭河南岸二级台地上，是渭河上游西周至战国时期的一处重要遗址。

遗址总面积约60万平方米，分沟东和沟西两部分，沟东主要为墓葬区；沟西的北部及西部为居址区，南部为墓葬区。居址区发现房址、灰坑、窑穴、踩踏层、土坑墓、瓮棺葬。墓葬区发现墓葬千余座以及车马坑、围墓沟，发掘墓葬200余座、车马坑4座，出土各类文物2000余件（组）。遗址文化主体是从西周晚期至战国的早期秦文化遗存。五鼎墓、车马坑及"子车戈"等考古发现显示毛家坪遗址是秦人战略要地，很可能是秦冀县县治所在。

毛家坪遗址地处秦人北上东进要道，秦文化与西戎文化遗存并存，对研究秦人迁徙路线、秦与西戎关系、中国古代县制起源具有重要价值。

马鬃山玉矿遗址

编号：8-0150-1-150
年代：战国至汉
类型：古遗址
地址：甘肃省酒泉市肃北蒙古族自治县

马鬃山玉矿遗址位于甘肃省酒泉市肃北蒙古族自治县马鬃山镇，是一处战国时期至汉代的玉矿开采遗址。

马鬃山玉矿遗址包括径保尔草场玉矿和寒窑子玉矿两处遗址点。径保尔草场玉矿遗址位于甘肃省肃北县马鬃山镇马鬃山村以北约29千米的河盐湖径保尔草场，面积600万平方米，发现矿坑、房屋、防御性建筑、石料堆积等遗存380余处。遗存沿矿脉走向整体呈西北—东南向分布，可分为防御区、采矿区、选料区等不同功能区，依次为岗哨、矿坑、选料作坊，选料作坊在地势最低处，防御性岗哨置于最高处。出土陶器、石器、铜器、铁器、玉料、石料、皮革以及动植物遗存等，陶器类型包括中原汉式和骟马文化型式两类，体现出不同的文化面貌。寒窑子草场玉矿遗址位于马鬃山镇马鬃山村东北约65千米的寒窑子草场，面积50万平方米，考古确定矿坑、斜井、石料堆积、防御型建筑等遗迹，采集有大量碎玉料、石锤、砺石、陶片、瓷片等。

马鬃山玉矿遗址是我国目前所见年代最早的一处集采矿、选料、防御于一体的古代采矿聚落遗址，展示了公元前1000年以来河西走廊西部地区的采玉活动，对研究玉矿开采技术、选料技术以及行业组织、社会管理等具有重要意义，也为认识内地早期文化玉器的玉料来源、"昆山玉路"的形成时间提供了新依据。

小川瓷窑遗址

编号：8-0151-1-151
年代：宋至民国
类型：古遗址
地址：甘肃省白银市平川区

小川瓷窑遗址位于甘肃省白银市平川区宝积镇小川村以北的磁窑沟，自宋代始烧，延续至民国时期，是一处大型民窑遗址群。

遗址总面积近80万平方米，发现窑址、沉泥池、窑洞、堆积层、房屋、老矿井、墓葬等遗迹，由黑石岘窑址、天水沟窑址、老瓷窑窑址组成。黑石岘窑址发现窑址、沉泥池、窑洞、老矿井等遗迹，瓷器以剔刻花黑釉为主，采用匣钵叠烧和覆烧方式，推测烧制年代为宋代。大水沟窑址发现窑址、窑洞、房址等遗迹，瓷器以白釉、黑釉为主，烧制年代应为元明时期。老瓷窑窑址发现窑址、房址、古堡遗址、老君庙遗址，瓷器以黑釉为主，烧制年代应为明清及民国时期。

小川瓷窑遗址规模较大，保存较为完整，历经宋、西夏、元、明、清直至民国时期，具有深厚、完整的文化堆积层，是研究北方民窑体系较为完整的窑址，对研究西北地区民窑烧制工艺历史有重要意义。

吴挺墓

编号：8-0196-2-029
年代：南宋
类型：古墓葬
地址：甘肃省陇南市成县

吴挺墓位于甘肃省陇南市成县城关镇石碑村，为南宋利州西路安抚使、武功郡开国公吴挺墓园。

墓园以东西为轴，南北对称分布，占地面积约2.3万平方米，现存吴挺墓、墙垣、门址、石刻、神道、神道碑等。墓葬地表有椭圆形封土，地下为竖穴土圹石室墓。神道碑由整块巨大青石雕刻而成，高4.38米，宽1.92米，厚0.47米。正面碑首篆额"皇帝宸翰"四字，碑身刻有宋宁宗赵扩御笔"世忠保蜀忠德之碑"、吴挺之子吴曦撰《从恩表记》；背面为吴挺墓表，篆额"世功保蜀功德之碑"，墓表全文7680余字，详尽记述了吴挺家世及其保境筹边、守卫西陲的功绩。石刻包括望柱、翁仲、石羊、石刻底座等。

吴挺墓为研究南宋时期墓园制度提供了可靠的实物资料，也是研究宋金时期政治、军事、文化状况的珍贵史料，对探讨宋代碑刻艺术、书法艺术也有着重要价值。

福津广严院

编号：8-0469-3-272
年代：南宋、清
类型：古建筑
地址：甘肃省陇南市武都区

福津广严院俗称"柏林寺"，位于甘肃省陇南市武都区三河镇柏林村。寺院始建于北宋乾德元年（963年），后毁于山洪，南宋时重建。又因火灾，寺之后殿及经堂等遭焚。清雍正年间修缮时，添置山门及东西配殿。据宋碑载，寺名初为"弥陀院"，后经敕赐寺牒，改为"广严院"。

福津广严院坐北向南，占地面积2500平方米，建筑面积520余平方米，由南向北依次为山门、东西厢房、前殿。其中前殿为单檐九脊顶，平面呈长方形，面阔五间，进深三间，面积218.94平方米。前殿内部采用减柱造，殿内梁架为彻上露明造，梁架结构为六椽栿后带乳栿前后用三柱。殿檐下斗拱硕大，为四铺作出单昂，柱头辅作为把头绞项作；补间辅作后尾真昂挑于下平桁之下。从斗拱尺寸和法式看，具有较典型的宋代建筑特征。东、西厢房均为硬山灰瓦建筑，抬梁式木构架，面阔三间，进深两间。山门为单檐硬山灰瓦顶，面阔三间，进深两间。

福津广严院前殿系南宋木构遗存，山门与西配殿则基本保持清代建筑形制，对于研究西北地区早期木构建筑具有较高的历史价值。

武山圣寿寺

编号：8-0470-3-273
年代：元至民国
类型：古建筑
地址：甘肃省天水市武山县

武山圣寿寺又名武山官寺，位于甘肃省天水市武山县城关镇南关村。建筑始建于元，明、清及民国时期曾多次维修。

武山圣寿寺占地面积2016平方米，建筑面积476.33

平方米，现存大殿、东配殿、西配殿三处古建筑。建筑外侧山面为歇山式屋顶，似宋元"殿挟屋"式造型。大殿又称燃灯古佛殿，面阔三间，进深三间，为大木构架各单檐六架椽屋分心用三柱悬山建筑，彻上露明造。前檐铺作为四铺作插昂造，后檐铺作为斗口跳作法。拱头均有卷刹，昂首为琴面昂。大殿两侧连建单檐歇山顶左右偏殿，抬梁造。东配殿平面近似方形，面阔三间，进深三间。西配殿平面近似方形，面阔三间，进深三间。

武山圣寿寺建筑空间布局与外观整体造型具有元代典型殿挟屋式建筑特征，对于研究西北地区木构建筑具有较高的历史价值。武山圣寿寺还是明清时期专管佛教徒事务的官府机构"僧会司"的所在地，同时也是清代供奉康熙"圣谕十六条"的场所，兼具官方行政和教化职能。

正宁文庙大成殿

编号：8-0471-3-274
年代：明
类型：古建筑
地址：甘肃省庆阳市正宁县

正宁文庙大成殿位于甘肃省庆阳市正宁县永和镇罗川学校内。正宁文庙创建于元至正初，明清两代多次重修，现存大成殿一座。

正宁文庙大成殿坐北朝南，占地面积 200 平方米，建筑面积 176.26 平方米。大成殿面阔五间，进深五间，明间、次间梁架结构为六架椽屋前后劄牵用四柱，山面为六架椽屋分心前后劄牵用六柱。室内四椽栿两端为下平槫，其上为平梁、上平槫，梁中树立侏儒柱，柱顶部施丁华抹颏拱，两侧用叉手。各槫下均施襻间，各襻间均施一朵十字隔架铺作。

正宁文庙大成殿是西北地区具有宋元风格的古代木构建筑，对研究陇东地区宋代至清代建筑承袭、发展演变具有较高的历史和科学价值。

张掖东仓

编号：8-0472-3-275
年代：明清
类型：古建筑
地址：甘肃省张掖市甘州区

张掖东仓又称"永丰仓""甘肃仓"，位于甘肃省张掖市甘州区马神庙街东仓巷内。明洪武二十五年（1392年）初建仓廒，以储军粮，有仓廒 12 座。清光绪年间在原基础上扩建为 22 座，现尚存 9 座。

张掖东仓平面呈长方形，南北长 161.1 米，东西宽 12.3 米，占地面积 20883 平方米，建筑面积 1981.53 平方米。诸仓自南向北一字排列，各有其名，为广被仓、广恒仓、广泰仓、广积仓、广福仓、广禄仓、广寿仓、广丰仓、广成仓。每仓面阔五间，进深三间，为抬梁式七檩硬山顶结构。仓房底部均用垫土夯实，铺设厚木板为仓房地面，木板下设有通风洞，人员可以进入。仓房墙体高 6 米，为夯筑，由底向上逐层向内收分，剖面为梯形，上部开窗。

张掖东仓用于储备军粮，以备边防战事，为明朝巩固西部边防做出了重要贡献。张掖东仓作为特殊建筑类型，其建造技术及防潮、防鼠、防虫、防霉变、排雨水和冬暖夏凉等设计具有较高的科学价值。

静宁文庙

编号：8-0473-3-276
年代：明清
类型：古建筑
地址：甘肃省平凉市静宁县

静宁文庙位于甘肃省平凉市静宁县静宁一中，初建于明洪武年间，永乐、天顺、弘治年间先后扩建。嘉靖十四年（1535年）建乡贤、名宦二祠，嘉靖二十一年（1542年）在文庙西侧建学宫。清乾隆十年（1745年）修崇圣祠。明清两代多次修缮。

静宁文庙占地面积约 2 万平方米，建筑面积 1256.8 平方米。建筑沿中轴线依次为棂星门、大成门、大成殿，大成门两侧为名宦、乡贤二祠，殿两侧以两庑相连，庙西为学宫。文庙大成殿坐北朝南，面阔五间，进深六架椽，单檐歇山琉璃瓦顶。檐柱上施普拍枋，铺作均为五铺作重拱双下昂，里转五铺作重拱出两杪计心造；补间各施铺作一朵，明间铺作为"米"字形异形斗拱。室内四椽栿两端为下平槫、侏儒柱，侏儒柱底部施合沓，其上为平梁。两山草柱架，结构为六架椽屋前后劄牵用五柱。殿内顺脊串上有明嘉靖二十一年修建年代及清代康熙三十五年修葺题记。东西两庑各 15 间，进深四架椽。大成门坐北朝南，歇山式建筑，面阔三间，进深六架椽。名宦祠、乡贤祠，坐南朝北，为宋代夹屋形式，庑殿式建筑，面阔五间，进深四架椽。学宫仅存殿一座，悬山式屋顶，面阔五间，进深六架椽。

静宁文庙见证了陇东地区的儒学发展，具有较高的历史价值；同时文庙建筑形制保留了宋元时期建筑的诸多特征，对研究陇东地区乃至甘肃宋元至清代建筑承袭、发展演变具有较高的科学价值。

永昌北海子塔

编号：8-0474-3-277
年代：明清
类型：古建筑
地址：甘肃省金昌市永昌县

永昌北海子塔又名"观河楼塔"，位于甘肃省金昌市永昌县城北侧 1500 米处北海子公园内。塔原属唐代敕建金川寺，后寺、塔均毁于战乱。明永乐十二年（1414年）寺院复建，沿用原塔旧基建砖筑土心塔。疑塔在明代重建时为九层，后因地震倾圮，清代维修时将下层改为塔座一部分，仅露出顶部砖筑叠涩重檐，故塔身主体显示为七层。寺毁于 1936 年，仅存塔。

永昌北海子塔为七级八角砖表土心楼阁式塔，占地面积 375 平方米，塔通高 33 米。塔基分三层，上两层

为方形，底层为长方形，南侧有台阶。底层塔基东西宽15米，南北长25米。塔身平面呈八角形，叠涩出檐，檐至角外张。塔檐各角置琉璃兽头饰，下悬风铎。塔身之下为类屋顶式叠涩重檐八角座，与方形塔基相接。方基原为夯土筑造，后世包砌。塔身内部为黄土夯筑，外包青砖塔墙。塔身一至三层上下交错开龛，龛内原有彩塑佛像，现已无存。塔刹原为倒置瓶状圆柱体，绿釉瓷，刹顶为铁制。

永昌北海子塔是具有西北地区特征的砖包夯土心楼阁式塔，结构和建造技术都具有独特性，具有较高的历史和科学价值。

天水纪信祠

编号：8-0475-3-278
年代：明至民国
类型：古建筑
地址：甘肃省天水市秦州区

天水纪信祠又称"汉忠烈纪将军祠""天水城隍庙"，位于甘肃省天水市秦州区大城什字东北角民主东路38号，是祭祀西汉名将纪信的祠庙。

纪信，天水人，随刘邦起兵抗秦，曾与刘邦鸿门赴宴，力保刘邦脱险。荥阳城危时，纪信假装为刘邦向西楚诈降被俘处决。纪信祠始建于金代，元代为成纪县衙，

明代扩建为纪信将军祠，并祀纪信为城隍神。明清及民国时期多次维修扩建，形成现有规模。

天水纪信祠三门四进，占地面积3500平方米。沿轴线依次有牌楼、门楼、五凤楼、拜厅、献殿、大殿、寝宫等建筑，两侧为钟鼓楼、东西看楼。大殿为单檐歇山顶建筑，面阔三间，进深三间，五架梁前后带单步梁，用材宽大，外檐补间铺作采用斜拱形式，西墙保存有明代壁画《城隍出巡图》，长10米，宽3米。寝宫为单檐悬山前出廊结构，面阔三间，进深三间，前檐下施三攒单下昂三踩斗拱，前侧墙上各有对称清初仕女壁画一幅。

天水纪信祠是在天水地方城隍信仰与纪信崇拜共同作用下建造，保存较完整，规模较大。大殿等遗构保存了元及明清建筑特征，祠内碑刻、匾额、题记等是研究天水地区古代社会、民俗、宗教信仰及建筑艺的重要实证资料，具有较高历史和艺术价值。

张掖高总兵宅院

编号：8-0476-3-279
年代：清
类型：古建筑
地址：甘肃省张掖市甘州区

张掖高总兵宅院又称高总兵府，位于甘肃省张掖市甘州区民主西街83号。宅院始建于清康熙年间，为凉

州镇总兵高孟回乡时康熙帝颁诏为其修建的宅邸，之后作为清朝历代张掖地方官员居住办公的场所。

张掖高总兵宅院坐北朝南，为两进合院式建筑，平面呈长方形，东西宽 22 米，南北长 83.43 米，占地面积 1835.46 平方米，建筑面积 1415.05 平方米。沿轴线有一堂、二堂及后楼，两侧为东、西厢房，第一进院原东、西厢房已无存。前院之一堂与二堂相距 16 米，均面阔五间，进深三间，单檐硬山顶，二堂面积稍小。后院有东、西厢房与后楼，均为两层硬山顶式建筑，后楼与厢房间有阁道相通。后楼面阔五间，进深三间。东、西厢房面阔与进深各三间。

张掖高总兵宅院保持了清代建筑格局，在形制特征、材料和工艺特点等方面保留了历史原状，具有鲜明的地方特色，同时张掖高总兵宅院是甘肃省乃至西北地区现存为数不多的清代军事衙署之一，见证了自清康熙年间至今张掖的历史变迁，是研究张掖军事史和城市建设变迁的重要实物，具有较高的历史和艺术价值。

天祝东大寺

编号：8-0477-3-280
年代：清
类型：古建筑
地址：甘肃省武威市天祝藏族自治县

天祝东大寺位于甘肃省武威市天祝藏族自治县赛什斯镇东大寺村西 200 米处，为藏传佛教寺院。寺庙始建于明万历四十七年（1619 年），初为萨迦派寺院，后为噶举派寺院，清乾隆时改为格鲁派寺院。道光八年（1828 年），十五世连城土司鲁纪勋为其三子（即转世之鲁家堪布活佛）重建寺院。道光二十年（1840 年）修建鲁家堪布囊欠，即为今日尚存寺院遗构主体。

天祝东大寺东西总长 49.3 米，南北总宽 42.3 米，占地面积 2085 平方米，总建筑面积 1365.26 平方米。寺内原有建筑大部分已毁，仅存清道光二十年所建鲁家堪布囊欠及另外 15 处建筑。现存寺院分为左、中、右三路，左路建筑大部分已毁，中路依次为山门、左右耳房、前院左右厢房、过厅楼、后院左右厢房及大经堂；右路主要有望河楼、囊欠、前院右厢房、后院左右厢房。大经堂为单檐七檩悬山顶木结构二层楼阁，面阔五间，进深三间，建筑面积 379 平方米。整体建筑平面呈"凹"字形，既为藏式佛殿布局，亦为甘肃西北部民居"虎抱头"建筑布局。囊欠为单面坡五檩硬山顶建筑，坐西北朝东南，面阔三间，进深三间，后檐依托背面山体。室内依明间右缝施木质隔断划分为两部分，明间及左次间为活佛坐床或诵经之处，右次间为护法殿。

天祝东大寺先后作为藏传佛教萨迦派、噶举派、格鲁派寺院，六世达赖喇嘛仓央嘉措、五世班禅罗桑益西

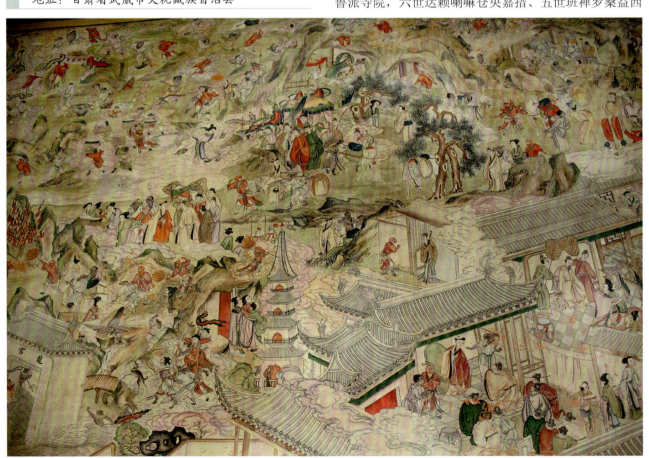

大师、二世嘉木样大师等多位高僧曾在此驻锡，对藏传佛教史及佛教文化研究具有历史价值。寺内建筑及装饰集汉、藏文化于一体，充分体现了民族融合、多元文化共存的特征。寺内留存大量清代彩绘、绢画及壁画，具有较高的艺术价值。

河峪摩崖石刻

编号：8-0511-4-034
年代：东汉
类型：石窟寺及石刻
地址：甘肃省天水市张家川回族自治县

河峪摩崖石刻又名"东汉故汉阳太守刘福功德颂""河峪关颂"，位于甘肃省天水市张家川回族自治县恭门镇河峪村，刻成于东汉和平元年（150年）。

石刻高2.5米，宽1.1米，总计约270字，现可辨约120字，以汉隶八分体写成，记载了东汉汉阳郡太守刘福政绩及整修陇道事迹。书体呈现出由篆向隶过渡的鲜明时代特点。

河峪摩崖石刻是东汉时期摩崖石刻中的精品，对研究中国古代书法艺术史以及丝绸之路交通史有重要价值。

昌马石窟

编号：8-0512-4-035
年代：北魏至清
类型：石窟寺及石刻
地址：甘肃省酒泉市玉门市

昌马石窟又称下窑石窟，位于甘肃省酒泉市玉门市昌马乡水峡村西侧的黑石山崖上，开凿于北魏，宋、西夏、清有重修。

原开凿11个洞窟，今南北两段已全部被毁，仅存中段4个洞窟。1号窟残存三分之一，壁画已毁；3号窟内无壁画和造像；2号、4号窟保存较好，内部有西夏时期的造像和壁画，题材包括菩萨、结跏趺坐佛、飞天、狮子、团花、菩提树等，时代特征明显。

昌马石窟与敦煌莫高窟、安西榆林窟为姊妹窟，对研究河西地区佛教发展史以及西夏佛教艺术具有重要历史价值。

童子寺石窟

编号：8-0513-4-036
年代：北魏至清
类型：石窟寺及石刻
地址：甘肃省张掖市民乐县

童子寺石窟位于甘肃省张掖市民乐县民联乡翟寨子村童子坝河东岸崖壁上，开凿于北魏时期，清代大规模重修。

石窟分南北二区，现存8个洞窟，核心为3个中心柱窟，保留北魏时期形制。窟中壁画有的多达五层，底层可见部分北魏时期的作品。现存壁画多为清代绘制，题材包括汉传佛教故事，藏传佛教的绿度母、宗喀巴大师画像，民间流传的《西游记》人物画像等。

童子寺石窟表现了不同历史时期的艺术风格、社会风貌，对研究河西地区藏传佛教与汉传佛教的交融有着较为重要的历史价值。

山城堡战役旧址

编号：8-0740-5-224
年代：1936 年
类型：近现代重要史迹及代表性建筑
地址：甘肃省庆阳市环县

山城堡战役旧址位于甘肃省庆阳市环县山城乡，包括红二师战壕遗址和红四师指挥部旧址两部分。

1936 年 11 月 21 日，红一方面军第一、第十五军团和红四方面军一部在红二方面军的配合下，由红军前敌总指挥彭德怀率领开展反"围剿"斗争，全歼国民党胡宗南部第七十八师二三二旅及二三四旅两个团，史称"山城堡战役"。

红二师战壕遗址位于山城乡山城堡村断马嵝岘一带，为 1936 年 11 月 19 日构筑。战壕长 120 米，分布有射击口、猫耳洞、运送通道，辐射面积 12000 平方米。

红四师指挥部旧址位于山城乡八里铺村庙阳洼，是原缪家大户废弃的旧庄园。旧址保留窑洞 5 孔，占地面积 2000 平方米。山城堡战役开战前，红四师临时指挥部设于此。

山城堡战役是红军三大主力会师后取得的第一个大胜仗，也是第二次国内革命战争的最后一战，其胜利对于挫败国民党军队的进攻、巩固陕甘宁根据地、促进逼蒋抗日方针的实现起到了积极的作用。山城堡战役旧址是这一重大事件的历史见证，具有突出的历史价值。

河连湾陕甘宁省苏维埃政府旧址

编号：8-0741-5-225
年代：1936 ~ 1937 年
类型：近现代重要史迹及代表性建筑
地址：甘肃省庆阳市环县

河连湾陕甘宁省苏维埃政府旧址坐落在甘肃省庆阳市环县洪德乡河连湾村。

1935 年 11 月，以秦邦宪为主任的中华苏维埃共和国中央政府西北办事处和以周恩来为主任的中央军委西北办事处成立，将根据地划分为陕北省、陕甘省、关中特区和神府特区。1936 年 5 月，撤销陕甘省设立陕甘宁省。7 月，陕甘宁省党政机关从陕西靖边县吴旗镇刘家渠村迁至甘肃省环县河连湾，在这里成立了归陕甘宁省委军事部领导的中国人民抗日红军陕甘独立师，开展了各项根据地建设工作。1937 年 9 月，红军改编，陕甘宁边区政府成立，陕甘宁省的历史使命宣告完成。

河连湾陕甘宁省苏维埃政府旧址包括正房、南北偏房和警卫室。正房坐落于院落西侧，南北偏房和警卫室坐落于院落南北两侧，共 3 间上房、12 间厦房，总占地面积 760 平方米，总建筑面积 278.8 平方米。

陕甘宁省苏维埃政府是陕甘宁边区政府成立前，中国共产党领导下的地方政府管理机构。陕甘宁省委、省苏维埃政府在迁驻河连湾期间进行了艰苦卓绝的革命斗争和经济建设，旧址是这一历史时期的实物见证，具有极为重要的历史和社会文化价值。

现了不同民族的营建智慧，凝聚了不同民族的文化生活形态，是中华多民族共生共荣、和睦相处的生动写照和见证，具有突出的历史、科学、艺术和社会文化价值。

尕路田大房子

编号：8-0742-5-226
年代：1943年
类型：近现代重要史迹及代表性建筑
地址：甘肃省甘南藏族自治州临潭县

尕路田大房子位于甘肃省甘南藏族自治州临潭县古战镇尕路田村，修建于1943年，建成于1946年。

尕路田大房子为当地回族"庄窠"式庄院，采用合院式布局，包括大门、游廊、主楼、东厢房、西厢房，占地面积约1000平方米。整座院落依山而建，坐北朝南，规模宏大，四周有夯土围墙。南墙两端高，中间低，呈"凹"字形。院内有环绕三面的二层楼，均为土木结构，平面呈"回"字形，"外不见木，内不见土"，计有大小房间54间。

尕路田大房子为中国伊斯兰教三大派之一西道堂（汉学派）所属十三座大房子之一，是西道堂采用早期"乌玛"制度的宗教公社团体在中国确立并开展活动的历史见证。为适应多民族混合居住需要，尕路田大房子由藏族、回族和汉族工匠共同建造，其建筑布局、形制结构、装饰图案与色彩均融合了各民族建筑的特征，体

西狭古栈道遗址及题刻

编号：8-0000-4-007
年代：东汉
类型：石窟寺及石刻
地址：甘肃省陇南市成县

西狭古栈道遗址及题刻位于甘肃省陇南市成县抛沙镇丰泉村，是汉代西北交通要道天井道的组成部分。

西狭古栈道于东汉建宁四年（171年）由武都郡太守李翕率民修建，东西分布长达3000米，包括西狭狭口栈道遗址、躬身崖栈道遗址、黄龙潭栈道遗址、保仁寺河坝栈桥遗址、石门栈道遗址、西狭十渡栈道遗址、西狭西口栈道遗址。代表性题刻主要有东汉元和二年（85年）汉将题刻，现存14字，隶书；北宋吕贲、吕大忠题记，78字，楷书；西峡西口明万历三十九年（1611年）摩崖石刻，整体如碑形，碑首正中竖刻"皇图永固"四字，碑文共21行，555字，楷书。

西狭古栈道遗址及题刻对研究汉代交通和边疆经略等历史、汉代书法演变历程具有重要价值。

西狭古栈道遗址及题刻并入第五批全国重点文物保护单位西狭颂摩崖石刻，整体定名为西狭古栈道及摩崖石刻。

青海省

尕海古城遗址

编号：8-0152-1-152
年代：汉
类型：古遗址
地址：青海省海北藏族自治州海晏县

尕海古城遗址位于青海省海北藏族自治州海晏县甘子河乡尕海村内，是一处汉代城址。

古城平面呈正方形，正南北向，四面均残存城墙，墙中部各辟一门，对称分布，门道宽约 5.6 米。城东北角发现一处角阙。城内发现夯土基址、灰坑等遗迹，采集到西汉与新莽时期的五铢、货布、货泉、大泉五十等

钱币和钱范，汉"长乐未央"云纹瓦当，以及砖、陶罐、兽骨、石器、铜箭头、车马饰、弩机等大量遗物。汉元始四年（公元 4 年），安汉公王莽设立西海郡，下设环青海湖五个县，尕海古城即为其一县治，新莽政权灭亡后该城随之废弃。东汉永元十四年（102 年）恢复故西海郡，后又废弃。

尕海古城遗址作为西海郡的重要组成部分，是青海地区重要的汉代城址，为研究环青海湖地区的政治、经济、文化和军事历史提供了宝贵资料，对研究汉代边郡城址、王莽改制等具有重要价值。

伏俟城遗址

编号：8-0153-1-153
年代：北朝至隋唐
类型：古遗址
地址：青海省海南藏族自治州共和县

伏俟城遗址位于青海省海南藏族自治州共和县石乃亥乡铁卜加村，是一处北朝至隋唐时期的重要城址。东魏兴和二年（540 年），吐谷浑王伏连筹自建都于此。隋大业五年（609 年），隋破吐谷浑，在此设西海郡。隋末大乱，吐谷浑首领伏允率兵收复故地，仍建都于此。

后吐蕃灭吐谷浑,该城被吐蕃所据。

伏俟城包括内城和外廓城。内城面积约5.3万平方米,平面略呈方形,夯筑墙体,已发现角楼、墩台、东门及瓮城遗址,城外有护城壕。城内发现一处高台建筑区和三处遗迹分布区,出土柱础石、石磨、陶片和隋代五铢钱等。外廓城现存东、南、西三面城墙,未发现北墙,东外垣有两道。内城以北三四百米发现一处古代寺院遗址。

伏俟城曾作为吐谷浑都城,也是丝绸之路青海道的重要枢纽,对研究慕容鲜卑发展史及东西文化交流具有重要价值。

考肖图古城遗址

编号:8-0154-1-154
年代:唐
类型:古遗址
地址:青海省海西蒙古族藏族自治州都兰县

考肖图古城遗址位于青海省海西蒙古族藏族自治州都兰县香加乡考肖图村东南,是一座吐蕃时期的城址。

城址总面积约4万平方米,包括主城、外城及6处封土堆。主城位于遗址北部,平面呈方形,四周设有夯土围墙,城内有塔形基址1座、覆斗形祭台1座和密集分布的房屋基址。塔形基址由方形建筑与凸出四边的马面组成,出土带有墨绘图案和古藏文的马头骨、古藏文木简牍、开元通宝钱币。塔形基址周围建筑内出土陶、铜、漆、骨、石、铁器等,包括鎏金莲花纹铜饰件、擦擦、漆甲。城内还发现有石碑、石狮、石柱础等。外城位于遗址西南部,平面近方形。6处封土堆分布在外城南侧与西南侧。

考肖图古城遗址是全国为数不多与吐蕃佛教寺院有关的遗址,其主城内的十字塔基是国内罕见的吐蕃时期佛塔建筑,对研究吐蕃时期佛塔建筑布局与造型有重要意义。遗物中绘有图案的马头骨、擦擦以及带有中原风格的石狮等,对研究当时佛教文化的传播有重要价值。

果洛红军沟

编号：8-0743-5-227
年代：1936 年
类型：近现代重要史迹及代表性建筑
地址：青海省果洛藏族自治州班玛县

果洛红军沟位于青海省果洛藏族自治州班玛县亚尔堂乡王柔村。

1936 年 7 月，中国工农红军二、四方面军近万人长征经过果洛州班玛一带，点燃了革命烈火。部队进入班玛县南部，在吉德寺、班前寺等地驻防休整，筹措粮草，为防止敌人偷袭在驻地修筑临时哨所和掩体工事。为了纪念红军，当地群众把子木达沟易名为"红军沟"。

果洛红军沟包括红军长征标语、红军哨所、红军桥、红军泉等遗迹。红军长征标语书写在亚尔堂子木达沟口石崖上，内容为"北上响应全国抗日反蒋斗争！安庆宣"。

果洛红军沟是红军长征途经青海的实物例证，是长征文化线路的重要一环，具有重要的历史和社会价值。

囊拉千户院

编号：8-0744-5-228
年代：1948 ～ 1950 年
类型：近现代重要史迹及代表性建筑
地址：青海省黄南藏族自治州尖扎县

囊拉千户院位于青海省黄南藏族自治州尖扎县昂拉乡尖巴昂村，始建于清代晚期，现存建筑为 1948 年所建，包括囊拉千户院、囊拉千户院附院、供销社院 3 个院落。

囊拉千户院坐北朝南，分前后两院，包括影壁、大门、下院、上院、东西角楼、佛堂等建筑，上、下两院以中轴线为中心东西对称、有序排列，建筑以四合二层木结构为主，总占地面积 3492.74 平方米，总建筑面积 2805.85 平方米。附院位于囊拉千户院西侧，坐北朝南，由正房和东厢房构成，正房为一层平顶土木结构，东厢房为二层平顶土木结构，总占地面积约 401 平方米，总建筑面积约 314 平方米。供销社位于囊拉千户院后院东侧，始建于 19 世纪 50 年代，现有单体建筑 4 栋，以院墙围合，总占地面积 2038 平方米，总建筑面积 547 平方米。

囊拉千户院是目前青海省保存最为完整的藏式庄院之一，见证了最后一个千户的兴衰，也见证了

果洛和平解放纪念地位于青海省果洛藏族自治州达日县建设乡沙日纳村。

1952年，在果洛草原地区政教领袖朗·喇嘛秋吉多杰的主持下，时任中共中央西北局书记习仲勋直接领导下的中央果洛工作委员会、西北军政委员会果洛工作团和果洛骑兵支队入驻查朗寺开展和平解放工作，在查朗寺前升起了果洛地区第一面五星红旗，解放了大西北地区最后一块土地。果洛和平解放是我党在建国初期实行正确的民族政策、从实际出发解决民族问题的成功范例。

果洛和平解放纪念地包括果洛第一面五星红旗升起地、果洛和平解放纪念碑、经堂、朗·喇嘛秋吉多杰故居（闭关房）和白塔，总占地面积约29万平方米，总建筑面积927.86平方米。

果洛和平解放纪念地是大西北地区和平解放的重要地标，是民族团结的象征，具有重要的历史和社会价值。

1949～1952年习仲勋同志运用党中央统一战线政策在西北地区解决民族地区问题的基本史实，具有重要的历史和社会价值。襄拉千户院较为完整地保留了清代千户府的平面布置和规模建制，体现了青海藏式建筑的特征，装饰精美，雕工精细，是藏族艺术的浓彩和汉族艺术的清秀之完美结合，具有较高的艺术、科学和文化价值。

果洛和平解放纪念地

编号：8-0745-5-229
年代：1952年
类型：近现代重要史迹及代表性建筑
地址：青海省果洛藏族自治州达日县

宁夏回族自治区

姚河塬遗址

编号：8—0155—1—155
年代：西周
类型：古遗址
地址：宁夏回族自治区固原市彭阳县

姚河塬遗址位于宁夏回族自治区固原市彭阳县新集乡姚河塬，是目前所知西周王朝最西缘的封国都邑。

遗址总面积约62万平方米，具有性质不同的功能区和基础设施，包括居址区、作坊区和墓葬区。居址区内发现有水网、路网、壕沟、墙体、灰坑等。墓葬区位于遗址东北部，面积约5万平方米，已探明墓葬、马坑、车马坑、祭祀坑等重要遗迹，发现"甲"字形墓葬，出土爵、鼎足、觯盖、铃、凿、几形钩、兽首泡饰等大量青铜器，以及玉璧、骨器、蚌器、石器等3000余件（组）。其中出土刻有100余字的甲骨和原始瓷器等填补了该地区的考古空白。清理祭祀坑2座，有用人祭祀和用动物祭祀两种祭祀方式。

姚河塬遗址从西周早期延续至西周晚期，应是某一西周封国的都邑遗址，证明西周王朝对西部疆域的管理也是采用"分封诸侯，藩屏王室"的模式，为了解西周国家的政治格局、周王朝与西北边陲地区的关系等提供了珍贵的资料。

大麦地岩画

编号：8—0514—4—037
年代：新石器时代至西夏
类型：石窟寺及石刻
地址：宁夏回族自治区中卫市沙坡头区

大麦地岩画位于宁夏回族自治区中卫市沙坡头区东园镇北，绘于新石器时代晚期至西夏时期。

岩画主要分布范围东西长2430米，南北宽630米，共797幅。题材丰富，常见有狩猎、畜牧、争战、舞蹈、车辆、马、羊、虎、鹿及日月星辰、天地神灵、文字符号等，多采用石、骨和金属工具磨刻、凿刻、划刻而成。

大麦地岩画是中国北方系岩画的主要组成部分，对研究中卫地区古代民族生产、生活方式和宗教观念，以及欧亚草原文化交流等具有重要意义。

新疆维吾尔自治区

通天洞遗址

编号：8-0156-1-156

年代：旧石器时代至商

类型：古遗址

地址：新疆维吾尔自治区阿勒泰地区吉木乃县

通天洞遗址位于新疆维吾尔自治区阿勒泰地区吉木乃县托斯特乡阔依塔斯村东南，是一处从旧石器时代中期延续至铁器时代早期的遗址，其中早期铁器时代约相当于中原地区的夏商时期。

遗址包括洞穴与旷野遗存两部分，其中洞穴面积500平方米，旷野核心区域面积2.45万平方米。遗址发现三处灰堆，出土石制品及动物化石，其中勒瓦娄哇石核、盘状石核、勒瓦娄哇尖状器、各类刮削器和莫斯特尖状器等具有典型的勒瓦娄哇—莫斯特文化特点，反映了通天洞遗址与蒙古、俄罗斯西伯利亚的密切文化联系。此外，遗址青铜时代和早期铁器时代的地层堆积中发现了围绕洞口的石围墙、灰坑和距今5000～3500年的炭化小麦，为探讨小麦传播路线提供了重要资料。

通天洞遗址是目前新疆境内发现的第一处旧石器时代洞穴遗址，完整保存了距今45000～3500年前古人类生活、居住的遗存，不仅是旧石器考古的重要收获，也是新疆北部史前考古文化序列构建的重大突破。遗址为研究更新世欧亚大陆东部地区早期人类迁徙、旧石器时代文化交流、东亚现代人的起源，以及尼安德特人、丹尼索瓦人群的迁徙扩散等问题提供了新证据。

吉仁台沟口遗址

编号：8-0157-1-157

年代：商周

类型：古遗址

地址：新疆维吾尔自治区伊犁哈萨克自治州
　　　尼勒克县

吉仁台沟口遗址位于新疆维吾尔自治区伊犁哈萨克自治州尼勒克县恰勒格尔村，是一处以青铜时代为主体的聚落遗址，年代相当于中原地区的商周时期。

遗址由居址区和高台墓葬两部分组成。居址区揭露房址、窑址、灶（火塘）、灰坑、墓葬、冶炼遗迹等，出土陶器、石器、铜器、铁器、骨器等各类遗物1000余件（组），其中以陶器和石器为大宗。墓葬由地上高台坟冢和半地下墓地两部分构成，高台坟冢面积约1.5万平方米，四周有石砌围墙，墙内从地表至墓室顶部有多条石条带汇聚至墓室外围，是目前新疆乃至欧亚草原已知最大规模史前石构墓葬。遗址发现大量的煤块、煤灰、煤渣和煤堆，表明距今3600年的古人类已充分认识到煤的特性。这是迄今为止世界上最早使用煤的遗迹，将人类对煤的使用历史上推千余年。遗址中发现了时代较早的青铜铸范、铁块，以及铜矿石原料、冶炼用的陶风管和坩埚残件、炼铜遗留的铜渣、铸造用的小块石范、烧结炉壁残块等冶铜遗物，说明遗址存在一定规模铸铜、冶铁活动。这些发现为研究伊犁地区青铜时代炼铜和铸铜工艺提供了新线索。

吉仁台沟口遗址填补了该地区青铜时代聚落考古的空白，对认识伊犁地区青铜时代考古学文化的具体面貌，研究新疆史前历史、中西方文化交流史、史前冶金史都具有重要意义。

卓尔库特古城遗址

编号：8-0158-1-158
年代：汉
类型：古遗址
地址：新疆维吾尔自治区巴音郭楞蒙古自治州轮台县

卓尔库特古城遗址位于新疆维吾尔自治区巴音郭楞蒙古自治州轮台县轮台镇赛维尔物业村，是一处以汉代遗存为主体的重要城址。

城址包括内城和外城，平面呈不规则圆形，城墙残高3～4米。内城面积约10.2万平方米，城门位于西南部，宽约10米。城内现存多处高台，其中东侧高台上发现大型土坯房址，单体建筑规模较大。外城面积约37.8万平方米。卓尔库特古城总体结构布局在新疆乃至中亚地区古城中罕见，是新疆现存古城中规模较大的一座。

卓尔库特古城遗址为探索西汉都护府之所乌垒城、屯田校尉城提供了重要线索，对研究中央王朝对新疆地区的管辖治理以及汉代军事防御建筑规制等具有重要意义。

博格达沁古城遗址

编号：8-0159-1-159
年代：汉至唐
类型：古遗址
地址：新疆维吾尔自治区巴音郭楞蒙古自治
　　　州焉耆回族自治县

博格达沁古城遗址位于新疆维吾尔自治区巴音郭楞蒙古自治州焉耆回族自治县四十里城子镇，是一处重要的汉唐时期城址。

城址平面略呈长方形，总面积73.8万平方米。城墙基本完整，四面墙垣中部皆有缺口，并有向外凸出的建筑遗迹，推测为瓮城。城墙为夯筑，残高约4米，夯层厚度7～20厘米。城外有疑似护城河遗迹。城内发现多处建筑遗迹，见有红方砖残块、红烧土等，西北角保存一处近方形的夯筑土墩，可见均匀的夯土层。城内

采集到东汉五铢，唐开元通宝、乾元通宝以及金、银、铜饰件，出土唐代龟符。

博格达沁古城遗址的规模、地望与《大唐西域记》所记载"（焉耆）国大、都城周六七里"相符，为研究唐焉耆国都提供了重要线索，对于探讨唐代焉耆都护府所在地、中央王朝对新疆地区的管辖和丝绸之路商贸史等具有非常重要的意义。

阔纳协海尔古城遗址

编号：8-0160-1-160
年代：魏晋至唐
类型：古遗址
地址：新疆维吾尔自治区巴音郭楞蒙古自治
　　　州轮台县

阔纳协海尔古城遗址位于新疆维吾尔自治区巴音郭楞蒙古自治州轮台县轮台镇东南，是一处魏晋至唐代的城址。

城址平面呈不规则方形，总面积约 4 万平方米。城墙下部夯筑、上部土坯砌筑，残高 3～7 米，墙基宽 5～9 米。城西北角发现一座瓮城式的城门，城墙可见 24 处可能为马面或角楼的建筑遗存。城内分布有许多居址，曾采集到三耳陶罐、单耳陶罐、方砖、铁器、铜器以及汉龟二体钱、五铢、开元通宝、大历元宝等遗物。

阔纳协海尔古城遗址地理位置重要，建筑形制清晰，为探索唐代安西都护府乌垒州建制提供了重要线索，对于研究晋唐西域史、唐安西都护府军政建置体系、丝绸之路古代城市和交通等具有较高价值。

乌什吐尔和夏合吐尔遗址

编号：8-0161-1-161
年代：晋至宋
类型：古遗址
地址：新疆维吾尔自治区阿克苏地区库车县、
　　　新和县

乌什吐尔和夏合吐尔遗址位于新疆维吾尔自治区阿克苏地区库车县、新和县的渭干河两岸，是一处晋至宋时期的建筑群遗址。

遗址包括乌什吐尔遗址和夏合吐尔遗址两部分，渭干河东岸为乌什吐尔，属库车县；西岸为夏合吐尔，属新和县。乌什吐尔遗址呈南北向，由外城、内城、北城三部分组成。外城位于遗址南部，平面呈不规则长方形，北、东、南三面有城墙，西面临河，城门设于南墙。内城在外城西北部，依托外城北城墙，有东、南、北三座城门，城内发现大量房址和一条南北向道路。北城在遗址西北部，仅存部分城墙、房址。城内发现大量陶、铜、石器和唐代钱币、汉文文书。夏合吐尔遗址破坏严重，仅余东部、北部残迹，可辨认城墙、塔基。

乌什吐尔和夏合吐尔遗址为探讨唐代安西大都护府治所提供了重要线索，对研究佛教在新疆的传播发展、中央王朝对新疆的统一管理和丝绸之路商贸史等具有十分重要的意义。

公主堡古城遗址

编号：8-0162-1-162

年代：唐

类型：古遗址

地址：新疆维吾尔自治区喀什地区塔什库尔干塔吉克自治县

公主堡古城遗址位于新疆维吾尔自治区喀什地区塔什库尔干塔吉克自治县塔什库尔干乡萨热吉勒尕村，是古代葱岭地区一处重要的唐代城堡遗迹。

遗址平面呈不规则形，西南高东北低。城墙沿山边修筑，残高1～6米，厚3～5米，采用石块垒砌、土块夹灌木条垒砌等方式，具有地方特色。残留一处城门、马面。城内现存10多间房址，有成组的院落布局。城内发现少量陶片和用火形成的木炭堆积。

公主堡古城遗址扼守中国通往中亚和南亚的十字路口，战略位置极为重要。城堡选址与规划设计带有浓厚的军事色彩，是研究我国古代军事防御建筑的宝贵资料，对研究古代葱岭地区政治格局和民族关系、丝绸之路商贸史，以及探索羯盘陀国历史等具有重要价值。

霍拉山佛寺遗址

编号：8-0163-1-163

年代：唐

类型：古遗址

地址：新疆维吾尔自治区巴音郭楞蒙古自治州焉耆回族自治县

霍拉山佛寺遗址位于新疆维吾尔自治区巴音郭楞蒙古自治州焉耆回族自治县七个星镇霍拉山村，是唐代焉耆都护府的重要佛教寺院遗址。

遗址分为东西两区，发现大小建筑遗迹18处。东区遗迹较多，多见石砌台基的土坯建筑，主要有殿、僧房、佛塔、龛式建筑等。其中龛式建筑形制特殊，残高约3.7米，上部为龛，下部为纵券顶的小窟，两侧和前部有房址。西区距东区约300米，遗迹主要有垒砌的方形石墙、土坯砌筑的佛塔和高台基址。高台基址四周以石头和土坯垒砌台基或护坡，地面散布灰土和大量陶片，采集到石磨、陶纺轮、木构件和一枚建中通宝铜钱。结合文献记载，推测霍拉山佛寺遗址应为唐代焉耆都护府一处规模较大的小乘佛教寺院遗址。

霍拉山佛寺遗址是佛教东传过程中一处重要的佛教建筑遗存，对研究西域佛教的传播、发展，焉耆都护府的历史、文化，以及西域社会发展史、丝绸之路文化交流等均具有重要价值。

拉甫却克古城遗址

编号：8-0164-1-164

年代：唐

类型：古遗址

地址：新疆维吾尔自治区哈密市伊州区

拉甫却克古城遗址位于新疆维吾尔自治区哈密市伊州区五堡乡博斯坦村，是一处唐代城址。

城址平面呈"吕"字形，分南北两城。北城残存西墙和北墙，城墙底部夯筑，其间夹筑少许苇草；上部土坯垒砌。西北有角楼遗迹，西、北墙外各存马面一个，北墙马面保存较好。城内中部、西南部保存规模较大的高台建筑基址及房屋遗存。南城残存北、东、南墙，夯

土建造，有一处疑似角楼遗址。发现罐、瓮等陶器残片，与北庭故城遗址出土器物相似。根据文献记载，遗址可能为汉代"宜禾都尉"、唐代"纳职城"所在。

拉甫却克古城遗址位于丝绸之路交通的要冲，布局严谨，规模较大，是西北地区重要的唐代城址之一，为研究唐代哈密绿洲的政治、经济与社会发展提供了重要资料。

小央达克协海尔古城遗址

编号：8-0165-1-165
年代：唐
类型：古遗址
地址：新疆维吾尔自治区阿克苏地区沙雅县

小央达克协海尔古城位于新疆维吾尔自治区阿克苏地区沙雅县英买力镇央塔克协海尔村四组以西，是渭干河下游地区的一处唐代城址。

遗址平面呈长方形，面积约9000平方米。四面夯筑城墙，墙垣基宽4～6米，顶宽1.5～4米。城东南角有一垛墙，西墙中部有城门。城内出土大陶缸、印章、绿色三口陶瓶等唐代文物，其中一件大陶缸上书有"薛行军……监军"字样。小央达克协海尔古城遗址周围分布有大量的唐代古城、戍堡和烽燧遗址，推测其可能为唐代的军事基地。

小央达克协海尔古城遗址地处渭干河下游，是唐代安西地区的核心，为探讨中央王朝在新疆地区的有效管辖提供了重要证据，对研究龟兹地区的政治、经济、文化和唐代屯田制度等具有重要价值。

玛纳斯古城遗址

编号：8-0166-1-166

年代：唐至元

类型：古遗址

地址：新疆维吾尔自治区昌吉回族自治州玛
　　　纳斯县

玛纳斯古城遗址位于新疆维吾尔自治区昌吉回族自治州玛纳斯县头工乡楼南村东北，是一处始建于唐代、沿用至元代的重要城址。

城址平面略呈长方形，总面积约 28 万平方米。东、西、北三面城墙较好，残存夯筑墙体高 5 米，残宽 7～10 米，四面墙体均有马面，城内东北角可辨识角台。城墙外有护城河，城中心有十字街，城外西南角有一处烽燧。城内见有陶缸、陶盆、陶砖、石杵、石磨盘等器物，并采集到一枚开元通宝。

玛纳斯古城遗址规模较大，保存较好，推测为唐代北庭都护府下辖的重要治所，对研究唐代庭州隶下的军事、政治体系，以及中央王朝对新疆地区的管辖治理具有重要价值。

巴里坤故城遗址

编号：8-0167-1-167

年代：清

类型：古遗址

地址：新疆维吾尔自治区哈密市巴里坤哈萨
　　　克自治县

巴里坤故城遗址位于新疆维吾尔自治区哈密市巴里坤哈萨克自治县巴里坤镇，是清代建立的汉城和满城遗址。汉城与满城东西并列，相距 500 米，分别建于清雍正九年（1731 年）和乾隆三十七年（1772 年）。

汉城是宁远大将军岳钟琪为平定准噶尔叛乱而建的"绿营兵城"，平面呈长方形，总面积约 122 万平方米。城墙夯筑而成，四角设角楼，墙外设半圆形炮台和马面，四墙中部设门，城门外为半圆形瓮城。西墙保存完好，现存西城门及瓮城。城中建有常平仓，坐北朝南，由东西相向的两排 8 个仓房和院落组成，总建筑面积约 2304 平方米。

满城是为携眷长驻的满族骑兵而建，平面呈长方形，总面积约 65.4 万平方米。城墙夯筑而成，西城墙不存，其余三面墙体基本完好。城墙四角设角楼，墙外设炮台，均为方形。城墙中段设门，城门外为半圆形瓮城。

巴里坤故城遗址是新疆境内保存最为完整的清代夯土城池，是研究清代政治、军事、城市建设的重要资料，也是清朝统辖和治理新疆的历史见证，具有重要价值。

吉尔赞喀勒墓地

编号：8-0197-2-030
年代：东周
类型：古墓葬
地址：新疆维吾尔自治区喀什地区塔什库尔
　　　干塔吉克自治县

吉尔赞喀勒墓地位于新疆维吾尔自治区喀什地区塔什库尔干塔吉克自治县提孜那甫乡曲什曼村东北，是一处春秋至战国时期的墓地。

墓地临河、环山，分为两区，共有墓葬 53 座。墓葬封堆下多有圆形石围，最大直径达 9 米。墓室多为浅短斜坡墓道竖穴形，深约 0.6 米。墓葬东北端多以黑白卵石人工铺设成黑白相间、相互错落的长条形，推测为墓葬的地表附属建筑遗迹。出土青铜器、铁器、陶器、木器以及琉璃和玛瑙珠饰、木制箜篌乐器等遗物，其中尤以木制和陶制的"祭火坛"最为重要。

吉尔赞喀勒墓地对研究新疆地区古代墓葬制度、埋葬习俗，以及丝绸之路文化交流等具有重要价值。

焕彩沟石刻

编号：8-0515-4-038
年代：东汉、唐
类型：石窟寺及石刻
地址：新疆维吾尔自治区哈密市伊州区

焕彩沟石刻位于新疆维吾尔自治区哈密市伊州区以北焕彩沟沟口处，初刻于东汉。

文字刻于一块天然巨石上。巨石东西长 3.2 米，南北宽 3 米，高 2 米，三面刻文字，共 10 行，每行 1～12 个字不等，字迹漫漶，隶书"惟汉永和五年六月十五日"和"沙海"等字为东汉时所刻，楷书"唐姜行本"及"贞观""十四年六月"等字为唐时所刻。

焕彩沟石刻是极为罕见的汉唐纪年石刻，为班超勒石记功所留，也是唐灭高昌统治西域的直接证据，作为汉唐中央政权开拓和经营新疆的真实见证具有重要的历史价值，对维护祖国统一、疆域完整具有重要的现实意义。

刘平国刻石

编号：8-0516-4-039
年代：东汉
类型：石窟寺及石刻
地址：新疆维吾尔自治区阿克苏地区拜城县

刘平国刻石位于新疆维吾尔自治区阿克苏地区拜城县黑英山乡玉开都维村北、博孜克日克沟口西侧崖壁上，凿刻于东汉永寿四年（158 年）。

分两处刻字，全文隶书，共 119 字，主要记载了东汉时期西域都护府龟兹左将军刘平国凿关建城的历史事迹。

刘平国刻石印证了汉代中央政权在新疆行使主权的历史，对维护祖国统一、民族团结具有现实意义，对研究汉代西域军事设施、交通路线等具有较高的历史价值，其刻铭书法对研究汉代书法艺术也有一定价值。

乌鲁木齐文庙

编号：8-0746-5-230
年代：1922 年
类型：近现代重要史迹及代表性建筑
地址：新疆维吾尔自治区乌鲁木齐市天山区

乌鲁木齐文庙位于新疆维吾尔自治区乌鲁木齐市天山区前进路 231 号。

乌鲁木齐文庙建于清末民初，由大门、前殿、后殿、前东西厢房、后东西厢房、钟楼和鼓楼构成，均为中国传统木结构建筑。整组建筑坐北朝南，沿中轴线布置，呈两进四合院布局，占地面积约2800平方米，建筑面积约900平方米。现存前殿脊檩上有"中华民国十一年岁次壬戌孟夏下浣谷旦新疆省长兼督军杨增新建立总商会会长周宝荣、苗淇发监修"字样。

乌鲁木齐文庙是乌鲁木齐市现存唯一完整的庙宇建筑群，是儒家文化在新疆传播的实证，也是研究清末民国时期文庙建筑以及乌鲁木齐城市和建筑发展史的重要实物资料，具有较高的历史和文化价值。

赛图拉哨卡遗址

编号：8-0747-5-231
年代：1877～1962年
类型：近现代重要史迹及代表性建筑
地址：新疆维吾尔自治区和田地区皮山县

赛图拉哨卡遗址位于新疆维吾尔自治区和田地区皮山县赛图拉镇色日科尔村。

赛图拉哨卡建于喀拉喀什河和哈拉图西坎河交汇处西北的三角台地上，由营房和哨楼遗址组成，占地面积67600平方米，建筑面积4526平方米。营房内有20多处房屋，营房四角有射击口。哨楼建在两河交汇处一座高约10米的独立小山顶上，土坯砌筑，平面呈六角形，共有6个射击口和5个瞭望口。

1877年左宗棠收复南疆后，清政府设立了赛图拉哨卡，此后持续使用至1962年。赛图拉哨卡既促进了商贸交流的繁荣，又守卫了边境地区的和平安宁和祖国领土完整。

赛图拉哨卡遗址是新疆地区基层军事防御机制、军事战略部署的重要见证，也是研究当地交通情况、商贸线路的实物例证，有力证明了"新疆是中国领土不可分割的一部分"这一铁的事实。此外，赛图拉哨卡哨楼是目前在新疆境内发现的唯一平面呈六角形的哨楼，造型独特，具有较高的研究价值。

毛泽民办公室及宿舍旧址

编号：8-0748-5-232
年代：1940～1941年
类型：近现代重要史迹及代表性建筑
地址：新疆维吾尔自治区乌鲁木齐市天山区

毛泽民办公室及宿舍旧址位于新疆维吾尔自治区乌鲁木齐市天山区明德路29号院内。

毛泽民是毛泽东的弟弟，1921年参加革命，曾任

中华苏维埃共和国临时中央政府银行行长；1938年受党中央派遣到新疆做统一战线工作，先后出任新疆省财政厅、民政厅厅长；1943年被盛世才杀害。毛泽民在新疆工作期间，采取一系列有效措施，促进了新疆工农牧业及文教卫生事业的发展。

旧址建筑建于1940年8月，共两幢。院内东南角土木结构的两间半平房，是毛泽民的居所，坐北朝南，建筑面积约210平方米。院内东部土木结构的二层小楼曾是新疆财政专修学校，毛泽民兼任过该校校长。1941年，毛泽民随工作调动迁出此地。

毛泽民办公室及宿舍旧址是毛泽民在新疆工作期间的办公场所和住所，是进行爱国主义、反分裂斗争、民族团结教育的重要场所，具有重要的历史和社会价值。

新疆生产建设兵团

石河子军垦旧址

编号：8-0749-5-233

年代：1952年

类型：近现代重要史迹及代表性建筑

地址：新疆生产建设兵团第八师石河子市

石河子军垦旧址位于新疆生产建设兵团第八师石河子市，包括中国人民解放军二十二兵团机关办公楼旧址、石河子新城兵团小礼堂以及兵团领导居住、办公旧址。

中国人民解放军二十二兵团机关办公楼旧址位于石河子市北三路59号，建成于1952年9月，属于典型仿苏式建筑。建筑整体呈长方形，坐北朝南，占地面积4829.95平方米，建筑面积9703平方米。

石河子新城兵团小礼堂旧址位于石河子市向阳街道北子午路一号社区内，仿苏式建筑风格。整体呈"工"字形，主体为砖木结构，建筑面积1762.16平方米。

兵团领导居住、办公旧址位于新疆生产建设兵团第八师石河子市北子午路229-7号，始建于1951年，仿

苏式建筑风格，占地面积490.47平方米。1952～1954年，陶峙岳、张仲瀚、赵锡光等二十二兵团领导先后在这里办公居住，指挥石河子新城建设，领导全兵团屯垦戍边事业。旧址原有建筑两栋，大小房屋共计18间，现存建筑一栋，为1992年复建。

石河子军垦旧址是20世纪50年代初石河子垦区政治、经济、文化管理的中心，见证了兵团从无到有、从小到大的发展壮大历程，对兵团军垦历史的研究、军垦文化的传承、红色革命教育和爱国主义教育的培养都具有重大意义。

玉尔滚军垦旧址

编号：8-0750-5-234

年代：1973年

类型：近现代重要史迹及代表性建筑

地址：新疆生产建设兵团第一师阿拉尔市

玉尔滚军垦旧址位于新疆生产建设兵团第一师阿拉

尔市五团三连连部,包括玉尔滚俱乐部旧址和玉尔滚卫生院旧址。

玉尔滚俱乐部旧址建筑坐东朝西,仿苏式建筑风格。建筑平面呈"工"字形,土木结构,中间为礼堂,东、西两侧分别为 8 间和 6 间办公室,西北侧建有露天放映室,占地面积 4200 平方米,建筑面积约 1190 平方米。

玉尔滚卫生院旧址建筑坐北朝南,仿苏式建筑风格。建筑平面呈"一"字形,土木结构,有外廊,进深一间,面阔 12 间,占地面积 1850 平方米,建筑面积 782 平方米。

旧址建筑均建于 1973 年,建筑上的宣传标语与装饰纹样极富时代特征。卫生院一直使用至 2003 年,俱乐部一直使用至 2011 年。

玉尔滚俱乐部和卫生院对改变少数民族边疆地区文化、医疗设施的落后面貌,增强各民族之间感情,加强民族团结起到了重要作用,是南疆地区文化、医疗事业发展的真实写照,也是新疆阿克苏地区民族团结事业发展的丰碑。玉尔滚军垦旧址作为其纪念地,具有重要的历史和社会文化价值。